U0924474

清华哲学文库

肖鹰文集初编

批评卷

肖鹰　著

清華大學出版社
北京

内容简介

本书是作者批评文章的选集。作为一位学院派教授批评家，作者的批评活动坚持文化批评的独立性、学术性，并且以观点鲜明、语言犀利的批评风格赢得社会广泛关注。在这个自选集中，作者采用三个原则编选文章：其一，影响较大的批评文章；其二，自认为学术性较强的批评文章；其三，自认为较好地表现自我批评风格和语言的文章。在过去十余年中，作者的批评对象不仅跨越学术、艺术和社会文化各界，而且多聚焦于在这十余年中国内重大的社会文化现象及相关人物。因此，对于反思和审视过去十余年中国社会文化发展中的重大现象及其问题，这个批评文集具有独特的史料价值和学术价值。

图书在版编目(CIP)数据

肖鹰文集初编. 批评卷/肖鹰著. —北京：清华大学出版社，2019
(清华哲学文库)
ISBN 978-7-302-51801-3

Ⅰ. ①肖… Ⅱ. ①肖… Ⅲ. ①社会科学—文集 Ⅳ. ①C53

中国版本图书馆 CIP 数据核字(2018)第 269525 号

责任编辑：梁 斐 骆 骁
封面设计：常雪影
责任校对：王淑云
责任印制：丛怀宇

出版发行：清华大学出版社
网 址：http://www.tup.com.cn，http://www.wqbook.com
地 址：北京清华大学学研大厦 A 座 **邮 编**：100084
社 总 机：010-62770175 **邮 购**：010-62786544
投稿与读者服务：010-62776969，c-service@tup.tsinghua.edu.cn
质量反馈：010-62772015，zhiliang@tup.tsinghua.edu.cn
印 装 者：三河市铭诚印务有限公司
经 销：全国新华书店
开 本：170mm×240mm **印 张**：22.5 **字 数**：414 千字
版 次：2019 年 3 月第 1 版 **印 次**：2019 年 3 月第 1 次印刷
定 价：98.00 元

产品编号：080125-01

（肖梦涯 摄）

Preface 自序

这本书是我治学以来所作的批评文章的选辑。我的学术专业是美学。在2007年以前，我的学术道路严格限于美学研究的书斋学术，仅撰写了几篇纯学术批评文章；进入2007年以后，则出于主动或被动，逐渐卷入了当下学术、艺术以及社会文化现象的批评活动。

我社会文化批评活动的高峰期是2009年至2014年之间，在此期间，作为一名大学教授，我以文化批评家的身份获得广泛关注，同时也成为媒体所谓的“毁誉参半的争议人物”。

回顾我所作批评，无论出于主动（自发写作）或被动（媒体约稿），自认是秉承一个人文学者应持的良知和理性而为。我学生时代读鲁迅的著作，接受了他的批评精神的深刻影响，他的独立人格和犀利风骨是浸透在我的批评文字中的。

特别要说明的是，作为一位美学教授，我的社会文化批评，归根到底只是一种坚守社会文化的基本人文品质而进行的底线批评。我所谓“社会文化的基本人文品质”，概要地讲，就是真实、自由和以平等为前提的对人的尊重。对于我批评的所有对象（无论人物或现象），我没有持更高的批评原则。

编选这个批评文集，我对文章的选择采取三个原则。其一，在批评活动中影响较大的文章；其二，自认为学术性较强的文章；其三，能够较好地体现我的文章和语言风格的文章。我的批评活动，对于社会读者多表现在否定性的批评。但是，一个美学家更乐意做的是欣赏性批评。在本书第五辑中，我专门编辑了一组发表于报刊上的中西古典艺术赏析短文。综合而言，希望这个文集的文章编选能够较全面地展现我过去10余年的批评活动。

我是以对一个自己曾经的批评时代做总结的心意来编选这个文集的。知我罪我，对于曾经的批评时代，我心怀感戴。

京北寓所，于尚在寒冬的2018年初

Contents 目录

第一辑

剪辫：读鲁迅最后文稿

鲁迅 1936 年 10 月 19 日病逝于上海大陆新邨九号寓所，他的最后文稿、未完成的杂文《因太炎先生而想起的二三事》（后称《想起》）作于两天前，即当年 10 月 17 日。

在 10 天前，即当年 10 月 7 日，鲁迅作《关于太炎先生二三事》（后称《关于》）。在《关于》一文中，鲁迅感于业师章太炎身后的寂寞，指出"我以为先生的业绩，留在革命史上的，实在比学术史上还要大"，"战斗的文章，乃是先生一生中最大，最久的业绩"。在《想起》一文中，虽然回忆到章太炎与吴稚晖论战的旧事，但着墨的重点，却并不在于章太炎，而是在于上世纪初、清末留学生在日本剪辫子这一"当时的大事"。

"剃发垂辫"，即剃去头顶前部头发、后部结辫垂于脑后，是满族旧俗的男子发式。清代满族统治中国，这个旧俗就成为全体国民"逆者杀无赦"的"剃发令"。依汉族的旧俗，男子的发式正与之相反，是蓄发不垂辫的。因此，是臣服还是抗拒清朝的统治，辫子有无与是否下垂，就成为一标志。当然，辫子的有无，就关系到人头是否落地。清末留日的中国学生，是反清复明的主力先锋，他们酝酿革命的行动之一，就是剪掉这自 1644 年以来、统治了中国国民近三百年的辫子。所以鲁迅在《想起》文中说，"辫子究竟剪去了"原是胜利的表示。

鲁迅在临终前夕想起"剪辫"这一历史往事，是因为在他的写作中（当然也是在他的历史意识中）"辫子"对于中国政治历史和文化传统都具有标志性的象征意义。20 世纪的中国革命，戒除了既往传统的两个旧俗，一是男人的辫子，一是女人的裹足。鲁迅虽然也偶有文章谈及女子裹足，但绝不能比及他对男人辫子存亡的反复书写。1920 年作的小说《风波》和《头发的故事》是以"辫子"的存废为主题的作品，而 1921 年作的《阿 Q 正传》中，"辫子"成为书中人革命与否的基本道具，而如何处理辫子不仅标志了他们对待革命的态度，而且是革命盛衰来去的风向标。正如清朝施行"剃发令"、强制男子结辫子，民国则同样以强制手段，即动用警察剪除男子头上的辫子。清朝与民国对待辫子虽然有存废之别，但是围绕着辫子而施于民众的强制是一样的。《头发的故事》中的 N 先生说："我不知道有多少中国人只因为这不痛不痒的头发而吃苦，受难，灭亡。”正是毕生不能泯去这“不知道”的苦痛、悲愤，使鲁迅临终不能释怀于那在物质上已经被剪去了的“辫子”。“辫子”对于鲁迅，就是民清新旧制度对于民众的专制和暴力的象征。

在清末留日学生中，鲁迅是拥护剪辫子的，因为这个理由，他也曾经成为民国的“爱护者”。他说：“我的爱护中华民国，焦唇敝舌，恐其衰微，大半正为了使我们得有剪辫的自由，假使当初为了保存古迹，留辫不剪，我大约是决不会这样爱它的。”(《想起》)鲁迅对于那些为了暂时应付或者迎合革命而剪辫，甚至只是将辫子盘在头顶的投机者，是很不屑的。在《风波》中的赵七爷、《阿Q正传》中的假洋鬼子钱秀才，都是鲁迅辛辣讽刺的对象。赵七爷得到革命的风声就将辫子盘起来，再听到皇帝复辟又先知先觉地将辫子放下。钱秀才因为从未庄进洋学堂和赴东洋留学“遭了坏人剪辫子”，在村里只能拖一条假辫子见人，但等到革命风波到了未庄，他就把暗中养到一尺多长的辫子拆开来披散在肩膀上。当然，对于当年留日学生中的“盘辫革命”，鲁迅是最为讽刺的。1926年，在20年后专门回忆留学生活的《藤野先生》一文中，鲁迅开篇就写出日本上野樱花烂漫的时节，中国留日学生与樱花相争妍的“标致极了”的景观：“头顶上盘着大辫子，顶得学生制帽的顶上高高耸起，形成一座富士山”，“也有解散辫子，盘得平的，除下帽来，油光可鉴，宛如小姑娘的发髻一般，还要将脖子扭几扭”。

然而，正如鲁迅并不将剪辫的行为认同为革命，他也并不是为了革命而剪辫。他之拥护剪辫而且剪掉自己的辫子，初衷就是在留学生活中“在实际上感到不便的，却是那辫子”。1900年，章太炎在日本剪了辫子，作《解辫发》文，声称“吴祝(束)发”“越劗(剃)发”，“余故吴越间民，去之亦犹行古之道也”。对于业师“行古之道”的“解辫说”，一同对于“行革命之道”的剪辫论，鲁迅都是很不以为然，而持反对观念的。在《想起》一文中，在长段转引了章太炎《解辫发》之后，鲁迅申明说：“我的解辫，却并非因为我是越人，越在古昔，‘断发文身’，今特效之，以见先民仪矩，也毫不含有革命性，归根结蒂，只为了不方便：一不便于脱帽，二不便于体操，三盘在囟门上，令人很气闷。”

在清灭民立的历史转折时期，“剪掉辫子”是一件“革命的大事”，这无关瘙痒的头发的形态却标志着对新旧政府的立场和态度。然而，尽管对于清王朝强制“剃发垂辫”，临终前夕的鲁迅“仍然要憎恨，愤怒，因为自己是曾经因此吃苦的人，以剪辫为一大公案的缘故”，但是他却承认自己剪辫的理由仅仅限于“辫子实在不方便”，否认自己有关于“尊古”或“革命”的理由。鲁迅如此以自我生活的方便来看待作为“革命大事”的剪辫，是很不合于我们既往获得的鲁迅观念的。这既往的“鲁迅”是一个始终站在道义高地，冷血横眉的“民族脊梁”，他何曾而且岂能以自我生活的方便与否来看待革命或衡量社会善恶？

然而，真的鲁迅正是这样一个以包括自我在内的个体生活的方便和自由为社会真义的鲁迅。他一生与之奋战的真正敌人，就是那些道貌岸然，以高尚道义为大棒刀枪的伪君子们。他将自己“爱护中华民国”的理由核定为“大半正为了使我们得有剪辫的自由”，其实是真正地告示了自己的人生观和社会态度。换言之，对于鲁迅，革命的正义不是实现某些政治家标举的宏伟远大的理念，而是切实地改善民众的日常生活，让民众从不方便的旧传统中摆脱出来，过上自然而自由的方便生活。

与《想起》可以参照阅读的，是鲁迅作于同一年（1936 年）的散文《我的第一个师父》（后称《师父》）。在《师父》中，鲁迅记述他半世纪以前的最初先生、僧人“龙法师”，他笔下不仅对被传统道学视为大逆不道的“和尚纳妻”给予了深刻的人道同情，而且以由衷赞赏的笔调写出了“龙师父”及其儿子“三师兄”正因为破除了佛家色戒而表现出的平民生活的真性情和真福祉。两文相照，我们可以见到，真的鲁迅是真的生活的热爱者和追求者，他半个世纪的孤独，正在于他的真心常常被误解和扭曲。

（原载《中华读书报》2016 年 6 月 15 日 3 版）

近年非理性主义小说的批判

【按】 本文原稿是作者北京大学硕士论文《近年非理性主义小说的批判》(导师：叶朗,1990),刊发于《文学评论》1990 年第 5 期。该刊发稿前,作者接受时任《文学评论》主编敏泽(本名侯敏泽)先生建议,加写了结语"现实与理想：不可超越的两极"一节；交稿后敏泽先生又作了修订。因为交稿后作者即远离北京,通信不便,未能在文稿刊出前见到敏泽先生修订稿。为了尊重本文的发表历史,本书采用《文学评论》刊发原文,用加粗字体标出敏泽先生补订文字,有兴趣的读者可以北京大学图书馆收藏的作者硕士论文参校。同时,在本文后,特附当年作者与侯敏泽先生通信,供读者参考。

> 人则使自己的生命活动本身变成自己的意志和意识的对象。他的生命活动是有意识的。……正是由于这一点,人才是类存在物。①
>
> ——马克思

引言　时间与空间：从现代主义到后现代主义

西方现代非理性主义(包括哲学和艺术)对近年中国文学的非理性主义趋向起了极为重要的刺激、催化作用。因此,要探讨近年中国小说的非理性主义问题,必须准确把握西方现代非理性主义的基本内容。

谢勒说,人类之彻底变成他自己的难题,我们的时代实在首开先例。所以,缠绕现代艺术和存在哲学的主题,乃是人类在他的世界里的疏隔与陌生；乃是人类生存的矛盾,脆弱与偶然；乃是时间对于已经在永恒中失去锚碇的人类的重要而巨大的真实性。②

西方现代非理性主义,作为一个运动,可以大致分为两个阶段：现代主义和后

---

① 马克思、恩格斯(1982：96)。

② 威廉·白瑞德(1988：63)。

现代主义。

现代主义滥觞于西方现代社会中的普遍的自我生存危机。**历史步入20世纪之际，伴随着科学的进步和物质的繁荣，西方社会的固有矛盾不但没有得到缓解，反而被空前地激化了。在种种矛盾的纠缠、撕扭之中，走投无路的现代西方人由外在生存的殷实更深地感受到内在生存的困苦。现代西方人的自我生存危机即植根于来自生存中的外在殷实与内在困苦尖锐对立的信仰和理想的全面丧失**。宗教失落（"上帝死了"——尼采），理性沉没（"自我不是自己家里的主人"——弗洛伊德），在现代西方社会中，自我不再信任和依赖世界，取而代之的是自我对世界的无边的怀疑和无限的反叛，换言之，自我失去了生存的中心，成为一个无根基的漂泊者。寻找自我生存的根基，即寻找自我，就成为自我生存的迫切问题。现代主义的核心就是对这个迫切问题的追问和回答。既然无边的怀疑和无限的反叛实际上是自我基本的生存状态，这种生存状态植根于，并且表现为非理性的冲动，寻找自我就不可能是向具有实在意义的空间返回，而是向具有生成意义的时间掘进，这就决定了现代主义的基本主题是：返回自我生存的时间中去。

关于西方非理性主义的发展历史，本文想略而不论（这是许多人都了解的）。只想就成为他们理论核心的时、空问题展开一些论述。

西方现代主义认为：理性通过永恒化（抽象化）活动抹杀或削平了自我存在的时间。

"在知性那里，时间是不存在的。知性讨厌流动，它把触及的一切都固定化。"[①]但是，现代非理性主义一个最基本的观念是：生命，或自我，是在时间中存在的。柏格森认为："只有时间才是构成生命的本质要素。"而且，正是时间之流的永恒绵延，才向自我的自由提供了绝对的保证，因此"我们是自己生活的创造者，每一瞬间都是一种创造"[②]。海德格尔把人规定为"此在"，认为"此在的意义是时间性"[③]，时间性是此在生存和证明的基础。所以，理性对自我存在时间的剥夺，本身就是对自我的剥夺。自我通过自我时间的失去而失去；寻找自我，必然就要寻找自我失去的时间，或让自我返回时间中去。

"无可置疑，我们所说的现代艺术运动，开始于一位法国画家想要客观地观察世界的真诚决心。"[④]这位法国画家就是塞尚。但是，塞尚的平面绘画并不比传统的透视绘画更客观、更逼近自然。因为他虽然尊重了画布的二维性，但又同时抛弃

---

① 柏格森（1989：39）。

② 柏格森（1989：10）。

③ 海德格尔（1987：392）。

④ 赫伯特·里德（1979：6）。

了物体的三维性。塞尚被誉为世界形式的现代发现者,然而他的发现本身就是对现有的世界形式的破坏。他通过取消绘画的深度打散了绘画的空间。毕加索的立体主义是塞尚路线的极端发展。毕氏本人就声称:“在我这里,一幅画是许多次破坏的总结果。”[①]他之所谓破坏,即以时间中的直觉来分解超时间的立体形象。他说,“一幅画不是预先考虑出和固定下的”[②],“我不寻找,我见到”[③]。正是从观察过程,亦即观察的时间本身,毕加索为自己的绘画取得了“客观性”。他的绘画(破坏)中“最后并没有东西丢失了”,这一点是与传统绘画相同的;两者不相同的是,传统绘画是在超时间的空间关系中安排绘画元素的,而他的绘画是在超空间的时间关系中安排绘画元素的。平面绘画的真理就是绘画的时间性。塞尚对于现代艺术运动的启迪是,他把观察的客观性从单纯空间的逼近自然的基础上,转换到时间中自我与自然相互作用的基础上,虽然塞尚本人未必清醒意识到这一点。

通过塞尚式的努力,所谓“客观地观察世界”的实质内容就变成自我“亲身的体验”,在这里成为核心的不是客体的实在性,而是自我体验的直接性,也就是自我的体验过程,或这一过程的时间本身。所谓寻找自我,就是实现自我的体验,也就是返回自我体验的时间中去。时间,或自我体验的时间,因此成为整个现代艺术的构成性和结构性因素。正如绘画中的立体派用直觉的时间分解了立体形象一样,文学中的意识流也用直觉的时间分解了传统小说的情节性结构,并代之以情绪性结构。而且,它们的影响是超越自己的流派界线而波及于整个现代艺术运动的。

但是,自我向时间的返回并不是向自由与独立的无风险的回归。杜夫海纳说:“现代的艺术家冒着更深地失去自我的危险。”[④]《尤利西斯》(詹姆斯·乔伊斯)最典型地表现了现代人自我占有时间的强烈欲望,非常符合柏格森的观念:“汹涌澎湃的意识流载着互相交织的巨大潜力渗透到物质中。”[⑤]但是,《尤利西斯》式的随波逐流的漫游并没有实现自我的真正回归,相反,自我在悖反、矛盾、似是而非的永恒缠绕中坠入了彻底无望的虚无。自我不仅没有占据时间,反而被时间的无情水流消解了。米兰·昆德拉认为对自我的寻找始终并将永远以一个悖论式的结果而告结束。他说:“观察这个我的显微镜镜头越是大,我和我的独特性就越让我们捉不着,在乔伊斯式的大透镜下,我们的灵魂被分解为原子,我们都是一样。”[⑥]《尤利

① 转引自宗白华(1982:258)。
② 转引自宗白华(1982:258)。
③ 转引自宗白华(1982:257)。
④ 杜夫海纳(1985:190)。
⑤ 柏格森(1989:142)。
⑥ 米兰·昆德拉(1988)。

西斯》没有捉住自我，《荒原》(T. S. 艾略特)、《城堡》(卡夫卡)、《喧哗与骚动》(威廉·福克纳)都没有捉住自我，只是表演了自我在时间战场上的永恒逃亡。所以威廉·白瑞德说："现代艺术中唯一不明确的就是它的人类意象。"[①]

正如《尤利西斯》，在永不停息的滚滚流去的无情的时间之流中，整个现代艺术被溶解为彻底无望的虚无影像。海明威因此要在这个《一处干净、明亮的地方》的题目下，悲哀地写出："一切都是空无，人也是空无。"[②]海德格尔的全部努力正是要避免自我来自于时间的虚无化。他承认自我本真的生存不可避免地要沉沦于世，但他又指出自我的存在意义不是飘浮无据的，而是"领会着自己的此在本身"[③]。通过对自己存在的领会，自我以先行决心的形式筹划自身，并把自身从当前的沉沦中抽出来而向自我最本己的存在返回。海德格尔相信这样就能保全自我本真的整体存在，逃避自我的虚无化。但是，他的努力是在丧失信仰、怀疑重重的前提下做出的，沉沦已成必然的命运，而自身筹划不过是虚妄之举。正如《喧哗与骚动》中的昆丁·康普生在自杀前拧下了手表的指针，而无指针的手表仍然滴答作响，对于沉沦于世的现代人，时间已是一种"无穷无尽无所逃的存在"，一种"更冷酷更绝对的实体"[④]。正是在这个意义上，加缪说："荒谬的人就是与时间须臾不可分的人。"[⑤]从空间逃亡出来，又沉沦于时间之中，这无疑是"更深地失去自我"。而这对于割断了自我与世界之间的理性信任的现代艺术家，却是不可逃避的命运。

现代主义之返回时间，是期望从时间中实现超越：寻求一个不可能的自由的自我世界，以作为宗教失落以后人类替代性的信仰世界。但是，现代主义不但没有把自我从宗教的失落中挽救回来，反而把自我更深刻地逐入了无情的时间之流。

自我向时间的沉沦，意味着现代主义的以自我为本体的新的假想中心的破灭。在"自我"的意识中凝聚着西方现代人的生存焦虑。生存焦虑的非理性冲动把现代主义带到了逆料不到的深度的困扰之中，并使之陷于不可遏制的疯狂。正是疯狂使现代主义的自我意识沉沦于时间，并且被耗尽(burn-out)。现在，自我不再是一个具有统一性的中心意义的主体，而是一个已经非中心化了的主体。他体验着一个完全陌生的非人性的世界。这个世界的非人性不仅在于它的冷漠无情。而且在于它的没有任何统一性的差异性和没有任何稳定性的任意性。在这个世界中是没有自我的存在的，他在完全的差异性和任意性中被"零散化"了，他失去了自己的人

① 威廉·白瑞德(1988：60)。
② 转引自威廉·白瑞德(1988：61)。
③ 海德格尔(1987：385)。
④ 转引自威廉·白瑞德(1988：52)。
⑤ 加缪(1987：93)。

格,自己的情感,自己的面貌,自己的身份。自我完全失去了自身的统一性,成为没有过去,也没有未来的“除了现时以外,什么也没有”[①]的零散的存在物。

对自我的零散的意识,包含着一种新的怀疑精神。这种新的怀疑精神产生了现代主义向后现代主义的转换:不仅对世界的统一性和整体性表示怀疑,而且对自我的统一性和整体性表示怀疑。换言之,这种新的怀疑精神完全拒绝了统一性和整体性的可能性,而认为一切都在未定性和多元化之中。这样,不仅世界的意义被消解了,而且自我的存在也被推延到不可期许的未来之中——对于这种新的怀疑精神,未来是永远不会到来的,因为根本就不会有未来。“不存在什么明天。”(加缪)

这就是后现代主义精神。如《城堡》中的K,卡夫卡式的现代主义作家徒劳地在时间的无限延续中向不可能达到的城堡逼近,并把自己的失败归于自己生活在已变成陷阱的世界里;后现代主义作家完全放弃了卡夫卡式的追求,他们认为现代主义作家的失败的根本原因,不是外在的限制,而是自我的迷误;对不存在的确定性的追求。城堡根本就不存在,要走进城堡的欲望当然要遭受失败。所以如《麦田里的守望者》(塞林格)中的霍尔顿·考尔菲顿,后现代主义作家都愿意做麦田里的守望者。只追捉来这里玩耍的孩子:只在纯粹的当前中写作。

后现代主义作家所要做的工作,是从现代主义作家沉沦于其中的时间抽身出来。“所要毁灭的是时间延续,即存在的不可名状的联系”[②],失去连续性的时间零散化为无限数量的当前。零散的当前对于作家的意义就是它的毫无意义,在于它提供了创作的绝对自由所需要的无。一个既没有过去又没有将来的当前是不包含任何因果性和确定性的限制的,因此提供给作家超时间的空间上的无限可能性。“像自由一样,写作只是一段时间。”[③]但是,在后现代主义的写作中,时间不是要实现的对象,而是要被消解的对象。在这里,随着时间的无意义延续进行的是对空间(结构)的高度自由的构造,而且这个构造是永远不能完成的。后现代主义的主题就是:在构成与消解的二元对立中的无止境的空间游戏。

很明显,后现代主义引进了后结构主义对世界的本体论认识:构造就是存在,而且只有构造才存在。这个观念具体化为文学意识就是,“叙述等于生命:没有叙述就等于死亡”(托多罗夫)[④]。现代主义也非常重视作品的结构及其构成过程,但它关注的是自我情感的表现的可能性。即使如康定斯基这样的现代形式主义的始

---

① 弗雷德里克·杰姆逊(1987:182)。

② 巴特(1987:160)。

③ 巴特(1987:153)。

④ 转引自特伦斯·霍克斯(1987:101)。

作俑者也主张，“最重要的事情在于形式是否出于内在的需要”[①]，“只有凭借感情，艺术家和观众才能沿着正确的方向前进”[②]。而后现代主义否认在写作之前，有任何需要表现的意义或内容。写作产生于一切未定的暧昧不明之中。作品成立之前，什么也没有：没有肯定，没有主题，没有信息。不是“有些事要讲”，而是“如何去讲”成为作家的构思计划，是将来作品中的“不稳定的内容”。所以阿兰·罗布-格里耶说：“现代小说是一种探索，在探索进程中逐渐建立起自身的意义。”[③]

后现代主义的写作，既从“无有”开始，又归于“无有”。巴特认为叙述中什么也没有发生，所发生的只是语言本身，是“语言的历险”[④]。由于德里达式的解构活动，作家不仅失去了参照外部世界的可能性，而且也失去了结构概念可能带来的整体性和对象性的想法。因为已不存在超验的、终极的因此占支配地位的所指（即人的本质），传统语言活动的能指与所指的关系就在差异作用中无限地往后倒退，写作因此成为指示行为的“延迟”活动，就是说，传统写作所提供的确定的单一的意义或结构已经为无限止的、非目的论的“意义链”所代替[⑤]。在这个意义链上，每一种意义都在语言的二元对立关系中产生和消解，这导致了语义无限丰富的可能性，又同时把一种失落感强加于读者，因为最后的意义，亦即真正属于文本的意义在无限的延迟中居于永恒的虚无状态。根本上讲，写作作为指示行为的延迟活动，不是指示行为的完成，而是指示行为的解构。它通过完全的未定性暗示着意义的无边无际的可能性而使意义归于虚无，叙述作为能指就在意义的消解中转回自身，成为自我反映的孤立的能指：零度状态的字词。所以，所谓“语言的历险”，即指写作已是一种反语言的写作，它爆破了字词的指示关系，并使文法失去目的性，“充其量只是为了表现字词的一种延续的变化”[⑥]。

霍克斯所概括的巴特的文学观是极有代表性的：

> 他认为，一般作家写的是某种东西，真正的作家就只是写，区别全在于此。真正的作家不是为了把我们带向他的作品之外，而是为了把我们的注意力转向写作活动本身。[⑦]（着重号为引者所加）

后现代主义作家认为写作就是目的，而他能提供给读者的，也只是写作本身。

---

① 康定斯基（1987：78）。
② 康定斯基（1987：80）。
③ 阿兰·罗布-格里耶（1984：400）。
④ 巴特（1987：145）。
⑤ 参见安纳·杰弗森（1986：92-132）。
⑥ 巴特（1987：166）。
⑦ 特伦斯·霍克斯（1987：115）。

因此，他不再认为自己是一个巴尔扎克式的全知全能的叙述者（上帝），而甘于做一个自己的有限的、不确定的瞬时经验的叙述者。既然世界并不具有先在的意义，既然自我的存在是零散的，"我"就不是在叙述什么，而只是在叙述，而且是基于完全的未定性和多样性的无选择性的叙述，写作只是作家自我"自省的符号化过程，亦即指示自身的一种信息"①。拉康认为写作是语言把愿望组织（隐抑）为潜意识结构的活动。② 而读者在作品中，并不被稳定的内容和单一的意义支配，他与作家拥有同样高度的自由而"浸沉在一种如血液似的无名物质中，在一种既无名称又无轮廓的稠液中"③。

"如果说世界是清晰的，艺术则不会是清晰的。"④加缪的荒谬观念鼓舞了后现代主义的写作，它使作家完全认同于多样性（即不完全性）。在加缪看来，作家只需要"一片阿比西尼荒漠就足矣"，而作家的工作就是"给空无涂上色彩"。然而，涂上色彩的空无依然是空无。后现代主义从现代主义手中接受了空无，并没有战胜它，而是完全认同了它。后现代主义作家在空间中的高度自由乃是基于其空间的死寂的空无本质。在这死寂的空间中，自我的存在被无限延迟了。但更准确地说，是自我的存在被彻底消解了。因此杜夫海纳在现代艺术——包括后现代艺术——中看到一种死亡的愿望，这种愿望表现为，"作品的意义是没有意义，它的存在超过任何规定性，不在光辉的肯定性之中，而在对任何肯定性的不断否定之中"⑤。在这种愿望支配下，艺术家完全专注于自己的内心生活，而对人的环境与自然的环境再也提不起兴趣了：

> 可以说自然对象的诗意瓦解了，世界不过是散文。在这种荒凉的孤独中，逮造一个光辉而有意义的对象又有什么用呢？⑥

杜夫海纳的观点，可以作为对西方现代艺术，乃至于整个西方现代非理性主义的结论性批评：空无就是空无，既没有色彩，也不能被涂上色彩。西方现代非理性主义的症结在于：面临自我生存的信仰和理想的全面丧失，它拒绝理性的力量，更根本的是拒绝社会的力量，因此它不仅不能为自我找到重建信仰与理想的现实途径，反而使自我更深地沉沦于无意义的虚无之中，永远地失去了回归的道路。

---

① 转引自特伦斯·霍克斯（1987：145）。

② 参见《西方现代文学理论概述与比较》第五章"现代精神分析批评"，安纳·杰弗森（1986：133-160）。

③ 纳塔丽·萨罗特（1984：391-392）。

④ 加缪（1987：129）。

⑤ 杜夫海纳（1985：164）。

⑥ 杜夫海纳（1985：188）。

一 在最后的停泊地：失去锚碇的情感

“文革”这场灾难，赋予了一部分作家（尤其是一部分青年作家）向现代西方作家的自我表现意识认同的强烈趋向。随着一场苦难的结束，整个民族受伤的心灵急需抚慰。于是，一次大迁徙式的文学向内心的转移出现了。这一转移来势迅猛，几乎在一举之间挣脱了传统的惯性，而彻底坠入自我心灵的汪洋。

在这次大转移中，首先引人注目的两位作家是张辛欣和张承志。

一条寻求自我心灵慰藉的道路，却同时是使自我心灵完全失去归依的道路。这就是张辛欣式的自我独白的心路历程。“我”从对昨天的深沉悔怨（《我在哪儿错过了你》），经过少年梦的彻底幻灭（《我们这个年纪的梦》），到了“对手是别人，也是自己”的绝望心境（《在同一地平线上》），最后归于一叶彻底地孤独无依却又完全随波逐流的心舟（《最后的停泊地》）。

《最后的停泊地》在张辛欣式的小说世界中，提供了一个最典型的意象，的确对于张辛欣式的自我追求具有归宿的意义。这篇小说没有传统小说中构成结构的情节，只有一个意象：“我”在地铁站台上送别“我”的情人。作家采用了多重循环的叙述，使读者产生“我”永远在送别情人，或“我”根本就不曾与情人相别的印象。而这种印象又通过“地铁送别”这一独特背景的暗示，使读者彻底抛弃了对外在故事的追寻，完全进入了“我”的痛苦而矛盾的心绪之中。实际上，作家本来就没有要讲“我”的故事的打算，作家只是在书写“我”的情感独白，而且，“我”本来就没有故事，只有情感。这才是作家真正写出的：“我”已完全被卷入了埃舍尔怪圈式的情感旋流。一方面是竭力摆脱我与现实认同时的“演员”身份，以求得自我人格的单纯完整（“为什么总要诉说别人的语言，进入别人的感觉？”）；另一方面又渴望着自我情感能有所寄托，有所依靠（“说到底我们在情感生活里……永远渴望和要求着一个归宿。”）。但是，对于“我”，是没有一个归宿的，甚至“没有一个值得回忆的怀抱，让人哪怕在假想中停靠片刻”。当“我”从外在世界返回自我心灵这块最后的停泊地时，“我”所能获得的只是重新的放逐。

对世界的怀疑和对世界的渴求，构成了“我”的双重情感，正是在这双重情感的永恒缠绕之中，“我”一方面渴望着返回自我，另一方面又渴望着投身世界。因此，“我”为实现自我的不懈追求却成为对我自身的无限放逐，没有一个空间能成为我的稍息之地。“我”只是在不尽的时间之流中不停地奔波。对于作家，“我”也不再是叱咤风云的主人翁，而只是天地间一个匆匆的过客，“我”唯一的真实和意义是“我”内心依然激情洒涌……

尽管失败是注定的命运，张辛欣依然在奔流不息的时间中寻找着一个又一个栖息的岛屿，她的“我”总不能彻底放弃对一个又一个“他”的痛楚而无望的依恋。张承志则彻底放弃了张辛欣式的“奢望”，他并不认为“我”需要一个“她”来作为锚碇自我的港湾。“我”错过了一个又一个“她”而并不自悔，因为有无数的大河、草原、高山，以及浩大的海洋渴望着“我”的跋涉，“我”已把我的生命交付给了永恒的时间之流：

> 我独往独来地欢乐地走在我的流浪路上。我在茫茫人世中不异于别人但我知道我的血在驱使着我流浪。我看见了唯我才能看见的美好，于是我追逐着一次又一次地启程了。(《金牧场》)

张承志把“我”对流浪的渴望和在流浪中的欢乐赋予生命的本体意义。流浪已使“我结合着自然。我心连着大陆”(《金牧场》)。正如在黄河中滚动着的，“不是水，不是浪，是一大块一大块凝着的，古朴的流体”(《北方的河》)，在“我”的心里涌翻着的，已是超于情感且更深于情感的“一道道铁石般沉重的浪”(《金牧场》)。“我”不仅在流浪中获得了自我情感向生命本体的回归，而且在向流浪的无限投入之中，自我情感本身就成为生命强力的直接奔流。然而，张承志的梦想只是要做一个不愿回家的奥德修斯。他没有意识到，“我”的热情澎湃的生命力，并非来自这漫无边际的流浪，而是来自“我”与那一条河流(《北方的河》)、那一座冰峰(《大坂》)、那一片草原(《金牧场》)之间在生与死的磨难中建立起来的深刻的血脉联络。相反，这无尽止的流浪，由于没有指归为之提供意义，很快就演变成没有真实生命内容的单纯的重复。而这单纯的重复，不但未能向“我”的生命输送任何新的血力，而且在不断地耗散着“我”的生命，稀释着我的热情。

这种无尽止的漫游就酿造着一批曾有着艰辛的生活体验而富有强盛生机的张承志式的作家的悲剧。他们过于信任地纵情于自我生命力的自由冲荡，并不再与自我生活的土壤保持深刻的接触，从而很快耗尽了自我生命的内在底蕴，只留下一腔漂浮无据的浮情躁感。《北方的河》一开始的汹涌澎湃的情流并没有奔流到底。“他”(主人公)与黄河之间的浓烈而默契的父子般的交流，在“他”为了一个毫无意义的“完全”而匆匆奔涉于北方的每一条有名河流的“流浪”中淡化为诗人菲薄的矫情。而《金牧场》所展现的是血力枯竭、心灵疲惫的张承志式的孤军奋战者的无谓挣扎。毫无疑问，作者是要作为一个无畏的强者唱一支生命的深刻而辉煌的赞歌。适得其反的是，“他”(主人公) 只是在虚浮的层面上自主着自我的命运，而在生命的深处，始终是一个随波逐流的逃亡者。“他”之东渡日本，本来是作者为“他”谱写的一个最壮丽的乐段，但剥离文字的浮艳，却是毫无血色的苍白。“他”带着蒙古族神话《黄金牧地》中的勇士的信念而去，却毫无保留地认同了日本流行歌手小林一雄“绝望的前卫”的无可奈何的悲哀。这个认同并不是一个勇敢的探索者的自我意识的觉醒，而是一个失去归途的漂泊者的信心的最后放弃。《黄金牧地》的残稿虽然破译出来了，“黄金牧地”所代表的大陆信念却永远消逝于死亡的历史中。实际上，在主人公乘飞机跨越大陆而飞向海洋时，他引为生命底蕴的大陆础基就已沉没入海，散落为飘摇孤零的岛屿。“他”最后又回归了大陆，但这种回归只是出于一种外在的观念，而不是出于生命本体的坚实信力。这就是说，对于“他”，亦是对于张承志式的自我，生命不再是具有热情与力量的真实，而只是一个没有质感的概念。

对流浪的无限渴望的深层是无限反叛的非理性冲动，这种非理性冲动必然要把自我驱逐到艾略特式的文化荒原上。在这个荒原上，一切都在奔向死亡，都是死亡的象征，而自我的生命也完全处于洪荒般的干涸之中。[①]《西省暗杀考》的主人公(回民伊斯儿)把自己的整个生命都寄托于报灭族之仇的欲望上。但他经过毕生的奋斗，即将手刃仇敌之际，仇敌却为外族人所诛。失去复仇对象的悲哀和绝望一下子把主人公的生命推进到垂暮的羸弱境地，他脚下的金积大地也不再是他当初死里逃生的热血丰沃的原野，而是一片毫无生机的荒漠。可以说，这篇小说是张承志式的流浪者的悲剧结局的象征，是作家献给自我的一篇无可奈何的挽歌：

> 刚烈死了，情感死了，正义死了。时代已变，机缘已去。像这广阔无限的西省大地，贵比千金的血性死了。(《西省暗杀考》)

张辛欣和张承志本属于满腔热忱而极富理想的一代。“文革”的灾难毁灭了他们的理想，使他们的心灵受到创伤。在灾难过后，无疑他们有着极强烈的愿望要重建人生的理想。但是，他们由于对社会主义在其历史发展中的失误缺乏正确的历史分析和认识(这正是年青一代中普遍存在的问题)，却抱着一种根深蒂固的怀疑态度，因而丧失了信仰，这样，他们不可能走出一条重建理想的现实道路，只是听任自我情感的无边无际的漂荡流浪，最后失落于虚无。

二　宣泄与狂乱：自渎的灵魂

情感失落的困境，一方面来自文学中的非理性迷执，另一方面又催化和强固了文学对非理性的迷执。它把文学逼入了全面反叛理性的绝境。换言之，在情感失

---

① 见 T. S. 艾略特：《荒原》。

落之后，文学只能是从理性的叛逃。

当然，文学之从理性的全面叛逃并非单纯来自文学的自我意识，而是包含着作家对生存的普遍困境的认识。这两方面是互相促进着的。对于作家来说，外在生存，亦即理性生存的真理已经丧失，转向自我内在生存，亦即非理性生存才成为迫切的要求。的确是出于一种对于真实性的真诚，一大批作家才勇敢地投入自我生存的非理性深渊。对自我内在生活的非理性层面的探索是必要而有积极意义的，但是必须坚持两个基本前提：第一，对非理性生活的探索必须以理性力量为基础，以保证探索本身的认识意义；第二，必须坚持理性对于自我生活的主体性意义，一切非理性因素（力量）只有与理性相关联才能被赋予自我存在的属性。然而，这两个前提被非理性主义的极端立场抛弃了。这种极端立场转而认为：第一，要把握自我存在的真实必须排斥理性，由非理性独自而战；第二，自我只有在非理性状态下才有真实的存在。一些作家奉守这两个观念，使得他们对自我内心生活的探索不能深入下去，而停留在半路上，成为对理性的盲目而恶性的无谓冲撞。

残雪式的充满着精神病变氛围的臆想和莫言式的以暴戾为特征的感觉，正是滞留于对理性的无谓冲撞的两种典型模式。我们丝毫不怀疑这两种模式在揭示我们时代的自我内心世界中曾经达到过独具启迪意义的深度。然而，这两种模式曾经具有的力量不是来自非理性对理性的彻底反叛，而是来自二者的深层的沟通。残雪式的臆想展示的是刚过去的灾难岁月在自我心中种下的梦魇，而莫言式的感觉展示的是自我在传统与现代的二元对立中的无所适从的痉挛，它们共同的特色是深重的历史感和强烈的时代感的冲突的融合，具有马尔克斯式的魔幻现实主义的震撼力。这没有坚实的理性力量的支持与提升，是不可能的。甚至那位主张知性不能了解生命，只有直觉才把我们引入生命深处的柏格森也认为：

> 知性仍然是光辉灿烂的核心，围绕知性的本能即使扩大、净化为直觉，充其量也只能形成模糊的星云。[1]

但是作家本人没有深刻意识到这一点，相反，他们甚至极力回避这一点。他们把自己创造中的非自觉性因素扩大为唯一的因素，从而迷执于他们的臆想或感觉。如莫言所言：

> 只要有了肉。只要有了火。[2]

---

① 柏格森（1989：139）。

② 莫言（1988）。

由于迷执于自我的臆想和感觉，并且竭力排斥理性力量的支持，以保持臆想和感觉的非理性的纯粹性，作家就割断了他的创作与外在生活的生命联络，而使他的创作成为一种单纯的内耗，而内耗的结果就是其作品的生命的力度与浓度的日益减少，以至于丧失殆尽。残雪的臆想似乎并没有越出它的诞生地《黄泥街》，尽管《山上小屋》和《公牛》几乎可以说是残雪式臆想的结晶体，而《苍老的浮云》在技巧上远比《黄泥街》更为精致；或者说，作家写下的一系列小说只不过是把《黄泥街》中的陈货不断拿出来翻晒、整理，或做一些微不足道的加工，正如《山上小展》中的“我”总是在收拾那个永远收拾不好的抽屉；而到了《突围表演》中，《黄泥梅》的旧货早已枯干碎裂为既无意义又无生命的僵死的语符，那个神秘莫测的“X 小姐”其实只是一个空无一物的稻草人。而莫言的感觉在《红高粱》之后就已经软弱迟钝，尽管在《红蝗》《欢乐》中还保持着敏感，但此时的敏感实际上是缺少自信力的神经质的反复无常和犹疑不决，而在《天堂蒜薹之歌》《玫瑰玫瑰香气扑鼻》乃至于《十三步》等小说中，莫言式感觉的文化张力已经荡然无存，代之以小聪明的琐碎与乖巧，马尔克斯们的技巧则成为这种小聪明的华丽袈裟。

然而，灵性的枯竭和感觉的贫乏，不是导致残雪式臆想和莫言式感觉的中止或收敛，而是导致两者的不可收拾的极度宣泄。这种极度宣泄并不以任何意义的实现为指归，相反，是要把自我灵魂置于传统与现实、情欲与道德、美善与丑恶、真实与虚假等多种二元对立的极端状态下，接受毁灭性的自渎，从而放弃了对一切价值与意义的追求，认同于反理性、反文化的狂乱。这种狂乱用莫言的语言来描述，即“红色的淤泥”：

> 红色的淤泥里埋藏着高密东北乡庞大凌乱、大便无臭美丽家族的过去、现在和未来，它是一种独特文化的积淀，是红色蝗虫、网络大便、动物尸体和人类性分泌液的混合物。（《红蝗》）

残雪与莫言是在情感和灵魂向崩溃边缘无限逼近中，有时甚至是在它们的崩溃的核心写作的。支持着这种写作的是一种刻意追求而来的死亡意志或性放纵。离开死亡的恐怖，残雪的世界即告崩溃，没有性欲的狂烈，莫言的世界实在平淡。正是作家自我无节制地引用这种非理性的力量，而产生了对情感与道德体系，乃至于整个文化的颠覆性狂乱。在这种狂乱中，如果我们一定要寻找这些作品的意义的话，我们只能获得“亵渎”，而且是双重的因此也是彻底绝望的亵渎：作者的自我亵渎和读者的自我亵渎。当然这双重亵渎之间有一个中介：对传统与理性，乃至于对文化本身的亵渎。在这双重的亵渎中，不仅自我的理性，而且自我情感，乃至于自我的整个人格都丧失了真理性而濒临毁灭。读残雪的《苍老的浮云》和莫言的

《红蝗》与《欢乐》等作品,我们所遭遇的就是这种毁灭性的自渎。

莫言曾借一位女戏剧家的"庄严誓词"来表明自己的创作意识:"我要编导一部真正的戏剧,在这部戏剧里,高贵与卑贱、美女与大便、过去与现实、金奖牌与避孕套……互相掺和、紧密团结、环环相连、构成一个完整的世界。"(《红蝗》)谁也不会否认,在我们现实生活着的世界中,上述一切都是纷然杂陈地存在着的。但是,如果**作家没有正确的世界观,没有正确的审美理想,及对社会、人民的历史责任感,而**仅只是要把这些东西如玩积木一样拼凑起来,不管拼凑的活动是以多么精细的生理感觉为基础(如《红蝗》中对食草家族的网络大便的感觉和《欢乐》中对处女与荡妇的月经味道的辨别),那么作家就应该放弃自己的文字游戏,去做一个实实在在的生活者,以免如黑格尔老人所告诫的,永远在自然的后面爬行。文学固然必须直面整个生活的真实,尤其不能回避丑恶,但文学之成为文学不仅在于作家真正触及了生活,而且在于**作家有健康和正确的审美理想,或者退一步说**,有足够强盛的生命力**和创造力**去把复杂繁乱的生活现象把握为内在有机的统一体,把常人所不能见的完整和深刻展示给读者。作家的审美理想和创造力同时包含着感性和理性两方面的内容,其实质是感性与理性的统一。正是在这个意义上,马克思说,"所以社会的人的感觉不同于非社会的人的感觉","感觉通过自己的实践直接变成了理论家"[①]。然而,莫言的创作意识,亦如他走向非理性极端的写作,并没有以感性与理性的统一为实质的生命力和创造力为基础,相反,它只是基于作家生命衰微而来的急不可待的虚妄和贪婪,这种虚妄和贪婪在对生活想象的疯狂追逐中不能实有所获,而转而以暴决的形式进行灵魂的自渎,从而堵塞自我的极度空虚,这对社会、对人民,无论如何远非一种自觉负责的态度。无论自觉与否,残雪与莫言式的写作投入了尼采早已批判过的现代艺术的感觉主义泥潭:

> 更糟糕的是人们在这里一旦比较认真地对待艺术,就要求它制造出一种饥饿和渴望,认为它的使命正在于这种人为制造的亢奋。人们仿佛害怕自毁于厌倦和麻木,于是唤出一切恶魔,让它们像猎人驱赶野兽一样来驱赶自己。人们渴望痛苦、愤怒、仇恨、激昂、出其不意的惊吓和令人窒息的紧张,把艺术家当作呼唤这场精神狩猎的巫师召到自己面前……(艺术家)率领着浩浩荡荡的激情,如同率领着狂吠的狗群,按照现代人的要求放开它们,让它们向现代人扑去,因为现代人宁愿被捕猎、咬伤、撕碎,不愿在寂静中与自己相处。与自己相处!这个想法使现代人不寒而栗,这是他们的恐惧和怕鬼。[②]

① 马克思(1979:78-79)。
② 尼采(1986:133-134)。

三 在世界的边缘:玩的人生

残雪与莫言式的极度宣泄,**把正确的人生观与审美理想视作“粪土”**,使自我在彻底的狂乱中失去了做任何价值或意义判断与选择的可能。因此自我只能被逐于世界的边缘上,承担着彻底无意义的荒谬的生存。

这就必然出现刘索拉式的主题:“你别无选择”。这个主题包含着的把自我置于绝望之境的荒谬性是:你别无选择地要承担选择的无意义。生存就是选择,选择是不可逃避的。同样选择的无意义也是不可逃避的。所以,你别无选择,并不是你不能选择,而是你必须选择,而且是在彻底的无意义中选择。在刘索拉的小说中,无论是精血旺盛的孟野、森森,还是冷淡清闲的李鸣(《你别无选择》),无论是真纯明丽的蛮子,还是困顿迷乱的女歌手(《蓝天绿海》),无论是不顾一切寻找不知有无的歌王的B,还是彷徨于城市与远山(现实与精神)之间的“我”(《寻找歌王》),甚至那个不辨真假,常把演戏与生活倒置而得了“非跑道奖”的女丑角(《跑道》),都无一能逃避为生存而来的选择,而且无一不承担着选择的无意义的碾磨,其生存既是《第二十二条军规》(海勒)式的无可奈何,又是《等待戈多》(贝克特)式的彻底无望。

尽管同样承担着无意义的生存,刘索拉却不再有残雪、莫言的撕心裂肺的痛苦的疯狂。或者说,残雪、莫言还对失去的意义和价值怀抱着最后的依恋,还妄念着用其现代主义的“神圣的疯狂”来填补无意义与无价值的生存空虚,而刘索拉则在他们极度宣泄已耗尽近年“先锋文学”的整体生力之后,来承担作家自我的无意义困境,所以,刘索拉别无选择地认同了自我的无意义,并且把自我无意义的痛苦的沉重化解为无聊的轻浮[①]。实际上,从《你别无选择》开始,刘索拉一直在做的就是化解痛苦的工作。而到《跑道》,刘索拉已把自我完全从痛苦的重压下解脱出来,而送到了没有出口(没有意义)的跑道上。在这条跑道上,通过时间的无限绵延,起点与终点的二元对立消解了,意义与无意义的二元对立也消解了,痛苦与欢乐之间的转换来得奴此容易,似乎只需要一个最空泛的感叹(常常是“他妈的”)来作过渡。这当然使我们想起《麦田里的守望者》中,那个总是为了减少烦恼而放弃自己的原则的霍尔顿·考尔菲顿的口头禅:“我并不他妈的在乎”。

没有出口的跑道一方面展示了自我封闭的心灵意象,另一方面也展示了这种心灵意象的极度虚乏。这正是当代文学中一部分所谓的“先锋派”艺术追求者的共

---

① 参见弗雷德里克·杰姆逊(1987)。

同的心态，也是他们脱离人民、脱离时代的致命的要害。当然，刘索拉式的自我封闭并非紧守闺阁，而是沉浮于人生世相而无力深入其中，乃至于疲惫的心灵总是一无所获。“把世界都还给你，你又觉得空了。”（《跑道》）这是一种自我生命的单纯耗损。可以说，刘索拉的小说以浓缩的节奏展现了先锋作家生命力严重耗损，乃至于完全耗尽的过程。《你别无选择》和《蓝天绿海》的热气腾腾就几乎耗尽了刘索拉的全部真力，而她没有，甚至也不可能从现实生活中得到及时的补充，在惯性的推动下仅凭余勇残力写作《寻找歌王》等作品，致使这些作品在严重的相互重复之外，唯一新添的东西就是日益增添着的贫血和空泛。实际上，在没有出口的跑道上，刘索拉的自我并没有得到真正的解脱，而是完全沉沦于与世界绝缘的自相缠绕的重重困惑中，并且为之耗尽了生力：

> 你到底想要什么？还是想得到什么？甩掉什么？你是不是想不出来？想出来又不敢说？说出来又做不到？（《蓝天绿海》）

刘索拉所遭受的耗损是残酷的，因为她身处荒谬之境，无力自拔而强行挣扎。她不能完全认同既定的一切，**包括为我国人民历史选择了的社会主义制度**（~~**而且对未来还抱有最后的希望**~~）。然而，如加缪所指出的，荒谬对我们的最根本的启迪是：不存在什么明天。而这一点正是荒谬人的反抗、自由和激情的深刻原因。“生活着，就是使荒谬生活着。而要使荒谬生活，首先就要正视它。”[①]一个荒谬的人，是“绝不拔一毛以利永恒的人”[②]，他对将来无动于衷而且怀着穷尽既定的一切的激情，对于他，“重要的并不是活得最好，而是活得最多”[③]。正是这种超越一切价值考虑义无反顾地去生活，使荒谬的人能够在人与世界的荒谬关系中拒绝自杀，而且实现了自我的反抗，自我的自由，自我的激情。**在这里，彻底暴露了这些“作家们”的资产阶级灵魂及其世界观、艺术观、人生观的荒谬性**。

但是，把荒谬认定为“是目前为止人与世界之间的唯一联系”，毕竟只是西方现代意识中的一种极端观念。无论我们承认与否，我们所生活的世界，是，而且只能是由意义、价值和理性来支撑的，尽管大量的荒谬因素漂荡在这些柱石的周围，甚至荒谬因素对于世界的构成和发展还是必然而且必不可少的。所以，并不是人人都可以（当然亦不是人人都愿意）做加缪式的荒谬人。而加缪式的荒谬人，是不能生活在世界之中的，而只能生活在世界边缘。因为他们对将来和意义、理想、价值的拒绝，就是对在世界中生活本身的拒绝。这种拒绝把他们放逐到世界的边缘，成

---

① 加缪（1987：67）。

② 加缪（1987：84）。

③ 加缪（1987：75）。

为漂泊的荒谬人。

王朔笔下的“顽主”就是这种漂泊的荒谬人。他们把自己同世界的确定关系限制在最低程度，即必须在这个世界上活着，只有这一点是确定的，而此外，包括家庭、职业、兴趣、理想、道德、情感等，都被取消了确定性和实在意义，处于无根无据的漂浮之中。他们不知从何而来，也不知去向何方，把自己整个的人生目的都局限于今天的尽情追逐与享受之中。他们从来不为明天烦恼，最远的忧虑也只是今天的午餐或晚餐没有着落。他们走南闯北，东奔西忙，大把地捞钱，大把地花钱，目的就是一个：玩。他们并不关心道德和法律，但为了能够“穷尽既定的一切”“活得最多”，他们不得不在是与非之间走钢丝绳。玩，而且玩得痛快，就是他们唯一的生活准则，在这个准则下，如《顽主》中的于观所言，“我们可以忍受种种不便并安适自得，因为我们知道没有完美无缺的玩意儿。哪儿都一样。”

但是，无意义的“活得最多”，并不能给自我带来任何真正的满足，因为空虚的数量并不能填补质量的空虚。没有明天的生活就是彻底无望的生活。甚至推崇荒谬人的加缪也说，“希望是不能够永远被避开的，而且它还可能纠缠着那些要挣脱它的人们”①。希望确乎是人的最基本的生存因素之一，它不仅是人的生命力的肯定表现，而且是人的生命力的重要来源。荒谬人的无望的生活，只是自我精神向外界的彻底沉沦和自我生命的恶性损耗，它最终要把自我逼入只求一死的疯狂。换言之，世界的边缘并不能成为自我的永久栖息地，凝聚着希望的世界核心的吸引力是这样的强大，如果漂泊于边缘的自我不能找到一条清醒的回归之路，他就会在一种完全的疯狂中追求能与世界同归于尽的毁灭。王朔笔下的顽主们，在前期都保持着逍遥自在的宁静，他们在边缘生活着，认可并庆幸世界对自己的遗忘。而在后期，由《顽主》始，经《玩的就是心跳》《〈顽主〉续编：一点正经没有》，到《您千万别把我当人》，顽主们一改冷淡无为的漂泊者身份，成为一场更比一场声势浩大的社会闹剧的导演者，以拼命的疯狂向世界的核心地带发起一次更胜一次的冲撞。其旨意很明显：自我已经疯狂，世界怎能安稳？

这应该不是牵强附会：顽主们的心态发展的背后潜隐着王朔式的作家自我的意识轨迹。当作家巡视“真人”的眼光完全投放于荒谬的人身上时，面临人生的意义空无的非理性状态，对于他，“问题不再是去解释或找寻出路，而是要去经历、去描述”②。他的创作成为对荒谬人生的无主题、无人物、无情节的模仿（实录）。然而，正如荒谬的人不可能安居于世界的边缘一样，作家也不能长久忍受无意义的匮

---

① 加缪（1987：148）。

② 加缪（1987：124）。

乏，在自己的创作中恒守加缪式的局外人的超然，“一切都始于远见卓识的冷漠态度”[①]。他也势必被逼入疯狂。更直接地说，顽主们的疯狂即是王朔式的作家自我的疯狂，王朔的后期之作，特别是《您千万别把我当人》，纯粹是复仇心切的荒谬人的疯狂之举。当小说中的顽主们把世界搅成一片善恶不分、真假莫辨的混沌时，小说之外的王朔是不会不感到一种如愿以偿的欢欣的。不过，这份欢欣实在只能是王朔式自我的最后的慰藉。因为他已经把荒谬“玩”尽，现在不得不来“制造”狂乱，而制造狂乱所需要的血力早已被王朔的先驱者们耗费竭尽了，王朔式的自我疯狂因此只能是心衰力竭的虚张声势，**对前进的时代、历史，毫无任何积极的意义**。

四　叙述游戏：不存在的故事

近年的非理性主义小说，在疯狂的宣泄耗尽了血力之后，完全放弃了对自我意识的超越性追求，而进入反意义的叙述游戏之中。很明显，这一转变是参照了西方后现代主义的创作的。

在情感的自由宣泄中，故事崩溃了。现在作家的工作就是要重新构造故事。但是，基于一种非理性的迷执，作家既不相信外部世界存在着构造故事可以参照的统一性和整体性，又不相信自我可以通过语言的操作构造一个具有对象意义的故事。因此，作家对故事的重新构成，一方面顺应读者对传统故事的期待视野，另一方面又对这种期待视野进行无情的破坏：换言之，作家在构造故事的同时就在着手对故事的消解，他之讲故事，不是提供故事的真实性，而是揭示故事的不可能性。

马原是第一个玩弄叙述游戏的作家。他把读者诱捕入自己设下的叙事圈套中，同他一起进行叙迷游戏。《拉萨河女神》，就其题目而言，是要讲述一个寓意深长的故事。但是，作家只是描述了“我”与一群无名无姓的青年文人在拉萨河畔的一天中的无主题、无情节的零散经历。而所谓女神，不过是两位无聊的同伴随意用泥沙塑造的一个性感的女性。这篇小说的主题与内容在二元对立中互相消解了，而作者采用的非线性叙述也瓦解了叙述可能受传统叙事技巧的诱惑而带来的统一性和整体性。这就把读者的期待视野由对统一的故事和确定的意义的期待转移到对叙述本身，甚至是进行叙述的语词的关注。

当然，马原在《冈底斯的诱惑》中才真正建立起了他的叙事圈套。冈底斯的诱

① 加缪(1987：124)。

惑就是西藏高原的神秘的自然史和文化史对汉民族的诱惑。作者正是用这个极具诱惑力的背景来诱使读者进入他的叙事圈套。他讲了三个故事：陆高和姚亮的故事、穷布的故事、顿珠和顿月的故事。这三个故事是交错叙述出来的，作者似乎在不断暗示它们之间的内在联系；但是，故事的叙述者在不断改变，甚至始终就没有贯穿全篇的叙述者，作者又似乎在不断否定这三个故事可能有任何联系。读者在暗示与否定之间得不到任何确定性的判断，只能在摇摆不定的假定性中惶惑而行。而且，这三个故事不相关联的可能性实际上不断地分解着冈底斯的诱惑的完整性和实在性。也就是说，漂浮无据的假定性必然动摇和消解冈底斯对读者的诱惑。可以说，这篇小说的叙述方式不是把冈底斯的诱惑带到读者的面前，而是把它推向背离读者的无限远处，这一方面固然深化了诱惑力，另一方面这种深化本身就成为对诱惑力的消解，而无论情况怎样，叙述本身却完全实现了它的诱惑，它使读者片刻也不能离开它，因为在它之外，读者一无所获，毫无任何积极的历史意义可言。

如果说《冈底斯的诱惑》发现了叙述本身的诱惑力而建立起了马原式的叙事圈套的话，那么《虚构》完全排除了真实性的基础，在纯粹的假定性中来展开马原式的叙事圈套。《虚构》这一题目就向读者表明了小说中的故事是虚构的。“我”（主人公）走进一个不存在的麻风病人居住的村子——玛曲村，并且与一个患麻风病的女人发生了性爱，这个故事是不真实的，也是反逻辑——违背生活常规的。但是，这个整体上虚假的故事却被作者处理为细节上真实的故事：“我”在玛曲村内的一切都是合逻辑的，并且具有细腻的真实性。作者本人也是崇奉“局部逻辑全体不逻辑”[①]的叙述方法的。《虚构》整体上的反逻辑和局部上的合逻辑的效果是：否定了叙述的逻辑性是来自叙述以外的现实。“叙述不是由它与现实的任何参照关系，而是由其内在的规律和逻辑所制约的。”[②]因此叙述成为单纯的自我指代和自我反映的能指。或者说，叙述由手段变成了目的。

在马原之后，洪峰、苏童、余华、格非等人纷纷在假定性的基础上建立自己的叙事圈套。洪峰的《瀚海》和苏童的《一九三四年的逃亡》代表着对历史客观性的消解。“我”对历史的叙述不是对一种外在史事的单纯回逆，而是对我的历史记忆的重新体验。由于“我”对历史的记忆是零散的，而“我”当前的感觉又总是不稳定和无方向的，因此，“我”对历史的重新体验就进入一种基于完全未定性的多元化状态。在这种状态中，追求任何真实性和确定性的可能都被取消了，历史已不是时间

① 马原(1987)。

② 安纳·杰弗森(1986：109)。

中一段可以逆回的过程,而是在非时间的空间中的一个具有无限可能性又同样毫无确定性的质点,如“一九三四年”。

格非的《褐色鸟群》和余华的《此文献给少女杨柳》则代表着单一真实的外在世界已被自相缠绕的多元化的内部时空分解而虚无化。在《褐色鸟群》中,“我”已从1987年(写作的当前)进入了1992年,但是,这并不表明“我”单纯地生活在对未来的遐想中,因为“我”同时也在不断地从1992年向1987年返回。正如“我”讲述的故事始终是“一个首尾相连的圆圈”,因而不能有真正的进展一样,“我”的存在也在时间的双重甚至多重缠绕中凝滞了。实际上“我”已存在于时间(的进展)之外,褐色鸟群给“我”带回了时间,但“我”并没有因此返回时间的真正发展中,而只是进入了无限重复着的时间循环。1992↔1987在无限的循环中已成为一片不可超越的虚空,它使“我”返回真实的存在成为根本的不可能。在《此文献给少女杨柳》中,由于“我”和“他”都因双目失明移植了一个名叫杨柳的已故少女的角膜,而共同进入了不可分解的互相缠绕的感觉错位中。这种互相缠绕的感觉错位,在感觉的强斥力支持下,犹如一堵超密度的墙,阻止了“我”对外部实在的切进。不仅“我”的意识,而且“我的”感觉都生存在意义和真实的临界状态,因为“我”不得不承担感觉错位产生的一切所指的消解。换言之,最后的结果是“我”作为叙事者的虚无和无意义。

马原们的叙述方式给予了作者的创造极大的自由度,同时也把“创造性”赋予了读者的阅读。这无疑有助于文学在深度和广度上的掘进。但是,这种叙述方式无限制地消解自身对外部世界的参照,甚至完全取消了从叙述进入外部世界的可能,它就成为无意义的游戏。因为“意义产生在人与世界相遇的时刻”[①]。叙述沦为无意义的游戏,表现了一种追求死亡的意识,而且本身就是一种死亡的现象。一部作品的生命永远来自意蕴的表现,尽管被表现的意蕴可能是多义的,不完全确定的。“一部作品之不朽,并不是因为它把一种意义强加给不同的人,而是因为它向一个人暗示了不同的意义。”[②]巴特否定了作品意义的单一性,但并没有否定意义表现的重要性。马原诸人的早期作品是有新意和生命力的:但这不是来自对世界的参照的排斥,以及对意蕴表现的拒绝,而是来自它们极大限度地参照了世界,并且从参照中发现了意蕴表现的巨大可能性。《冈底斯的诱惑》《瀚海》,以及《一九三四年的逃亡》的奥秘就在于此。而他们的晚期作品表现出作家自我可怕的贫乏和惊人的自我重复。因为马原们既以极端的怀疑态度取消了自我对世界的参照,又

① 杜夫海纳(1985:150)。
② 安纳·杰弗森(1986:101)。

拒绝承担表现意蕴的责任，把写作变成一种超历史的随心所欲的狂热的语言试验或语言冒险。“只要这种冒险既奇特而又激动人心，那么它所留下的痕迹是什么都无关紧要。”[①]然而，这种无意义无目的的冒险并不能长久保持真正奇特的色彩和激动人心的力量，并且，正如巴特所言，“写作却是来自历史统一性的一种行动”[②]，马原们也没有实现自我对历史的超越意识，反而在历史迷宫中迷了路，致使他们很快就从根本上丧失了自信，在惶恐虚弱之间勉强挣扎着，因此编造出《旧死》（马原）这样的非驴非马，恍若新颖别致、实际陈旧乏味的小说来遮人耳目并聊以自慰。这一创作状况，怎么能不引起人们正当的不满呢？

五　爆炸与毁灭：语言向自然本性的回归

叙述游戏可以用巴特式的观点概括为：“能指完全独立于所指，而无拘无束地和文本打交道，追求反应的一贯性和有效性而不是客观性和真理性。”[③]由此可见，叙述游戏的实现，不仅要运用叙述混乱取消文法的目的性，而且要通过对普通语言的“有组织的”侵害（雅各布森语）把语言从能指与所指的限定关系中解放出来，使之成为无拘无束的能指。但是，由此而来的语言的解放，也就是语言的毁灭——语言不再表现意义。因为能指和所指关系的破裂导致了语言的剧烈爆炸：语词成为非连续的具有事物的可怕重量的直立符号。每一个字词“都是一个逆料不到的客观物，一个飞出所有语言（language）潜伏性的潘多拉匣子”[④]。也就是说，语言完全返回了它的自然本性之中，成为一种充满恐怖的反人道的语言。“它不使人和人发生联系，而使人与自然中最不人道的形象发生联系：诸如苍天、地狱、圣物、童年、狂怒、纯物质等等。”[⑤]因此托多罗夫说：

> 文学就像是一件语言用来自杀的致命武器。[⑥]

这样，叙述游戏，就是语言的冒险，也就是语言的自我毁灭。

早在莫言的小说中，对语言的颠覆就开始了。这种颠覆来自不可分解的价值的二元对立中的自我感觉的爆炸：“最美丽，最丑陋，最超脱，最世俗，最圣洁，最龌龊，最英雄好汉最王八蛋，最能喝酒最能爱。”（《红高粱》）但在这里，被颠覆的语言

---

① 杜夫海纳（1985：188）。

② 巴特（1987：150）。

③ 特伦斯·霍克斯（1987：161）。

④ 巴特（1987：167-168）。

⑤ 巴特（1987：169）。

⑥ 转引自特伦斯·霍克斯（1987：107）。

并没有失去二元对立的张力，一方面它使意义要素在对立的极端形式中趋于瓦解，另一方面又还是依靠这极端的形式使对立的意义要素获得了难以分解的统一。“我像思念石板道上的马蹄声一样思念粗大滑畅的肛门，像思念无臭的大便一样思念我可爱的故乡。”(《红蝗》)这就是一句典型的莫言式语言。在其中，感觉以爆发性的方式在极广阔的空间中自由跳跃、奔腾，语义也以同样激烈的形式不断生成和毁灭，虽然能指与所指的单一的联系不存在了，但二者毕竟还在多元的意义上保持着积极的联系，也就是说，语言的指代功能还在积极的发挥作用。

可以说，真正的语言游戏在莫言式的语言构造中还没有产生，虽然这种语式的语义已经很难把握，能指所指的关系也产生了剧烈的震动。因为这种语言活动仍然表现了对意义的积极捕捉。真正的语言游戏必须经历语言的指代行为的零散化活动才能产生。下面这段描写正是用分裂的感觉完成了语言指代行为的零散化：

> 我喜欢她走路的姿势。她的栗树色靴子交错斜提膝部微曲双腿棕色——咖啡色裤管的皱褶成沟状圆润的力从臀部下移使皱褶复原腰部浅红色——浅黄色的凹陷和胯部成锐角背部石榴红色的墙成板块状向左向右微斜身体处于舞蹈和僵直之间笨拙而又有弹性地起伏颠簸。(格非《褐色鸟群》)

这段引文出自《褐色鸟群》。它是一种追求比现实主义的真实更加真实的“真实主义”的描述，其主旨是返回原始，即返回人与自然的原始统一性中。作者对“她走路的姿势”的每一个细节都予以反人性的强化描述，仿佛是要把“她走路的姿势”的整体意象更为真实地展示于读者的眼前，实际上是无情地分裂了对这个整体意象的统一感觉，使读者根本就不能形成对这个意象的整体感，永远只能以被分裂了的感觉与爆炸的语词维持着一种人与自然的原始关系：在神秘恐怖的氛围中承受着难以逆料的绝对的客观物的撞击。叙述的指代行为的零散化实际上瓦解了叙述的指代行为本身，使叙述变为语言的单纯的自身反映，即语言返回完全独立于所指的零度状态。也就是说，叙述作为一种语言操作，已经成为纯粹的文字游戏。

> 在无法意识的行走中，信使的旅程已从无以追忆的黯淡的过去，无可阻拦地流向无从捉摸的耀眼的未来。(孙甘露《信使之函》)

这是一个投送一封信使之函的信使的遭遇。正如同无限地衍生着的“信是……”这样的句型表明：对于信使，信使之函什么都是，但同时又什么都不是，信使的旅程是一个充满种种猜测的过程，也是一个不能中止而又永远不能完成的过程：信使在无法意识的行走中。行走的无法意识来自信使之函的无法意识，但真正的信使的行走又必然是能意识的(有目的的)。无法意识否定着行走，使行走的每一瞬间都被无法意识的永恒性吞蚀，而行走也否定着无法意识，使无法意识的永恒性消解在行走的每一个瞬间中；但是，也正是基于二者的互相否定使二者互相成为对方生存的根基，并且通过二者的互相缠绕才使信使的旅程在瞬间与永恒之间保持着自由的转换力，即信使行走的每一瞬间在其绝对的虚无性中已经超越了自身的有限性成为超时间的永恒，作为瞬间的永恒，信使的旅程已经摆脱了追问真实与可能的窘境，成为绝对的，也是无边无际的行走本身。

孙甘露式的叙事模式，就把语言变成了一封永远不能投送出去的信使之函。在这种模式中，叙述每一次向实在的切近，都同时成为从实在的逃避。由于语义的自相缠绕已侵入文本的每一个语言成分，语言爆炸为绝对孤立的瞬间感觉的能指，然而这瞬间的感觉又是指向永恒的，或者说它在自我的绝对孤立之中化为永恒。语言已处于临界状态，在这种状态中，叙述者的生存成为无边的生存，也就是虚无的生存：他没有叙述什么，他自己什么也不是。实际上，孙甘露式的叙述是在一个虚拟的超经验的语言世界中进行的。在这个世界中，语言陷入了走投无路的迷惘，由于丧失了自己的指示功能，它只能依靠语词的自然本性(梦幻效应)的碰撞来对感性意识产生瞬间的诗意振荡。正如孙氏本人所言，这种叙述只是“虚假的文学癔症”，其结局是“在古往今来浩如烟海的描述性转述之后无可奈何地演变成了刺激麻痹已久的感官的杀手传说”(《信使之函》)。这实际上也是所有的语言游戏者的必然结局。也许，杜夫海纳对语言游戏者的告诫也同样适合于孙甘露们：

> 作品自身的语言不要像手淫那样从自身上获得满足，作品多少要参照世界，即使为了否定世界或者把世界作成想象的一个背景。[①]

杜夫海纳的告诫在社会主义文学工作者来看，远非无可指摘的，但其中并非毫无合理的因素。如果我们的作家连这样的告诫都做不到，是像“手淫那样从自身获得满足”，那他还有什么资格被人们尊重为“作家”?

六　冷漠叙述：自我的最后沉没

在叙述游戏，亦即语言游戏中，叙述人被抛入无边的存在，遭受了存在的零散化，而成为一个由无数的瞬间感觉勉强拼凑起来的，没有自我本质的存在怪物——

① 杜夫海纳(1985：148)。

一个是自我的局外人的自我。叙述人的零散化的存在,决定了他的叙述必然是冷漠的。

《奔丧》(洪峰)中的“我”是一个典型的冷漠的叙述人。因为在为父亲奔丧的整个过程中,“我”始终游离在一个奔丧的儿子的情感体验之外:“我”不能进入我的角色。噩耗传来,“我”并未为之心痛,相反为前来报丧的姐姐的肉感的身姿所吸引:“我看见我姐的两只大乳房跟屁股一样上上下下左左右右抖跑着过来。”想到爹时,“(我)总觉得那是一块发臭的肉,看一眼会使你一辈子不想吃肉甚至一想到肉这个词就胃疼”。对爹的养育之恩的回忆远不如对自己抚摸过一次的姐的乳房的温暖的回忆来得亲切。当哥姐们在治丧期间为钱财角逐时,“我”也并未沉于对爹的哀悼之中,而是时时挂念着不期而遇的旧情人,甚至为此冷落身边的妻子。瞻仰爹的遗容时“我”唯一的感受是尸体腐烂的不堪忍受的恶臭。最后火葬场送葬,“我”竟然独自瞌睡,并且似梦非梦地与旧情人又一次幽会……这是一个丧失了自我人格和自我情感的叙述人,他唯一拥有的就是当前的非理性的瞬间感觉。在他的叙述中,读者是不能获得任何称得上情感或意义的东西,只能梦游般地在他的破碎的感觉中飘来荡去。

当然,《奔丧》中的“我”还只是一个面对死亡无动于衷的叙述人,而《极地之侧》(洪峰)中的“我”已是一个热衷于玩弄死亡故事的叙述人。死亡对于“我”完全失去了现实生活中的恐怖、悲痛、肃穆的意义,“我”之所以讲了一个又一个存在或不存在的死亡故事,“只不过看你闷得慌,逗你乐乐”。叙述人的冷漠无情是背离常情的。然而,在洪峰的小说中,“我”无论怎样津津乐道死亡的故事,“我”仍然与死亡保持着距离,只是在远方把死亡当作拉线木偶来摆弄,而并没有直接走到死亡的跟前,也就是说,“我”多少还为常情留有一点余地。但是到了余华的小说中,那个用第三人称叙述的隐形的“我”就毫无保留地进入了死亡的现场,成为一个又一个死亡的事件的最直接的观摩者,甚至直接成为一个谋杀者。对于“我”来说,死亡并不是什么了不起的大事,一个漫不经心的疯子也可以砍下三颗人头(《河边的错误》),“我”对死亡的前因后果并不感兴趣,因为导致死亡的因素实在是偶然简单的(《世事如烟》)!“我”甚至也不是在死亡中寻找乐趣,比死亡更有乐趣的事多得很(《劫数难逃》);“我”之所以如痴如醉地追逐死亡的脚步,是因为只有死亡的血腥才能激活“我”的感觉,在一个又一个人的惨烈死亡中,甚至是在从一具尸体上割下一片又一片尸肉的单调动作中,“我”找到了“我”的感觉,获得了自己的存在(《现实一种》)。在“我”的冷漠而又充满着摧毁人的意识的浓烈的血腥气的叙述中,余华小说的读者要对其中的死亡事件作任何道德和情感的把握和评价,都是不可能的,只能作为有生命的存在物对之做出单纯的生理反应——感觉。

对死亡的冷漠叙述最容易达到预期的冷漠效果。因为人们总是以极端的情感形式来感受死亡的，冷漠叙述的情感临界状态必然在对死亡的叙述中明显地表现为冷漠无情。但是，并不是只有死亡，而是任何题材都可以作冷漠叙述，只要叙述人放弃自我的人格理想和情感追求，作为一个单纯的感觉者进入题材。冷漠叙述在与传统的高调叙述的相互参照、对应中，是可以达到一种奇特的深度效果的，如《奔丧》对现实中存在的虚假人情的揭示；又如《现实一种》对人内心的复仇欲望的揭示。但是，冷漠叙述本身不但达不到，而且着意取消叙事的深度模式。在典型的冷漠叙述中，感情麻木而达到了临界状态，而人的尊严和自我本质早已作为抽象的概念被取消了。如《风琴》中的冯金山，甚至见到自己老婆被日本鬼子蹂躏也不震怒，反而对她那“身体裸露的部分”“感到了一种压抑不住的激奋”。

冷漠叙述的实质不在于它与传统的高调叙述方式相比采用了一种低调叙述方式，而在于叙述人已被完全剥除了一切理性和社会性的存在属性，成为一个无感情、无人格、无本质的感性存在物。换言之，叙述人是，而且只是零散化的感觉的集合。叙述人的零散化的深层是作家自我的彻底沉沦与崩溃。冷漠叙述是后现代主义文学的典型特征之一。但是，在《局外人》和《麦田里的守望者》这样的作品中，冷漠叙述仍然保持着文化的强力，叙述人并没有分裂为漫无边际的感觉；而在近年中国的非理性主义小说中，冷漠叙述完全失去了文化的张力，成为感觉的粗俗而虚乏的喧哗与骚动，叙述人——作家自我——被自己的感觉撕碎而沉沦入存在的深渊。可以说，通过冷漠叙述，近年非理性主义小说步入了自己的死亡地带，尽管那些作家们还在大量地写作，但向读者提供的不是生命的形象，而是僵死的语符，对于我们的时代，**这样的文学游戏又有什么积极的社会价值可言呢**？

结语　现实与理想：不可超越的两极

毋庸置疑，十年来，中国文学有巨大发展。我们并不简单化地否定在创作中任何对非理性因素的探索。但是，对心灵生活中的非理性因素的探索，并不必然地归结于非理性主义。而一批青年作家们的失误也不在于他们的创作引入了非理性因素，而在于他们执迷非理性，以偏概全，终于陷入非理性主义的泥潭。

这批青年作家的一个严重失误就是割断了自我与社会的现实的统一。文学是对社会现实的反映。没有现实内容(包括历史的和理想的)的文学是虚假而没有生命力的。因此，真正的文学来自作家自我全身心地投入社会而获得的亲身体验。“文革”结束后，一批青年作家勇敢地投入生活的激流，以自我的整个生命去体验时代的脉动，带来了文学的新气象。自我走出来为民族承担命运——这是他们当时的真诚的动机。但是，他们向社会现实的投入并没有深入下去。他们在青少年时代所受的心灵创伤没有得到弥合，而且还在人为地加深。乃至于伤痕成为自我与社会之间的一道鸿沟。他们固执于自己的曾经受骗，对社会始终抱着一种根深蒂固的怀疑态度，这种怀疑培育并强化了他们对自我的迷执，以致使他们对昨天的民族灾难的痛定思痛的理性反思嬗变为对整个社会现实的无限反叛的非理性冲动。在这种非理性冲动的驱迫下，他们每一次向社会现实的投入，都成为从社会现实的叛逃。因此，他们的创作不是更深地进入社会现实，而是更远地脱离社会现实。由于他们曾经在社会生活的深层挣扎过，他们的个人情感最初还具有丰富的社会内容，因此是生机蓬勃的。但是随着他们的"自我"久远地脱离了社会现实，他们的自我情感就在逐渐断绝了营养的状况下日益褊狭枯萎。最后成为纯粹个人的情感，也就是纯粹生物的非理性躁动。**在这样的历史契机下，加上近年来对西方文学观的盲目崇拜和追求，包括对现代主义与后现代主义的盲目崇拜追求的资产阶级思潮的冲击，这些"作家"不辨真伪，相反，精神上却成了西方消极文学观念的俘虏，成为现代主义和后现代主义亦步亦趋的模仿者和信徒。**

这批青年作家的悲剧不在于他们表现了自我，而在于他们迷执自我而脱离**社会主义的**现实，最终背离了自我走出来为民族承担命运的初衷。这就是他们的创作生命迅速衰微的根源。**非理性主义的一个本质特征，就是信仰和理想的全面丧失。正如一篇宣言式的文章所说的："信仰和豪迈早已失去，信仰和理想已被后现代性的厌倦和冷漠所取代"，"后现代性已经崛起"将是未来知识分子的所谓"归宿"**[①]。在近年的非理性主义小说中，由极端的个人主义的自我表现而终结于自我主体性的彻底沦丧，**这就是作家自我的信仰和理想丧失的全过程。由于丧失了正确和必要的信仰和理想**，作家自我无论在现实生活中，还是在文学创作中，都是一个无根无据的流浪者，他追求一切，却又怀疑一切；他拒绝一切，却又渴望一切。世界充满了一切，而他所能获得的只是虚无。实际上成为社会主义时代的"多余人"，正如那个被罚在水中的古希腊神祇，忍受着致命的干渴的熬煎却不能喝上一滴水。**脱离了社会生活的土壤，理想就失去了妊娠的子宫；而丧失了社会主义的理想，现实生活就沉沦入存在的虚无深渊**。既不能脚踏实地，又无力自由飞翔，这批青年作家就在这种双重困境中深深地沉入了非理性主义泥潭的悲剧，一出真正可叹的悲剧。

情感是文学艺术的一种重要的构成力量。但是，构成文学艺术的情感不是狭隘的个人情感，而是作家自我深入生活所体验到的时代、民族，乃至于整个人类的

---

① 张颐武(1989)。

情感。因此，在构成文学艺术的情感中，必然包含着现实与理想的统一，也必然包含着感性与理性的统一。这就要求艺术家带着对世界和人类的根本希望进入现实生活中探索、体验和创造；同时也就要求艺术家在自身中保持着**正确的、先进的社会理想及**感性与理性的有机张力，作为一个既有正确的历史社会责任感，又富有生命的热情、智慧的创造者进入艺术的领地。这是我们对近年非理性主义小说的结论性思考，也是小说走出非理性主义的死亡地带的真正出路。

1990.5.18.夜初稿，1990.6.25晨改毕

（原载《文学评论》1990年第5期）

附录

学者应对历史负责
——我与侯敏泽先生20年前通信记

近日读到《文艺争鸣》2010年4月号（上半月）署名“陈晓明”的文章《再论“当代文学评价”问题——回应肖鹰王彬彬的批评》，其文称“肖鹰可能忘了，1990年第5期《文学评论》上，登着他那篇《近年非理性主义小说的批判》，在当时被寄予作为批判80年代探索思潮以及先锋文学的重磅炸弹”；“肖鹰曾在多个场合表示他那篇《近年非理性主义小说的批判》文章中有些观点是侯敏泽要求他加上去的。此说很不厚道。侯敏泽先生已作古多年，他的在天之灵，要是听到肖鹰如此说法恐怕心里不好受。”

《近年非理性主义小说的批判》一文，是我1990年5月下旬在北京大学哲学系完成的硕士论文；6月初，导师叶朗先生将此文推荐给当时的《文学评论》主编侯敏泽先生。侯先生数日后即电话告诉拟采用此稿，并希望我增加一个具有总结意义的结语部分。我6月下旬专程将修改稿送往侯先生北京劲松寓所，几天后我即毕业离京赴昆明求职，行前与侯先生通电话，他表示对我的修改稿仍不满意，将亲自做些必要修改，并表示会尊重我原文意旨。

我的美学硕士论文《近年非理性主义小说的批判》，是以美学分析的方式对新

时期前十年(20世纪80年代)中国非理性主义小说创作做梳理和批评，此论文由北京大学图书馆收藏。1990年第5期《文学评论》刊发的《近年非理性主义小说的批判》一文，是未经我过目的侯先生修改稿。我于当年10月上旬读到该期《文学评论》，得知侯先生对我原文近三万字篇幅未作任何删节，而只是有十数处文句增添，有些增添将我原文的美学分析和批评的面貌作了“政治润色”，这是有违我的文章原意的。因为文章已经刊出，我思量在当时形势下侯先生之所以为文章做这些“政治润色”也是有其不得已，我尽力理解和体谅。然而，其中涉及作家刘索拉两处增添，我认为无论从文章逻辑和思想论断，都不妥，读者定然会有“大批判”之感。因此，我即致信侯先生请求更改这两处，恢复原文。侯先生复信表示尊重我的意见，但言不便按我要求更改，只能以“第十五页第五行末二字至第17行前11字删去(即加的那句话删去)，及第19行第五字以下的一句话删去(即删去增加的断语)”。我以为，这样更正，是没有意义的，就未再作更正要求。

《近年非理性主义小说的批判》一文经《文学评论》刊出后，我陆续间接听到学界一些批评反映，认为此文有“大批判”之嫌，因此，我当时曾向几位同行朋友就此文的编辑修改情况作过解释。1998年我到北大中文系谢冕先生门下做博士后研究，曾特别向该系张颐武教授做过解释，因为侯先生在未经我过目的发表稿中引用了他文章中的一句话作为批评对象，而事实上不仅我的原文完全没有涉及张颐武教授的言论，而且我当时并没有阅读过他的论著。这是我最后一次向同行解释，此后，我未再向他人提及此文章事。我回到北京工作后，还曾两度到侯先生家拜访，也对文章修改事作了沟通。侯先生于2004年辞世。

我向来认为，身为学者，必须对自己所有公开的文字负责。这个负责，有两个含义：一是要认账，无论是20年前写的，还是20年后写的，都要认账，不能说自己20年前的论著出了问题就以当时年轻一笔勾销了；负责任还要体现在对自己论著的基本立场、原则的持续性、连续性的坚持，一个人的学术思想当然会丰富和发展，甚至也可能发生较大的变化，但是一个真正负责任的学者，思想发展历程是有内在的逻辑性和统一性的，学术立场也是有相应的稳定性的，不能是今天东风胜，就向东行；明天西风胜，就向西行。对于敏泽先生，无论当时，还是现在，我在文学、美学观念上都有不赞同，但是，我始终敬重他的学人品格，因为他是有真信念和真坚守的。因此，本着对历史真实负责，对我与侯先生这一段文字忘年交的负责，同时也本着对读者负责的原则，特别在《文学报》全文刊载我与侯先生20年前的通信。侯先生九泉有知，当会理解、赞同。

2010.6.21于北京清华园

肖鹰致侯敏泽信

侯先生：

您好！

我在图书馆读到了《文学评论》1990年第5期。非常感激贵刊，尤其是您，给予我这位文学评论的试步者的鼓励和栽培。习作《近年非理性主义小说的批判》能获得贵刊的肯定和重视，并以显著的位置刊发，是我莫大的荣幸。

认真读了两遍经过您斧正过的拙作，可以看到，您为之付出了很大的热情和辛劳，结而言之，您的工作使这篇原本虚弱的习作获得了它所缺少的刚健，因此，它由远不成熟而趋于成熟。如果此文能得到一些读者的肯定，甚至于产生一些积极的影响，我则希望读者能同时了解您（作为一个文论界的长者），对于此文，乃至于对于我（作为一个文论界的后生），所付出的非常热情的关怀。

您在此文中主要是做了一些增添。但是，这些增添，虽然常常只是寥寥十数字，却总是我学识所限，笔力不及之处，而尤是从大局着眼不可或缺之处，因此有画龙点睛之妙。比如，第20页左中部，我引证完杜夫海纳关于语言的论述，即告缺如，您则补上"杜夫海纳的告诫在社会主义文学工作者看来……"这段增补是非常需要，也是非常有力的：它把我没有说完，也没有说清的话说完、说清了，使此节文章有倏然而立之感。在结语部分，关于当前非理性文学与西方当代思潮的关系的论述的增补，也是很贴切，很令人信服的。在您约合十余处的增补中，我几乎都有这样的感受，进而言之，都获得不少作文的启发，这不仅于我这篇文章，于我未来的创作，也会有非常的教益。

不过，不拙唐突，我以为有两处增补，不如其他各处确切、有效，想在此提出来请教侯先生。这是第15页左上部及中部关于刘索拉的两处。

1. 我原文是："她不能完全认同既定的一切，对未来还抱有最后的希望。"经您删改为："她不能完全认同既定的一切，包括为我国人民历史选择了的社会主义制度。"

我以为，这样的删改不妥，妥当的还是维持原文。原因是：

a. "认同既定的一切"，在这里有特定的含义：即作为一个荒谬的人以荒谬的意识来认同他置身于其中的荒谬的世界的一切。在这种认同中，一方面"认同"基于荒谬意识，本身是消极的，即漠不关心的无所谓；另一方面被认同的"一切"，不是客观世界的真实存在,而是被荒谬化的现实,其本身是荒谬的。“认同既定的一切”,以西方观念的本意,即以加缪的本意(这本是加缪的一个术语)来理解,即:承认一切都是荒谬的,并把一切作为“荒谬的”来接受。有似于老子“无为无不为”之处。由此可见,这里的“认同”是没有未来、没有明天的无可奈何的没落。

b. 我正是在这个意义上使用“认同既定的一切”的。我说“她不能完全认同既定的一切,对未来还抱有最后的希望”,是因为前一句我已指出:“她身处荒谬之境,无力自拔而强行挣扎。”毫无疑问,刘索拉,以及她所代表的青年作家由于种种原因,极大程度地接受了西方的荒谬观念。正是这个“接受”把她(他们)置于荒谬之境。荒谬植根于荒谬的意识。但是,年青的中国作家,尤其是刘索拉本人,由于多种原因,也许根本的是中西方文化的差异,又不能完全承受这“荒谬之境”及它所带来的毁灭性的压力。更进一步说,她不能完全认同西方式的荒谬意识。与西方“荒谬的人”对人生的彻底无望不同,她还抱有“最后的希望”。问题在于,这希望是什么?她对于“把握希望”又彻底绝望。所以,她的挣扎是徒劳无助的。用我们结束语中的话说,她是在理想彻底丧失之后来追求理想,因此她不能不坠入一个虚无的深渊,但在这个深渊中她仍然挣扎……

c. 我猜想,您之所以以“包括……社会主义制度”来换替我的“对未来还抱有最后希望”,是您把“认同既定的一切”,误作肯定的、褒义的了。或者说,您没有注意,我重视到它所包含的荒谬意识的内涵。由于这个误解,您把“不能完全认同既定的一切”又视作否定的、贬义的,即认为这种态度本身的价值是消极的。但事实却正相反,在这里,“不能完全认同”,就是在消极的认同(没落)之中保留了一点积极的因素,即“还抱有最后的希望”,完全认同既定的一切,就是彻底无望。因此,不能以“包括……社会主义制度”来替换“还抱有……希望”,否则,联系上下文来理解,这里“不能完全认同……社会主义制度”就必然包含着一个深层的理念:“既定的一切”,亦即荒谬的一切,包括社会主义制度;换言之,这句话暗含着社会主义制度属于荒谬的一切。亦可以说,这句话有这样的意味,即应以荒谬的意识来认同社会主义制度——这,显然根本违背了您做这个改动的本来意思。但是,文章本身的逻辑是这样的,若做此改动,就不可避免语义的背反。

所以,我认为应是保持原文才妥。这样可避免读者的歧义理解。

2. 在本页本段的末尾,您增上“在这里,彻底暴露了这些‘作家们’的资产阶级灵魂及其世界观、艺术观、人生观的荒谬性”这句话,我认为是没有必要,甚至也是有悖原文逻辑的。

在这段中,我不是阐述刘索拉及其同伴们的思想,而是阐述以加缪为代表的西方现代意识中的荒谬观念的原义。或者,我的阐述要表明的恰恰是刘索拉诸人在这一点上没有完全认同西方现代意识。所以,这段话不反映刘索拉诸人的思想。因此,您补上"在这里,彻底暴露……"与原文不符,显得节外生枝,一方面表现为它与上文,即"还对未来抱有最后希望"之后的"然而,"相抵触;一方面表现为它与下文,即下一段的"但是,"相抵触。难免给读者无中生有的莫明其妙之感。试想,前文我由说刘索拉如何转而说加缪如何,下文我说加缪的荒谬观只是"西方现代意识中的一种极端观念",中间若又横插上"在这里,彻底暴露了这些'作家'……",读者会不知西东的。而且,这些"作家"从我们的出发点来理解,可断定是刘索拉诸人,但若读者拘于文章的逻辑来理解,就应认为这些"作家"是指加缪式的西方作家。

所以,我认为,这里增添的话应当去掉,以保持文章逻辑的清晰透彻。(而且,这句话要说的某些思想,在后面的结束语中说得更明确,更透彻,也无必要在此赘述。)

3. 为了保持文章的逻辑清晰,用语准确;也为了对享有盛誉的贵刊的尊重;当然,更是为了对广大读者的负责;在此,我郑重提请贵刊在近期对上述两处不妥当之点予以更正。更正的方式,既可以以编辑部正误的形式,也可以以作者来信的方式(摘要发表此信),视贵刊的方便而定。希望能再次得到您的支持。

侯先生,我以学生的浅疏和直率,呈述如上意见。错失在所难免,恳请您赐信指教。另:读者对此文有什么意见,请及时转给我。

最后,再次衷心感谢您对此文的发表,乃至于对我本人的进步所付出的非常珍贵的热忱和关怀。

谨致

编安!

学生　肖鹰

1990.10.12 晨于昆明

侯敏泽致肖鹰信

肖鹰同志:

信悉!我作了某些改动,是感到此文肉多骨少,叙述性分析多而论断缺乏,当时因发稿仓促,你又匆匆离校,本想请你过目,以免强加之嫌,又不可能,改后就发了。如果某些改动尚可,是我们应该做的工作,值不得称述。来函中提出的改动欠妥之处，我又将原文仔细看了两遍，结合你所提意见，我个人的意见是这样：荒谬人和荒谬感，是中西现代文学中的一个很普遍性的命题，源于西而滥于中，就其本质来说，是十分典型的资产阶级艺术观和人生观，这是毫无疑义的，连西方学者也承认的（本刊下期有一专文论此），我个人认为加这样的断语好像不是什么问题，刊物已出了一段时间，听到的意见还是觉得此文是好的，但仍感到论断性分析不足，并未有提出过头意见的，这是一；另一点关于刘索拉的论断（15 页上），我个人认为也并无不当，“她不能完全认同既定的一切”，认为一切都是荒谬的，这至（原文为“只”）少在客观上包涵着对社会主义的选择，这一点并非我个人的意见，前几年关于她的评论中就有不止一个人提出了这样的问题。你也许不愿这样提出问题，我们自应尊重，你临行匆促，未能过目，是个遗憾。刘等虽并未完全认同西方现代意识，但基本精神是相通的，并非根本的对立。因此，我个人认为可不必更正。如你坚持更正，自应尊重，摘发来信似不好，用更正办法更正一下。即将“第十五页第五行末二字至第 17 行前 11 字删去（即加的那句话删去），及第 19 行第五字以下的一句话删去（即删去增加的断语）”，维持原文面貌。不知意下如何？

即颂

近祺

敏泽 10.18

我刊目前稿费一时发不出，以后补寄。

又及

（原载《文学报》2010 年 7 月 1 日号）

反叛与拯救：新时期小说15年

一　解放与囚禁：走向内心独白的自我反叛

如果说，新时期文学对真实性追求的第一阶段是对极左路线专制的政治—社会的揭露和批判，那么，它的第二阶段就是对主体自我的情感—心灵的内在反思。自我反思在对极左路线专制下的个人盲从和迷信的怀疑与否定中，发现了个体自我不可被社会整体替代和消解的情感、意志及感觉的存在——个性的独立价值。我们在张辛欣式的情感独白中第一次明确听到了自我表现的叙说。虽然这个自我是脆弱的，而且在多次受伤之后怀疑更多于希望。但是，它敢于背弃一个无处逃避的世界而转向自我的伤痕累累的情感深心，这本身就是一种解放，就是一种反叛，因此是一种勇气和力量的证明。新时期文学的真实，只有到了这个受伤的自我的心灵深处，才达到了它的深刻性。在这里，人不再掩饰它对情感的渴望(《我在哪儿错过了你？》)，大胆地宣告了自我实现的要求(《在同一条地平线》)，甚至公开了自己在重重失望之后对自我心灵的无奈的困守(《最后的停泊地》)。张辛欣式的叙述的意义在于发现了自我情感的存在，并且肯定了它的独立价值——这是生命不能跨越的。激情的涌流溶解了叙事的结构，而听任情感的痴情独白——情节消逝了，主人公化成了倾诉的话语之流。在文学全面的虚假化叙述之后，张辛欣直率的女性独白把深心的情感的真实揭示给我们。在张辛欣“对手是别人，也是自己”(《在同一地平线》)式的诀弃一切的怀疑中，这也许是真情最后的停泊地，但在时代之声不绝于耳的强迫下，它就完全可以成为一种新的可能，即怀疑之后的寻找。

张承志的叙述正是怀疑之后寻找的壮丽欢唱。这种歌唱是个体情感的内审和自我肯定的历史性深化，它把自我实现的普遍性要求展现为空前强烈而沉重的责任感和使命感——自我走出来为民族承担命运。《北方的河》中那个热血奔涌、渴望远行的青年正是这个命运的承担者。他从黄河出发的灵魂用矢志不归的意志表明：文学的自我表现在反叛传统对自我的束缚和压制中，包含着对未来的明确指向。因此，对自我的表现，同时就是对自我的呼唤，而且是在时代的立场上，以时代的名义呼唤。宇宙之音正从它的深处到来，“我”怀着一颗寻找的雄心跨上了黑骏马。奔驰的神骏追赶着宇宙之音排山倒海的步伐，把“我”带入雄壮之美的风暴中。“我想把已成过去的一切都倾洒于此，然后怀着一颗更丰富、更湿润的心去迎接明天，就像那个骑着黑骏马的牧人一样。”（《黑骏马》）

新时期文学自我意识的萌发，是与整个世界现代历史对人类个性的要求相呼应的。这种呼应使当代文学自我的寻找必然参照或参与现代世界的对“我是谁?”的未完成的自我身份确认，更进一步讲，必然参照或参与构成现代意识主题的“无限发展意识”，它不仅把反叛的主题从怀疑的诀弃深化为寻找的热望，而且使自我在世界性的背景上来重建个体自我和社会整体的联系。因此，在怀疑与寻找的根本性统一中，当代中国自我达到了它反叛传统和权威的特有深度——个性向世界无限性的深度奔进。这种奔进带着自我放逐的勇气和欢欣，并且最终升腾为在无限中流浪的生命狂欢。“我独往独来地欢乐地走在我的流浪路上。”（《金牧场》）在张承志式的叙述中，自我反叛的怀疑与寻找内涵被消解于无限流浪演奏的自我生命颂歌中。流浪成为自我生命的自由和强力的象征，成为自我实现的最大可能的“金牧场”。张承志式的叙述把流浪自我化了，同时也把它本体化了。漫游世界的流浪充当了自我叙说的元叙述，成为自我存在的全部规定。

流浪的自我化和本体化把自我的生命意志转化成自我生命崇拜。这种崇拜把个性悬挂在生命的旗帜上作了最高程度的张扬，但同时也夸大了自我的力量，并且把自由作为一种绝对的存在自律交给自我。这是自我的无限性解放，但同时预示着自我的根本性失落。正如在一次又一次的流浪中，世界只是自我难以逆料的遭遇而非栖居之屋一样，流浪既没有把自我带到世界的深处，也没有完成自我的表达或叙述。换句话说，被本体化和自我化的流浪，不仅使自我不再可能承担他作为探索者的历史承诺，而且把自我本身拦阻在持续不断的流浪之途。由于没有指归为之提供意义，这无止境的流浪很快就演变成没有生命内容的单纯重复，流浪不但未能向自我生命输送任何新的血力，反而成为自我生命的绝对耗散。《金牧场》在外在的喧哗和热烈之下，暴露了血力枯竭、心灵疲惫的张承志式的流浪英雄的无谓挣扎和无可奈何的悲哀。

二　反讽与游戏：欲望反叛的技术化戏拟

现代历史面向未来的发展，一方面要求自我对传统进行持续不断的反叛，另一方面在发展的无限延伸之中使因为脱离传统根基而漂泊无依的自我陷入沉沦之境。因为解放而被囚禁，因为自由而沉沦，因为同历史运动的无限性失去了联系，自我实现的无限欲望也同时失去了个性的真实，所谓自我实现，只不过是欲望反叛的技术化的戏拟。自我实现的根本性的不可能把存在的本体性欲望置换为对技术的本体性欲望——技术发展的无限性成为无限欲望的自我存在的唯一希望和可能。在现代化历史运动的无限发展进程中,对技术的本体性欲望使个人的存在达列一种顺应历史的先锋性,但同时也把这种先锋性归结为个性的泯灭和自我的沉沦。

欲望反叛的技术化戏拟首先表现为刘索拉式的反讽叙说。这种反讽叙说把个人存在的荒谬境遇转化为随心所欲的自我调侃。它不但不努力弥合个人与世界的生存裂缝,反而着意夸大这个裂缝。在《你别无选择》中,刘索拉认同了个人选择的无意义,但是,她并没有转而寻找个人生存的意义归宿,反而把个人的无意义选择扩张为《寻找歌王》中女主人公在城市与远山(现实与精神)之间的貌似执着的寻找,以及《蓝天绿海》中流行女歌手的欲望纠缠的困顿迷乱的吟唱:“你到底想要什么?”对自我的诘问不再是为了指向深心的自审,而是为了给自己提供一个可能操纵的叙说话语母题,以保证话语欲望的表达。刘索拉式反讽的技术化戏拟特征表现在用夸张了的放弃和失败来表现执着和胜利,叙述话语的富有音乐感的自由跳跃,掩盖了信心丧失后的内心惶惑,在仿佛是不动心思的自由叙述中暗暗编织一个特立独行的自我英雄。

技术化戏拟的反讽把自我的失语症作为一种新的基础,在这个基础上,叙述放弃了对整体性表达的寻根究底,而热衷于对随机而遇的只言片语的拼贴游戏。王朔把反讽的技术化戏拟推到了极端,在这个极端上,他的语言拼贴游戏达到了无限度无原则的随心所欲。特殊语境的典型话语之间的异质嫁接,以造成语境冲突的喜剧效果,是王朔语式的技术化戏拟的基本特征。从《顽主》《你不是一个俗人》到《千万别把我当人》,王朔叙述的主题就是传统、政治和中心话语与当下、世俗和边缘话语的异质嫁接。话语的异质嫁接无疑消解了语义指向,表现出一种对主流意识形态的反叛色彩。但是,在王朔的总体语境中,反叛并不是主调,主调是取悦和媚俗。王朔的叙述总和构成了一个穿着彩色花衣的肿胀而空洞的语言巨人。这个巨人通过把自我完全掏空而展现出一种目空一切的洒脱。王朔式的反讽发现了语言的新的意义——语言的无意义的意义。这一发现消除了自我丧失的根本性失语症的焦虑,转而把自我失语症当作自由和解放的前提——虚假的前提。

叙事游戏就是在失语症的虚假前提下,对语言的无意义使用——把小说叙述变成反意义的语言游戏。与刘索拉、王朔式的反讽单纯地宣泄个人的话语欲望不一样,由马原开始的叙事游戏包含着对语言和叙事关系的重新审视,具有探索意义。但是,由于自我失语症的前提性制约,或者说,由于对无意义叙述的自由的迷信，马原们的探索意义是非常有限的，如孙甘露笔下的城市闲人罗克，是一只在室内飞翔的鸽子，一头卧室里的骆驼，“他的爱是自我关闭的”（《呼吸》）。叙事游戏的有限性或封闭性根源于叙述主体对世界整体性的根本性怀疑。这种怀疑使马原们的叙事探索对细枝末节的殚思竭虑归结于对情节整体的疑虑重重。欲望反叛的技术化戏拟原则让马原们放弃了对整体性的追求，而把无整体性的零散化叙述作为自我表现的自由。这是马原奉行的“局部逻辑全体不逻辑”的叙述方法。《虚构》展示的就是一个“我”在麻风病村的细节真实而整体不真实的爱情故事。马原式的叙述把读者诱入一个无法确定真实性或可能的真实性的叙事圈套，正是这个圈套封闭了叙事的真实性发展——它隔绝了叙述和世界的联系，使叙述成为自我指涉的封闭性书写。

叙事游戏对整体性的消解破坏了叙述时间的连续性。叙述的断裂把主体自我和世界的真实性都陷落在叙述的裂缝中。正如格非的《迷舟》，主人公“肖”的来去生死都迷失于叙述裂缝，表现出一种根本性的虚幻。通过时间分解，叙事游戏阻止了语言对世界的指涉而使语言返回它的自热性——语言变成异己的、反人性的存在物。在叙事游戏中，语言不可避免地被物化了，因此对人表现出一种非理性的极端冷漠和无情。北村的《者说》系列，随着叙事游戏不断把语言物化为精致玄惑的语言迷宫，人就被物化成纯粹的语符。孙甘露把叙事游戏极端化为纯粹的语言实验，从而把人的存在抽象为扑朔迷离而自我消解的持续不断的命名式（《信使之函》）。因此，城市闲人罗克的性爱，不仅必须在五个女人之间的不断替换中才能体验到一种“过程的真实”，而且每次性高潮的来临都必须伴随着主人公宿命般的异想奇说——对于这个在性爱中总是不能专心致志的梦游症患者，只有语言的欲望宣泄才能给他带来性高潮的“涨潮般的呼吸”（《呼吸》）。

但是，主体自我并没有通过叙事游戏超越时间。他对时间连续性的主观性消解所获得的自由，不过是在无限到来的时间涌流中随波逐流。对于在无限之维沉沦的当代个人，时间具有不可超越的绝对意义——时间是无可逃避的。个人对无限欲望的追逐实质上是时间对个人的无限追逐。“我唯一的目的就是能够比较顺利地穿越时间，这路途不但坎坷而且遥遥无期。”（吕新《抚摸》）时间对于个人的淹没是双重的。一方面时间把个人遗弃在自己的发展之外，使之在无望的回忆中死亡，这就是《抚摸》的主人公“平”战后的命运；另一方面，时间又把个人淹没在它的无尽的河流中而无望自拔，使个人如可怜的穴居人一样从生到死永远无法知道时间之外的永恒是什么，这就是《施洗的河》（北村）的主人公刘浪的归宿。由于时间对于失去了永恒性的个人的绝对性，叙事游戏和自我反讽一样，作为欲望反叛的技术化戏拟性叙述，在其不可遏制的话语欲望的宣泄中，与时间争流的言说不但没有成为自我救赎的语言索道，反而成为自我沉沦于深渊般的时间之流的象征。“93先锋长篇小说丛书”的出版，作为叙事游戏策略向现实的“妥协”行动，在一厢情愿的自以为是中，更大程度上是先锋小说拼尽余勇的终场表演。沉沦于欲望反叛的语言河流，北村企望的刘浪式的向神性的皈依是不可能出现的。没有理由相信刘浪可以超越自我的沉沦而达到“神性”使欲望之河变成施洗之河。在自我必然性的幻灭中，因为“最不可靠的就是人的心思和感觉”(《施洗的河》)，北村所幻想的神性，不过是吕新坦陈的语言对时间的无意识(无意义)的抚摸，正如“黑胭脂”在反复擦拭铜器时所顿悟的一样：“生命其实是一种抚摸”(《抚摸》)。

作为一种新的叙述策略，当代中国小说的叙事游戏在对当代生存的探索性表现中达到了新的深度，产生了传统叙述模式不能产生的特殊的深度感动。这种感动产生于在与传统叙述模式的互文影射中，叙事游戏叙事的未完成性和文本的开放性。但是，由于拒绝主题的表现而拒绝题材的掘进，文本自身的开放性必然以文本对世界的封闭为代价，最终导致叙事的预制和文本的自我封闭。

三　英雄的没落和形象的愉悦

先锋小说在欲望反叛的技术化戏拟道路上的沉沦把新时期文学带入了现代化发展的商业时代。文学的商业化书写带来了无主体性的自我形象复归，这种复归使文学在进入经济的商业时代的同时，进入了文化的审美时代。文化审美时代的本质是，文化适应技术——经济一体化的当代性发展，在整体上失去了深度和底蕴，走向平面化、形象化和表演化，艺术代替哲学和宗教成为生存的内在基础。在文化审美时代的本文中，文学商业性书写的主题就是英雄没落之后的形象愉悦。

文学的商业性书写走的是与自我表现向内转相反的道路，一条自我外在化的道路。寻根文学内在性地包含着先锋书写和商业书写双重性，是文学由内向外转的过渡。寻根文学创作在现代化无限发展语境的压力下，通过向传统文化精神的回逆探索当代文化根基重建的道路，预示着新时期文学的可能深度。王安忆的《小鲍庄》是在这种可能性上的深度掘进。因为是在可能性基础上的，对于结论的不确定使王安忆的寻根更具有探索性，也因此更具有内在性和现实性，更预示着一种可能。但是，对于寻根文学具有整体意义的却是韩少功、郑义和阿成开辟的道路。在这条道路上，韩少功诸人把寻根文学的深度创作当成了一种直接性，其直接性的引用，使寻根文学必然具有预制性和超验性。可以说，韩少功诸人创作中的预制性和超验性导致了他们创作的内在性中止的宿命。一方面，在他们的创作中，文化寻根的尝试一开始就达到了自己的极致，另一方面这种尝试又止于作家自己对某种地域性文化的神秘感受（韩少功《爸爸爸》）、超越生存困境的神话假想（郑义《老井》）和古代人文精神的抽象移植（阿城《棋王》）。无疑，正是这种对寻根文学深度的可能性的直接指认，使寻根文学不能达到真正的深度而流失于预制和超验形象的诡秘书写：如炳崽的神异、王一生的传奇和旺泉子的虚妄。不仅在丧失传统的意义上，而且在丧失现实的意义上，寻根文学是无根的书写。在这种书写中，既不能修复传统断裂了的根系，也不能回到事物本身中去。

寻根是一种回逆。在向未来无限延伸的现代生存中，面临在无限之维沉沦的悲剧性命运，回逆成为逃避沉沦的基本生存策略和生存方式。寻根因此对于当代人具有命运意义。但是，在无限发展的意识形态的压力下，寻根只可能是无限要求欲望中的寻根——向前的欲望压抑了寻根的意志，把它软化为一种补偿性的情绪。这种情绪在寻根文学的书写中当然可以被渲染为一种激情，但是，由于无限发展对它的抽象和消解，寻根的激情不仅在根本上是去势的，而且必然在行动上展现为去势后的无能——形象表演的愉情。与其说寻根文学的本文具有意识的震撼力，不如说它更具有形象的赏戏性。这种赏戏性使寻根文学把商业性内在地构筑在自己的本文中。那些在深山老林中超人式的原始英雄，那些在荒山野舍中陶然忘情、不知有魏晋的老夫，以及那些纯朴如圣婴、痴情如婵娟的美慧的村姑，无疑成为在当代生存中欲望受挫的都市人满足欲望的假想对象。寻根文学的根本局限在于，它不仅没有超越当代生存的自我沉沦，反而完全顺应了这个沉沦的趋势，成为在沉沦之境中的操作或表演。回逆是寻根文学顺应沉沦的特殊方式，由于原始的神话意识，寻根的回逆本质上是用神话的重现替代历史的进步，以在假想中恢复自我的传统——传统中的自我存在。

通过寻根文学，以追求真实性为开端的新时期文学重新发现了用神话重写现实的可能——自我对现实的神话重写。新写实小说通过这种神话重写发现了“生活原色”的展示价值。所谓对生活的“原色的展示”，如果在早期新写实作家那里还具有一种直面生活的艰辛的勇气（方方《风景》）、在生活的贫乏中发现丰美的热忱（刘庆邦《家属房》），发出了普通人对苦难岁月摧残人性的控诉（池莉《你是一条河》）和对现实人生中个性扭曲的无可奈何的悲叹（刘震云《一地鸡毛》）；那么，在其进一步发展中，就暴露出新写实书写市民神话的欲望（池莉《冷也好热也好活着就好》）。而在苏童、叶兆言往返于沉沦现实和溃败历史之间的诗化书写中，新写实小说的欲望重写把生活展示为一片感性浓丽的末日风景，正如苏童的《一九三四年的逃亡》，它让我们透过有窥淫癖的地主陈文治的望远镜望见：“祖母蒋氏干瘦发黑的胴体在诞生生命前后变得丰硕美丽，像一株被日光放大的野菊花尽情燃烧。”

新写实的诗化书写不仅软化了现实，而且消解了历史。刘恒的《伏羲伏羲》对现实生存中的人性的历史性内涵的揭示是独具深度的。但是，在刘恒对人生的深刻体验中，带着历史宿命的感悟。对历史的宿命感使刘恒在《伏羲伏羲》之后很难推进自己的人生体验，只能在此基础上达到一种纯粹理识的圆熟。可以说，《苍河白日梦》的成就已预兆了刘恒人生体验的自我定型——终止？刘恒的宿命感在新写实小说中具有普遍意义，也许正是这种宿命感阻止了新写实的深度掘进。在刘恒之外，如果说刘震云的《故乡天下黄花》和《故乡相处流传》通过把历史展示为一场玩偶般的历史人物表演的无始无终的权力闹剧而把握了历史中的荒谬，因而具有一定的深度意义，那么，新写实的历史欲望更普遍地在新写实对现实的展示性重写中被表现出来。由于缺少深度的掘进，新写实不仅不能把现实带入历史中，而且把历史本身削平为形象的表演。在平面形象的表演中，是没有悲剧感的，只驻足于形象的欢乐和猎奇，在根本上是自我对历史的欲望重写——历史成为停泊自我对艳情俗意的欲望的死海（苏童《南方的堕落》、叶兆言《状元镜》等）。因此，最宽泛的写实道路最终浓缩到狎妓、匪行、畸趣等变态的生活模式中，写痴情的妓女，写衷肠的土匪，写畸趣的况味。尽管新写实在后期对特异生活景观的展示，具有借用异常情景更深入地揭示人性本质的意义，然而，新写实对生活的展示价值的追求，却必然性地把"人性本质"简化或类型化了。人性的简化或类型化使新写实的书写最终归入畅销的欲情与传奇的欲望重写（苏童《米》等）。

在新写实向欲情和传奇的回归中，新写实和寻根文学最终统一起来。这种统一使新时期文学在传统和现实两个维度实现了对商业时代的欲望重写。作为商业时代的欲望重写，新时期文学不仅变成了奇迹的展示，而且把展示本身变成了奇迹——展示的奇迹。在 20 世纪 90 年代的文学展示奇迹中，我们不能不面对贾平凹的《废都》。贾平凹一直是以一个纯朴而厚实的乡土作家立世的。然而，在商业时代无限欲望的挤压下，他渐渐守不住清静了，暗暗合入了商业时代欲望展示的潮流，其表现是从《太白山记》开始至 1992 年前后的《白朗》等匪行小说的出笼。到了 1992 年，此时的贾平凹已经不能从对"他者"的猎奇展示中得到自己的欲望的满足，欲火中烧的贾平凹发愤而著《废都》，把自己投入了欲望展示的中心。在《废都》中，贾平凹把自己的私欲展示在当代都市沉沦于欲望之海的背景上，这种自我展示不仅使自我的欲望公有化而合理化了，而且使展示本身成为一次放浪形骸的纵欲。可以说，贾平凹通过对放纵的形象的展示实现了对展示的形象的放纵，以此解除自我难以承受的欲望压力。《废都》达到了新时期商业写作的制高点。在这个至高点上，展示价值代替一切价值成为文学的绝对价值，而欲望充溢的个人因为把自我欲望无私地展示在时代的潮流之中，不仅消除了欲望压力的焦虑，而且也成为一个绝对的存在物——一个展示的奇迹。贾平凹的乡土写作开始于对商业时代的逆反，现在却归于在一个商业时代的彻底沉沦。但是，无论逆反还是沉沦，贾平凹自始至终都是在商业时代中，属于商业时代的。他以《废都》展示了自我沉沦的必然性。这种结局对于新时期文学的80年代进程是有概括性的。

四　史诗的死亡和表演的历史

在年轻一代的作家逃出心灵虚无而遁入形象的狂欢的时候，他们的前辈中年作家却竭力从自己的传统形象叛逃出来而转入自我心灵的重写。中年作家的转型，既是内在的，又是外在的。就其内在性而言，转型是中年作家在新时期人生体验发展和变化的结果，在这个结果的基础上来重新审视自己的心路历程，其书写必然达到新的深度，由此我们看到一代作家创作的第二次生命的光辉之作。就其外在性而言，转型是现代先锋书写语境压力的结果，在这个压力下，脱离传统的意识形态书写模式，跻身自我表现的先锋阵营，成为一代中年作家的书写欲望。这种欲望书写使中年作家的转型在自我内化的道路上完成的却是自我的外化——自我心灵的重写实现为自我形象的重写。自我重写的内在性和外在性的冲突导致了中年作家写作的尴尬。在其对自我历史的持续不断的书写中，中年作家既希望自我表现在历史的深度掘进中抵达一种史诗的超个人的永恒辉煌，又希望自我形象在对历史的消解行动中发射出纯粹个人的光芒。在欲望重写的时代冲动中，重写史诗的热忱被自我表演的欲望消解了，中年作家的自我历史性重写最后是用自我表演的辉煌代替了史诗死亡留下的空白——历史的重写变成表演的历史。

对于王蒙这代作家，自我表现就意味着重写自我。少年时代就开始的作家经历，使王蒙在重获解放后，不仅对重写自我（自我表现）有明确的意识，而且使他的重写一开始就具有清楚的语言自觉：对乌托邦化的中心话语的戏拟和拆解。这种语言自觉使王蒙很快形成了独特的语言风格：持韧而嘻悦的讽喻。在王蒙的书写中，这种风格一方面与时风的变更随形步影，显示出王蒙式的辛辣的劲力，另一方面又万变不离其宗地持守着王蒙特有的对乌托邦化的中心话语的夸张和离间。对中心话语的乌托邦化的消解，无疑是王蒙对当代生存领悟的独到处。但是，王蒙对于这种领悟过于自信，更准确地说，由于王蒙并没有逃脱当代中年作家重写自我的内在性和外在性的冲突，王蒙不仅固守自己的领悟，而且把它技术化和外在化了，并成为王蒙为自我设置的语言牢房。当王蒙直接来进行自我重写的时候，他就难以逾越自己的语言而进入到比语言更深刻更丰富的存在。在《恋爱的季节》中，重写自我的王蒙陷入了一种笔墨挥洒中泄露出的语意尴尬：重写自我的欲望和重写的深度缺失使王蒙欲说还休。承担叙述人角色的钱文让人难免联想到《活动变人形》中以豪骂絮语驱除魔怔的静珍。钱文如果是王蒙那个“革了一次命也应该恋一次爱”(王蒙语)的自我的重写，那么，这个重写的自我并没有真正进入自己的爱，而只是止于用语言穿梭似地对他人的爱作无中心的话语描摹，在这种话语描摹中，钱文式的“爱”变得似是而非空疏如风，也许这就是钱文在小说结尾处所展望的“旋风”：“我——爱——你!!!”《恋爱的季节》让我们看到，王蒙用自我重写保持了自己形象的青春，但其青春的底蕴已经不可挽回地流失了，支撑着这个形象的是一种王蒙语感的肿胀和对语言的贪欲。

如果说王蒙的自我重写是一种青春追忆——追忆一个“少共”被忽略了的青春；那么，张贤亮的自我重写就是欲望(性)补偿——对一个被剥夺了青春的自我的补偿。在《绿化树》中，张贤亮通过马缨花给那个“男人”的性补偿还有某种节制，或者还以精神为依托。因此，当章永璘在马缨花的伴读下读《资本论》读到忽生爱欲去搂住灯下的美妇人时，这位爱慕落难英雄的佳人悠悠劝慰说：“摸摸就行了，可别伤了你读书的身子……”(《绿化树》)。但是，到了《男人的一半是女人》的时候，经过了80年代中期的性解放思潮洗礼的张贤亮认识到，对于章永璘，最根本的缺失是性缺失，最根本的补偿应当是性补偿。于是，美艳的女劳改犯黄香久在章永璘看管的水田的隐蔽处用自己裸浴的丰美的胴体走进这个男人的生命。然而，当这个男人获得了欲望的超额补偿，并重新成为一个“完整的男人”以后，他的作为是什么呢？我们在《习惯死亡》中看到，这个在马缨花的油灯下捧读《资本论》，在黄香久的酥胸上抒发革命豪情的男人，最后却只能在跨国女人的床上展示自己的抱负——这个习惯了死亡的男人在对女人的欲望的占有的习惯中死亡了。但是，他又要把自己打扮成一个现代圣子，因此，他在同各种肤色的女人做爱时，都要如在礼拜日领圣餐一样准确无误地在性高潮中向前预听2000年自杀的枪声，向后忆嗅劳改农场的黄豆粉和白菜根的味道，以此为自己的纵欲注入历史的况味。张贤亮重写了一个“用堕落来表现超越”(张语)的自我，他以昨天的苦难要挟今天给予他纵欲的特权，又以今天的纵欲来炫耀昨天的苦难，因此苦难就成了他的“菩提树”(张贤亮《我的菩提树》)。

在新时期中年作家中，刘心武也许是完全属于新时期的：他既没有王蒙“少共”时代的辉煌，又没有张贤亮青年时代的苦难遭遇，作为一个作家，也在1977年才因《班主任》的写作和发表成名。在这个意义上，刘心武没有重写自我的原始压力，成为一个能够把自己的焦点始终集中于社会热点而“穿越80年代”的中年作家。然而，在文学新潮运动的挤压下，刘心武开始了一个仿佛是顺其自然的转变：

把自己对社会热点的关心扩散到对社会的全景式俯瞰。《钟鼓楼》《5·19长镜头》等作品引起的"轰动"，使刘心武受到鼓舞，把自己定位于一位百科全书的全知全能的叙述人，"全史作家"。在缺少充分积蕴的情况下，不断扩散自己的镜头，以至于最后在一种急功近利的书写全史的叙述中完全失去了自己的焦点，归入空泛，这就是《风过耳》和《四牌楼》的书写。相比之下，《四》比《风》有作家更多的情感投入而更多一份感人，但是，仍然是一部无可展开的自传性家族史，一方面是刘心武的情感体验滞留在对"阿姐"的已入于生命本体的爱与惜，另一方面则是他对自我重写的欲望使他过多的注意"全史"写作的可能性，因此，当他真正要把自我的人生感悟落实到笔下，并且发展为一部"全史"的时候，刘心武的笔端却跳动着别人或时下流行的意念。《四》是刘心武写自己情感深处的"阿姐"和作家自我的欲望重写冲突的结果。这个结果在极大限度展示了刘心武的作家潜势的同时却表明：欲望重写的压力实际上已经造成了刘心武文学创作的内在性中止。

也许，我们可以说，一代作家沉沦于自我的欲望重写，展现了一个史诗消亡时代的文学景观，因为，"史诗被认为是一个民族的秘史"（巴尔扎克），而自我的欲望重写正是作家丧失了对民族秘史的探索力之后蜷缩到自我形象的营构。因此，当陈忠实忽然捧着《白鹿原》这部沉甸甸的"史诗巨掣"出现在黄土高原上的时候，势必给读者一种英雄还世的震动。《白》给读者的震动也许是共同的，但读者对它的解读却是截然相反的：一种是超时代的解读，读出了《白》的"史诗的气韵"；一种是在时代本文中的解读，读出的却是陈忠实的"现代"和"商业"的而非史诗的欲望。两种解读的冲突已经把《白》指认为一个绝对物——一个可以说是具有巨大意义，但也同样可以说毫无意义的自在。事实上，再重新去破译这个绝对物，只不过是一种自以为是的虚妄之举。解读的冲突把《白》绝对化了，但同时也把它消解了。本文无意凑热闹妄论《白》史诗与否，但有一点是可以指出的，作家陈忠实写作《白》是带有明确的重写自我的欲望的——在其生五十之年出一部"枕头之作"。就此而言，陈忠实并没有超越这个欲望重写的时代，其欲望选择的明确性不但不能消除自我重写的欲望对书写（史诗）的外在性，而且必然强化这种外在性。在这个意义上，陈忠实是自觉选择了中年作家在商业时代的书写难以逃避的外在化命运，因为他的选择把他的书写而不是作品首先表演给我们。这也许是陈忠实，乃至于一代中年作家的悲剧，他们似乎已经无力摆脱这种命运的操纵：内在性的自我重写必然归于自我形象的虚拟，而重写史诗的雄心所实现的不过是自我表演的历史。应当说，一个新的时代已经离他们而去了，对于这个时代，他们的真诚是外在的，他们的超越也是外在的——时代只把他们解读为一个形象，或这个形象的表演。

五 虚构与野地：拯救的无极之路

由自我表现而归入商业时代的欲望书写，80年代的新时期文学在根本性地顺应新时期的历史发展要求的过程中，把自我反叛的主题推到了极点。在这个极点上，反叛转变为沉沦，激情转变为欲望，存在转变为形象，创作转变为制作，而文学在极大限度地实现它在商业时代的书写可能性的时候，即实现了它的商业化转型的时候，文学性，即文学作为人学的特性却也完全消逝了。由于文学性的消逝，90年代文学面临本体论的危机——它是有用的，但不是必需的；它是存在的，但不是自律的；它是有价值的，但不是绝对的。如果说书写的技术化使文学丧失了人对于文学的主体性，使文学成为无主体的机械复制，那么书写的商业化则使文学丧失了自身的绝对价值，而沦入商品消费的有限价值中。文学的本体论危机使文学面对它的根本问题：为何写作？这个问题在90年代重新提出，既标志着新时期文学面临危机，又标志着新时期文学的新的可能。这可能就是，新时期的历史内涵要求，在社会的技术—经济一体化的无限发展进程中，面对主体自我不可避免的沉沦（物化），文学作为人学成为一股抗拒的力量，并通过文学的抗拒，实现人作为主体的自我拯救。拯救因此成为新时期文学历史性深化的一个基本主题。拯救具有双重内容，既是文学的自我拯救，又是文学对人的拯救。

在90年代初文学的商业化转型的热潮中，发出了一种特殊的声音，这种声音在欲望充斥的喧哗和骚动中，显得纤细而脆弱，但是，只要倾听，你就会感到震撼，产生共鸣。与那些投入大众市场的欲望的喧哗不一样，这种声音却是投入心灵的旷野的激情的呼喊，激情已经在欲望的喧哗中消逝过久了，在这呼喊中它又重新到来。这呼喊首先是回忆，对呼喊的回忆。因为这呼喊声，我们重新回到了童年的记忆深处，在那里，我们的情感纤细而柔弱，充满了依恋的理想却无依无靠，最细腻的记忆千丝万缕都汇织成这无望的呼喊的细雨。在回忆中的呼喊是绝望的呼喊，因为没有回答，留下的是对黑夜的无可名状的恐惧。“再也没有比孤独的无依无靠的呼喊声更让人战栗了，在雨中空旷的黑夜里。”（余华《呼喊与细雨》）余华对呼喊的叙述，揭示了在当代生存中的一种被欲望的喧哗所淹没的绝望的生存感。对于80年代的先锋小说家余华，甚至最惨烈的死亡都只是其冷漠叙述的“现实一种”（《现实一种》等）。欲望使人疯狂，只有激情使人战栗，90年代初期的余华在孤独无依的呼喊声中的战栗，本身就是激情复苏的表现。激情的复苏使我们回到被欲望淘空了的心灵，在文学的揭示力量中，绝望之感和童年呼喊的必然联系，让我们重新面对自己。因此，人，或者人的存在再次成为文学的对象，文学也就成为人的一种新的存在。在这种存在中，人在面对世界的同时，也就面对人自身。在绝望中呼喊：也就是对心灵的呼喊，使文学成为一种倾诉，也就成为一种希望。

无论呼喊还是独语，都还只是在沉沦中的叙述。而且由呼喊转变成为独语，以此在的形体作为叙述的边界，无疑是自我存在的收缩，它最大的可能就是通过自闭而抗拒沉沦的进一步侵蚀。独语使叙述返回个人的经验而最终个人化。“我成了最后的景观。”(王安忆《纪实与虚构》，以下简称《纪》)因此，独语在表现自我的同时本身就成为自我的限制，它使自我成为一个对历史陌生的孤独的孩子。“时间上，她(孩子)没有过去，只有现在；空间上，她只有自己，没有别人。”(《纪》)独语是孤独的，它只是个人经验的纪实，但纪实不能表达存在的全部意义。存在既包含个人经验的有限性，又包含着从对大众的广阔经验的参照获得的无限性。存在的无限性是通过虚构来达到的。与纪实返回自我的当下存在的有限性相反，虚构是指向家族——社会存在的历史整体的。“我做作家，就是要获得一种权力，那就是虚构的权力。”(《纪》)当纪实使我们明确自我存在的孤独的此在景象，虚构把我们带入已被现实淹没的家族——社会存在的历史发展的超越性中。虚构因此是文学对现实的拯救，使现实在沉沦的必然真实中同时展开为一种超越的可能的真实。但是，虚构不构成一个超越的结果。它的救赎是自我向超越的历史的不断拟进，而不是归于一片虚幻的终极之景。因此，在《纪》中，“孩子她”对家族历史的探寻可以不断走向深远辉煌，但却没有结果；自我此在的孤独不仅没有最后消逝，而且始终是自我历史追索的起点和终点。虚构在根本上是存在免于沉沦的一种存在的方法，它使自我存在的激情在向历史的无限生成过程中获得存在的真实。它对自我的拯救，就是保护了自我对世界的愿望，使之不被此在的沉沦最后泯灭。

无疑，王安忆在新时期文学中，始终是文学可能性的探索者，而以《叔叔的故事》为转折点，她进入了文学的一个新的方向：“从虚构的世界出发，走进一个现实的世界”(《乌托邦诗篇》)。王安忆把这个方向定为她的生命要走的一条逆行的路线。但是，作为一条生命的路线，它必然不是逃避现实，而是要更真实地进入现实。从虚构进入现实，就是从作为现实的内在基础的历史进入现实，而虚构的更根本的意义就是重构已经被消亡的历史。强调虚构，王安忆就强调了生命的现实性，强调了自我作为历史主体的此在——历史的重现必须是自我生命的一个过程。王安忆最深刻地体验了时代存在的孤独，同样最深刻地体验了生命在孤独中自我拯救的欲义。在她的虚构叙述中，文学重新成为人学，以人的特权——通过虚构回归历史的特权——抗拒了现实的沉沦，并且把现实发展为超越的基础。《纪实与虚构》的写作不仅是王安忆自己文学发展的一个新的高峰，而且把新时期文学带入新的可能的深度——面对主体自我在无限之维的沉沦而实行拯救的深度。技术—经济—

体化的必然性发展在向人们提供巨大的财富和新的奇迹般的可能的同时，也带来自我沉沦的危机。文学的必要性必须达于人的必要性，只有基于人的必要性，文学才能成为一种力量，在社会的技术—经济一体化发展的历史性要求中，使人作为主体自我的要求被承认、被保护，使历史不为技术统治消解，使激情不被市场需要取消，使人自身不在无限欲望中沉沦。王安忆在实用和技术的时代，强调文学虚构的特权，也就是强调人在这个时代的特权，在根本上，就是向时代索回在技术—经济一体化发展中必然付出的价值：人作为这个世界的主体的存在。

当王安忆通过向历史的虚构保护了我们对世界的愿望的时候，在存在的另一端，张炜用拒绝城市和融入野地来寻找真实和原来。被修饰过的城市磨钝了我们的感觉，对野地的触摸使我们恢复了感觉的敏锐，也就恢复了与土地的联系，"人实际上不过是一棵会移动的树"(《九月寓言》)。在野地中，我们重新得到了简单、真实和落定，生命变成一首热烈的歌谣，一个永远丰美灿烂如九月股的离言。"难忘的九月啊，让人流泪流汗的九月啊，我的亲如爹娘的九月啊。"张炜寻找感觉真实和原来的可能，他发现了这种可能：融入野地的歌唱。九月的寓言就是一个在丰裕的野地中歌唱的寓言。野地中的歌唱使心灵倾听真实的声音，也使心灵唱出真实的愿望：因此，野地的歌唱不仅是自慰，而且是呼唤。在野地的歌唱中，最平凡的生活将升起为仙鹤的舞蹈，最艰辛的劳作将成为最欢悦的颂歌，最苦难的人生际遇将成为一次最细腻而动听的叙说。张炜无疑是在书写一个当代的野地神话。但是，张炜的书写不是一种神话的书写，而是一种反神话的书写。他不是逃离或粉饰人生的艰辛与苦难，相反，最深刻地投入和感触了这艰辛和苦难的深重与无望，如赶鹦在月夜的疯跑，肥在雨中的彷徨，三兰子的惨死，少年龙眼的耀眼的白发，用忆苦来排泄痛苦的老辈人，乃至于整个小村"蜓鲅"的宿命。张炜的书写是最现实的，只有整个生命融入其中，才能有如此现实的书写。然而，正是这最具有现实感的书写在抵达了生命的真实的同时，获得了生命的神意。在当代生存的普遍性的存在遮蔽中，真实本身就是一个神话，一个生命自语的寓言。所以，张炜最切实的人生忧患却叙述出最超越的神意的欢欣。张炜不应该使人联想到马尔克斯，而应该使人联想到尼采。这个以生命的疾痛为生命的激扬和欢乐，以大地为人自我超越的意义的第一个现代哲人——一个反神话的书写者。如果说王安忆用虚构保护了人对一世界的愿望；那么，张炜则用歌唱保护了生命自语的权利。在他们的叙述中，存在着共同的内容，人向自我生命的歌唱。无疑，我们不应该过于看重野地的实在性，在根本上，它是一个愿望，是人心灵深处的一块沃土，它是人最后同自然保持联系的决心和勇气，是人的最后的希望——一个遥远的光点。"人需要一个遥远的光点，像渺渺星斗。"(《九》)

王安忆、张炜的写作是在商业时代重新开始的为人的写作，而不是为物的写作；是为自我的写作，而不是为个人的写作；是为激情的写作，而不是为欲望的写作。他们都对当代生存的沉沦境遇具有深刻的感悟，但他们并不绝望，也不逃避。对于当代生存，他们怀着超越的意志，但并不归于对现实的背弃。他们热爱生命，热爱大地和世界，而近于绝对的信仰，但并不走向宗教。他们的关怀是人间的，但不归于世俗。他们的叙述开始于这个商业时代，但并不顺应这个时代，也不简单地反叛，而把文学作为一种可能，仅仅因为把文学作为一种可能，他们就达到了存在的更深刻的真实和意义，就接近于无限和永恒。对人的和为人的可能的探索就是拯救，但他们坚持可能的意义，并不超越可能之上，成为绝对。商业时代已经把人的可能减少到最低限度了，或者已经把可能净尽了，文学重新开启人的可能，这就是拯救，就是文学的意义。由于这个意义，在商业时代，文学是不可替代、不可或缺的。无疑，王安忆、张炜的书写首先让我们看到了这个意义。

1994.10 南海之滨

（原载《文学评论》1995年第1期）

论新时期文学的现代主义转化

一　自我意识与美的苏醒

新时期中国文学是在对极左专制(特别是“文革”)的政治批判中酝酿的。1978—1980年期间的短、中篇小说在这场批判运动中发挥了重要作用。这批小说,不仅以失而复得的现实主义精神,把昨天的残酷真实转化为文学形象再现于读者的眼前;而且在深痛的自我反思中,揭示出民族所蒙受的最根本的伤害是对个体人性的摧残。卢新华的《伤痕》,以一个技巧稚拙的短篇而引起全社会的震撼,其原因就在于它表现了这个主题:由于个体人性的普遍丧失,伤害不仅来自外在的残酷,而且来自内在的无情。这篇小说对于新时期文学是一个重要的预示和开端——它把个人(自我)从苦难的背景中凸显出来了。关注个人命运,肯定个人价值,把个人生存的权力从对阶级的依附性中解放出来,还原到更广大丰富的生命——生活层次,从此成为小说的中心主题。《天云山传奇》(鲁彦周)、《蝴蝶》(王蒙)、《人到中年》(谌容)和《爱,是不能忘记的》(张洁),是这批小说中的佳作。

值得注意的是,在展示个人的政治厄运中,主人公不幸的人生总是与伟大深沉的爱情相联系,并且总是从中得到慰藉和支持。特别是在《爱,是不能忘记的》中,对一位“无权”爱她的男性的至深无望的缄默爱恋,成为一位弱女性数十年孤独凄楚的风雨人生的唯一支撑。在这个特殊背景上,对爱情的生命(人生)意义的发掘和讴歌,具有强烈的人道主义内涵。一方面,它是对把人的丰富属性限制在阶级属性的单一层次的思维模式的突破,肯定人有非阶级或超阶级的多重属性;另一方面,它是对把人的存在完全集体化(公有化)的政治原则的否定,肯定人的非集体的个人生活的独立价值和必要性。在完全政治化和集体化的时代,个人生活的感性——情感层面是被压制或剥夺的。对爱情的张扬,就是对这个层面的重新肯定和解放。与此相应,作为对个人生活的感性——情感的最高肯定的美,又重新获得生机。这就可以理解,为什么在新时期初期一个几乎是影响了全民族的美学热潮蔚然兴起,“美的描写”成为这个阶段小说的普遍风格。古华的长篇小说《芙蓉镇》是以美学精神透视和描写前30年政治风雨的典型之作。它的主题是:“美”的苦难命运和它的不可毁灭的生命。女主人公胡玉音,因为美而落难一生,也因为美而抗拒了缧绁苦难的打击。

美学精神的复活,是新时期文学现实主义深化的必然结果。美学精神赋予文学超阶级的审美共同感,以肯定感性、个性为基础的主体性和艺术对于现实(政治)的自律性。这就导致了新时期文学的"向内转"。"向内转"有双重内容:第一,文学描写对象(题材)的个人化、心理化;第二,文学向自身的美学原则的回归。谢冕指出,文学向内转,是"文学由客体真实向着主体真实的位移,从而发生了由被动反映到主动创造的倾斜","是对于文学长期无视和忽视人们的内心世界、人类的心灵沟通、情感的极大丰富性的矫正"①。被指称为"朦胧诗"的新诗潮诗歌运动,是新时期文学向内转的明显标志。无论是以"做一个人"的决心和勇气怀疑、批判现实(北岛),还是对自我内心的女性情感的直白的展示和美丽的歌颂(舒婷);无论是在超时代的时空背景上驰骋想象(顾城),还是回溯扑朔迷离的远古寻找自我情感象征(杨炼、江河)……新诗潮诗歌在情感表现和意象构成两个层面都表现出非现实(超现实)的个性化色彩,从而完成了诗歌(文学)自我主体性的确立。表现并确立自我,是新诗潮的中心主题。这个主题对于前30年以政治为中心的文学体制,是陌生的、异质的、不可把握和统一的。因而新诗潮在高度展现文学自身的美学复位的同时,表现出一种整体上的非现实原则的"朦胧"风格。

文学的向内转是美学的主体性(自律)原则对现实主义的真实性(反映论)原则的超越。首先,应当把这个超越视作早期新时期文学以人道主义理想为核心的思想——艺术解放潮流的自然结果,目标所指是把个人和文学从绝对集体主义的政治体制的严格束缚中解放出来,肯定个人和文学的独立价值和自由权力。其次,更重要的是,这个超越以对个体自我的肯定为中心内容,是与中国社会整体以现代化为目标的改革开放运动步调一致的,前者是对后者的客观要求的反映。现代化是一个以未来为目标的无限发展的全球化运动。加入这个运动,对于中国,就意味着必须打破它的自我封闭体制,向世界开放。面对世界空间的无限性,实现社会成员的个体化变成了社会整体现代化的一个基本原则。准确讲,确立以个人自由为前提的主体性是社会现代性的一个基本要求②。文学对个人独立价值的肯定和表现,不仅表达了传统的人道主义呼唤,而且表达了现代化的时代要求。因此,新时期文学的超现实主义运动又实现了现实主义的历史价值。

---

① 谢冕(1998:148-149)。

② Habermas (1987: 16-17).

二 走向无限自由与无意识

张承志的小说，从《黑骏马》(1982)、《北方的河》(1984)到《金牧场》(1987)很明显地表现了新时期文学的现代主义转化过程。

《黑骏马》讲述的是男主人公白音宝力格回到离别十年的草原，寻找在他少年时代领养他的牧民"奶奶"和一起成长起来的姑娘"索米娅"。小说用朴实凝重的笔触展示了大草原的博大深厚和"我"(白音宝力格)在草原怀抱中重新激发起来的对自我与草原的生命关联。《黑骏马》可以看作是一个重要的转折点。在这个转折点上，对未来无限发展的预感唤醒了对过去岁月的深沉怀念。但是，新生的不可遏制的对未来的渴求，又把这种怀念在最深沉激荡之处转化为一种勇毅高昂的诀别。应当说，《黑骏马》包含了在自我与世界、历史与未来之间难以取舍的矛盾，而且正是这些矛盾形成了小说沉郁雄厚的气韵，在简朴的叙述风格中传达出一种深刻的感动。它是一首怀旧的牧歌，但又洋溢着向未来进发的热忱。可以把《黑骏马》的主题确定为"寻找"，这正如它把对蒙古民歌《钢嘎·哈拉》的引用作为叙事的主体线索一样。但是，这个主题的展开却进行着向历史回归和向未来进发的冲突。无疑，在历史理性的层面，小说是明确了历史的不可重复性、发展的必然(必要)性，但是在生存意志的层面，小说又在不断地肯定着超历史的生命记忆的意义，表达着重新开始过去生活的愿望。小说结尾用了"宇宙之音"的超强声音来催促自我告别过去和现在——"迎接明天"。这个被强化的结尾，与小说主体叙述是不和谐的。但是，在80年代初的背景上，因为自我意识和发展观念开始成为社会的主导性因素，这种不和谐是不能被体会到的。一个根本性的转折就在这种不和谐中产生了。

《北方的河》是一个崭新的开始。小说的主人公"他"，是在1984年前后张承志那一代人的代表：当过红卫兵、做过下乡知青、上了大学，正在准备考研究生。"他"在小说中的宏愿是在考试之前，跋涉北方的每一条河流。在把自己的宏愿付诸实现的过程中，"他"遭遇了许许多多现实的障碍，但是都克服了，最为重要的是"他"的自我实现的过程是对周围的一切人的有限的现实存在的超越的过程。这个超越，特别表现在"他"对那位在黄河边相识，且暗中恋爱上的"姑娘"身上。在小说开始时，"他"与姑娘的相识、相知，乃至于相互之间有一种恋慕，可以说是自我生命中的两条河流的必然汇合。但是，随着两人从旅途中回到京城，这种汇合就又转向了难以避免的分裂。因为在作为历史和理想形象的黄河边，那位姑娘也是作为历史赠予"他"的一个理想形象(一个认同和礼赞"他"的异性天使)，一旦进入京城的现实而世俗的生活中,这位姑娘就不再属于灵魂高蹈、永不安于现实的“他”,而属于另一类男性,属于聪明、实际的徐华北。简单讲,“他”与姑娘不能最终合一的根源在于:姑娘确认自己是个女人,确认一个女人受到的限制和在这个限制之下的生存需要。但是,“他”不接受任何先验的限制,“他”唯一认同的命运就是不断前行。对无限性的不断企求的生命意志,决定了“他”的激奋出世和昂扬的孤独。

自我实现的冲动和它所受到的现实制约,形成了一种基本焦虑,并且成为这个时期张承志小说发展的基本动力。这个动力导致了张承志小说语言的极性膨胀和过度密集。实际上,在自我表现和追求的发展中,张承志形成了一种超现实的生命意识。《金牧场》把这种生命意识发展到了极致。这部长篇小说用结构主义小说的叙事手法,穿插叙述三个线索的故事:红卫兵重走长征路、牧民重返家园的大迁徙、在日本做学术交流。这是三个都以主人公或主人公所代表的群体的追求失败为结局的故事。金牧场——阿勒坦—努特格——是主人公所在的牧民大队人的故乡,但是,当他们在一场生死拼搏的大迁徙之后回到故乡,这个故乡却永远不属于他们了。因此,金牧场在历史的变迁之中成了一个不能再返回的家园,一个只能在回忆中叙述的梦。与此相应的,是主人公的情感追求的失败。“你和我的爱情都失败了。也许,全部阿勒坦—努特格大队知识青年的爱情都失败了。或者说,人类历史上出现过的知识青年们的所谓爱情都失败了?”然而,失败并没有带来主人公生命意志的挫败,相反激发了他更强烈的进取欲望。小说的结尾是主人公的小女儿迎接新生的太阳的意象。“是的,生命就是希望。我崇拜的只有生命。真正高尚的生命简直是一个秘密。它飘荡无定,自由自在,它使人类中总有一支血脉不甘于失败,九死不悔地追寻着自己的金牧场。”这种对生命的无上崇拜和激情高歌,实质上是自我个性向世界无限性深度奔进冲动的表达。

在《黑骏马》中,辽阔深沉的大草原构成了基本的叙述空间,虽然主人公以自我实现为目标的超越意识已经同这个空间形成了冲突,但是,这个空间的广博深厚把“我”的超越努力作为一种有限的、必然失败的个人意图纳入它的超稳定性中。因此,作为一个自动离弃草原(包括生活在草原母腹深处的奶奶和情人索米娅)的游子,“我”以忏悔和寻找的方式归来。在《北方的河》中,主人公“他”被自我实现的“不安分的精灵”驱赶着,狂热地奔涉于北方的河流之间,把自我和土地的静态的同一性转化成自我和河流的共同奔流的动态的同一性。进入《金牧场》,通过对三个自我失败故事的叙述,把自我作为一个在不断到来的时间中“独往独来的流浪者”在超时空的无限背景上凸现出来。

在新时期文学中,对流浪主题化的叙述,是一个普遍现象。这个现象表现自我意识的扩张伴随自我相应地承受基本的时间压力。承受基本的时间压力，是个人存在的现代性的基本属性之一。因为现代社会失去了从任何传统获得基础的可能，必须向未来开放，通过不断产生的“新”来自我奠基①。无疑，时间压力，即不断求新的压力赋予现代自我意识一种无限反叛的先锋冲动。先锋冲动以“新”为目标，把传统和现代的矛盾极端化，反叛一切常规性，因而是一种非理性力量的实践。其结果是通过对一切传统的否定而中立道德和实用标准，达到意义消解，实现文化的审美现代性②。现代主义是审美现代性的艺术实践。新时期文学的现代主义转向，无疑是以中国社会的现代性发展为前提的。但是，另外还有两个因素的共同作用促成了这个转向：首先，是对前30年理想主义追求的惨痛觉醒和由此而来的一种深沉的幻灭感③；第二，西方现代主义哲学—文艺思潮的刺激和诱导。惨痛觉醒和幻灭感强化了新时期文学对现代主义的自我解放意义的期待和对非理性主义倾向的认同。因此，萨特存在主义的绝对自由观念和弗洛伊德的无意识观念，在80年代上半期被作为两个核心观念引入新时期文学的现代主义构成中。其结果是以无限反叛为表现形式的自我迷信和非理性崇拜充斥在文学创作中。

三　面对虚无反讽与变异

认识到自由与非理性的对立，并把这种对立理解为自我的有限性和世界的无限性的对立，是现代主义自我批判的发展。这个认识揭示出自我与世界的根本性的荒诞关系。自我精神本身的最深刻的愿望是对统一的怀念和对绝对的渴望，“在世界面前要求亲切，渴望着明确”；但是世界以它的永恒沉默的非理性的黑暗拒绝了人类心灵的呼唤，以根本性的无意识感回报人类的渴望。“荒诞产生于人类的呼唤和世界的无理的沉默之间的对立。”④换句话说，自我对自由的无限要求和作为自身基础的理性本身的有限性的矛盾，决定了现代人基本的荒诞处境，从而使自我实现展现为持续不断的现代性悲剧运动。

刘索拉的《你别无选择》在新时期文学中，最早也最集中地揭示了自我存在的荒诞性悲剧。这部以一群学音乐的大学生为题材的小说，把自我选择的必然性和

① Habermas (1987：6).

② Habermas (1983).

③ 谢冕(1998：116)。

④ 加缪(1998)。

选择的无意义无根据处境展示在文学的前台。小说主人公李鸣，除了必须外出，终日躺在床上，躲在蚊帐里。他想退学，“他觉得自己生了病，症状之一是身体太健康、神经太健全。”在李鸣的身边，与他的冷淡消沉相反，同学们都在为自我设定的成功目标拼命竞争考高分、得大奖和爱情。但是，没有一个人最后获得成功。先是马力在假期回家时被意外砸死在家中，接着小个子带着失望之感出国继续毫无希望的追求；留下的同学继续为了成功奋战，石白、董客，虽然用出全身解数，也没能使自己的作品获得成功。孟野是作曲系才华横溢的才子，他的作品被普遍看好，得国际大奖的希望看来是非他莫属；但是，他与一神经质的女作家恋爱，而且在她逼迫下违反校规结婚；无端嫉妒的女作家向学校状告孟野违规恶行，校方令孟野退学。因为孟野离校，森森失去了竞争对手，他的作品一路绿灯，获得了国际大奖。小说的结尾是，毕业之际，刚得到获奖喜讯的森森忽然感到了落寞，一人悄悄躲到琴房里听自己获奖的现代派乐曲，“他越听思路越混乱，越听心情越沉重。一股凉气从他脚下慢慢向上蔓延……”最后换上了莫扎特的乐曲，“登时，一种清晰而健全，充满了阳光的音响深深地笼罩了他。他感到从未有过的解脱。”这个结尾是森森对自己的现代主义音乐追求的否定，这个否定从根本上消解了他成功（获奖）的意义，更进一步，这个结尾也把小说中人物的一切选择和努力概括为以自由、个性、欲望、焦虑、孤独和虚无混合成的荒诞生活。

残雪的小说把存在的荒诞感体验为个人存在中相互以臆想为基本形式的窥视、猜疑、嫉妒和陷害。这些行为是充满敌意的，然而又是本能和无意识的。不可逃避，却没有意义。《山上的小屋》写女主人公“我”与父亲、母亲、妹妹之间的无端的猜疑和妒恨。“我”完全生活在自己的臆想之中，或者整天收拾自己那只永远收拾不好的抽屉，或者坐在藤椅里臆想山上并不存在的小屋。一旦进入现实的家庭生活中，“我”与父母、妹妹相互之间，都只存在仇视、恐惧、提防和威胁。这种关系只能用无所不在的“怨毒”来解释：母亲的眼睛恶狠狠地看“我”的后脑勺一眼，“我”头皮上被盯的那个地方就发麻，而且肿起来；父亲用一只眼迅速看了“我”一眼，让“我”感到它是一只熟悉的狼眼，并且恍然大悟父亲夜里就变为一只狼；妹妹每天通过别有用心地告诉“我”父母要陷害“我”的主意获得快乐。《苍老的浮云》把这种“怨毒”的家庭关系描述扩大到邻居关系中。在这部小说中，更善无、慕兰夫妇和老况、虚汝华夫妇两个邻居家庭的生活，完全是在相互猜疑、嫉恨之中展开的。因为各自心中都为猜疑、嫉恨充斥着，所见、所闻、所感、所思，甚至梦中景象，都是阴险丑恶的，仿佛整个生活是一个万物都在怨毒的强力腐蚀中迅猛溃败的混沌世界。因此，人与动物虫蚁相互转化，动物虫蚁又与一切污秽尘泥化为一体，一切都不可分析，不可理喻，但又是那样确切无疑地充满毒素。小说的结尾是自我封闭了三年零四个月、两年零两个月没有吃任何东西的虚汝华，发现自己像干鱼那么薄，胸腔和腹腔几乎是透明的，对着光亮，可以隐约看出纤细的芦秆密密地排列着……

残雪的小说描述的是一个非理性的世界，在这个世界中因为臆想和病变成为人们生活的基本原则，已经不能区别出真实与幻象、现实与梦想。它也揭示了一种自我在现实生存中的荒诞感，这种荒诞感不是刘索拉式的自我选择和个人奋斗的无意义，而是个人独立生存的根本性的危机感。这种根本性的危机感包含着对既往生活的痛苦记忆，因此充斥着怨恨而不是嬉戏。

王蒙的《活动变人形》把个人存在的荒诞命运展示在民族性和历史性的苦难背景上。小说以40年代敌伪时期的北京为主要背景，描述有志无能、有气无节的倪吾诚的可怜、可笑、可憎、可悲的一生。但是，作者并没有把主人公的不幸归结于他的特殊背景，相反是借这个特殊背景写出一种个体存在的普遍而基本的无能感。因此，小说集中写的是倪吾诚与家中三个女人的斗争。三个女人，一个自然是妻子周静宜，她本来是尽力维护自己丈夫的，但是因为一则多次受到丈夫的欺骗，一则身边有姐姐周静珍和母亲姜赵氏的唆使，乃至于最终也成为倪吾诚的宿敌；另一个是岳母姜赵氏，她与倪吾诚的斗争根源于留过洋的倪吾诚的新派作风有拂岳母大人的尊严，为了维护这个尊严，姜赵氏时时要借机生事；还有一个，也是这三个女人一台戏的中坚人物周静珍，她十八岁出嫁、十九岁守寡，她坚持不渝地掀起对倪吾诚的斗争，如同她每天必做的对镜恶骂“早课”一样，是一种超越了具体目的的本能行动。倪吾诚是有志的，他在西方留学，接受了西方文化，主张以西方文化革新中国文化；但他尚且不能在社会中谋生，自然不能改造社会，他就在家中革命；倪吾诚也是有丈夫气派的，但这种气派常常被他自己的谎言和好吃秉性打破。这样一个表里不一、言行不一的倪吾诚在三个女人的围攻之下，岂有不败之理？但是，小说很明显地表示了对倪吾诚的深刻理解和同情。作者是把他作为一个荒诞(可笑)的悲剧人物来写的。小说中浸淫着令人窒息的悲剧气氛。这种悲剧气氛主要是通过对倪吾诚的自我孤独感的描写和小说的叙述人“儿子”倪藻成年后的感受来表达的。应当说，个人存在的无能感和荒诞性，对于王蒙，是根本性的，是宿命。这是他的小说始终被笼罩在过于浓烈的反讽之中的根本原因。

荒诞感揭示了自我在现代世界的根本的孤独和无能——一个无家可归的漂泊者。认同自我孤独和无能，放弃自我希望，尽情享受今天而游戏人生，因此成为一种时尚潮流。这个潮流，在新时期文学中以徐星的《无主题变奏》为先导，由王朔的《顽主》《浮出海面》等推至高潮。这些小说的主人公以反个性反人格为潇洒的“边缘人"(顽主)自居，拒绝承诺，调侃一切。这个现象表明，文学对现代主义自我实现的精英意识的厌倦和对以轻松享乐为中心的大众意识的认同。

四　传统与现代寻根之梦

被命名"寻根文学"的写作，试图从中国传统文化的深层发掘出中华民族面对现代化世界的力量①。阿城的《棋王》写"文革"时期的下乡知青王一生神奇的下棋经历，展示出传统中国道家精神的伟大魅力。王一生出生于一个贫困家庭，儿童时代帮母亲叠书页挣钱糊口，偶然得到一本棋书，一读即通，从此迷上下棋。母亲不久病逝，给儿子留下一副亲手磨出的无字象棋。王一生嗜棋如命，棋艺大长，在一条街有了名气，自己也得意。但偶然遇到一捡垃圾老人，却为老人所败，经他指点，得到"太胜则折，太弱则泻""为棋不为生"的古训。从此，王一生以释道精神为根本，吃饭下棋，都以修身养性为意，棋艺日益精湛。下乡之后，王一生走乡过村，寻人下棋，无一人能敌，最后创造了一人同时与九人对弈，战胜了所在地区棋坛所有高手的奇迹。这是老庄无为而为、无争而胜精神的胜利。

郑义的《远村》，在写出羊户杨万牛数十年艰辛苦涩的人生的同时，也写出了西北黄土高原上农民深厚质朴的生命力量和生存意志。杨万牛是一个强悍能干但穷得娶不起媳妇的老光棍。他与同村的女人叶叶相爱了几十年，但只能与娶了叶叶的杨四圭共同拥有这个女人。杨万牛有一条护羊狗黑虎，它不仅凶猛尽职，而且按期翻山越岭去与它相好的母狗黑妮约会。小说的结尾是，黑虎在一次与豹子的搏斗中"牺牲"了，叶叶为万牛生下一个儿子后死去。这是一个远离现代文明的天地中的故事，故事中的男人和女人生活在为获得最基本的生存需要的满足而艰辛挣扎的境遇中。这种在现代世界难以理解的艰辛，使故事中的男女已经难以与他们身边的动物相区分了，但是，也正是这种艰辛展现了他们本性的纯朴、坚忍和近于土地的宽厚。

寻根文学所走的一条道路，是与现代化发展相逆的道路。这条道路的延伸必然要进入到非文明的、原始神秘力量之中。韩少功的《爸爸爸》，以小老头丙崽为主人公，描写了一个没有确切年代的山寨——鸡头寨的故事。小老头丙崽，长相奇形怪状，高兴只会说"爸爸"、生气只会说"×妈妈"；无论身体还是智力言行，永远是一个怪模怪样的儿童相，成不了大人的样子。丙崽的父亲(德龙)神秘离开了鸡头

---

① 见韩少功《文学的根》(载《作家》，1985 年第 4 期)、郑万隆《我的根》(载《上海文学》，1985 年第 5 期)、阿城《文化制约着人类》(载《文艺报》，1985 年 7 月 6 日)。

寨，丙崽由极丑且愚的母亲拉扯大。与世隔绝的鸡头寨生活在自然神秘的世界中，按照占卜异象预示安排生活。一年，寨里本欲用小老头丙崽祭谷神，正要开刀时被一个炸雷警示，只得放弃；不久鸡头寨为要炸鸡头山与鸡尾寨打冤仗，讯问丙崽求启示，得丙崽说“爸爸”两字，于是兴兵与鸡尾寨恶战，结果惨败。丙崽的母亲出走，伯父仲裁缝备下毒药，分送寨子中的残留老少，全体服毒自尽（“过山”）。仲裁缝首先给丙崽灌了毒药，然而，全寨人都死了，丙崽居然没有死，对来捡东西的鸡尾寨人喊着“爸爸”。这个故事一方面可以读作一个传统文化[①]在现代文明史的侧畔萎缩流逝的故事，另一方面它又可读作作者对传统文化中的神秘奇诡元素和力量的迷恋向往。小说的语言始终运行在作者所认同的楚文化的瑰诡风格之中，有一种唤神的奇异感；对于小老头丙崽，作者实际上是赋予了双重情感的反讽和迷恋。反讽针对丙崽所代表的现代文明中传统文化的变质和溃败，迷恋则针对丙崽（而且正是丙崽）身上真正保留了传统文化的奇异因素。所以，在鸡头寨所有比丙崽聪明（正常）的人都死去之后，独独让丙崽活了下来。

文化寻根向传统的逆行发展，是对正在向纵深发展的社会现代性的一次反动。它对传统文化力量的再次引用，实质在于面对现代化的个性消解运动，试图从传统方面重新确立一个自我认同的可能。它的着眼点是传统文化对于现代文化的差异性，并且有意识地扩大和神化两者间的差异性。因此，它必然走向极端的怪异、神奇。这种怪异和神奇的书写，是以作家自我写作个性的特殊化为目的的[②]。无疑，这个目的在阿城、郑义、韩少功诸人那里，还是隐而不显的。真正把寻根文学的自我意识大力昭示出来的，是莫言的小说《红高粱》。这篇小说把叙述人的爷爷辈们书写为“最英雄好汉最王八蛋最能喝酒最能爱”的一代充溢强健生命力的草莽英雄，对他们超越道德和理性戒律的豪侠人生进行了酣畅淋漓的讴歌。“爷爷”余占鳌本是一个轿夫，“奶奶”九儿出嫁时为她抬轿，路上一眼看上了她；待“奶奶”第三天回娘家，“爷爷”把“奶奶”劫到高粱地里野合成爱；事后，“爷爷”杀死了“奶奶”的患麻风病的新婚丈夫和老公爹，“爷爷”成了土匪司令，“奶奶”则继承了亡夫的家业，成了高粱酒作坊的女掌柜。日本鬼子来了，杀人越货的“爷爷”带着自己的队伍开始了抗日活动，“奶奶”则在一次伏击日本鬼子的战斗中丧生。小说充满了对血和性的至上嗜好，不仅“爷爷”，而且“奶奶”都是为血和性活着的，是纯粹由血和性汇合成的生命精灵。使“奶奶”丧生的那次战斗，就是“奶奶”为了给既是她的酒坊总管又是她的另一位情夫的罗汉大爷报仇，促使“爷爷”行动的。在这篇小

---

① 按作者特指“绚丽的楚文化”。

② 李庆西曾指出，“寻根”与“寻找自我”有内在联系。参见李庆西（1992）。

说中，意志、欲望和力量达到了无条件的统一，成为自我绝对自由和独立个性的最高表达。

以自我实现为目标，寻根文学在对传统文化根源的寻找和发掘中，投射了强烈的作家主体的个性意识，因而必然把文化寻根实现为一次对传统文化的神化，并借以进行自我神化[①]。就此而言，寻根文学不可避免地具有预定性和超验性。因为真正的传统是在生活历史的延续中自然存在着的，它不可能成为某种抽象实在的事物被寻找和把握。寻根文学以一种背离现代生活而驰的方式去边远、封闭的村寨环境中寻找传统文化之“根”，本身就是一种把传统实在化的反历史抽象，它最好的可能就是搜获一些奇风异俗作为现代文化的点缀，以满足读者的猎奇心。进一步讲，寻根是一种回溯。在向未来无限延伸的现代生存中，面临着在无限之维沉沦的悲剧性命运，回溯成为逃避沉沦的基本生存策略和生存方式。寻根因此对于当代人具有命运意义。但是，在无限发展的意识形态压力下，寻根只可能是无限欲望中的寻根——向前的欲望压抑了寻根的意愿，因此它转化为一种补偿性的情绪。这种情绪在寻根文学的书写中当然可以被渲染为一种激情。但是，由于无限发展对它的抽象和消解，寻根的激情不仅在根本上是去势的，而且必然在行动上展现为去势后的无能——变成具有风俗异趣的愉悦形象的描绘。寻根文学的根本局限在于，它不仅没有超越当代生存的自我沉沦（根本性的荒诞），反而完全顺应这个沉沦趋势，成为沉沦之境中的操作或表演。回溯是寻根文学沉沦的基本方式。寻根的回溯本质是用神话的重现替代历史的进步，以在假想中恢复自我的传统——传统中的自我存在。

五　结　　语

新时期文学的现代主义转化，实现了文学对中国社会现代化变革的顺应。它体现了现代化运动要求文化表现和促进个体自我解放的需要。就此而言，必须充分肯定新时期文学现代化转化的必要性和积极意义。但是，同时我们必须认识到，这个顺应包含了两个方面的问题：第一，顺应导致的难以避免的极端现代主义追求实际上形成了自我的重新失落（价值虚无化）；第二，随着现代化运动的深化，尤其是社会市场化和大众文化的发展，文学作为一种重要的精神建设形式，不仅要顺

---

① 在新时期被指认为寻根文学的小说中，也许只有王安忆的《小鲍庄》没有参与这种神化传统文化并进而神话自我个性的运动。通过“捞渣”这个形象，王安忆平实地展示了对传统文化因素（“仁义”）作实在性指认的虚妄性。这篇小说肯定的是日常生活本身培养和发展起来的情感对于维系社会生活的意义。

应社会时代的发展，而且要在人文精神的整体高度，对社会时代保持一种建设性的批判立场。这两个方面，都意味着在现代主义转化之后，对自身的现代主义追求进行深刻的自我批判，是文学必须具备的基本精神。这是我们反思新时期文学应获得的一个重要启示。

（原载《文艺研究》2000 年第 5 期）

90年代中国文学：全球化与自我认同

全球化是在现代化运动中，不同国家/民族从生产到生活，经济到文化的普遍化（共同化）发展，它在世界范围内展现出现代性的一体化景象。但是，全球化在技术—经济层面和文化—精神层面的意义是不一致的。在技术—经济层面，全球化以无限发展为目标，趋向于尺度同一、体制同一的整体化运动。在这个运动中，同质性是全球化的实质。在文化—精神层面，"无限发展"是全球化的基本意识形态，因为"无限"在根本意义上的未定性和不可完成性，这个意识形态运动必然形成发展意识形态对地域性意识形态的普遍抽象，使地域性文化—精神持续面临意义（价值）虚无的危机。因此，在文化—精神层面上，全球化的根本意义是消解地域内涵和本土属性的抽象性。保罗·利科尔（P. Ricoeur）指出"这个是一个事实，任何文化都不能承受和同化现代文明的震动"[①]。

在上述两个层面之下，还有一个构成全球化基础的层面，即现代性的时间—空间模式。传统的时空模式，是以地方性的种族生存模式为内涵的，与个体生存具有"当地"同一性。现代时空模式消除了传统时空模式的地域内涵，是一种普遍化、标准化并且纯数量化的时空模式。因为预先消除了地方性的特殊内容，这是一个"虚空化"的时空模式。然而，正是这个普遍而"虚空化"的时空模式奠定了全球单一"世界"的基础[②]。在全球化中，技术—经济的同质性发展和文化—精神的抽象性演变，都是以现代性时空模式为前提的。就此而言，我们才可以说，全球化是现代文明发展中形成的一种基本存在（包括生产和生活）模式。

在根本意义上，以一个普遍而虚空的时空模式为前提，现代文明构成的世界是无限而虚空的世界——没有内在意义的世界。对个体而言，全球化应被理解为以这个现代世界为基础的"在世界中存在"的情态。在世界中存在，使个体直接面对世界的无限性。因为这个直接面对，个体的存在渗透了"一切都是可能的，一切都是无依据的"的悖论感。在20世纪百年历史中，随着以电子计算机—信息技术为

---

① Ricoeur (1965: 277).

② 安东尼·吉登斯(1998: 29)。

主导的20世纪高科技革命发展，特别随着90年代东西方冷战结束、全球经济一体化重建，这种根本性的悖论感不断被强化，并且形成了个体自我认同的基本障碍。一方面，在世界的无限性面前，个体仍然是一个在当地时空中的有限的存在者；另一方面，现代传媒和商业时时刻刻都把远距离的“世界生活”植入个体生活的时空中，提示并赋予他“在世界中存在”的意识。这种在场与缺席、当地与异地的生活情景的交织，既形成了个体生存的现象世界的无限生成状态，又导致了日常化的自我认同危机。

全球化与自我认同，是世界现代性运动的两极。如果说，技术—经济的一体化发展已经是当今世界各国别无选择的选择，而且相应地面临着文化—精神的抽象化(虚空化)危机，那么，怎样在这个被预先虚空化的“世界”中重建自我认同的文化—精神的象征体系，实际上成为全球化语境中文化运动的根本主题。

从80年代“走向世界”到90年代“在世界中存在”，中国文化的现代性追求已经卷入了自我认同危机的“后现代主义”运动。作为一个发展中国家，在全球化语境中，在传统本土文化世界的虚空化之后，怎样重建自我认同的文化—精神的象征体系，即为我们在世界存在创造一个有意义的内在空间，是中国文化，也是中国文学的基本主题。

一 现实的散失和欲望化的想象

马克思、恩格斯在150年前对现代性社会状态的描述是：在持续不断的生产革命、社会环境的变动中，一切牢固的传统关系都被瓦解了，所有新的形式还没有固定下来就过时了；一切等级制的和停滞的东西都消散了，一切神圣的东西都被亵渎了[①]。与150年前的差异只是，当代世界变化的速度更快、程度更大。鲍德里亚认为，以无限的未来发展为目标，技术、商业、传媒等一切活动都以它的加速运动把我们驱向摆脱地心引力的逃逸速度(escape velocity)运动。在这个离心运动中，现实瓦解为无意义的事件原子，而自我作为同样无意义的原子迷失在太空[②]。这对于长期以来奉行“天不变，道亦不变”的中国人，无疑包含深刻的自我认同危机。

现实原子化对于人类个体存在的基本意义是，从根本上解除了他同一切传统和地域的确定联系，使他成为自由漂浮而孤立无依的原子——个人。90年代活跃于文坛的新生代写作，正是以这样的“个人”为叙述对象的。新生代作家认为，“生

---

① Marx & Engeis (1995: 12).

② Baudrillard (1997: 39).

活”的个人性决定了现实不再具有传统叙事学意义上的整体性和同一性。也就是说，在这个以技术为手段、市场为媒介和欲望为动力的世界，由个人生活构成的现实是永远处于变乱之中的生活碎片，即完全原子化的。在这个原子化的现实中，不存在自我认同的任何意义基础和价值前提，情感被瓦解了，只有欲望是真实的。但真实的欲望在持续不断的挫折和满足的交替流动中，也变成了没有任何确定性的一系列似是而非的碎片。

朱文的《我爱美元》向我们展示的就是这种“现实”。在这篇小说中，生活的真谛被揭示为尽可能多地去满足个人欲望——摆脱了道义限制的性欲。“我爱美元”，因为只有“美元”为我的“满足”提供可靠的保障。小说中的“我”是一个真正懂得并且全身心沉浸于当代生活的大学毕业生。对于“我”的生活，“我”没有太多的抱怨，虽然也时有不满足。“我认为生活不过如此，而且只能如此”，一个人的可能就是在如此的生活中追求更多的“美元”，以获得更多的满足/享受。“我”是认同这个现实的，但是这个认同是以“我”完全无条件地把自身沉沦于其中为内容的。正如“我”在“父亲”和“弟弟”面前的优越性来自“我”同时与多个女人有自由的/金钱的性交易一样，“我”以数量取胜。数量并不能充实质量的空虚。因此，“我”骨子里又是空洞的，与这个世界格格不入。“我觉得心里空洞极了……”小说主人公说。

新生代小说在对欲望化现实的直接叙述中，采取了一种双重立场：一方面，它无条件地肯定个人欲望，并且认定商品交换模式是达成满足欲望的最好形式；另一方面，它又不能接受商品交换加之于个人身上的根本性的挫折感。因此，如《我爱美元》一样，新生代的叙事总是显现出自我满足的表象和自我失落的深层之间的分裂。阅读新生代作家的作品，我们最终看到的是：个人在无限欲望满足与挫折中的孤独。这种个人孤独，正如罗蒂所阐释的，不是因为被困于无限远景中的超越，而是因为不能摆脱无限到来的有限，一种“与某种超越的东西失去了任何联系”的孤独[①]。用吉登斯的话说，这种个人孤独，不是因为与他人分离的孤独，而是个人在追求无限欲望的满足中，因为失去或拒绝了道德源泉支持的“生存的孤立”[②]。因为对个人孤独感的叙述，新生代小说对以技术和市场为主导的欲望化生存表现出一种批判的情调。但是，由于它坚持自己的双重立场，新生代对欲望化现实的批判情调是很低迷的。这就不难理解，随着一批70年代出生作家以“另类写作”的集体面貌出现在文坛，新生代开始的对欲望化现实的直接叙述，已经变成了一种以写作满足个人欲望的“欲望化写作”。欲望化写作把新生代写作的自然结局展现给我

---

① 罗蒂(1992：21)。

② 安东尼·吉登斯(1998：9)。

们在想象与生活的杂糅中,新生代对“个人生活”的叙事,不仅没有为自我认同建构一个可以依赖的现实想象空间,相反把个人更深地带入欲望化生活的漩流中。

兴起于20世纪80年代后期的新写实小说在90年代的变异,是90年代中国文学现实叙事的另一种类型。作为对先锋小说沉湎于技巧的反拨,新写实小说期求要回到现实,要写出生活的原生态——原汁原味。它的早期作品,即1987年前后的作品,如池莉的《烦恼人生》、方方的《风景》、刘震云的《单位》等,确实在努力捕捉并且描写平凡人物或小人物日常生活的艰辛、困窘和无奈。在其中,渗透了对作家身边的“小人物”的深深同情和对社会忽视“小人物”的不公的批判意识。但是,进入90年代后,新写实小说暗中产生了位移:虽然它仍然关注小人物的生活,但是它关注的不再是小人物的困境,而是小人物在困境中的自得其乐,进而是小人物借助于经济舷梯爬出困境的奇迹,最终则是转化为市场弄潮儿的小人物志得意满之后的风流倜傥。要了解新写实小说从80年代到90年代的演变,对照池莉的《烦恼人生》和《来来往往》就可以看得很明白:在80年代困厄于家庭和工作中的无限烦恼,即生活不堪的小人物印家厚(《烦恼人生》),在90年代的市场化中变成了跻身白领阶层的志得意满、风流多情的康伟业(《来来往往》);与此相应,80年代小说中的人生苦涩的书写脱化为中产阶级生活方式和情调的展示。

应当说,新写实小说并不直接认同商业性的欲望化现实,相反,它对这个现实赋予个人生活的冷酷无情、见异思迁,总是保持一种传统道德和美学的批判。但是,由于把对现实的关注局限于个人的“日常生活”,即有限的人情伦理,这使新写实小说对现实的透视力非常有限,也相应地使它对现实的批判只能停留于浅尝辄止——它不能触及欲望化现实中个人自我异化的根本。这种浅尝辄止的批判,一方面,为商业竞争中的弱者(尤其是女性弱者)代言,要求一种道德和情感的佑护和补偿;另一方面,又在根本上肯定竞争的合理性,把“成功”作为基本的价值尺度。这种现实态度,决定了新写实小说与当前现实之间的“貌离神合”的联系,而且也决定了它的写作是对现实的平面化、仪式化的叙述。这种叙述的美学批判很大程度上归结为通过戏剧化来美化现实。其突出特点是,当前复杂多变的人生被指认(平面化)为情场与商场拼合的都市言情戏;也就是说,在同一平面上的戏剧化构成了新写实小说的基本叙事模式。这个特点,在池莉的小说《来来往往》中,是表现得非常明显的。对现实浅尝辄止的批判和戏剧化的叙事模式,为新写实小说提供了进入消费市场的基本前提。开发和运用这个前提,最终使新写实小说成为一种欲望化写作。

在90年代的文学版图上,新生代小说与新写实小说的同与异,构成了中国当代都市小说的基本色素。都市小说的本质,不在于它以都市生活为题材,而在于它对于都市的基础和主体——市场化存在——的归属性。在根本上，这两种小说都进行着对个人生活的市场化存在的迎合和谄媚。例如用一种仿诗意的笔调，不断地把变乱而又冷漠的都市生活平面化到按模式设计的多角情爱戏中，以其半是幽怨半是向往的叙事让当代焦虑不堪的身心得到一夜梦的抚慰。小说的都市化写作，使它丧失了文学对于生活的超越性/批判性距离，而彻底生活化了。以欲望为焦点，在生活中梦想和在梦想中生活，使文学和生活拼合为一体。实际上，通过都市化写作，小说完全变成了与大众传媒、娱乐市场和个人休闲具有同样意义的一种日常生活方式，它们互相反射、互相模仿，构成了鲍德里亚命名的“超级现实”。在超级现实中，真实被掏空了，只存在没有原形的虚空的影像相互之间的虚假模仿和复制[①]。

二　语言、身体与自恋

在全球化语境中，个人要实现自我认同，必须同时在两个方面作战：一方面要反抗现实的非理性发展，以免沉沦其中而丧失自我；另一方面要抗拒社会现代性的工具理性扩张，以避免再次被不良机制捕捉。在这种背腹受敌的悖论境遇中，以自我认同为主题的文学写作就不得不采取一种非中心化的解构主义叙事。90年代中国文学的个人化写作，正是这种解构主义策略的实践。

刘震云的《故乡面和花朵》，无疑是90年代中国小说中最典型的解构主义叙事文本。小说前三部分写90年代的当前生活，这是由同性恋者在丽晶时代广场寻找家园、切入叙述人故乡和文化精英的牛屋讨论等各种场景穿插构成的光怪陆离、杂乱无章的时代闹剧。这是一个没有中心，亦即没有基本意义的世界景象。根据德里达(Derrida)所言，没有中心，即没有文本系统之外的超验所指(本原意义)。“超验所指的缺席，使指意领域无限扩展并且使之成为无终结的游戏。”[②]《故乡面和花朵》的这三部分，实际上是由语言无限增生和膨胀构成的语言运动，在这个运动中不仅对事件的旨意和表述被无限发生的差异不断延迟了，而且人物，特别是叙述人小刘儿的存在被符号化，变成了一种纯叙事功能。小说第四部分，即最后一部分，是另一个叙述人白石头对自己“1969”的“固执地回忆”。与前三部分无边扩散的话语喧哗相反，这部分的语言运动向“1969”极度密聚，形成了对这个中心的超密度的指述。

① Baudrillard (1994：1).

② Derrida (1996：178).

通过对现实的非中心化叙述,复活和解放叙述人的个人经验,是《故乡面和花朵》的基本动机。但是,个人异化消解自我的“1995”的现实与构成叙述人自我记忆的“1969”之间的真实联系已经断裂。这个断裂是由叙述人从前三部中的小刘儿换为第四部中的白石头来隐喻的。而且,这个隐喻因为叙述人的自我记忆被压缩/固定于一个对于现实已经死去的孤立的年号(1969)而被强化了。活的非我的现实和死的自我记忆之间的分裂/对立如此尖锐,传达了一种自我绝望的孤独感。然而,在叙述人背后的作家超越了这种孤独。一方面,第四部对“1969”的超密度叙述把它编织成了一个确定不移的自我中心,也是一个叙述本原;另一方面,正是以这个中心为立足点,前三部对现实的差异性叙述实际上实现的是作家自我对现实的消解和超越——现实被作家的无限增生的话语淹没和融解了。

准确地讲,《故乡面和花朵》的语言运动已经把语言由写作的媒介转变为写作的对象。它沦入了解构主义策略的宿命,“文学变成语言的乌托邦”。语言乌托邦的基本特征是,把语言作为写作的本源,对语言的非表意性的诗学属性,即音色、节奏、修辞等感性因素的迷信和过度运用。语言乌托邦把写作转化为一个不及物活动[①]。王安忆的《长恨歌》是一个极精致的语言乌托邦的建筑。小说叙述旧上海因当选“上海小姐”而改变了小家碧玉命运的王琦瑶的一生。令人吃惊的是,这位在当代中国社会经历了40年风雨飘摇的昔日“上海小姐”,如一张旧年画一样超越了时间的侵蚀,不仅悬挂在上海弄堂的上空,而且悬挂在读者的心中。在这位“上海小姐”的40年人生中,从程先生到“老克腊”,一位又一位男人为她倾倒、为她生死,服从着时间的神律,为什么她能在时间之中而存在于时间之上呢?原因不在于“上海弄堂”40年不变的记忆,而在于“王琦瑶”只是作家王安忆叙事活动的一个符号——诗性的语词。“一个诗性语词,是一个与过去没有直接联系、没有环境关联的行动,它只是在与其他语词的相互映照中放射出浓厚影像。”[②]也就是说,“王琦瑶”本来就不属于时间,时间中的“王琦瑶”只是超时间的诗性语词“王琦瑶”的叙事行动。与此相应,王琦瑶的前仆后继的情人们,都是为了这个叙事行动需要而设置的符号,所以,不管什么年代进入王琦瑶的生命中,也不管各自身份如何不同,他们都一样年轻,一样倾慕王琦瑶——以和超时间的“王琦瑶”相配合。大同小异的场景,在细微变化中基本一致的叙述语调,都在反复描绘着同一幅画面,吟咏着同一个诗句。

与对语言的诗学属性的极端强化相关,“身体”作为能指的美学/叙事学价值被

① Bartes (1996: 42).

② Bartes (1968: 88).

解构叙事突出出来，并且被写作主题化。在 90 年代中国文学中，身体写作的主题化是与女性写作一体发展起来的。“写你自己：你的身体必须被听到。这样，无意识的巨大资源就会爆发出来。最终，不可穷尽的女性想象将被展开。我们的气息将把一种非金色或黑色的美元所能估价的价值弥漫于这个世界，并且改变古老的游戏规则。”[①]西苏(H. Cixous)代表的西方女性写作理论非常直接地引导和鼓舞了 90 年代中国女性的个人/身体写作。但是，在西方女性写作理论中，身体(女性自我的身体)是一个异质性的对象、一个文本，它的功能是指向“我”已失去的领域，向“我”提示非同一性、非本质性、不可能性、腐蚀性的存在。克里斯蒂娃(J. Kristeva)明确地把身体的异质性概括为“这个身体邀请我们认同它，却又立即拒绝任何认同”[②]。正是基于这种根本的“异质性”，身体才具有解放和诗学的意义。90 年代中国女性写作把自我孤独的生存境遇绝对化了，相应地把自我的身体确认为同一性的实在对象。这样，女性和自己身体的关系被确立为一种自我与镜中影像的同一性关系。林白的长篇小说《一个人的战争》的女主人公自白：“最喜欢照镜子，一镜在握，专看隐秘的地方。”这个自白对于这个时期的女性化写作是一种直切的概括和象征。

对自我身体叙事学意义的绝对化和实在化为女性写作设置了一个封闭领地：女性作家在现实存在的巨大的虚无境遇中，拥有一个超现实的存在——她的躯体。这是她唯一确切的真实。栖居于这个唯一确切的真实，使 90 年代女性写作不仅必然是女性化的，而且必然是个人化(私密性)的。女性个人化叙事的核心是对男性化叙事的反叛，即抗拒男性叙事对女性的权利/欲望化书写，从而把自我躯体由被动的欲望对象改写为主动的欲望主体(如陈染《私人生活》中女主人公的同/异双性欲望的表达)。但是，因为固执于绝对独立的自我而拒绝世界，女性个人化叙事的反叛不可能逃避女性自我躯体的再度典出。它或者成为女性自我与男性性别斗争的工具，并且与男性躯体一起作为欲望作恶的载体同归于尽；或者成为孤芳自赏幽禁的囚徒，在自闭的忧郁中萎缩、病变。这种内在危机，不仅使女性个人化叙事的反叛意义似是而非，而且瞬间即末路穷途。女性个人化叙事的危机在于它所包含的非历史化欲望——它企图实现一种在男性对面的超历史的独立。西苏认为，女性个人/身体写作的目标是“进入潜意识的栖居之地，以便届时从自我挣脱，走向他人”[③]。陈染们的个人/身体写作，因为被实在化为自恋的工具而变成了自我监

---

① Cixous (1997: 103).

② Kristeva (1980: 163).

③ 西苏(1992: 224)。

禁的牢房。因此,沉重的自恋既是90年代女性个人化写作的根源,也成为它再次自我丧失的宿命。

90年代中国社会的生产和生活的深刻变革,尤其是全社会的市场化转型,一方面把个人从传统体制中解放出来,另一方面使个人在普遍交换和不断发展的加速运动中,失去了基本的稳定感和归宿感。"在世界中存在",对于90年代中国社会的个人,即意味着它变成了一个根本性无家可归的漂泊者,又意味着它自身的内在统一性缺少基本保障,而时时面临着在普遍交换和不断变化中被割裂和消解。因此,自我认同危机,即身份的危机,成为90年代中国人的基本生存感。正是对自我认同危机的深切体验,形成了90年代中国文学个人化写作叙事的基本动机。刘震云、王安忆对语言的非指述性功能的极端性运用,陈染、林白对自我身体叙事功能的主题化运用,主旨就在于建构一个超现实、超时间的叙事/想象堡垒,以抗拒现时代对个人存在的内在价值和特性的消解。但是,强化个人经验(语言和身体),而不沦入拒绝现实和自我封闭,是个人化写作的一个关键难题。无论迷信语言,还是迷恋身体,都是个人化写作的致命陷阱。就此,萨特的提示是值得重视的,"文学对象,虽然是通过语言来实现的,但绝不是在语言中被给予的。相反,它是一个沉默和语词的对立面。"[①]这就是说,写作是一种自由的行动;要实现写作的自由,写作必须介入语言之外的现实。

三 进入历史和真实的可能

在全球化的世界性存在中,现实的离心运动割断了个人同历史的最后一丝天然联系。我们的当代生存承受着一种对历史的孤独,一种海德格尔(M. Heidegger)揭示的根本性的无家可归感,"当代人的无家可归感来自他同存在的历史本质的脱离"[②]。因此,在90年代中国文化空间中,弥漫着一种对历史的怀旧情绪。与此相应,被80年代写作极力拆解的历史,在90年代写作中又被翻转回来成为新的迷恋对象。

在这场新历史热中,以陈忠实的《白鹿原》为代表,兴起了重写民族百年史诗的创作。史诗之为史诗,不在于它是一个民族历史的叙述,而在于它的叙述成为对这个民族的超历史整体性的构建和展示。现代化的历史运动在根本上消解着每个民族的超历史整体性,同时也就消解着民族史诗的根基。以此为根据,卢卡契(G.

① Sartre (1971: 1060-1061).

② Heidegger (1978: 241).

Lukács)指出,史诗是属于传统社会的,小说是属于现代社会的[①]。在这个意义上,可以解释马克思关于《荷马史诗》不可重复的论说。因此可以说,在当代变动不居的历史背景上,抒写民族史诗的前提是并不存在的。就《白鹿原》而言,它完成的是一个双重分裂的结构抽象的民族共同性(儒家精神)漂浮在变乱无定的现实争斗(国民党、共产党、农民、土匪相互之间的纠纷)之上,正如那个半人半神的"朱先生"游离于这些争斗之外一样。应当说,《白鹿原》对生活细节的描写,是很有生活气息、很见笔力的。但是,这两个层次的分离,却注定了陈忠实式的现代史诗企图的必然失败。

与陈忠实的史诗化写作相反,苏童、叶兆言等人对历史的重写走了一条景观化历史的道路。在80年代末和90年代初,苏童(《妻妾成群》)和叶兆言(《追月楼》)把20世纪三四十年代的江南城乡描绘成颓废感伤而又绮丽迷人的末世风景。历史的景观化叙述,以重写(拯救)历史的先锋姿态,把历史转化为可以随意塑造,因而具有无限消费价值的原料场。在很大程度上,它的新颖性是以当下读者市场的消费趣味为诱因的。在其中,弥漫着消费社会的猎艳、畸趣和对一切不动真心的玩世不恭。苏童、叶兆言对历史的景观化叙述,实际上形成了一种90年代历史叙述的"常套"。近年被看好的阿来的长篇小说《尘埃落定》,是沿着这种常套发展下来的极端之作。这部描述一个藏族部落在农奴制废除前后的辉煌与幻灭的小说,把部落头人(麦其土司)一家的生活展现为一幅怪异而富有奇幻趣味的藏族风俗画。然而,这只是一部以汉文化为视角的藏族风俗画,它的作者阿来的藏族身份只是为这幅风俗画的素材或原料提供了必要的资源。这部小说的优美情调或可读性,产生于作者从藏文化逸入汉文化之后的写作距离,准确说,产生于作者与这段历史的天然联系断裂之后,后者成为前者回忆中的一段纯粹的风景。

无论对历史的史诗化还是景观化,都是站在历史之外,或者为了某种抽象的观念,或者为了消费形象的欲求,把历史作为现成材料,随各自的需要剪裁、编制历史形象。在其中,对历史的客观主义就是对历史的主观主义。在这种历史叙事悖论中,历史作为一个对于我们有意义的整体,离我们越来越远。准确讲,景观化和史诗化的历史写作不但没有改变历史被当代生活原子化和抽象的遭遇,反而强化了这种遭遇:这两种写作都把历史挪用和转化为当代文化消费品。消费历史,实际上是90年代写作和文化市场合谋制作的一个引人注目的文化景观,在这个景观中,孤独无依的个人享受着历史快餐,而更彻底地远离历史。

在当代文化语境中,进入历史的努力面临着双重威胁,一是以技术发展为支持

---

① Lukács (1996: 56).

的实证主义，二是作为实证主义结果的虚无主义。实证主义把历史作为在同质而虚空的时间中存在的，即与个人存在无关的实在事件；虚无主义，否定个人存在的历史属性，即否定历史对于个人存在的整体性和根源性意义。进入历史，必须同时反对实证主义和虚无主义：第一，个人进入自我生存的内在体验，即复活个人对历史的记忆；第二，在个人历史记忆的复活中，复活历史整体丰富和生动的存在境界。就时间而言，进入历史，意味着历史的过去时间在自我存在的现在时间中被呈现出来，历史时间的异质性和丰富内涵被现在时间的异质性和丰富内涵激活。一言以蔽之，进入历史，就是在自我的当下存在中，复活历史被时间抽象压抑了的丰富存在，把历史展现为一个活的、有意义的存在空间。这就要求个人必须把历史作为自己的命运来承担，在实证主义和虚无主义的夹击中，个人对历史的承担是充满危险的。所以，本雅明把进入历史称为一个“危险的瞬间”[①]。

在都市化写作向世界沉沦和个人化写作封闭自恋的双重危机中，中国文学摆脱困境的可能性在于把写作实现为进入历史的行动。就是说，写作必须成为作家自我生命对历史的承担。以写作承担历史，一方面是，作家通过写作复活自我与历史的独特而深刻的内在联系，使写作成为自我向历史的生成；另一方面是，他的作品，通过对现实的历史性叙事，为我们的当下存在打开一个重建真实的历史感的通道。因此，写作进入历史，其要义不在于对历史作所谓实证主义的求实，即追求把握和书写历史事实的“真相”，而在于通过对现实的历史性叙事，不仅努力向我们展示一个真实的世界，而且把这个世界展现为人类内在生存所需要的情感、价值和信仰的实现与生长。肯定个人存在对于历史整体的独特意义，同时保持历史整体对于个人存在的根源意义，是以写作承担历史的双重使命。承担这一双重使命的前提是作家在自我生活史中培养起来的对活的历史的信心。我们把以写作承担历史的叙事称为“历史化叙事”。在上述意义上，历史化叙事就是一种避免沉沦于世和自我封闭两种叙事危机的努力。

张炜的《九月寓言》、余华的《许三观卖血记》和曹文轩的《红瓦》，都在历史化叙事的维度中开拓出令人感奋的深度。这些小说，描写的是大致相同的年代(50至60年代)。作家把视点集中在这个历史阶段中的普通个人的生活境遇和情态。因为作家是属于它所描写的年代的，所以他的焦点不是单纯向外的，而是不断返回自身的。准确讲，作家与这段历史的内在联系，使后者在他的回视和写作中都永远是现在进行时的——作家叙述的历史生活在作家当下的存在中。所以，这批小说必然向读者揭示出历史的另一面，即不是作为历史学家研究对象的史实，而是对于始

---

① Benjamin (1969: 263).

终与其共同生活着的个人的意义。历史作为史实性的存在，并没有被改写，反而被再次确证。但是这些史实不再是单纯外在的事件，而是作为对于个人生活的独特意义而融合在个人的生活之中。在这几部小说中，那个特殊年代的苦难仍然是读之令人心悸泪下的，但是，苦难在传达悲恸的同时也传达了生命和生命的歌唱——苦难深处那对于个人生活和生命的意义。

四　结　　语

技术—经济的全球化运动，在为我们构建一个物质不断充裕的世界的同时，不断瓦解我们存在的一切既有意义；在向我们的自我发展提供无限可能的同时，不断抽象我们生命的内在属性。面对当前这种基本生存境遇，中国文学写作既不能逃避现实，又不应顺从现实。在全球化与自我认同的两极运动中，它必须努力建设并保持一种在现实与写作之间的张力关系。这种张力关系，即阿多诺所指出的艺术与社会之间的非同一性的相互运动的关系。保持这种张力，就是保持艺术在社会中的自律意义——保持艺术对于物化社会的批判功能。“艺术根据一个使它与世界相反对的原则与世界相联系，这个原则是精神用以构建世界的原则。”[①]关于在全球化语境中的中国文学写作，我们由此得到的启迪是，在当前由技术—经济一体化运动形成的意义虚空化的生存境遇中，文学的现实主义精神，不在于写出一种生活的真实，而在于写出这种真实的可能——个人存在与整体历史沟通的人生意义。

（原载《文学评论》2000 年第 2 期）

---

① Adorno (1997: 7).

沉溺于消费时代的文学批评

多年以来,"先锋批评"[①]总是一切中国文学和文化的"终结"事件的"在场者",因为它的基本存在方式即是以持续不断地宣告"他者"的"终结"确认"自我"的无限"在场"。今天,我当然不会模仿地说,"先锋批评"已经"终结"了,但是,事实告诉我们,"先锋批评"的批评性确实已经"终结"了,它由 20 世纪 80 年代的新锐的文学批评变成了沉溺于当前消费时代的文化速写。

一 "《秦腔》事件":"先锋批评"的集体言说与集体缄默

在 2004 年与 2005 年之交,隆重推出贾平凹的长篇新作《秦腔》,是京沪两地的"先锋批评"南北呼应、联袂参演的一次"批评—出版—传媒"一体化运作的文坛盛大活动。据相关报道,京沪两次"《秦腔》研讨会",参会者各数十人计,"几乎囊括了中国评论界最有实力也最活跃的批评家"。这是新时期"终结"以来空前的"批评盛会",可视为一次圣诞弥撒式的大合唱。但是,在这个大合唱中,我们只能听到"先锋批评"集体一致地歌唱一个主题声调:"《秦腔》是一部伟大的作品";修饰这个主题声调的是两个互相唱和的复调:"《秦腔》是乡土中国叙事终结的杰出文本"(北京),"《秦腔》是一部厚重的反史诗的史诗性力作"(上海)[②]。

与"先锋批评"异口同声称赞《秦腔》"唱反调",李建军直言《秦腔》"是一部形式夸张、内容贫乏的失败之作,是贾平凹小说写作的又一个低谷",它表现了作者的"恋污癖""性景恋""自然主义描写的泛滥"。李建军认为,作者之所以如此,至少有

---

① 在中国当代文化语境中,自 20 世纪 80 年代后期以来,"先锋批评"是由一些代表性人物来主导进行的,但是,它并没有形成一个相对固定的批评家群体,即使它的代表人物也在不断发生变化。因此,作为一个批评家群体,"先锋批评"是难以严格界定的。出于个人认识,在本文中,我所指称的"先锋批评",主要含义在于它是一个文学批评思潮(运动),而不在于它是一个限定的批评家群体。与此相应,我的批评目标也是针对这个文学批评思潮(运动),尽管在具体评述中不得不针对几位有代表性的批评家的论著说话。

② 关于《秦腔》评论详情可见:《众说纷纭谈〈秦腔〉》(载《文艺理论与批评》2005 年第 4 期,第 37～43 页)、《贾平凹〈秦腔〉北京研讨会发言记录》(http://bbs.health.163.com/article/-0ZOZ-TLDcm3.html)、《上海贾平凹著〈秦腔〉研讨会专家发言选载》(http://www.mediachinese.com/article/-0ZOZ-TKXKLO.html)。

两个原因："一是作者过高地估计了包括性在内的本能快感的意义和价值；二是他没有自觉地认识到生理快感和心理美感的本质区别，忽略了人的深刻的道德体验和美好的精神生活的意义。"[①]

对李建军的批评，贾平凹两度公开回击。他在《华商报》的一个访谈中说："李建军的骂是他的生存方式"，"在陕西时我们认识，那时他称我'老师'，给我说过那么多好话"，"他能立即变脸，能打着很庄严的牌子施行他的投机和势利"，"泼皮无理取闹"，"用猪尿泡打人是不疼的"，"我应该赶紧去打一针狂犬疫苗，因为有些东西不仅仅是感觉恶心那样简单"[②]。此后他又在《文汇报》发表文章说："有一位熟人，见我言必称老师，好话给我说过几箩筐，动不动还给我送过吃货，在他挪了个地方后，突然地就攻击我。他是以杀我引人注意。或许他杀得太突然，虽一时博得'好汉'声名，但不足两年，世人倒怀疑我在炒作，雇了他做托儿。可能是他也不适应了吧，据有人告诉我，他现在患上了精神分裂症。"[③]

以我个人阅读所见，从李建军对《秦腔》的批评中可以得出三点看法：第一，李建军细读了《秦腔》全书，并且将其评论建立在对该书细节的引证、辨析基础上；第二，李建军倚重19世纪俄罗斯批判现实主义的批评传统，因而在批评中坚持社会道义诉求高于文学审美诉求、审美教化诉求高于个性表现诉求的批评原则——概括讲，李建军对《秦腔》的批评，是以张扬社会道义为主旨的文学批评；第三，李建军力图坚持别林斯基等人的人性完美化理想和尖锐、彻底的批评风格，这个立场同时也限制了他的批评视野，使他对《秦腔》的解读不免偏激、单一化之误，一些论点也令人质疑。但是，李建军对《秦腔》的批评虽然存在着这些失误（甚至可说"过火"），却始终没有超出文学批评的限度，是以作品为依据，摆事实、讲道理的。与此相反，贾平凹的两次公开回击都充斥着对李建军个人的恶意的人身攻击，但是只字不提李建军对《秦腔》批评的文学是非。任何一位作者，都有权利反驳针对他的作品的批评，而且，他也有权利自由选择表达反驳意见的方式。但是，无论批评家还是作者，无论批评还是反驳，都必须尊重事实，即要针对文本（作品和评论文章）说话。在此意义上，我认为，贾平凹的反应完全越过了文学批评的范围，是对文学批评权利的践踏。进而言之，"李—贾之争"，已经超过了对一部具体作品的文学是非之争，而涉及批评与反驳是否需要尊重社会道义之争。

针对这种情形，批评界应当发出公正的声音。我本将这公正的声音寄望于"先

---

① 李建军（2005：46）。

② 贾平凹（2005a）。

③ 贾平凹（2005b）。

锋批评”。因为,“先锋批评”集体一致地将贾平凹推举为可与曹雪芹、鲁迅并肩的“20世纪文学大师”未久,其振聋发聩的声音依然在耳内回荡。但是,令人吃惊的是,对此情形,“先锋批评”、文坛权力和主流传媒组成了铁板一块的、令人窒息的沉默。面对“先锋批评”如此奇迹般的缄口,我不免从另一个侧面感受到它的集体一致!我承认,即使在这个原则是非面前,每位批评家作为独立个体仍然有权利选择发言或沉默。但是,面对这种不约而同的集体沉默,我意识到一个不容回避的问题:在当前的文化环境中,对文学作品做社会道义批评是否还有价值,是否还有生存的空间?我认为,“先锋批评”对“李—贾之争”的集体缄默,如果不是出于某种相同动机的集体默契,就是出于对社会道义批评的集体漠视。我更倾向于认为它是后一种情况。就此,我不得不追问,在这个消费主义、享乐主义、犬儒主义、虚无主义和“自由宣泄”均可畅行其道的文化环境中,社会道义批评难道只能被视作批评家个人的“私怨”“私欲”的“不平之鸣”而遭漠视吗?

我将“《秦腔》事件”看作“先锋批评”在2005年建构的一个“宏大叙事”,是自20世纪90年代以来一个最重要的文学事件。它之所以是“最重要的”,因为它再度表现了只有在意识形态控制时代才能够出现的“集体性批评”现象——同一性思维和高度统一的声音。与这种“集体性批评”的重演相比,《秦腔》是否是“伟大的小说”,我以为,并不是一个严重问题。因为,既然今天我们都承认多元化是我们争取的社会进步方向,那么,就不应当在对一部小说的评价上强求一致。因此,对于“《秦腔》事件”,我真正关注的是:长期主张反同一性的“先锋批评”何以达到了如此高度的“同一性”,也就是说,是什么因素导致了“先锋批评”向它一开始就主张反对的“集体性批评”的回归?

二 “新”的幽灵:“现代”还是“后现代”?

在20世纪末以来的中国文学语境中,“先锋批评”的特定含义,是以西方后现代文化理论和解构主义批评为主要思想资源的批评运动。简单讲“后现代”是它的主要旗帜。但是,如果我们追踪“先锋批评”的运动轨迹,就会发现,它虽然变化多端,却始终固守着一个中心目标:“新”。它的基本存在方式是不断宣告“……终结……取代”,即持续不断地进行着“罢黜—命名”的循环仪式。通过这种存在方式,“先锋批评”向读者确立的文学价值观就是“‘新’即价值”,而“新”的价值就在于它见证“旧”的“终结”并且“取代”后者。

在进入2000年以后,“先锋批评”的“求新”激情不仅没有减弱,反而加倍升温。“新世纪”伊始,“先锋批评”就以抢滩作战的速度在文坛注册了“新世纪文化(文学)”,一方面以与当年宣告“新时期文学的终结”同样的战术宣告了“后新时期文学的终结”和“新世纪文化(文学)的诞生”;另一方面在这个大文化商标下,不断命名和注册各种“新”的文化和文学品牌。“新世纪文化(文学)”“新大众”“新美学”之声不绝于耳……最叫人匪夷所思的是,连当今中国也被贴上一个甜兮兮的、幼稚园式的称谓——“新新中国”[①]。

“先锋批评”如此热衷于“罢黜—命名”运动而不懈地“求新”,表现出的精神取向是它一再声称反对和告别的“现代性”的,而不是“后现代性”的。而且,这种“现代性”特别具有中国特色。李欧梵说:“自晚清以来,日益面向当前的思想(以区别于过去面向经典儒学的总倾向)无论从字面上还是从比喻的意义上讲,都充满着‘新’内容:从1898年的‘维新’运动到梁启超的‘新民’概念,到具体表示‘五四’的新青年、新文化和新文学,新这一形容词几乎伴随着所有的社会和知识界的运动,使中国摆脱昔日的桎梏,从而成为‘现代’国家。因此,‘现代性’在中国不但意味着对当前的专注,而且也意味着放眼求索‘新意’,从西方求索‘新奇’。”[②]借用这段话点评“先锋批评”的“求新”,可说恰中要害。

在当代中国文坛,在“先锋文学”已经“溃败”(或“终结”)了十五年之后,“先锋批评”能够跨世纪地维持到今天,并且声势不减,就是凭借了这无限“求新”的现代性冲动,而不是它所自诩的“后现代主义”。因为始终怀抱强烈的“现代性”情结,“先锋批评”倒是名副其实的。不仅对待作品,而且对待理论,“先锋批评”也无保留地以现代中国的“唯新论”态度,唯“新”必求。因为西方是被预先认定了的当代世界文化的“先进代表”,所以“先锋批评”的“理论求新”的眼睛就永远朝着西方。这就是贺绍俊所谓“西方现代后现代的思想集装箱运送过来后,被我们全部照单收下”[③]。的确,近二十年来,没有一种西方新批评理论和方法没有被“先锋批评”在“第一时间”挪用,又在“第一时间”“终结”。“先锋批评”的“理论求新”激情,使我想到本雅明对现代主义的一个评价。他说:“现代主义应整个地置于一个标题之下,这个标题便是——自杀。自杀这种举动带有英雄意志的印记,这种意志面对与之为敌的理智寸步不让。这种自杀不是一种厌弃而是一种英雄的激情。它是现代主义在激情的王国所取得的成就。”[④]如果说在对本土创作的“罢黜—命名”游戏中,“先锋批评”表现了一种帝王择妃式的专横任意,那么在对西方当代理论不可遏制的“求新”冲动中,“先锋批评”表现的就是一种“理论自杀”的现代英雄激情。

---

① 张颐武(2004b:9-11)。
② 李欧梵(1989)。
③ 贺绍俊(2004:147)。
④ 本雅明(1989:94)。

但是,我们不能因此认为,"先锋批评"是在一个自诩的"后现代主义"口号下实践着地道的现代主义。"先锋批评"自己也绝不会承认这一点,因为这无疑是逼着它回归自己一开始就宣判了死刑并做了神圣告别仪式的现代性的"新时期"。同时,这个判断与事实也不完全吻合。现代主义固然以"求新"为核心,但它的"求新"是有选择、有目标、有原则和有立场的,它不会见"新"就收。因此,现代主义的"求新"是执着而痛苦的,甚至有一种"神圣的疯狂"在其中!而后现代主义则在多元主义旗帜下,什么都一样,怎么都行,故可做到"见新就收"。明白讲,"先锋批评"的实践表现了"现代主义"与"后现代主义"混淆的立场。在这个意义上,也许我们可以尝试这样来界定"先锋批评":在中国当代文坛上,一种站在后现代主义的立场上,用解构主义的策略追求着现代主义的话语霸权的文学批评运动。

其实,地道的"后现代派"是最不在乎名分甚至根本反对名分的,因为"名分"本身就是逻各斯中心主义生产的意识形态怪物,就是权力话语的操纵,是要被颠覆的基本对象。"先锋批评"如此痴迷于"名分"的划分和占有,是否可以说,在其无意识的深处,不仅没有消除现代性的"霸权意识",而且也没有彻底摆脱中国封建主义的精神桎梏呢?

三 "宏大叙事":被消解的对象还是被痴迷的梦象?

如果说"先锋批评"尊崇的意识形态是"后现代主义"的(当然不够地道和彻底),那么它奉行的叙事策略就是"解构主义"的(同样不够地道和彻底)。今年,陈晓明在一篇追悼去年10月辞世的解构主义之父德里达的文章中,满怀敬意地回忆了德里达及其解构主义对"先锋批评"不可替代的精神意义。他说:

> 德里达和解构主义之于我们,从来就不是理论游戏,而是怀着特定理想的选择。……解构主义是这样一种东西,与其说它是一种理论或一种观点和立场,不如说它是一种信仰,只要接受了这种观念,就产生了这种信仰,人们对事物、对世界的认知就是另一种情形,不可避免出现另一种结果。当人们得知真理是一种人为的设置的时候,当人们得知那些起源和必然性都是一种理论的假设的时候,对世界认知的方式已经发生了深刻的乃至根本的改变。[①]

陈晓明将解构主义对"先锋批评"的意义讲得很清楚,而且坦陈了自己的思想倾向。因此,我相信他在将自己的博士论文赠送给德里达时的题辞是表达了发自

① 陈晓明(2005:95)。

内心的感激。该题辞说："给尊敬的德里达教授，您的思想对中国青年一代学者产生了深刻影响。"这个题辞当场获得了德里达在瞬间疑问之后的"满意和快乐"的笑颜[①]。同时，我也相信德里达对自己的思想在遥远的中国"产生深刻影响"会有人之常情的疑问和喜悦。但是，以我对德里达学说的有限了解，我不免怀疑如果德里达在另一个世界读到陈晓明这篇悼念文章，是否会同样给予"满意和快乐"的回应。试问：德里达能欣然接受自己的反中心主义、反本质主义的解构哲学旅游到中国之后就变成了"信仰"吗？换言之，对于毕生与"在场"的形而上学不懈作战的德里达老人，还有比这更无情的打击吗？

但是，虽然包含不浅的误解，"先锋批评"的确抓住了解构主义的"独特价值"：它无穷无尽的"颠覆"力量。用陈晓明的话说，这力量就是颠覆一切在场之物从而颠覆权力话语。"确切地说，德里达对'在场'的颠覆，也就是对所有目的论或本体论—神学的摧毁，把整个存在推向虚无的境地。"[②]陈晓明对解构主义的逻辑理解是：权力话语是要"在场"才能存在的，"维护'在场'就是维护权力话语"；"解构"将"整个存在"都"推向虚无的境地"，当然权力话语也就无处栖身了。遵循这个"解构"逻辑，陈晓明及其"先锋批评"就策略性地将文学批评操作为对一切意义之物和整体性观念的无限拆解和颠覆的话语游戏。"向整体性开战""差异性""零散化""非中心""非同一性""去意义""反讽""游戏"等，就成为"先锋批评"操作的关键词。如果说"主流批评"实践的是维护其权力话语的"宏大叙事"，那么，"先锋批评"实践的就是对"宏大叙事"的瓦解和颠覆。这就是说，在叙事学意义上，"先锋批评"有一个终极敌人——"宏大叙事"。

在一定意义上，我们应当充分肯定"先锋批评"对权力话语施行拆解的积极意义。的确，它带来了批评观念的解放和批评活动的自由。"宏大叙事"对中国文学、文化的压制长远而深重，必须予以清算。但是，是否因此就应当颠覆一切意义中心、一切整体性和建构性之物，也就是说，我们的人生是否因此必须以无意义的零碎状态为归宿？在此有必要重温法国哲学家加缪在著名的《西绪福斯神话》中对荒诞的哲学阐述。他认为：现代人在获取无限自由的同时遭遇了世界统一性的瓦解和绝对性的丧失。但是，对统一的怀念和对绝对的渴望，是人性深处最根本的呼唤，它是不可泯灭的希望之源。因此，面对现代世界的不可穿透的冷漠和彻底的陌生化存在，现代心灵仍然倔强地从深处发出对统一性和绝对意义的呼唤。"荒诞产

---

① 陈晓明(2005：94)。

② 陈晓明(2005：95)。

生于人类的呼唤和世界的无理的沉默之间的对立。”[①]加缪认为，一种荒诞的体验就是拒绝荒诞的斗争：荒诞就是现代人不放弃对统一性和绝对性的渴望而不懈地斗争的悲剧。加缪此说，是对后现代哲学（包括解构主义）最深刻的动机的揭示。但是，“先锋批评”似乎一味怀抱“颠覆”的冲动，而幻想着永远安乐于破碎虚无的“解构之境”。

然而，在迷执解构主义策略，对“现代性”的“宏大叙事”进行无限颠覆的同时，“先锋批评”又以过剩话语营造着一系列“新”的“宏大叙事”[②]。从解构主义的角度讲，“宏大叙事”的要害是一元化的本质主义，也就是整体性的独断论。然而，“先锋批评”常规化的“罢黜—命名”游戏，基本语式就是整体性的独断论：“新时期终结了，后新时期开始了！”或“整体性的历史终结了，写作的零度开端了”云云。解构主义的精义在于对所指“延异”的追问和申诉，即拆解“在场”的霸权，召唤“不在场者”。这是一个没有终点的运动，并以此不断抵抗着独断论的陷阱而成为无终点的“语言游戏”。“超验所指的缺席，使指意领域无限扩展并且使之成为无终结的游戏。”[③]“先锋批评”的独断论叙事却是不断以一个超验所指（意义中心）取代另一个超验所指（意义中心）的行动，即是在“求新”冲动驱使下，不断指认“新”的超验所指的行动。此举在精神意向上，是与解构主义背道而驰并向所声称要反对的“宏大叙事”无限逼近的！[④]

进入2000年以来，“先锋批评”关于“新”的“宏大叙事”运动越演越烈。相比于90年代，“先锋批评”运动有两点重要变化：第一，90年代批评家相对独立的个人行动被整合到“批评－出版－传媒”三位一体的超密度的共同体中，从这个共同体发出的任何声音，都会成为一个令人瞠目结舌的重大文学事件。然而，在这个共同体之外，单个批评家的言说只能成为没有听众的喃喃自语，或三五同道寂寥中的相濡以沫。第二，“先锋批评”进行“罢黜—命名”的行动，在90年代主要是针对一个作家群体和一系列作品说话，而现在却主要针对单部作品说话，每一部被“先锋批评”推出的“巨作”，几乎无例外地都被界定为空前绝后的“划时代的里程碑”。《秦腔》就是在这种“新批评气候”下被“先锋批评”树立为一座“伟大里程碑”的。

---

① 加缪(1998：212)。

② 参见王列生(2001：8-10)。

③ Derrida(1996：178).

④ 相对而言，在“先锋批评”中，陈晓明在理论上试图一致保持对“差异性”的热情，并且认为保持“差异性的自由”，是在“整体历史”终结之后，保持文学性、实现文学自身的审美拯救的希望所在[参见陈晓明(2003：3-6)]。但是，“宏大叙事”冲动又使他在一元化的整体视野控制下实质性地背离了自己的理论承诺。

四 “文化批评”：消费时代的批评还是速写？

如果翻阅一下2000年以来的中国报刊，就会看到“先锋批评”在新世纪的常规工作：一方面以新闻追踪“第一时间”的速度引用最新的西方理论，另一方面以荒原围猎式的奋勇搜捕本土最新的文化时尚，同时在毫无时间差的节奏中进行这两方面的组装，构造着一个又一个关于“新世纪文化”的富丽堂皇的“宏大叙事”。我们的现实是“消费时代”，因此，“先锋批评”就成为这“消费时代”景观的文化速写。

其中，就我的阅读所见，张颐武的一系列文章最具有代表性。根据张颐武的描述：第一，进入新世纪的中国已完成了“脱贫困”和“脱第三世界”过程，以“和平崛起”的新形象结束了它的以悲情和屈辱为基调的现代历史，一个新世纪的“新新中国”取代了旧世纪的“新中国”；第二，“新新中国”终结了在民族国家视界下以救亡和启蒙为使命的现代性的“新文学”，取而代之的是在全球化视界下、以消费主义美学为主题的“新世纪文化”；第三，“新世纪文化”具有三个特征：中等收入者主导的“新大众”、电影媒介主导的都市消费文化的“新想象”、消费主义与唯美主义结合的“新美学”。张颐武的“新世纪文化”论说是由两个“中心转移”和一个“新价值基础”为支柱的。两个中心转移：一是“‘全球化’取代‘现代化’成为中国文化想象的新的中心”，二是“消费取代生产成为中国日常生活的新的中心”。新价值基础是：“它（消费——引者注）本身就成了人生的重要的目的。”[①]张颐武最终要论证的，是“消费”本身的合理性。他说：

> 消费变成了人生活的理由，在消费中个人才能够获得自己的价值和意义，获得某种自我想象。消费主义的意识形态乃是当下日常生活的基础。在现代性的宏伟叙事中被忽略和压抑的日常生活趣味变成了想象的中心，赋予了不同寻常的价值和意义。这种消费主义的话语在中国也已经变成了一种相当具支配力的话语。[②]

在张颐武的“新世纪文化”论说中，表现的是一种线性的、一元化的、与现实直接认同的文化视野。这种文化视野不仅先验地遮蔽了中国现代历史运动的差异性和矛盾性，而且也必然丧失对现实的批评性视角。这里有三个关键问题需要讨论：

第一，在20世纪中国，能否一言以蔽之地说“现代性的宏伟叙事”压抑了“日常

---

① 张颐武(2003a：101)。

② 张颐武(2004a：19)。

生活趣味”？我认为不能。比如，就现代文学运动来看，1949 年以前，就长期存在着三种重要美学思想的冲突：朱光潜、沈从文等人代表的自由主义美学观念、鲁迅代表的强力战斗精神和革命的现实主义典型原则①。如果我们尊重历史的话，就应当承认，朱光潜的美学和沈从文的创作（更不用说张爱玲等人在 20 世纪前半期上海的写作），都不能归入那个一元化的“压抑日常生活趣味”的“现代性的宏伟叙事”，而且，他们对中国“新文学”的重要影响也是必须正视的。

第二，近年中国经济振兴和技术革新，是否自然（或必然）地导致中国现代性主题的终结？进一步讲，即使中国的现代性主题真的“终结”了，“消费”是否就相应地就变成了当代中国社会活动的“中心”，变成了我们人生的“重要的目的”呢？不可否认，经济环境和技术条件的重大变化会对社会文化心理产生深刻影响，甚至也可能引起根本性的变化。但是，同时必须明确的是，我们不能用经济—技术决定论的观念来看待文化—精神活动！当前中国流行着对网络媒体的迷信，认为它将“决定我们的生存”。美国当代传播学专家保罗·利文森就指出：技术本身既不能解决人类生存和发展的根本问题，也不能成为人类未来走向的最终决定因素。他说：“理智地讲，媒介很少产生绝对的不可避免的社会结果。相反，它们提供事件产生的可能性，事件的状态和影响是诸多因素的结果，而不仅仅是信息技术的结果。媒介学家称这种关系为软媒介决定论。”②

第三，我们能否无批判性地认同“消费”和“消费主义”？我们承认，在市场经济前提下，“消费”是社会发展的一个重要动力。但是，因此就应当完全认同和无条件赞赏“消费”吗？“消费”作为资本主义运动的一个关键词，无论在经济学上，还是在文化学上，都包含着赋予个人自由和剥夺个人自由的双重属性。以民主为目标，“消费”本身既不是民主的基础，也不是民主的体现，因为“消费”不仅不是指向平等的，相反指向的是等级区分。而且，还要明确指出的是，“消费的真相在于它并非是一种享受功能，而是一种生产功能——并且因此，它和物质生产一样并非一种个体功能，而是即时且全面的集体功能”③。直接认同“消费”而主张“在消费中个人才能够获得自己的价值和意义”，如果不是迷信了消费的区分逻辑对个性自我的虚假承诺，就是简单地将“消费”误解为“享受”。但是，不管迷信还是误解，都丧失了对“消费”的批评视角。

直接认同并赞赏“消费”文化，是“先锋批评”在新世纪的主导观念。这个主导

---

① 参见肖鹰（2001：7）。

② 保罗·利文森（2002：3）。

③ 鲍德里亚（2001：87）。

观念推动了“先锋批评”向“文化批评”的转向。“先锋批评”转向“文化批评”，一方面与当代西方学术的思潮热点接轨，另一方面与中国新兴的消费文化契合，堪称一举两得！但是，“先锋批评”无条件地放弃了“文化批评”自法兰克福学派以来对资本主义“消费”的批判立场，却是出人意外地“超前”于它的西方宗师。就此可以说，对于“先锋批评”，“文化批评不过是用学术来拥抱‘流行文化’的最佳借口”①。

近年来，“先锋批评”的“文化批评”转向，不仅使它集体丧失了文化批判性，而且使它在无距离的认同中日益被消费文化同化。值得注意的是，消费文化的模式、手法、话语甚至观念和风格都渗透在“先锋批评”的文本中。比如，张颐武将20世纪80年代后期出生的一代人界定为“尿不湿一代”，将他们书写的“奇幻小说”定义为“脱历史”和“脱社会”的“自由的宣泄”，并美其名曰为“架空性写作”。他有这样一段评述：

> 这些架空性的作品是一种青少年自由联想的感性的自由书写，是无拘无束的幻想性的直接的表征。这些作品……新的世界的奇幻空间的自由展现……一个直接诉诸感性和想象的直接性的自由的空间……超出了现实世界的局限，和现实几乎没有必然的历史联系。……它不需要对于社会的常规和理性化的秩序做深入的表述，而仅仅依靠自由而奔放的想象力就可以存在了。其次，这些创造已经完全脱离了现代中国的历史的限定性，而变成了一种和普遍性的“人类”的想象相关联的想象。这里已经没有中国“现代性”的幻想文学的那种强烈的感时忧国的意识，也没有作为“民族寓言”的沉痛的宣告，而是非常轻灵自如的片刻想象的产物。……想象的世界已经不仅仅依赖一个民族的特殊经验，而是依赖非常广阔的自由的想象的存在。②

这段评述读起来恢宏慷慨，其实就讲了一句话的事实：这种小说是“尿不湿一代”的孩子们尽其所能“自由想象”的产物。但是，张颐武一方面使用“脱民族”“脱历史”“普遍性的‘人类’想象”等大词语将这个简单的事实作了“过度阐释”，以构成他关于“新世纪文化”的“宏大叙事”，另一方面行文却又恣肆零乱而拖沓粘连，特别是高频使用“自由”一词，如同毫无顾忌地向一片荒地投掷集束炸弹一样。这种不顾文意、语法而无节制宣泄的评论，缺少与批评对象之间的必要距离，其阅读效果，让人不得不遗憾地感到它与“尿不湿一代”的“自由的宣泄”彼此不分。“先锋批评”与“尿不湿一代”如此跨世纪同化，的确令人吃惊。

---

① 罗岗(2002：85)。

② 张颐武(2005：10)。

当“先锋批评”与批评对象之间的距离消失的时候，它的批评立场也被悬空或拆除了。这时，如果“先锋批评”被迫确立一个独立的批评立场，它就只有在一个假想的距离空间中游移不定。李敬泽在面对“批评家对谁负责”的提问时，就称被问到了自己的“虚弱之处”。他说：“我并不愿意亮出底牌，准确地说，我并不真的知道属于我的那张牌是什么。我喜欢这种不确定的状态，它使我觉得保持着行动的自由和言说的自由。”在一系列闪烁其词的言说之后，他亮出的“底牌”是，“在我看来，文学不过是一群男女在慌慌张张地、通常是徒劳可笑地寻求一件秘密流传的圣物”，“所以，在我的想象里，批评家如同传说中的圣杯骑士，他们必须守护圣杯，但他们谁也没见过圣杯，在无穷无尽的守护中，神圣行为变成了一种世俗生活”[①]。

把批评理解为“守护谁也没有见过的圣杯”，而这种“守护”又是一个“神圣行为变成世俗生活”的活动，这是“先锋批评”在“虔诚”与“游戏”之间游移的批评意识的自我流露。对于这种批评意识，同一个对象，既可以是“神圣”的，又可以是“虚无”的，取决于它出现的场景；在不同的场景中，批评家的立场就变成了被看不见的手随意抛掷的骰子。这就是“先锋批评”喜欢的“批评的不确定状态”。当前，贾平凹的《秦腔》就被置于“先锋批评”守卫的“圣杯”位置，在这个位置上，“先锋批评”以中世纪骑士式的“虔诚”守护着它的“神圣存在”，并先验地拒绝了对它的任何质疑和抨击。的确，在被“《秦腔》神话”笼罩的语境中，失去了自我确定性的“先锋批评”怎么可能确立批评《秦腔》的客观立场呢？

结　语

“《秦腔》事件”是“先锋批评”集体丧失批评性的一个突出事件，但绝对不是一个偶然事件。回顾“先锋批评”近二十年来的运动轨迹，从学理上探讨它批评性丧失的原因，可以概括出三个主要方面：第一，“先锋批评”的基本理论资源是后现代主义和解构主义，其核心是颠覆性观念和游戏性策略。这种理论选择，在赋予“先锋批评”无限反叛冲动的同时，也为它后来丧失批评性埋下了种子，因为无限颠覆必然使它最终丧失自主立场。第二，“先锋批评”的实际行动与它公开主张的“自由”“差异”“多元”的批评宗旨是不一致的。实际上，它一开始就怀抱强烈的趋同意识和同一性思维，并且始终没有摆脱它们的控制。当前，“先锋批评”明确奉行一元化时代的整体文化视野，在这个视野下，当前文学变化的差异性（和复杂性）被高度“整合”在“新世纪文化”的“宏大叙事”中，从而被实质性地忽视和遮蔽了。第三，在

---

① 李敬泽(2003：15)。

全球化与市场化转型中，当代中国社会的消费性生活的滥觞和文化表现，与“先锋批评”的“颠覆”和“游戏”之间构成了一种“新”意识形态的整合。至此，“先锋批评”由对意识形态否定性的文学批评转型为对当代消费化生活的肯定性的文化速写——它的话语目标不再是瓦解“在场”的假象和专制，而是确证“在场”的必然性和合理性。过去，“先锋批评”的关键词是“差异”“多元”“自由”……现在它把它们都约简为“消费”，从而为这个“新新时代”做宣传和证明！

文学当然可做一个时代的宣传和印证，但是，文学的根本价值却是以差异的感觉切入时代，并且成为时代精神的批评和提升的力量。在状写封建时代的人生世态上，《金瓶梅》与《红楼梦》异曲同工，甚至前者比后者更为沉痛泼辣，但是，《金瓶梅》缺少《红楼梦》的伟大气质，因为它没有达到《红楼梦》的诗意的深度——超越自己的时代，将那蕴藏在苦难人生深处中的爱与美的永恒渴望呈现给我们。《红楼梦》和一切真正具有伟大气质的文学作品，给予我们的深刻启迪就是：文学的伟大品质，不在于展现真实，而在于揭示真实的可能，即将真实展现为对于人类自我的有意义的存在，展现为人类内在生存所需要的情感、价值和信仰的实现与生长。真实，拒绝乌托邦，拒绝对现实苦难和危机的熟视无睹、无动于衷，更拒绝实用主义和商业主义的虚伪；可能，不承认绝对主义的认识论，不承认科学和技术对生命意义的剥夺，坚持生命和人是可能的，而且本质上就是一种可能。在对人生的真实的可能的展现中，文学向我们揭示的生活世界，必然是一个充满意义，即真情而美丽的世界①。

因此，文学批评的独特价值，不是在作品中寻找现实的投影或时代的印证，而是揭示蕴藏在作品深处的作家独特的文学气质和深刻的人生情怀，从而展开对超越现实的人生意义(意味)的理想诉求。这种理想性的精神内涵，决定了文学批评必须保持对作品(和现实)的距离，即它在说“是”的同时也要说“不”，反之，在说“不”的同时也在说“是”。对于现实，“先锋批评”过去只说“不”，而现在只说“是”。若欲寻求健康的发展，“先锋批评”亟须在如下三个方面做重要校正：第一，改变“唯新必求”的价值观念；第二，突破一元化时代的整体文化视野；第三，重建对作品和现实的批评距离。这三方面的校正，归结起来，就是重建批评立场。批评性的丧失，归根到底，是批评立场的丧失。我认为，批评立场是为批评提供差异思维、逆向视觉、超越视野和理想诉求而存在的，它是由批评家对人性的信念、对文学的虔诚和对现实的关注建立的。

当前必须正视的一个事实是：“先锋批评”集体丧失了对文学的信念和虔诚，

---

① 肖鹰(2002：235)。

它奉行“文学终结论”。这是由美国批评家米勒带到中国的德里达言论。它的基本论点是：电影、电视和网络等新电信技术的普遍运用，将彻底瓦解人与世界、心灵与物质、主体与客体、再现与现实等二元对立（区别）结构，从而取消文学赖以存在的前提[①]。我认为，“文学终结论”面临两个致命诘难：第一，德里达所指的“文学”是17世纪后在欧洲确立的文学，而且是以叙事（再现）为主体的文学，这种文学在电子影像复制技术高度发达的今天，无疑面临严峻的挑战。实际上，在再现世界的意义上，文学的危机，在摄影技术产生的时候就出现了。用欧洲特定阶段的文学的危机来对“文学”做论断，是过于片面的欧洲中心主义。第二，历史地看，文学产生的前提，不是心物对立和主客分化，相反，是文学的抒情性和叙事性双向发展，促进了人与世界的分离，即促成了一个超现实的心灵境界的建构。如果我们承认新电信技术正在造成人与世界、心灵与物质的第二次同化和整合，即我们正经历新技术对人的物化，那么，我们就应该承认文学的第二次“创世”时代即将来临。我相信，文学不会消亡在这个新电信技术支持的消费时代，因为文学的生命就是从对现实说“不”开始的。进一步讲，我虔诚地相信，心灵不会被任何物化现实窒息。

因此，我再次寄希望于“先锋批评”的是：恢复对文学的信念和虔诚，在借文学对现实说“是”的同时，揭示文学对现实所说的“不”。

（原载《文艺研究》2005年第12期）

---

① J. 希利斯·米勒(2001)。

罪与对话：顾彬的中国情怀

作为顾彬教授多年的挚友，我早有意就“汉学家顾彬”其人写一篇文章，但一直苦于找不到中意的题目，实际上是难以确定写作的主题。今年初春，顾彬将他的《北京的沉思》一文提供给我，希望我读一读。读完这篇文章，我确定了我要写的文章题目《波恩的忧郁》，但没有动笔，心中隐约企望一些重要的东西来充实我的构思。近日读了顾彬的新著《二十世纪中国文学史》(华东师范大学出版社，2008 年版)，此书所呈现的，正是我所期盼的，胸中勃勃然，本文写作的时机成熟了。

在《北京的沉思》中，顾彬谈的是一个“罪与对话”的主题。他在文中讲得非常清楚，作为一个人，我们必须生存于广泛的对话之中；而作为“人”，我们是必然有罪的。前者，是一个现代性的立场；后者，是一个基督教神学的立场。而顾彬本人的立场，则是将这两者结合起来。他说：“我们没有办法无罪。我们也无法获得对人和事物的完美了解。这说明任何接触都有它的不足。如果没有这种不足，也没有接触的必要。另外无论哪种接触，都会使我们感觉到，我们还不够了解。可以说，我们在别人面前，无论如何总是有罪的。对我来说，认识到我们不可避免的罪，才为我开拓了一种真正的对话。”[①]

如果清楚《旧约·创世纪》的教义，我们应当明白基督教的“原罪”是以人类始祖亚当和夏娃“偷吃知识果而获得了自我意识”为内涵的，而且这是他们在上帝面前犯下的“知识之罪”。顾彬在《北京的沉思》中所讲的“罪”，是与这种“基督教原罪”不同的另一种“罪”。他所指的“罪”是“我们无法获得对人和事物的完美了解”，因此“我们在别人面前，无论如何总是有罪的”。这是一种“不能彻底理解他人”的“自我有限性”的“罪”。这种“罪”是以现代社会中“不可克服的人和世界的分离为基础的”，准确讲，是现代人在失去了上帝的精神庇护之后的根本性的无家可归感奠定了这种“自我有限性的罪”。“当面对着无限的时间和空间的时候，人不得不承认这个事实：他自身的能力是有限的。”[②]然而，现代人并没有因为自我有限性而放

① 顾彬(2007)。

② 顾彬(2004：91)。

弃认识，相反，渴望认识变成了他试图从这种"罪"中获得救赎的根本冲动。"他竭尽全力扩展他的知识，但是，仍然不能认识一切事物。他不得不把自己局限在他的知觉限度内。只要这样做，人只有以忧郁为本分。"[①]因此，顾彬所讲的"罪"，不是对一个类似于"偷食知识果"这样的既成事实的判定，而是对西方现代文化处境中自我有限性的体认：忧郁。正因为如此，顾彬坚持认为："忧郁只是，而且将来也只是一个不能与西方文化整体分离的症状"，"自从彼德拉克以来，它是一种生活态度，一种与生俱来的、被铭定的生活方式。"[②]

顾彬正是将"忧郁"作为"一种生活态度，一种与生俱来的、被铭定的生活方式"实践于其人生的汉学家。正如他将现代处境中的自我有限性认同为一种不可克服的"罪"一样，他同时又"竭尽全力扩展他的知识"，试图以此洗涤他的"罪"。他选择汉学研究作为自己毕生的事业，虽然直接的原因来自他阅读庞德英译的李白的诗所受到的强烈感染，但根本的原因却是在于他将汉学研究选择为自我赎罪的基本途径。他说："对我而言，关心中国是重要的，那是加强我的自我认识的一个手段：以自我为参照，我是不可能理解我自己的，我只能参照那个不同的东西。只有借助于知道我确实不是什么的那个东西，我才能确定我潜在地可能是什么。"[③]对于顾彬，汉学不仅提供了不同于他的"异"，而且使他在跨文化的距离上，更深刻地认识到"我确实不是什么"，从而强化了他的"罪"（自我有限性），加深了他的"忧郁"。对于与西方文化具有深刻差异的汉学，霸权主义的"教导文明"（teaching civilization）和犬儒主义的"学习文明"（learning civilization）都不可避免地坠入失败。对于顾彬，理解的有限性不仅针对对他者的理解，而且针对对自我的理解。正是理解的双重有限性，决定了"教导文明"和"学习文明"对汉学研究的必然失败。因此，顾彬采取了第三种进入汉学的途径："自我"与"异"的对话。他将自己的"对话"观念追溯于大学时代从伽达默尔的《真理与方法》一书获得的解释学思想启蒙。但是，我认为，正是顾彬深沉的"自我有限"的罪感，使他认同了解释学的对话观念，并且把汉学作为"自我"毕生对话的"异"。"对我来说，认识到我们不可避免的罪，才为我开拓了一种真正的对话。"[④]

顾彬是带着深刻体认现代性自我有限性的罪感进入汉学世界的，他的自我与汉学的对话铭刻了"忧郁"作为生活态度和生活方式在他的学术人生中的展开。作为个案，这部《二十世纪中国文学史》的写作，突出地展示了顾彬以"罪与对话"为内

---

① 顾彬（2004：91）。
② 顾彬（2004：90）。
③ 顾彬（2006：18）。
④ 顾彬（2007）。

涵的现代性忧郁生活。我自 1996 年夏在风景绮丽的黄山与顾彬结识，12 年来，作为他的一位挚友，我们交往的主要内容就是关于汉学的对话，而交谈得最多的就是关于这部《二十世纪中国文学史》所涉及的部分作家和作品。根据与他多年交谈的经验和感受，我将他所谓"真正的对话"理解为包含三个特点的对话：热情的追问、真诚的倾听和坦率的表达。通过对话，顾彬一方面不断展示自我的有限性，另一方面又不断发展着对研究对象的理解。的确，他对于自己对 20 世纪中国文学认识的有限性是有一种原罪的自觉的；但同时，他并不把自己置于一个"学习者"的位置，而是作为他者参与对话。在对话中，顾彬给我最强烈的感受是他对于对话本身的热诚渴望。顾彬赞成何格雷伯（W. Hogrebe）的观点，"忧郁作为一种认识模式是渴望"，他在对话中所表现的渴望正是他的忧郁的体现。

作为顾彬的一部"罪与对话"的汉学著作，《二十世纪中国文学史》有如下鲜明特点：

首先，全书贯彻了对于"一种真正的对话"的渴望，作者不是作为一个冷漠超然的旁观者在叙述和评判，而是始终带着清醒的"自我有限"的罪感，在进行着持续不断的对话。对话的对象，既包括国际汉学界的同行和中国学者，也包括 20 世纪中国文学的作家和作品。这种基本的对话态度和方式，使该书的行文洋溢着一种富有张力的交流气质。在处理如丁玲、赵树理等具有浓厚政治色彩的重要作家时，顾彬在书中表现了非常认真的与作家对话的态度。他不是在关于文学与政治的二元选择中对这些作家作是与非的评价，而是努力通过将其作品置入作家创作时的复杂环境中，把作家作为一个真正的对话者展开对话。在讨论丁玲的长篇小说《太阳照在桑干河上》时，顾彬指出，"出于种种理由这部小说得到的评价毁誉参半。在今天如果想做到符合当时情境的处理，只有通过一种不迎合时势的批判性阅读和对时代的同情的理解才可能"[①]。我认为，这种"批判性阅读"和"同情的理解"的结合，落实于作家，就是一种对话的态度。这种对话的写作态度不仅避免了理解和评价的简单化，更重要的是产生了以作品为中介，把作家还原为人的效果，使文学史真正在对话中展现为人的文学史。在评价赵树理时，顾彬指出，"在艺术上赵树理并不属于'五四'传统。他来自农村，操着农民的语言并且把自己看成他们的传声筒。他是一个用传统手法来糅合带韵散文的说书人。就这点来说，实际上可能更应该从中国传统叙事艺术的角度来理解他。但这样一个判断可能下得太早。……不管他身上有多少传统因素，赵树理仍是一个现代的代表，当然是一个在社会主义前兆下受到极大限制的现代的代表。……他学习民间表达方法的天赋，令他无论

① 顾彬（2008：196）。

如何也算是中国文学语言的一个重要革新者。他的农民形象显著地区别于‘五四’代表者。他强调的不是苦难，而是乡村中人们的活力”①。应当说，正因为坚持与作家“真正的对话”，顾彬的《二十世纪中国文学史》不仅在书写的意义上呈现出丰富性，而且在精神的层面上展示了深刻的人文意义。

其次，正如不惮表现“自我有限”的罪感，作者在书中也同样坦率地表达自己对20世纪中国文学的“异”的观点和评价。在整体上，顾彬是将20世纪中国文学置于中国从传统转向现代的历史背景上来审视的，他将之阐述为从“对中国的执迷”转向“现代性的世界”的痛苦历程。针对这个历史背景，顾彬的“异”的视角不仅表现为他始终将“（西方）现代性”作为一个基本参照审视研究对象，而且在作家作品分析中相当突出地交互使用了基督教神学与人文主义的视角。因此，顾彬不仅将对20世纪中国作家作品的分析引入文化哲学的深层，而且真正展开了在“现代性”交汇点上的中西跨文化差异（冲突）的对话。如果说在对艾青的诗歌《黎明的通知》的解读中，顾彬指出“他（艾青）的象征体系交织着基督教母题”②，是引入基督教神学与艾青的革命文学对话，从而揭示出两者之间的某种共同性；那么，在对钱锺书的《围城》的解读中，顾彬的现代性忧郁视角则将钱锺书放置在一个未被揭示的中国现代性的深层悖论境地，并且予以精辟的剖析。顾彬说：“钱锺书勾勒出现代人的模型来，他们只能一直在途中，但是不能到达目的地，因为每次的到达马上会导致无聊产生。……谁无聊了，谁就必须在路上；谁在路上，谁就需要交谈。如此一来，人类的处境感受就变成了由诙谐、幽默、讽刺构成的睿智言谈的对象，充满了来自东方与西方的格言警句。”③顾彬在这里不仅向我们揭示了钱锺书的深刻的现代性，而且也揭示了《围城》为什么曾在20世纪中被长期埋没在文学史叙述的视阈之下。

最后，顾彬的现代性忧郁（自我有限的罪感），不仅作为他理解20世纪中国文学的前提，决定了他采取“真正对话”的方式进入书写对象，而且也具体地浸透并融入他对书写对象的理解和评析中。在20世纪中国作家中，鲁迅无疑是顾彬最推崇的作家（“20世纪中国的真正国际性的作家，属于世界的作家”）。但是，顾彬并没有在中国学者习惯的“现代文化先驱”的肯定性（甚至神化）的意义上来解读鲁迅，相反，他的用心所在是将鲁迅放置在中国现代性萌发时期的根本性的矛盾中来解读。也许，更准确讲，对于顾彬，鲁迅本身就是中国现代性矛盾的一个前兆，一个预

① 顾彬(2008：198)。
② 顾彬(2008：211)。
③ 顾彬(2008：208)。

言性的表象。对于长期在中国学界被判定为"五四"启蒙精神明证的鲁迅《呐喊·自序》，顾彬却认为这个文献值得称赞的，"是作者与自己以及与他的时代的反讽性距离。读者能体会到，作者绝不是当时青年运动的代表或支持者，经过阅读，读者发现的毋宁说是这场运动的批评者"[①]。因为从其作品中发现的不可克服的矛盾和根本性的自我反讽，顾彬主张"对鲁迅作品的每一解读因此都必须从一位不可靠的作者、个别情况下甚至从一位不可靠的叙事者出发。作者与他那个时代以及他本人的距离，使他在20世纪中显得如此独异。只有少数中国知识分子做到了对写作的局限性的反思，能看透文人作用的渺小"[②]。从鲁迅的作品中读出"他与自己以及与他的时代的反讽性距离"，是容易被中国学界接受的，因为这正好印证了有关于鲁迅的"彻底的不妥协的批判精神"的既有形象。但是，把鲁迅界定为"一位不可靠的作者"，要求以此为阅读鲁迅的出发点，并且把这个出发点的意义指向"对写作的局限性的反思，能看透文人作用的渺小"，这是非常有悖于中国学者的鲁迅形象的。我们不能说中国学者没有看到鲁迅的硬骨头下面的另一面(用鲁迅自己的话说是"皮袍下面的小")，而是说中国学者似乎难以如顾彬一样，在现代性的根本矛盾中来审视鲁迅，并且肯定这正是鲁迅对于20世纪中国文化(不止于文学)的特别意义所在。显然，正是出于现代性的忧郁视角，顾彬解读出了一个更为矛盾，因而更为深刻丰富的鲁迅——一个有着不可克服的现代性忧郁的鲁迅。

许多与顾彬接触的友人，特别是初次接触顾彬的友人，都私下向我谈到顾彬的面容中有一种忧郁的神情。2001年秋冬，我在波恩客居时，深深地感受到在波恩的似乎永恒的苍翠茵蕴中，流溢着一种浸透世界的忧郁气氛。自1995年至今，顾彬定居在波恩。我不知道是波恩赋予了他忧郁的气质，还是他的忧郁的生活态度选择了波恩？或者是两相奏洽，犹如蝴蝶与庄周之物化？

(本文原题为《波恩的忧郁：罪与对话——我所认识的德国汉学家顾彬》，载《中华读书报》2008年12月3日)

---

① 顾彬(2008：31)。

② 顾彬(2008：31)。

教材“去鲁”是民族退化

新学期开学之际，传来人民教育出版社新编初中一年级语文教材删除了鲁迅《风筝》的消息。“去鲁”是近年来新编教材的旧话题了，但是依然引起了公众的关注。

为何要“去鲁”呢？综合教材编辑、出版方和一些受访教师的言论，理由有两点：其一，在国内中学教材中长期“一家独大”的鲁迅文章，是阅读贫乏时代的选择，现在之所以压缩鲁迅文章的篇目，是为了及时追踪新人新作，给时新作家的文章及时入选教材挪地方；其二，鲁迅的文章对中学生来说，过于深刻，甚至过于沉重，教师难教，学生难学，“不接地气”，以更适合中学生阅读兴趣的新人新作替换鲁迅文章，就是为了新编教材“更接地气”、更“大众化”。

文章代有不同，教材编选因时变更，这无可厚非；所谓因材施教，编选教材要针对受教育者的接受能力，这也是不容置疑的。但是，为了标榜求新而“以新去旧”，为了迎合学生而“从浅避深”，真的是语文教材“新编”的当然准则吗？

人教社的这册新编《语文》（初一上册），删除鲁迅《风筝》等文后，新编入了9篇范文，其中有莫怀戚的《散步》、史铁生的《秋天的怀念》、魏巍的《我的老师》、马及时的《王几何》和贾平凹的《风雨》等。就写亲情而论，《散步》写作者在一家三代的一次散步择路中“听母亲随儿子”，而达成“三代和谐”，失于图解教化；《秋天的怀念》作者对亡母生前的无私之爱的追思痛挚动人，但是其情其文似乎也未出传统悼亡之作——是痛胜于思。写老师的两篇文章，《我的老师》是作者应报社之约稿的“命题作文”，是一篇随意拉杂的记叙文，情散文乏；《王几何》则是一篇极尽夸张、脸谱化的描写一位几何教师的“滑稽传记”，通篇读下来，作者行文的牵强、做作给人印象强烈。《风雨》写一场乡村风雨，把风雨中的景物条分缕析，如技艺娴熟的厨师展示令人目眩的刀法，文字峭峻，但情寡韵淡。

鲁迅的《风筝》，写他少年时代粗暴地撕毁了小弟偷偷自制的风筝，以惩罚小弟的“没出息”和表现为兄的“强胜”；而到中年之后，他突然明白“游戏是儿童最正当的行为，玩具是儿童的天使”，他少年时的做法是对小弟的“精神的虐杀”。然而，中年的鲁迅，面对同样已到中年的小弟，已经没有办法“补过”了，最令他自责而难以解脱的是，当他终于有机会向小弟叙说这件少年往事时，小弟却“什么也不记得了”。鲁迅不可解脱的深痛，不是他曾经对小弟的粗暴，而是这粗暴施行于小弟永逝不回的童年——因此是得不到宽恕的。可以说，《风筝》用一个亲情的故事，揭示了一个深于亲情的人生哲理：关爱必须从理解开始，因为生命的历程不会在时间中重复。

语文教材范文的编选，是文学作品经典的编选。编选的基本准则，用主编中国第一部文学总集《昭明文选》的梁朝文学家萧统的话说，“事出于沈思，义归乎翰藻”，即入选文章当以思想性和文学性两者为胜。以之为标准，上述新选的五篇文章是难与《风筝》匹敌的。姑且不论文章的思想性，单就语言艺术而言，《风筝》文字自然贴切而遒劲醇厚，是这五篇文章都不具备的。在《王几何》中，描写一位几何老师的形体特征，前后竟然出现“头方耳大、矮胖结实”和“胖得像弥勒佛”这样两相矛盾的描写（“弥勒佛”何曾示人以“头方”“结实”的形象？）。在鲁迅的文章中，是绝不会出现这样撞墙的文字的。而就写景而言，如果我们将《风筝》描写风筝在天空飞翔的文字与《风雨》中描写风雨的文字相比，就可知两文在情趣义理层面的厚薄高下。

从小学升到中学，本是儿童步少年，向社会开启心灵的时际，范文的选择，应当给学生一个跨入心智新阶段的启示，鲁迅的《风筝》正是一篇以亲情开拓少年心智的经典之作。人教社以图解幼教题材的《散步》取代《风筝》，表现的是当下教育以“去经典”迎合“阅读退化”。儿童文学作家、北京大学教授曹文轩说：“我小学五年级时，没什么书好看，只有读鲁迅作品的单行本，看着看着就看进去了，初中时达到痴迷程度。我们那个时候能读懂，现在的孩子就读不懂了？难道大家的阅读能力退化了？”这种“阅读退化”正是文化消费市场培养的“娱乐阅读”趣味主导出版的结果。去经典之“重”，求流行阅读之“轻”，从各类畅销书排行榜的榜单即可看出。经典阅读的缺失正在导致国民阅读力和语言表达力的退化。以老师难教、学生难懂为由，把鲁迅“请走”，正是当前社会过度娱乐化、大众阅读过度浅表化的反映。

经典之所以成为经典，不仅因为它们是大师天才之作，还因为它们作为民族乃至人类文化的精神历史结晶，是经过历史淘漉的人类精神创造，具有深刻的文化建构力和深远的精神影响力。经典教育，不仅是语言精粹的传承，而且是民族精神命脉的延续。对于接受教育的学生，接受经典必然是一个求知识、育心智、树精神的学习历程——准确讲，是学生的语言人格和精神人格的培养历程。“师者，传道授业解惑也。”做教师的职责，就是要通过传授新知识、解除疑问迷惑，提高学生的认知水平和思考能力，拓展其视野，提升其精神。老师避难就易，“去鲁”以“去经典”迎合学生“兴趣”和“接受力”，其实是放弃了教育的提升功能。

编教材就是要以经典为主为重。不教经典，何成教材？如果教材的编选以学生的兴趣为导向，而教师的教学以学生既有知识为水准，那么何谈教育学生和提升学生？当我们培养未来人才的普及教育都以“大众化”为导向的时候，还有什么力量可以支撑这个文化退化、精神沉沦的物质化时代的民族精神？当前“阅读退化”现象，不仅是文学认知力和语言表达力的退化，而且是国人的精神退化的病兆。

（原载《人民日报》2013 年 9 月 17 日 14 版）

第二辑

国产“大片”的文化盲视

导言：电影的本性与“大片”的文化功能

克拉考尔认为，共同信仰的丧失和科学威信的稳定发展，使现代人普遍采用抽象的态度和方式看待世界，从而丧失了对“我们的世界”的感性观照和把握能力；现代人面临的深刻挑战就是怎样重新找回“我们的世界”的具体存在，“电影使我们看到了我们在电影发明以前没有或甚至未能看到的东西”[①]，它为现代人提供了一条自下而上的精神拯救之路。巴赞说：“电影就是从萦绕在这些人脑际的共同念头之中，即从一个神话中诞生出来的，这个神话就是完整电影（cinéma total）的神话。”[②]所谓“完整电影”的神话，就是完整无缺地再现现实，“再现一个声音、色彩、立体感等一应俱全的外在世界的幻景”的神话。换言之，巴赞认为，电影追求的是一种反现代艺术抽象化运动的“完整的现实主义的神话”。但是，“完整的现实主义”不仅是关于再现“我们的世界”的物质真实，而且是关于“我们的世界”的精神建构的。正是在这个意义上，故事片而不是纪录片成为电影的主体；也应当在这个意义上理解麦克卢汉将电影定义为“热媒介”。“‘热媒介’是以‘高定义’扩展某种意义的媒介。‘高定义’是被某种信息充满的状态。”[③]电影（故事片）正是在呈现“我们的世界”的具体性和整体感的意义上，成为“高定义”的“热媒体”。因为基于当代生活的抽象化和碎片化，电影所承担的文化功能就具有一种超现实的神话意义。

“大片”是“完整电影”神话的文化实践，它的目标所指就是关于“我们的世界”的神话的经典化建构。关于“我们的世界”，“大片”承担着双重功能：第一，把“我们的世界”再现为具有“奇迹”意义的世界，这个世界尽管充满矛盾甚至敌对，但它仍然呈现出一种深层的稳定性和完整性；第二，建构和表述“我们的世界”内在的价值和稳定的观念，为人们提供共同生活的信念。前者是“大片”的形式功能，后者

---

① 克拉考尔（2006：405）。

② 安德烈·巴赞（2005：17）。

③ McLuhan (1964：24).

是“大片”的概念功能。“大片”的形式和概念都是重要的，但归根到底，它的形式和概念的结合要构成一个具有现代神话建构功能的强大生命力的“意指”。

罗兰·巴特说：“符号学已经教导我们，神话有给予历史意图一种自然正当化的任务，并且使偶然性显得不朽。目前这个过程正是中产阶级意识形态的过程。”[①]作为“完整电影”神话的电影实践。“大片”的“意指”要成为对意义虚无和景象碎裂的当代世界的意义填充和整体建构，实现具有神话学意义的“使偶然性显得不朽”的叙事。美国电影评论家理查德·希克尔将“大片”的“高概念”理解为电影的特征鲜明、浅显、突出，不仅容易识别，而且易于传播。[②] 希克尔的理解应当是针对“大片”的“意指”应实现的明确性、完整性和普遍的大众适应性。在根本意义上，“大片”的“意指”要成为一种对“我们的世界”的意义提升的展现。“简单地说，神话底功能，乃在将传统溯到荒古发源事件更高、更美、更超自然的实体而使它更有力量，更有价值，更有声望。”[③]尽管文化工业的娱乐神话作用使更多的“大片”流于适应大众感官享乐的奇观影像制作，但确有一批“大片”成为“我们的世界”的具有神话学意义的经典叙事，它们不仅向观众呈现了一个可接受的具有内在真实的完整世界，而且将之展现为一个“更有力量，更有价值，更有声望”的世界。

“大片”的“意指”的核心是基于现代人对重建“我们的世界”的整体和意义的根本性需要。这种根本性需要要求“大片”的制作超越“大制作”的电影技术层面，深入到关于“我们的世界”的传统溯源和意义建构。在这个溯源和建构的深层，要求电影家的不是导演技术，而是对“我们的世界”存在本身的虔诚的崇敬之心。维特根斯坦说：“神秘的不是世界是怎样的，而是世界是存在的。”[④]这种对世界存在的惊异感（崇敬之心）奠定了美学和伦理学同一的基础。这个基础，显然也是神话学的基础。电影家对“大片”的“意指”的建构应当设置在这个基础上，因此，“大片”制作就超越大众娱乐生产而成为一种具有神话学意义的现代精神探险。“活的信仰需要奇迹”，“大片”对世界景象的“奇观化”再现是指向神话学的“奇迹”的。但是，如果没有对世界存在的崇敬之心，如果没有真正将“意指”的建构实现为艰巨的精神探险，“大片”的大制作就只能是技术性地生产空洞的影像奇观，并且因为“意指”的缺失或平庸而表现出娱乐神话的虚假、庸俗。

基于当代文化语境，“大片”的“意指”建构在指向“我们的世界”这个中心目标时，面对民族性与普世性的文化矛盾，电影家必须在这对矛盾中作历史选择，但同

① 罗兰·巴特(1999：202)。
② 见尹鸿、王晓丰(2006)。
③ 马林诺夫斯基(1986：127)。
④ Wittgensten (1955：187).

时又必须实现冲突中的平衡。“我们的世界”,不是一个抽象的世界,也不是在全球一体化的意义的上单一的世界。更重要的是,在全球化瓦解和消除世界的民族性和地域性差异的状态中,在历史溯源中重新构建民族性和地域性身份,是恢复“我们的世界”的具体性和真实性的首要任务。因此,“大片”的“意指”必须以民族身份的建构为一个基本内涵。但是,另一方面,全球化语境要求我们正视当代世界的普世性价值,要求我们在跨文化的语境中尊重生命、自由、人权和生态等普世观念。所以,“大片”的“意指”必须在民族身份的建构中同时确认普世价值。

“我们的世界”是无数的具体的“我”生存于其中的世界。因此,“我们的世界”的真实具体的展开,包含着“我”在世界中生活的各种关系和矛盾的活动。“我”与社会的关系;“我”与自然的关系;“我”与他人的关系;“我”与自身(身体、心灵)的关系等,是“我”在世界中存在的基本关系,“大片”的“意指”不仅必须包含这些关系,而且,“大片”正是通过对这些关系的创造性的再叙述,实现它对“我们的世界”的建构。民族性与普世性的矛盾,也是在“我”这个焦点上现实地展开的。“我”也不是一个抽象的存在,“我”是,而且必然总是处于历史运动中的。西美尔指出,古希腊哲学把人的本质建立在一个万物绝对统一的无区别的自然基础上,基督教则将人置于神圣与世俗的二元对立中,近代的生活观念着眼于人与自然的对立,而现代生活则构成了自我与社会的基本冲突。[①] 因此,在民族性与普世性的矛盾中,历史性地解读“我”在世界中存在的基本关系,是“大片”的“意指”建构的基本内容。

以 2002 年张艺谋的《英雄》的问世为标志,中国电影产生进入了“大片”生产历程。国产“大片”,并不是基于本土生存经验、面对全球化语境展开的重建“我们的世界”的电影。中国电影家选择的“大片”生产道路,是“借鉴好莱坞的‘高概念’电影模式”,“以国际市场的典型性商业美学配方”的“宿命”式的道路。[②] 在这条生产线上制作的国产“大片”,不仅总是面对根本性的文化悖逆[③],而且产生了不可避免的意识形态危机(“自甘堕落的意识形态”)[④]。国产“大片”的根本失误在于中国电影家对“大片”产生的文化语境及其应当承担的文化功能的盲视,他们在依据商业美学原则配方制作影像奇观的时候,根本没有意识到建构一个“更有力量,更有价值,更有声望”的世界的文化使命。中国电影家对“大片”的制作,只奉行娱乐神话的原则,追求以奇观影像刺激和满足感观愉悦;他们缺少对“我们的世界”的崇敬

---

① Simmel (1968: 69).

② 尹鸿(2007)。

③ 王一川(2006)。

④ 孙津(2006)。

之心,没有把对"大片"的意指的建构实现为关于"我们的世界"的艰巨的精神探险。因此,国产"大片"的根本缺陷不在于它们的奇观化影像制作,而在于它们没有真正有精神意义的"意指"的建构,它们的"意指"是含混和错乱的。"大片"的观影经验同时要求具有视觉和精神的高期待,"意指"的含混或残缺导致的观影失望感,通常是对整部"大片"的否定性评价的主要根源。数年来,国产"大片"始终是"叫座不叫好",根源就在此。

一　美化"恶"的场景拜物教

《英雄》是第一部国产"大片",而且也是一个宿命式的范例。以 1987 年的《红高粱》而一举成为闻名世界的中国导演的张艺谋,将"侠客刺秦王"的传统故事作为《英雄》的母题,一方面是出于在国际电影市场中确立民族电影身份的需要,另一方面显然是受到获得奥斯卡奖的李安电影《卧虎藏龙》(2000)的直接启发。

然而,《英雄》没有获得《卧虎藏龙》的成功,相反,它遭遇了前所未有的舆论批评。针对张艺谋在影片中对奇观化场景的无节制的渲染、炫耀,并且以此为卖点,批评家指责《英雄》的叫座是"视觉凸现性美学的惨胜"[①];针对张艺谋在影片中将以强凌弱的暴君秦王塑造为"胸怀天下"的"英雄",批评家指责《英雄》构成了迎合美国式强权哲学的"新世纪"隐喻[②]。在这些批评的基础上,我们应当进一步指出,《英雄》的致命错误在于,张艺谋对本土文化和全球化语境的双重盲视(误读),导致了该片意指的根本性错乱。

在《英雄》中,主人公无名被定义为"英雄"。《辞源》把英雄定义为"识见、才能或作为非凡的人"[③]。无名用什么业绩证明了他的英雄身份呢?首先,不仅他向秦王叙述的先后击败长空、飞雪的"业绩"被秦王识破,而且后来他自己也推翻了前说;其次,他自称的"十步一杀"的剑术绝技,只停留于他的口中,始终没有展示出来;最后,他为报国仇家恨,十年苦练之后进入秦宫行刺秦王,当他真正近到只与秦王十步之远时,却仅凭残剑送他的"天下"两个字就主动放弃行刺。司马迁说:"自曹沫至荆轲五人,此其义或成或不成,然其立志较然,不欺其志,名垂后世,岂妄也哉!"[④]刺客精神的核心是"立志较然,不欺其志"。无名自毁刺杀秦王之志,是对其刺客精神的注销。总之,在《英雄》中,无名只是一个空洞的、虚设的"英雄",而不

① 王一川(2003)。
② 张颐武(2003b)。
③ 商务印书馆编辑部(1995:1433)。
④ 司马迁(2005:1975)。

是一个通过电影语言的有机叙事塑造并向观众呈现出来的血肉丰满、真实感人的英雄。这个“英雄”的空洞性，正好由那个影片结尾在秦宫城门中央、以林立的箭镞圈成的剪纸般的抽象人形来标志。

在此，我们可以将《英雄》中的无名与《勇敢的心》塑造的苏格兰民族英雄威廉·华莱士做比较。在这部电影中，梅尔·吉布松身兼主演和导演。吉布松首先用电影语言细致地展示了华莱士的英雄成长史：自幼生长在英军蹂躏的苏格兰，少年时代父亲被英军杀害，深深地种下民族仇恨的种子；青年时代爱妻又被英军杀害，仇恨的怒火激发了抗英斗志。影片真实地让观众感受到是国仇家恨培育了这位民族英雄。而其后，影片中一系列华莱士率领苏格兰人民浴血奋战的壮烈场景，连同他与英王、苏格兰贵族首领们之间的斗智斗勇的情节，具体丰富地塑造了一个血肉丰满、威武感人的“苏格兰民族英雄”。最后，华莱士在被处死前，宁愿忍受剖腹极刑的剧痛，也不愿向英王求饶，并拼尽全身最后的力气呼唤出“自由”，其壮烈气概，感天地、泣鬼神。英雄的完整历程必须经历超人的壮烈的受难史，并且因为这受难而使英雄的生命被升华到神圣的境界。《勇敢的心》将华莱士的英雄史结束于对他耶稣式的受难场景的展示，对他的英雄性的升华。与华莱士相比，无名的生与死，都是空洞、抽象的。

比较《卧虎藏龙》和《英雄》，可以清楚地看到李安对张艺谋的影响。传统的香港功夫片，是以武打桥段为基本剧情的，银幕上充斥着刀剑拳脚、腥风血雨。在《卧虎藏龙》中，李安不仅降低了武打情节的比例，而且把以击剑为主的武打情节纳入到主人公李慕白与俞秀莲、玉娇龙三人的心路展示中，由武侠“剑舞”演绎出道家“心学”[①]。这种叙事转换，不仅使电影的叙事可以在极具抒情性的节奏中展开（富有纯粹的音乐性），而且开启了真正将“武侠”作为一种文化来叙述的电影实践。应当说，李安用电影诠释的是一种道家精神的冷蕴的武侠文化。张艺谋采用了李安冷蕴的武侠文化叙事策略，但是，他仅得其形、未得其神。从叙事节奏来看，因为《英雄》的情节严格控制在无名及其对话者秦王的话语中，的确具有李安武侠电影的冷蕴风格。但是，张艺谋并没有在这种冷蕴风格中读解出李安的文化关怀。在《卧虎藏龙》中，李安表现了孕育于道家观念的对自然的深沉敬意和基于现代人文精神的对人生的严肃珍惜。在该片中，湖光山色和旷野荒漠，都表现了一种含蓄而如梦的亲切感，它们与人物及其活动是交融、和谐的。这种效果来自该片使用低反差的胶片拍摄，使用中间色，灯光、布景都以此为标准，形成了“半现实、半抽象”的意境，这种意境接近于道家的冲淡玄和之意。李安对自然的敬意还表现在，除了客

---

① 贾磊磊(2001)。

栈械斗一场再现了《龙门客栈》式的器物毁损场景，《卧虎藏龙》的武打场景都保持了自然景物的完整性。李慕白与玉娇龙竹林剑斗，不仅没有一枝竹子被剑劈或摧折，而且竹子的风姿变化与人物的动作、性情的展现达到了出神入化的融合。同时，对人生的严肃和对生命的珍惜，是李安注入《卧虎藏龙》的核心精神。他是带了一种深刻的悲悯和惋惜来看待人生的。作为一部武侠大片，该片只展示了绝世仇人碧眼狐和李慕白的死亡，一种江湖仇怨的宿命式的死亡。对于玉娇龙偷剑逞凶，俞秀莲宁愿自身受伤，也不忍下狠手还击，李慕白则执着教化这个野性女子，直至付出了自己的生命。影片结尾是在武当山，当情人罗小虎许愿俩人同回新疆后，玉娇龙纵身跃向深谷，但旋即又飘飞向西北蓝天。这个结尾也是"半现实、半抽象"的，它是把现实的困厄和理想的飞翔糅合在一个身怀轻功绝技的女子的动作中了。

然而，在《英雄》中，张艺谋不仅循其《红高粱》以来的高调风格，无节制地使用奇观化的场景，滥用美学暴力，而且表现了对自然和生命双重轻视、张扬野蛮残杀的暴力美学追求。[①] 在《红高粱》中，张艺谋用"百十亩红高粱"在高天长风下的摇曳鼓荡场景展示他对中国民间"野性生力"的礼赞，而在《英雄》中，他把秦军对赵国的剿灭演绎为由机械射发的箭镞云阵和赵人如草芥一样被射杀的浴血狂舞。因为画面色彩的高度饱和，这种集团化、机械性的种族灭绝镜像在神话暴力的同时，把生命抽象为无意义的色点，所以这个场景真正传达给观众的是红(死亡)与黑(屠杀)的视觉暴力冲击。在该片结尾，随着秦王一声令下，这种机械性的集团性杀戮镜像再次向观众表演，虽然它只是针对刺客无名一人，而且是自动放弃刺杀秦王的刺客。《英雄》要宣传的主题是"手中心中均无剑"的"胸怀天下"的"和"的文化理念，但是，它却极具讽刺性地用其画面推崇暴力美学！

通过《英雄》，张艺谋为国产"大片"确立的是场景拜物教的电影美学。这种电影美学将高度符号化的"中国场景"奇观作为"大片"制作的核心目标，在这个目标下，人物完全变成了无生命、无意义的符号化的道具。自《红高粱》以来，不惜重金营造大场景，一直是张艺谋电影制作的不二法门。在张艺谋式的大场景中，最典型的特征是人和物的几何化的、机械性的极度堆砌，营造出铺天盖地的集团化的场景视觉冲击。张艺谋是最善于使用数以万计的群众演员做道具的导演，无论在战争场景还是宫廷场景中，他都离不开这些"活的道具"。他让这些"活的道具"营造了暴力和强权的奇观影像，而且不容置疑地清除了它们(他们)的面目和表情。在其第三部"大片"《满城尽带黄金甲》(2006)中，张艺谋把这种场景拜物教表现到了极度疯狂的境地。从片首宫女晨起列队展示千篇一律的高隆半露的酥胸，到片尾敌

---

① 关于"美学暴力"与"暴力美学"概念的界定，参见郝建(2005)。

对的军士如机器一样列阵相互残杀，该片始终在用张艺谋式的场景巨制冲击着观众的视觉。

但是，张艺谋的场景拜物教美学，并不是空洞的追求视觉奇观的美学，而是以对“人性恶”的理念迷信为核心张扬暴力、强权、仇恨和情色的场景拜物教。如果说，在《英雄》中，因为直接受到《卧虎藏龙》的影响，张艺谋的场景拜物教还是由一种似是而非的“善”的色调来装饰的，那么，他的另外两部“大片”《十面埋伏》(2004)和《满城尽带黄金甲》则是赤裸裸地对“恶”的奇观化展示。《满城尽带黄金甲》的剧情和人物脱胎于曹禺话剧《雷雨》。作为中国的经典现代戏剧，《雷雨》展示的是周朴园一家和鲁贵一家复杂的关系和感情冲突，是20世纪早期中国现代性的人性矛盾及其悲剧的揭示。曹禺是带着深沉的现实关怀和人生理想来写作《雷雨》的，即使是对周朴园，也在披露他的自私与虚伪的同时，展示了他遗弃鲁侍萍之后三十年仍不能消除的内心的痛楚与悔恨。在戏剧结尾时，周朴园让儿子周萍下跪认作女佣的生身母亲鲁侍萍，不仅表现了他的人性深处的善的存在，而且表现了曹禺对美好人性的坚定信念。曹禺自述写作动机时说：“我写《雷雨》是在写一首诗。”[①]然而，《满城尽带黄金甲》在把《雷雨》故事和人物宫廷化的同时，也将其主题变成了以宫廷生活为背景的赤裸裸的家庭权谋、乱伦、杀戮，全剧浸透了仇恨和血腥，唯一可称为纯情的是蒋婵，但她也在无知中与同母异父的元祥太子相爱而乱伦，而且惨死在国王卫兵的刀剑下。与《雷雨》的结局是老年周朴园关爱与守护着疯病的鲁侍萍相反，《满城尽带黄金甲》的结局是宫廷内夫妻父子弟兄互相血腥仇杀，老年周朴园寻找逃离十年的鲁大海仍不放弃，而张艺谋用长达五分钟的镜头展现大王怎样酣畅淋漓地将杀死太子的元成王子鞭笞致死。

在对《英雄》的批评中，批评的矛头总是分别指向张艺谋追求画面奇观化的“唯美主义”和反历史的谄媚强权的“天下”观，似乎是唯美的影像错配了错误的理念。然而，事实上，正是张艺谋暴力崇拜和轻视自然与生命的文化意识促使他追求和迷信那些所谓“唯美”的奇观化的暴力影像，这些影像不仅在伦理上是恶的，在美学上也是恶的！美国学者盖特指出：“对艺术作品所表现的观念的道德评价，是对这些作品的审美评价的必要层面。这就是说，如果一个艺术作品表现了某种道德缺陷，它就在同样程度具有审美缺陷；如果一个作品表现了值得嘉许的道德观念，它就在同样程度上值得美学的称赞。”[②]在艺术作品中，对现实景象的表现方式是和艺术家对现实的态度分不开的。在解读被称誉为“世界电影史的一个里程碑”的纳粹

① 曹禺(1997：8)。

② Gaut (1998：182).

经典电影《意志的胜利》(1934)时，德维诺娃指出，这是一部美与恶交织的电影，在对它作美学考察的时候，必须同时考虑它所提出的道德问题。事实很清楚，该片导演莉芬斯达尔不是单纯地依靠她的天才的导演艺术创作了这部纳粹经典电影，而是同时非常自觉、明确地将她对纳粹的认同和对希特勒的个人崇拜注入了她的创作中。通过这部电影，莉芬斯达尔不仅对纳粹场景做了审美化的再现，而且实际上参与了这个场景的建构。德维诺娃说："无论它的成就如何，《意志的胜利》是错误的。它是错误的，因为它的场景是错误的。它的场景是错误的，因为它虚假地表现了希特勒和纳粹的特征，它把这些本来是恶的事物表现为美和善的东西。"[①]当我们考察充斥在《英雄》中的那些轻视生命、美化暴力和杀戮的场景时，我们同样应当在美学与伦理学的相关性中来解读张艺谋的电影观念。

二 奇幻拼贴的"神话"

在张艺谋的以"恶"为核心的场景拜物教美学引导下，以高度符号化的"中国场景"对暴力、杀戮、情色作奇观化的展现，成为中国"大片"制作的宿命。这种宿命对国产"大片"的钳制是超越导演、题材、类型的。冯小刚的《夜宴》(2006)，不仅以同样的场景拜物教美学呼应了《满城尽带黄金甲》，而且典型地印证了这种宿命[②]。《夜宴》的剧情和人物脱胎于莎士比亚的《哈姆莱特》，是对后者的中国化改写。从故事情节讲，《哈姆莱特》是一个复仇故事，是丹麦王子哈姆莱特向毒害了他的父亲并篡夺了王位和母后的叔叔，即现任丹麦国王克劳狄斯复仇的故事。但是，复仇并不是该剧的主题。《哈姆莱特》的主题是通过哈姆莱特表现出来的在面对恶时人类本性中的矛盾、彷徨，以及因此导致的深沉的悲剧。在这个戏剧中，只有现任国王克劳狄斯一个人是恶人。[③] 然而，哈姆莱特对复仇的犹豫是导致包括他自身在内的剧中六人死亡的重要原因，因此这是一出性格悲剧，它表现了莎士比亚深刻的人性省思。但是，在《夜宴》中，依然展示的是在奇观化的中国场景(山水与宫廷)中表演的宫廷倾轧、乱伦、谋害和杀戮。这部电影的基调是阴冷的，它的画面，不仅封闭阴沉的宫廷(黑)，而且吴越山水(绿)和北国冰雪(白)都表现出一种令人抑郁的冷意。这些画面正好成为展现血腥暴力的场景。与《满城尽带黄金甲》一样，在《夜宴》中除了一个痴痴单恋着无鸾的青儿给观众一个纯情的形象外，包括太子无鸾

---

① Devereaux (1998: 250).

② 尹鸿(2007)。

③ 剧中人物雷欧提斯在临死前对哈姆莱特说："国王——国王——都是他一个人的罪恶。"(朱生豪，1978: 142)。

在内，所有的人物都沉浸在宫廷的权力争夺中。《夜宴》为极端化宫廷的“邪恶”，把《哈姆莱特》中的孤弱无助、忍辱偷生的王后，改写为密谋政变篡权、设计毒害厉王的野心家。《夜宴》设计了一个类似于《哈姆莱特》的恩怨情仇同归于尽的毁灭性结局。但由于完全是以恶报恶的倾轧残杀，“在《夜宴》艳丽凄美的所谓悲剧外衣下，缺少的恰恰是一种人性的价值。因而，这场毁灭，也就不可能真正地震动人心！”①

陈凯歌的《无极》(2005)表现了同样的场景拜物教的美学。如片首在马蹄谷成千上万的狂奔的野牛追逐、践踏133名奴隶的场景。这个令人“惊心动魄”的场景除了展示昆仑神奇的奔跑力外，与后面的电影叙事的发展毫无关系。这个奇观场景除了表现陈凯歌导演的独特的想象力外，还表现了张艺谋式的对自然和生命的双重轻视。但是，与张艺谋、冯小刚不同的是，陈凯歌为他的场景拜物教美学设置了一个“无极”神话的叙事动机。在影片的引子部分，从少年无欢手中骗回馒头的倾城，又在逃跑中将手中的馒头丢失在湖水中。当她正在哭泣的时候，满神自天而降，告诉她“无极”可以给予她需要的一切，条件是她承诺不再得到他人的真心的爱；倾城答应了。另外，满神还向大将军光明发布了两个预言：第一，鲜花盔甲的新主人(昆仑)必杀了王，他必赢得美丽女人倾城的爱；第二，光明动情流泪的时候，就是他的死期到的时候。然而，该影片的发展与满神的预言并无内在关系，尽管电影的结局生硬地“印证”了满神预言。实际上推动整部影片叙事的动机，是无欢对倾城为一个馒头而欺骗他而生的仇恨——复仇是该片的真正动机，所谓昆仑与倾城真心的爱，光明因动情爱上倾城被无欢杀害，都是外加的点缀。因此，所谓“无极”神话，在该片中只是个虚假的套子，实际是一个并无意义的符号，陈凯歌之所以要借用这个神话套子，不过是要为他的奇观场景附缀上神话的奇幻色彩。可惜的是，一个虚假的神话套子不仅不能支持一部“大片”的奇观场景，相反会因为它的虚假和外在性，更加暴露这些奇观场景的虚假、空洞、怪异和无聊。《无极》给予观众的观影感受就是如此，它显示出陈凯歌在这部电影中丧失了基本的叙事能力。

陈凯歌在《无极》中显然是把神话的叙事功能简单娱乐化了。正如片中生硬糅入的无欢无端剿灭雪国人的情节不过是对“80后”作家郭敬明的《幻城》情节的仿袭，陈凯歌在《无极》中采用空洞的“神话”符号，是把“80后”作家的奇幻拼装术当作自己电影转型的新路径了。陈凯歌曾是“第五代”电影的领军人物之一，他导演的《黄土地》在20世纪后期中国电影发展史上具有里程碑意义。在今天来回顾《黄

① 尹鸿(2007：19)。

土地》，我们仍然要赞美陈凯歌在这部电影中表现的对中国的土地和人民的深沉的感受和尊重。概括地讲，这部电影表现了生息于黄土高原上的中国农民把苦难磨砺为与黄土同样颜色的坚韧之美。这种坚韧之美，只有真正在这片土地上经历了同样的磨砺的陈凯歌这代人，才能感受和展现。然而，《无极》的拍摄却表明，陈凯歌是在放弃既有生活经验的前提下以自我悬置的方式进入了对当代游戏化的叙事策略的引用。陈凯歌不明白的是，“神话”在“大片”叙事中具有的真正作用不是奇幻游戏，而是一种精神凝聚和提升作用。

《无极》叙事在开始和结尾都将一个“馒头”作为动机，指称这个“馒头”决定了倾城和无欢未来的命运。这个设计的原型显然来自2004年的奥斯卡获奖电影《指环王3·王者归来》，在这部电影中，由魔王索伦制造的一枚魔戒自始至终成为电影发展的动机。这枚魔戒具有控制一切的邪恶力量，它流落到了人间。索伦企图夺回魔戒、发动攻打刚都国首都的战争与小矮人弗罗多将魔戒送往魔多国的末日山销毁，是这部电影的两条相交织的基本线索。在战争这条线索上，该片在神话模式下展示了人类文明秩序建立前的野蛮与正义之间残酷而壮烈的战争历程，它塑造的史诗风格，是极具震撼力的；而在销毁魔戒这条线索上，该片不仅把理性与欲望、贪婪与牺牲、神圣与堕落的冲突表现得惊心动魄，而且其叙事诉求直指当代人的内心。魔戒，同时象征着强力和邪恶。承担将魔戒送往末日山销毁使命的弗罗多，只是一个普通的小矮人，一个小人物。伴随着他的，一边是代表着善良和理性的小矮人山姆，一边是代表着欲望和邪恶的斯麦高，两人一路不停地发生冲突。弗罗多就在这两者的冲突中，实际上是在自己内心的善与恶的冲突中，经历生死磨难将魔戒送到了末日山口。然而，就在他要把魔戒抛进火焰河谷中销毁的时候，他突然改变了主意，说“魔戒是我的”，将它戴在自己的手上。这时在末日山的地狱之火日映照下，弗罗多的面孔表现出为欲望涂改的怪诞而可怖的神情。这种表情令人吃惊，却又同时让人瞥见自我内心中那张隐蔽的面孔——贪婪和邪恶的面孔。然而，斯麦高奔过来咬断弗罗多的手指，抢走了魔戒，手握着魔戒坠入了火焰中。这是一个让人深刻反思的结局，它揭示了欲望是多么深地寄居在人的本性之中，并且告示人们欲望的满足与自我的毁灭之间的内在逻辑。

马林诺夫斯基说：“……神话是一切文化底必要成分之一。……神话是随时重生的；每一项历史变迁都创一个神话，可是神话只是间接地与历史事实有关。神话是活的信仰所有的恒常副产品，因为活的信仰需要奇迹；也是社会现状底副产品，因为社会现状要求先例。也是道德规律底副产品，因为道德规律需要赞许。”[①]神

① 马林诺夫斯基(1986：127-128)。

话为人的存在提供由“奇迹”定义的世界图像和信仰基础，它把世界叙述为有绝对价值的世界（神性的世界），并因此提升人的存在价值和精神理想。电影《指环王三部曲》是根据小说《魔戒》改编的。《魔戒》的作者托尔金说：“（神话）所以不可避免，在人间流传、并非完全正确的神话，多多少少还是反映出某些真理。只有创造神话，把自己变成一个‘次创造者’创造故事，才能把人类提升到他们堕落之前的完美境界。我们的神话可能被误导，但无论如何，当唯物论追求的‘进步’只会带领人们前往一个令人乏味的深渊和‘铁冠’的邪恶力量时，这些神话引导我们到达真理的港湾。”[①]托尔金是面对现代工业文明对自然的破坏、物质欲望扩张导致的人性堕落和现代战争的巨大创伤，为人类未来发展寻求新的心灵之路而创作了“魔戒”的现代神话。他是带着深刻的宗教悲悯和人性理想来创作这个现代神话，并以此对现代人作“神话启蒙”的。所谓“神话启蒙”，就是要实现对现代文化的提升，“使它更有力量，更有价值，更有声望”。《魔戒》的感人力量在此，《王者归来》的感人力量也在此。无疑，这是《无极》的娱乐神话不可能具备的。

三　规避意识形态意指的“缝合”

与此前几部大片遭遇普遍的批评不一样，冯小刚导演的《集结号》(2007)获得了众多批评家的热情赞誉。批评家们认为，这部电影“找到了个体命运与历史进程之间的疏离关系，从而形成了一种中国式主流电影的价值阐释方式”（尹鸿），“成功地将人们追求公平、正义的心理在一定的范围内进行了宣泄”（饶曙光），“为中国电影拓展出来的新价值观念——真正从个体的生命出发，才能使中国电影更感人、更好看”（陈墨）[②]，“它成功地实现了主旋律理念和大众娱乐以及艺术追求之间的‘缝合’，尤其是建造了一座大众娱乐与主旋律理念相交接的立交桥”（王一川）[③]。

在《集结号》中，冯小刚的确表现了两个值得肯定的转变：第一，相对此前“大片”导演奉守场景拜物教美学，他选用普通的缺少地貌识别特征的场地作为场景，配合着灰调的画面，表现着一种历史还原的素朴、自然感；第二，相对于此前“大片”导演迷恋于拼造暴力神怪的故事，他用纪实性的叙事风格展示的是一个独立的历史故事：一位解放战争中幸存的解放军连长谷子地为四十七个阵亡部属求证烈

① 转引自李为祎(2004：160)。
② 高山(2008)。
③ 王一川(2008：117)。

士身份("正名")的故事。就其叙事风格和表现主题而言,冯小刚在《集结号》中表现出国产"大片"向现实主义创作方向的转换。这个转向,是《集结号》与其他国产"大片"(包括冯小刚的《夜宴》)相区别的关键所在。但是,是否因此《集结号》就确立了国产"大片"(尤其是主流"大片")的创作方向?实际上,还应当探讨的是:《集结号》真的是一部成功的国产"大片"吗?

应当说,在众多赞誉评价声中,陈旭光的这段话是更切近实际的:

> 实际上,《集结号》的成功,因素是多方面的而且绝不深奥。说到底,这只是一部好看的商业电影,不一定在艺术上要求太高,甚至影片中漏洞也不少(比如很多人说的"两张皮"的问题,更不用说战场细节)。但这一切,都不妨碍我们对之作某种艺术与票房的"成功学"分析。而我对之"成功学"的分析其实很简单,因为这也是一部"简单"的作品。所以简而言之则是如下几个方面:好的画面,好的故事,好的人物与人物群像,多面讨巧的文化诉求和核心性当下性的主流价值观归趋。[①]

我赞成陈旭光关于《集结号》是一部"简单"的作品的判断。但是,还可以更进一步指出,它是一部简单的拼接的电影。在具体分析《集结号》时,我们会首先面对一些批评家指出的它的"两张皮"的问题:前三分之一的战争叙事与后三分之二的战后叙事脱节、不协调。为什么会产生这种"两张皮"的现象?已见的评论将之简单归结于冯小刚对前后两个阶段把握的失当。实际上,更深层的原因在于,在《集结号》中,冯小刚简单地把美国战争大片的叙事美学(前三分之一)与中国社会电影的纪实美学(后三分之二)拼接在一起。简单讲,前三分之一是斯皮尔伯格的《拯救大兵瑞恩》的枪战场面的剪辑,后三分之二是张艺谋的《秋菊打官司》(前半部)式的叙事。这种拼接,不仅在《集结号》中产生了叙事风格的抵触,而且产生了价值选择的冲突。

在《集结号》前三分之一的战争场面中,冯小刚不仅采用了韩国战争"大片"《太极旗飘扬》的场景制作团队,而且实际上照单吸收了《拯救大兵瑞恩》枪战场景的动作要素。这些动作要素包括:美军的持枪姿势、交流手势、个性化的粗鄙、攻击时的骁勇和垂死时的恐惧、枪杀俘虏。枪杀俘虏是《拯救大兵瑞恩》中的一个符号化的美军战斗动作,它一共出现了三次:第一次发生在奥马哈海滩激战中,米勒上尉的两个士兵枪杀了一个俘虏;第二次是米勒的小分队攻打德军雷达站之后,有士兵欲杀俘虏为被枪杀的医生魏德报仇,但被米勒制止;第三次是在电影快结束时,

① 陈旭光(2008:11)。

曾在雷达站坚决反对杀俘虏的下士厄珀姆枪杀了一个俘虏。枪杀俘虏是反人道的，斯皮尔伯格在这部电影中三次使用，目的是要揭示战争对人性的非人道化塑造。在《集结号》开始的第一次战斗中，连长谷子地为了给牺牲的指导员报仇，下令枪杀俘虏。这个情节的设置，并不是揭示战争的残酷及其对人性的扭曲，而是要表现谷子地的军人个性。因此，虽然受到了记大过和关禁闭的处分，但谷子地本人并没有对此事件作任何反思。虽然在对具体动作的意指把握上不同，将解放军的战斗"美式化"是冯小刚在这部分影片中非常明确的意识。这种"美式化"就是要塑造"不平凡的平凡人"或"平凡人的英雄"。这种"美式化"的"平民英雄"，是《集结号》为当代中国主流电影提供的"新英雄"模式，在中国电影英雄谱中，他们表现出一种"超意识形态"的普世性和自由感。这就是《集结号》前三分之一的叙事强烈地给人好莱坞战争片感觉的原因。

但是，战争结束后，在 20 世纪 50 年代中期新中国和平年代的背景下，谷子地为四十七个牺牲的部属（"弟兄"）争取"烈士"身份的行动，却转变成一个地地道道的中国社会电影。谷子地面临的问题，是战争遗留的社会问题，即怎样对待英烈的问题。谷子地所为，就是要为他的四十七个牺牲的部属（"弟兄"）争得公平的待遇（烈士身份，不仅是荣誉，而且是待遇）。为了实现这个目的，谷子地一方面通过他与赵二斗团长的特殊关系，向上级呈信申诉；另一方面在此路不畅时，他又以农民的倔强，到已改为煤矿的战场旧地做"挖人"的愚公，以引起官方注意。谷子地的行动，无论就其方式还是倔强，都让人想起《秋菊打官司》（前半部）的秋菊。这个临产的农民妻子，因为丈夫被村长踹了一脚要"讨个说法"，挺着大肚子进城上访，从乡到县，到市，直到被市公安局局长意外接见。谷子地与秋菊，都用同样的方式（诉求权力）和同样的倔强来寻求他们要求的社会公平。而且，他们最终都得到了权力的意外支持因而实现自己的"公平"诉求（秋菊得到了市公安局局长的关照、指导，而谷子地通过赵二斗找到了当年的团政委）。在秋菊与谷子地的意识中，实际上是没有人格独立与法制意识的（尽管秋菊的官司最后以法律形式解决）。

正如多位评论家指出的一样，《集结号》提出的是个人在历史（战争）中的价值问题。与传统意识形态一致，当代中国主流电影在叙述战争时，是把个人价值完全归属于历史整体的。谷子地执着地为部属"正名"，可以理解为他认定个人具有不可替代、不可归约的价值。他在瞻仰无名烈士墓场时伤心地对王金存的遗孀说："爹妈生下来，每个人都有名的，怎么现在都没名了？"姓名是个人价值的符号载体，无名就是价值消解的表现。谷子地要使无名烈士有名化，就是要重新赋予无名烈士应有的个人价值。肯定和确立个人价值，是一种现代人文意识。它确认了自我与社会、个人与历史不可简约的裂痕和矛盾。然而，谷子地的行动和影片结尾的烈士追认仪式都表明,《集结号》所表现的价值诉求并不是一种现代人文意识,它真正表达的只是被遗弃或遗忘的个体要求再度被历史权力正名和接纳的“平民意愿”。在这个意义上,与其说《集结号》发现了个人与历史的裂痕,倒不如说它用组织的“正名”简单地抹平了这个裂痕。在影片中,谷子地自始至终申明或强调“中野独二师139团3营9连连长”的身份,这一方面表明他在这个身份下的责任承担(包括为四十七个战死的部属“正名”的责任),另一方面,更重要的是表明了他强烈的集体归属感和认同感。

就此而言,它与张军钊导演的《一个和八个》(1982)是异曲同工的。《一个和八个》的名称就表明了个性差异的复杂性和不可归约性。剧中主人公王金,本来是一个八路军指导员,但因为一个叛徒的诬陷被作为嫌犯与八个不同类型的犯人关押在一起。由于战争的特殊原因,王金没有办法找到人证和物证来证明他的清白,因此被组织强行置于犯人一方。但是,在被押解途中,王金以对共产党的绝对忠诚(甚至愿以接受被处死来减轻组织的押解负担)和高尚勇毅的人格(在与日军战斗时不畏牺牲、奋勇当先)证明了自己的清白,重新被革命队伍接纳。王金的“归队”与四十七个烈士的“正名”,都是个人与集体裂痕的抹平。但是,相比较而言,《一个和八个》完全通过电影语言让王金感性地展示他的革命英雄品质,他的“归队”就具有一种电影的现实主义的表现力量,而《集结号》却让谷子地在个人行为的无效之后,等待“老上级”的神圣显身,自然就显得苍白乏力。因此,虽然思想意识相近似,但是就电影叙事艺术而言,《集结号》似乎是《一个和八个》的简化版。

历史战争“大片”,应当是一种史诗性的电影叙事,它是以历史战争为题材的关于“我们的世界”的建构。这就是说,历史战争“大片”不仅要提供战争之为战争的历史画面,而且必须解读战争的历史内涵,通过解读重构“我们的世界”的意义。《拯救大兵瑞恩》之所以成为一部经典的“二战”电影“大片”,不仅因为它展现了军事史家约翰·基冈称为“电影中最恐怖也最真实的”战争场面,“在这些场面中,斯皮尔伯格展示了战争中死亡那种谋杀般的、随意性的本质”①;而且因为它是一部深刻反思人类与战争关系的电影。这部电影叙述的故事是根据美军总参谋长马歇尔将军的命令,为了一位已经有三个儿子战死的母亲,米勒上尉率领的小分队要在欧洲战场上寻找并救出她的最后一个儿子瑞恩。这个故事本身就建立在个人与集体的矛盾关系上。战争是为什么?派一个八人小分队冒着生命危险去救一个士兵,意义何在?电影的主人公米勒上尉,一位战前在美国做中学英语教师和棒球队教练的美国军官,一方面坚决执行作战任务,因此有九十四人为了执行他的命令而

① 阿尔伯特·奥斯特(2003:38)。

牺牲；一方面总是追问、反思战争的意义。他把反法西斯战争理解为牺牲一个军人的生命就意味着救活两个、十个甚至二十个平民的生命。“事情就是这样，你必须在使命和生命之间做出理智的选择”，他把拯救瑞恩的意义理解为“但愿他的回归，能够治愈战争的创伤，或是燃起生命之火”。他在战斗中告诉部下：“我们的任务是赢得战争”；但是在牺牲前，他对瑞恩说：“我要告诉大家，好好做人！”在该片的叙事中，斯皮尔伯格始终将战争的残酷和通过美军回忆的和平生活的美好对比展开，而包括米勒在内，所有小分队成员的最强烈的愿望就是“回家”。因此，在这部电影中，斯皮尔伯格不仅塑造了一个“美国必胜”的神话，而且非常具体地展示了这场抗击法西斯战争的深刻意义，这个意义，用米勒的话说，就是“好好做人”。在影片最后结尾的时候，老年瑞恩在米勒墓前就要求他的妻子明确回答他是不是一个好人。他的妻子说：“你是一个好人！”

如果我们将《集结号》与韩国电影《太极旗飘扬》相比较，我们就会发现，同样是民族内战片，后者表现了对内战的沉痛反思，告诫人民，因为意识形态的对立而进行内战，带来的只是人民无辜受害和民族的深重灾难。在《太极旗飘扬》中，主人公韩国军人李镇泰为了保护同时被强征入伍的弟弟李镇锡，使他能早日脱离战场回家，一心立功受奖，为了达到目的，甚至不惜牺牲战友的生命；然而，获得战斗勋章的李镇泰不仅没有如愿使弟弟摆脱战争，而且随着战争的残酷发展，自己的未婚妻被韩国当局以通共罪杀害，弟弟也被误以为被韩军作为通敌犯人烧死，绝望和仇恨使他投入北方朝军做了一个对韩军作战的英雄，最后兄弟俩在“三八线”战场上的激烈的厮杀中相认，而李镇泰在韩军撤退时死于战火中。《太极旗飘扬》显然是站在民族统一性的立场上反对内战的，这种反战意识为构成了它的战争观念并强烈地支持着它的叙事。

作为一部历史战争“大片”，《集结号》的根本缺陷是，它在有意识地淡化这场战争（中国的三年内战）的意识形态内涵的同时，使这场战争意义缺失（悬置）。在该片中，只有“敌军”“我军”的称谓，对于不熟悉20世纪中国历史，不能从服装上识别“敌军”“我军”的归属的观众，这场战争的性质是抽象的。为什么要进行这场战争？这场战争的意义何在？我们从影片本身得不到任何回答，甚至没有最基本的提示。因此，谷子地和他的四十七个弟兄浴血奋战的目的究竟是为什么？这些生命的付出，是否值得？这些问题对于观众是没有任何交代的。更进一步讲，战争的意义应当在它与人民的关系中来揭示。但是，在《集结号》中，我们唯一能看到的群众场面是1955年谷子地在汶河战场旧址遇到的一些阵亡军人家属在为“烈士”待遇（700斤小米）还是“失踪”待遇（200斤小米）争执。因此，尽管影片中多处设置的惨烈场面会产生催人泪下的煽情效果，但是看完整部影片，我们的确又会感到《集结号》简单到没有可令人回味的记忆。《集结号》既没有在肯定性意义上，也没有在否定性意义上，对其叙述的战争的性质和意义做出揭示。这使它的英雄主义不仅空洞，而且可疑。因为这种根本性的缺失，这部大片不仅给人一种惊人的简单性，而且很难摆脱单纯娱乐的印记，它让人感到更多的是对那场战争的冷色的调侃。在这个意义上，把《集结号》推崇为国产主流“大片”的方向，似不可取。

（原载《文艺研究》2008 年第 10 期）

张艺谋电影批评

一 《红高粱》：文化粗野反叛的影像放大

1987年的《红高粱》，是张艺谋导演的处女作。该片使出身于电影摄影的张艺谋不仅一举成名，而且几乎是一步就跨入了“国际电影艺术大师”的行列。

尽管争议沸腾，但无论在国内还是国际，《红高粱》获得的肯定评价多于否定评价。国内批评家视之为“中国电影的新突破”，“通过赤诚地裸露原始的感性生命，而对现代文明的负面实施批判，这是《红高粱》全部视听形象的主题旋律”[①]。国外批评家认为这部电影表现了中国农民的活力和坚韧，颠覆了西方记忆中的中国农民形象。美国批评家艾伯特(Roger Ebert)甚至认为，《红高粱》故事的单纯性、画面的神话氛围和暴力场景的震惊效果，带回了好莱坞在复杂性追求中丧失的力度[②]。

电影《红高粱》是根据莫言的两部中篇小说《红高粱》和《高粱酒》改编的。它们是20世纪80年代中后期“寻根文学热”的产物。所谓“寻根文学”，是指超越(突破)当代生活的意识形态，探寻和重写中国生活的“文化原生态”。莫言写《红高粱家族》系列中篇小说，就是要在小说中复活“我的故乡的‘最英雄好汉最王八蛋’的历史”[③]，因为在这种反道德的“原始野性”中，活跃着先辈们勇猛、强劲的生命力。小说的主人公余占鳌(被小说叙述者称为“我爷爷”)，就是一个“最英雄好汉最王八蛋”的传奇人物。他是当代中国红色经典叙事的另类形象，代表着反传统、反道德的颠覆力量，而这就是莫言所要追寻和张扬的文化原生力。

电影《红高粱》给观众展示了一条非常简单、明确的故事线：“我奶奶”(巩俐饰)因为贫穷被迫嫁给十八里铺患麻风病的酒坊掌柜李大头，在出嫁路上被领头的年轻轿夫所吸引，而这位雄强出众的野性汉子对她更是一见钟情，在第三天回娘家的路上，把她劫入高粱地深处，两相情愿地完成了一次狂烈撼人的“野合”，因此有

---

① 钱海毅(1988：66)。
② Ebert(1989)。
③ 莫言(1999：371)。

了“我爹”,这轿夫就成为“我爷爷”(姜文饰)。在“我奶奶”从娘家重返十八里铺之前,“我爷爷”暗杀了李大头,不久他就正式入主酒坊,与“我奶奶”过起了男欢女爱的快乐日子。在“我爹”长大成为一个无忧少儿的年代,日本军侵入村庄,当众活剥了酒坊原领班、共产党干部罗汉大叔的人皮,“我奶奶”愤然号召“我爷爷”和酒坊全体伙计为罗汉大叔报仇雪恨,在伏击日军汽车的战斗中,“我奶奶”和酒坊众伙计全部壮烈牺牲,只留下“我爷爷”和“我爹”。从小说《红高粱》和《高粱酒》到电影《红高粱》,在情节层面,主要是简化情节和以时间顺序编排故事;就思想主题而言,电影改编则是完全忠实于小说原著。电影让我们看到的“我爷爷”,完全是小说中的那个“最英雄好汉最王八蛋”的“我爷爷”。

张艺谋声称:“我之所以把《红高粱》拍得轰轰烈烈、张张扬扬,就是要展示一种痛快淋漓的人生态度。”[①]为了实现他的导演思想,张艺谋把剧情极度压缩和简化,并且把小说原著中的倒叙和插叙结构完全改编成时间线性叙述。电影的故事线是由叙述人“我”从头到尾的旁白串联起来的,是一个“我”听说的关于“我爷爷”“我奶奶”的“传说”。正如“我”的旁白是断续的,整部电影就是这个“传说”的片断组合;叙述使用明确时间线,串缀起来的却是相互断绝的故事片断。叙事片断化,为影片剧情剪除了细节,使“讲故事”变得容易,同时也为摄影出身的导演张艺谋施展“视觉效果”提供了方便。该片摄影广泛使用滤色镜,在饱和的色调中高度渲染红色和黄色,而与之相配合的则是宣泄性强烈的背景音乐。标志性的红色渲染、高亢的背景音乐和长镜头的大量运用,在断片化的叙事线中,张艺谋确实将《红高粱》拍得“轰轰烈烈、张张扬扬”,用他的方式展示了莫言式的“一种痛快淋漓的人生态度”。

从国际电影史看,《红高粱》并不具备“突破意义”。美国评论家坎比(Vincent Canby)指出:“《红高粱》也许对比于中国‘文革’电影(1966—1976)可被视作先锋之作,但是它被标榜的新颖的叙事风格在今天展示的是确定无疑的过时套路。”[②]坎比认为,张艺谋作为一个摄影出身的导演,他在《红高粱》中的许多设计看似独创,实则可以从诸多前辈导演的作品中找到来源。比如,《红高粱》中表现的对带着条纹状云彩的天空与宽阔平远的土地构成的景观的偏爱,就来自许多旧片的通用场景。为了抒情渲染,《红高粱》偏爱使用滤色镜,这个手法在罗根(Joshua Logan)导演的电影《南太平洋》(1950)中已经被使用到登峰造极的程度。《红高粱》的配乐风格,尤其是在影片中女主角九儿(“我奶奶”)被“我爷爷”掳入高粱地“野合”的情

① 转引自张明(2004:104)。

② Canby(1988)。

节中，用具有象征性且非常夸张的鼓声渲染情绪，也并没有超出自里恩(David Lean)的《雷恩的女儿》(1970)以来一再出现的电影配乐创意。

然而，相比于国外电影，与《红高粱》更为相近的是国产影片《黄土地》(1984)。《黄土地》由陈凯歌导演、张艺谋摄影。这部电影叙述抗战时期八路军文艺工作者顾青(王学圻饰)到陕北高原收集民歌，与贫苦女孩翠巧(薛白饰)一家相处的一段经历。《黄土地》的情节非常简略，只是白描式地叙述了幼年丧母的少女翠巧因为家境贫苦，被父亲许下"娃娃亲"，未成年就被迫出嫁给一个老年男人的故事。《黄土地》大量运用大远景和长镜头，仿佛定格式地将翠巧悲苦的少女命运映现在苍凉、贫瘠的黄土高原上。这部电影犹如一首悲情的散文诗，虽然有时代背景，但电影的抒情风格完全"跳出"了时代，成为一部超时代的"抒情诉苦片"。虽然有题材和主题思想的差别，而且从电影基调上看《黄土地》哀婉、《红高粱》激烈，但是后者的叙事风格和镜头语言，是带着对前者深刻的"移植"痕迹的。《红高粱》开篇中九儿的特写镜头与《黄土地》开篇中翠巧的特写镜头，是异曲同工的：在前者中九儿出嫁路上轿夫们戏弄新娘的"颠轿"桥段，自然令人想到后者中顾青在延安看到的"腰鼓舞"桥段；九儿被日本兵射杀后的高粱地如有生灵一样摇荡起伏的画面，与翠巧逃婚、独自划船消逝后的黄河横波跌宕的画面具有近似的抒情风格。

从《黄土地》到《红高粱》，不是电影艺术的突破，而是电影主题的转换。尽管在简约的叙事风格中，《黄土地》改变了当代中国电影的高调宣教手法，但是它通过顾青传授的歌曲，以及翠巧和其弟弟憨憨都投奔革命的影片结局，其宣教主题仍然是明确的。《红高粱》遵循了莫言小说的思想主题，极力张扬反传统的"野性"和反道德的"欲望"，推崇"杀人越货"的"另类英雄"。"我爷爷"为了夺得"我奶奶"，就把她的新婚丈夫李大头给暗杀了。影片还把主场景十八里铺设计为一个自由的法外天地。伴随着"我爷爷"取代李大头入主酒坊，成为"当家的"，这里变成了一个水泊梁山式的自由集体，酒坊伙计们与"我爷爷""我奶奶"过着同心同德、快活自在的集体生活。"酒坊生活"处于影片中段，占据了影片三分之一多的篇幅，主要镜头是小全景(画面限于人体)、中景(画面限于七分人体)和近景(画面限于人体胸像)。这些镜头的使用，强化了这个"法外集体"的亲密和热烈的关系。作为"野性"的张扬，《红高粱》放弃了《黄土地》的宣教主题。当然，如张艺谋后来的所有影片一样，他在影片结局中为他张扬的"野性"提供了一个政治正确的脚注：在原酒坊领班、共产党人罗汉大叔壮烈牺牲事迹(因组织抗日队伍被日军当众活剥人皮)的感召下，这个"法外集体"奋勇抗日，除"我爷爷"和"我"外，包括"我奶奶"在内全部牺牲，显示了这群自由好汉的"血性正义"。

《红高粱》的人物，就性格表现而言，是扁平且固化的。它的两个主角，“我爷爷”和“我奶奶”，作为张扬“粗野欲望”和“凶猛血性”的两个符号，尤其显得扁平化。与“我爷爷”任性剥夺“情敌”李大头的生命一样，“我奶奶”作为独生女，对年老鳏居的父亲毫无怜惜之情。直到影片结尾前，张艺谋让观众所看到的“我爷爷”和“我奶奶”不过是一对心目中只有自己的情欲和快乐的野性男女。因此，罗汉大叔的牺牲瞬间激发出的他们的“血性义勇”，会给人以“断片”或“跳戏”之感。酒坊众伙计也同样是一群仅以温饱为乐的自私莽汉。李大头被杀之后，他们本来要离开酒坊，是“我奶奶”用恩惠承诺挽留了他们。影片为这群好汉的“复仇义勇”提供的动机是“我奶奶”对他们的号召：“是男人，就该为罗汉大叔报仇。”在缺少情感铺垫的前提下，“我奶奶”的号召完全是对酒坊伙计的“复仇义勇”的凭空“招魂”。

电影暗示了“我奶奶”与罗汉大叔的暧昧关系，但是以“我奶奶”对待亲生父亲的冷酷无情，她怎么可能为一个离开酒坊九年的伙计拼上自己全家的性命？“我爷爷”和酒坊伙计们，在日本人的枪口逼迫下目睹罗汉大叔被活剥人皮，只有恐惧，并没有表现出愤怒和反抗，却因为“我奶奶”一声令下就转身成为不惧身死的复仇勇士，这“义勇”从何而来？在莫言小说《红高粱》原著中，罗汉大叔并不是一个共产党人，而是一位忠诚的老长工。他为了偷回被日军掳走的“我奶奶”家的两头大青骡子，被日本人以反抗罪名残酷处死。小说原著并没有为罗汉大叔复仇的情节。电影对罗汉大叔身份的政治性改换，只是为了给“我爷爷”和“我奶奶”的野性和欲望的人生哲学点缀上红色革命的“血性正义”。

欣森(Hal Hinson)认为，《红高粱》给人以摄影的娴熟和叙事的笨拙之间的矛盾感。他说：“《红高粱》的叙事只是政治性的而非戏剧性的推进，因为它让人物的活动只依据社会的而非心理的力量，它对人物内心没有发掘。”[①]电影叙事不能讲好一个故事，电影主题扁平且不能自圆其说，是电影《红高粱》的基本缺陷。这个缺陷持续出现于张艺谋其后三十年的主要影片中，它伴随着“精美的画面”成为张艺谋电影的“胎记”特征。

在《红高粱》之后，张艺谋拍摄了《菊豆》(1990)和《大红灯笼高高挂》(1991)。《菊豆》由刘恒的中篇小说《伏羲伏羲》(1988)改编，《大红灯笼高高挂》由苏童的中篇小说《妻妾成群》(1989)改编。这两部电影进一步强化了张艺谋的影像嗜好。在《菊豆》中，为了充分施展“色彩的戏剧”，电影主场景由小说原著的北方田野改为江南的私家染坊；《大红灯笼高高挂》则把江南庭院改为北方大院，在封闭规整的青褐色院落中渲染高度饱和的红色主调。小说《伏羲伏羲》叙述的是杨天青与婶子菊

---

① Hinson(1988)。

豆相爱偷情，生下了杨天白。叔叔杨金山摔伤中风后，得知了两人的私情，对两人报复不成，含恨死去。多年后杨天青也在儿子杨天白的仇视中羞愧自尽。电影《菊豆》将杨金山（李纬饰）和杨天青（李保田饰）两人的死亡都改编为杨天白的谋杀：从童年到少年，他把瘫痪的杨金山和缺氧昏迷的杨天青先后推入染坊深水池中。这是在小说原著的“乱伦”主题上增加“弑父”的层面。小说《妻妾成群》只叙述在老爷陈佐千五十大寿当晚陈家点灯笼，电影《大红灯笼高高挂》却把“点灯”“灭灯”“封灯”改编为陈家世代相传的规矩：“点灯”，是老爷选择与某个妻妾夜宿的标志；“灭灯”，是老爷因故临时改变主意，中断与某个妻妾夜宿的标志；“封灯”，则是老爷严惩某个妻妾，永久取消其陪宿权的标志。依据这个改编的“祖上规矩”，《大红灯笼高高挂》把整部电影叙事简化为关于“点灯—灭灯—封灯”的舞台剧，而陈佐千（马精武饰）的四位妻妾则成为为“点灯”生死争斗的人体符号。

在这两部电影中，张艺谋进一步展示了他对色彩象征性和抒情性的调度能力，电影画面精致醇丽，尤其是《大红灯笼高高挂》，具有古典歌剧式的堂皇风格。但是，这两部电影也相应地突出了张艺谋电影的主题缺陷的胎记。就主题揭示而言，《菊豆》成为一部粗略演绎弗洛伊德性心理学的电影文本，它不仅渲染无可遏制的“性本能”，而且把“死本能”作为前者的宿命：电影的结局是，在儿子杨天白先后谋杀杨金山、杨天青后，菊豆（巩俐饰）纵火烧毁了染坊，并与之同归于尽。《大红灯笼高高挂》不仅就揭示中国“纳妾”旧俗而言毫无新意，而且对小说原著所描述的人物心理做脸谱化的抽象，女主角宋莲（巩俐饰）的性格和心理尤其突兀、空洞、悖谬。这部电影给予观众的，除了张艺谋电影画面的精美质感，恐怕就是仿袭古代中国皇帝“翻牌宠幸”宫妃而虚构的“点灯宿妾”——一个空洞的符号化仪式。“宋莲这个人物虽然演示了固执而皇族似的高傲，但她的心理呈现始终没有到位。因此，这部电影的核心表现出奇异的空洞性。”[①]

二 《秋菊打官司》：影像现实主义

《红高粱》《菊豆》和《大红灯笼高高挂》，构成了张艺谋早期电影的三部曲。它们追寻的是色彩饱和、画面炫丽、高度设计化和戏剧化的影像效果。与此相伴随，以极度张扬的欲望为核心，将压抑与反叛作为电影故事的主题动机。电影主题的极端意识，电影表现的过度设计，以求达到“传奇性影像”效果，是这个“三部曲”的基本特征。但是，1992 年的《秋菊打官司》，却以纪实性的电影呈现改写了张艺谋

① Hinson(1992)。

早期电影的“传奇性影像”风格。

《秋菊打官司》改编自陈源斌的中篇小说《万家诉讼》(1991)。这部小说是为1990年施行的《行政诉讼法》作普法教育的文学作品。它叙述一个农村妇女秋菊因丈夫被村长踢伤下身,先后向乡、县、市公安部门告状,“要个说法”——要求拒不认错的村长明确道歉。三级公安部门的裁决都只是让村长做伤害赔偿,并没有让他向秋菊丈夫道歉。秋菊不服,最终逆转为秋菊起诉市公安局获胜,村长被刑事拘留。小说中的秋菊,并不懂得用法律维护权利,更不知道新施行的《行政诉讼法》。识字不多的她,连公安局下发的复议书都要请人代读。她出于一个底层农民的本分,认为丧失尊严就没法“活人”,因此逐级向政府部门告状,以寻求维护自己一家人的尊严。作为一篇普法小说,《万家诉讼》只是白描式地叙述了一个相信政府并且执拗地“要个说法”的农村妇女形象,小说中其他主要人物,丈夫万庆来、村长王善堂、李公安、市公安局严局长,都是非常简略且类型化的形象。

电影《秋菊打官司》基本沿袭了小说原著的情节和脉络,就叙事层面而言,它没有什么改变和拓展。但是,张艺谋明显是要拍摄一部具有浓郁地域色彩的“当代中国村俗电影”。为了追求视听的纪实效果,影片广泛使用长镜头拍摄人物对话和行动,无线话筒录音,大量采用实景拍摄,并用隐蔽摄影机拍摄街市中的群众场面。为了追求人物的“质朴性”,除了秋菊(巩俐饰)、万庆来(刘佩琦饰)、王善堂(雷恪生饰)和李公安(戈治均饰)几个主要角色采用专业演员外,其他演员则都由摄制地的普通民众担任。摄影机的镜头始终跟着秋菊做平行移动,在中景、近景为主的连续画面中,20世纪90年代初期中国北方城乡的生活风貌被富有质感的镜头呈现出来。法国电影评论家巴赞在评述意大利导演罗西里尼(Roberto Rossellini)的电影《游击队》(1946)的画面时说:“人本身只是存在于其他事物之间的一个事实,不应当先验地赋予他任何特殊的地位。因此,唯有意大利导演能够成功拍摄公共汽车、卡车或火车中的场景,正因为这种场景使景物与人物同时具有具体的密度……他们的摄影机在这个狭小和拥挤的空间中运动,巧妙灵活,每个进入场景的人物都举止自然……”[①]秋菊上市里告状,她乘车穿行繁杂的街道和在狭窄的胡同旅馆中行走的画面,让观众看到真实、质朴的生活场景。从场景摄制上看,用巴赞这段话评价张艺谋在《秋菊打官司》中的导演艺术,也是适当的。用巴赞的术语说,《秋菊打官司》的拍摄达到了“自然的透明性”[②]。

“二战”后,意大利首先兴起了新现实主义电影运动,法国继之兴起了新浪潮电

① 安德烈·巴赞(2005:289)。

② 安德烈·巴赞(2005:312)。

影运动。这两个电影运动所具有的共同特征是：反对好莱坞的唯美主义传统、回归电影的纪实性，反对蒙太奇美学，广泛运用景深镜头和长镜头，采用片断化叙事，打破戏剧性的连续叙事逻辑。它们并不是统一的电影运动，运动中的代表性导演都具有强烈的主观色彩，但是在恢复电影的（主观）现实主义美学本质（“创造现实的幻景”[①]）这个起点上，它们是一致的。张艺谋在《秋菊打官司》中，显然是在非常有意识地追求这种“主观现实主义”的电影美学。除罗西里尼的《游击队》外，我们还可以看到意大利导演维托里奥·德·西（Vittorio De Sica）《偷自行车的人》（1948）和法国导演特吕弗（François Truffaut）《四百击》（1958）与戈达尔（Jean-Luc Godard）《精疲力竭》（1959）等著名电影对张艺谋的影响。从这些电影先驱那里，张艺谋认识到了底层生活的自然实景中所包含的影像价值，以及用平民视角加以发掘和利用的意义。人车拥挤的杂乱街景、廉价旅社的狭窄通道、简陋粗糙的民居，这些成为《秋菊打官司》的标志性场景，这些场景与女主角秋菊的质朴而过时的扮装配合，就成为当时（1992）中国农民生活的一种“电影纪实”。

相比较而言，意大利新现实主义电影，基于“二战”前后的社会现实，更注重描述社会的不公和小人物生活的艰辛，而后起的法国新浪潮电影则受到萨特存在主义的影响，更倾向于表现个体与社会的冲突和疏离，但是它们都表现了一定程度的荒诞感和反讽意味。这些影片的结局，如果不是令人沮丧的悲剧（《游击队》结束于解放前夕一支游击队的幸存者被德军一一推入湖水中淹死），就是没有答案的中止［《四百击》的男主角少年安东尼（让-皮埃尔·利奥德饰）从少年犯罪管教所逃出来，奔向大海边，影片结束于他背对海浪向观众惊异回顾的瞬间］。《秋菊打官司》在追求一种“新现实主义电影”的纪实效果的同时，并没有自觉赋予影片或影片中的人物一种荒诞感和反讽意义。秋菊告状获胜得自政府要推行《行政诉讼法》，她的案子被选定为向民众普法的典型，出现了市公安局变审理者为被告的逆转。这个逆转似有暗讽权力操控法律的意味。但是，这种意味首先被市公安局严局长的亲民、秉公执法和敢于担当的形象消除了。影片结尾还特别增添了两个情节：秋菊午夜临产，村长在万庆来的请求下，带领村民连夜将她送进城里医院；秋菊孩子满月当天摆酒席，村长因为万庆来官司被警察带走。这两个情节坐实了村长的善良本质和他对于村民的“父母官”的意义。在此背景下，秋菊“要个说法”的法律意义就跌落成蒙昧村民的“认死理”和“悔不该”了。这个结尾向观众揭示：真正应该接受普法教育的，绝不只是以家长式威权治村的王善堂，还包括“要个说法”的秋菊们。因此，《秋菊打官司》的结局意义，不是落实于反讽权力，而是教育民众。

---

① 安德烈·巴赞（2005：276）。

从美学风格上讲，《秋菊打官司》表现的，与其说是荒诞意味的反讽，不如说是蒙昧生活的滑稽。反讽是平视眼光中的景观，反讽的本质是反讽的主体就是被反讽的对象。滑稽是俯视眼光中的景象，在滑稽的表现中，优势的嘲笑者与劣势的被嘲笑者是分离的。小说原著中的秋菊并不是一个孕妇，更不是如电影中的扮相一样临近生产的孕妇，而且小说的故事场景是与江苏交界的南方乡村。电影把秋菊改编成一个北方陕西农村的挺着一个硕大肚子的孕妇，穿着局促的农妇衣衫，脸上带着农民标志性的黝黯色调。这个脸谱化的中国农妇，在西北民乐的喜剧化背景声中，带着愚钝而执拗的表情，挪动着笨拙的身体，走在北方寒冷的大道上。这是一个滑稽的情节，而且这个情节反复在影片中出现，构成了影片叙事推进的基本节点。电影对女主角的形象改编，因为“孕妇”形象的限制，极大程度制约了女主角心理的表现空间，使这个形象被禁锢在笨拙、迟钝的生理状态中。这样的改换，突出表现了秋菊“要个说法”的执拗，但是，她因此成为一个漫画式的滑稽形象——至多只是一个适应政策宣传需要的“普法对象”。

因为对秋菊形象的滑稽化设计，张艺谋不仅没有深入开拓小说原著的主题意义，反而把对于中国社会发展具有重要意义的“法制化”进程简单喜剧化了。他通过电影向我们揭示的就是：“法制”不过是一个自上而下的“普及—教育”运动，而民众只是生活于人情村落中的蒙昧的被教育者。民众的蒙昧是由秋菊的滑稽形象来定义的。从小说到电影，张艺谋给秋菊增添的只是蓄意设计的滑稽的喜剧感。这部电影的纪实性只停留在场景画面上，场景也是用张艺谋电影的“标志红”蓄意渲染的，不仅秋菊的红花衣衫贯穿全片，而且红辣椒成为全片最重要的背景装饰和道具。小说原著中，秋菊是卖了两头“架子猪”换得上市里告状的路费；电影中，秋菊和丈夫的妹妹拉着一车车鲜艳、灿烂的红辣椒去镇上卖掉换旅费。

在追求电影喜剧化的方向上，张艺谋致力于“出奇”，既不顾及细节的真实性（可信度），更不从细节中发掘叙事意义。设计一个临近产期的孕妇，在行动不便的条件下，上乡赴市告状，反复告状的动机仅是为了“要个说法”，这是一个缺少生活真实性的虚构。无论一个妇女多么倔强和认死理，她都不能不考虑腹中胎儿的安危，而且电影中的秋菊还是首次怀孕，以农村的家庭观念，她的家人不可能容许她如此不顾惜两条生命去“要个说法”。为了解决秋菊的交通问题，影片安排一辆她每次出门告状都会在固定地点“路遇”的拖拉机将她捎上。吊诡的是，这辆拖拉机偏偏在秋菊临产的午夜坏了，因此演出了村长连夜带人用担架抬着秋菊去医院生产的感情戏。电影还增添了丈夫的妹妹这个角色，让她作为秋菊告状路上的陪护。这个“妹子”完全是一个“专职陪护”符号，秋菊与她没有任何有意义的交流，无论对于剧情还是秋菊，她都是一个多余的角色。在影片《偷自行车的人》中，男主角安东尼（朗培尔托·马齐奥拉尼饰）带着年幼的儿子布罗诺（恩佐·斯泰奥拉饰）在罗马大街寻找被偷窃的自行车，父子俩真实而自然的交流，把“找车”转换为危困境遇中深刻的人性揭示。影片结尾，父亲安东尼因为寻车绝望（没有自行车他就要失去两年来才得到的第一份工作）转而偷窃自行车，当即被捉住，又很快被车主放走。目睹了这个过程的儿子，悄悄走到悔愧至极的父亲身边，把小手递到父亲的手中。牵手而行的父子俩默默流着泪随人群而去……这个结尾，在平实、自然的画面中，留下的是直击人心的人性意义①。两部电影相比，秋菊角色的扁平是非常突出的。

为了追求离奇的戏剧效果，张艺谋总是不顾生活真实而虚构细节。他摄制的电影《一个都不能少》(1999)，改编自施祥生的中篇小说《天上有个太阳》(1997)。施祥生小说原著叙述小学民办教师王校长，在执教二十年后终于得到转为正式在编教师的机会，同时，五年级学生王小芳因家庭困难将被迫嫁给一个老板的三十岁智障儿子。王校长为了保护王小芳，竭力阻止这起非法婚姻，却遭到乡长的暗中阻挠。王校长拒绝了乡长的“交换条件”，放弃了转正机会，不久因操劳过度死于心脏病。在小说中，有王小芳为逃婚离校到城里做保姆，该校年轻的张老师到城里寻找王小芳，并且通过电视台播广告找到了她的情节。

张艺谋电影对小说原著情节做了根本性改编，主要情节变为一位年仅十三岁的小学毕业生魏敏芝（魏敏芝饰），到一个穷困的乡村小学临时代课一个月，她的职责就是保证这一四个年级混合上课的小学的二十多名学生在一个月后全部在读（“一个都不能少”），代课结束后才可以得到工资和奖金。然而，淘气且家庭特别贫困的高年级学生张慧科（张慧科饰），逃学到城里打工去了，魏敏芝为了保证“一个都不能少”，只身到城里寻找张慧科，因为她的坚韧、执着感动了市电视台台长，电视台不仅播放寻人广告，而且让魏敏芝上直播节目呼唤张慧科，张慧科受到感动前去与之相见。对比施祥生小说，张艺谋电影抛弃了小说原著的基本情节，并且把具有二十多年教龄的主角王校长替换为少不更事的女孩魏敏芝。小说原著的主题是民办教师王校长和张老师对王小芳的“无私爱护”，电影的主题则成为魏敏芝对张慧科的“执着寻找”。如果说小说原著在人物塑造上具有理想化和平面化的弱点，张艺谋电影则将“魏敏芝寻找张慧科”设计为一个缺少基本生活逻辑的独白式的电影奇观。在叙事逻辑上，这部电影有一个明显的漏洞：魏敏芝丢下代课的二十多名学生进城寻找张慧科，数天之中，村里竟然没有一点儿反应。

---

① 巴赞对《偷自行车的人》中的父子戏有非常精彩的阐述，参见安德烈·巴赞(2005：306-309)。

在基本情节和主题转换之后，这部电影与小说原著的关联变得非常微弱，它更容易让观众联想到《偷自行车的人》对导演张艺谋的影响。这两部电影不仅都以“执着寻找”为主题，都是实景摄制的纪实风格电影，并且都是全部采用非专业演员。但是，《偷自行车的人》呈现给观众的是一部“演员概念消失”“场景调度消失”和“故事消失”，从而具有“如生活本身一样完美自然的透明性”的电影[①]；而《一个都不能少》却在纪实性的画面运动中演绎出一个精心设置的奇观性的电影故事。在影片开始时，民办教师高老师（高思满饰）请假一个月回家照顾病危的母亲，他临走时向田村长（田正大饰）找来的代课老师魏敏芝交代，因为学校经费紧张，一天只能留给她一支粉笔，一个月二十六个工作日留给她二十六支粉笔。在影片结尾，城里的热心人向这个贫困小学捐赠粉笔成为一个大写、特写的情节。这个“哭穷”的细节是与该学校直通公路的场景相矛盾的——公路不仅代表着现代交通，而且也代表着一个地区的发展程度。魏敏芝为了筹得进城寻找张慧科的旅费（预计九元），向每个学生派捐五毛，当学生们表示家中没有钱可出时，她就率领这群年幼的学生去附近砖厂搬砖，而且很快就赚到十五元钱。因为错误地认为进城往返只需要六元钱车费，魏敏芝带着这群学生到村里小超市花六元钱买了两听可口可乐分着喝。电影此前展示给观众的是，魏敏芝根本管理不了这二十几个孩子，她号召他们集体搬砖的力量只能是“神谕”。当然，这个离奇的桥段也证明这个乡村并不可能贫困到无法提供二十几支学生上课所需要的粉笔的境地。

在张艺谋的现实题材电影中，就导演艺术而言，较为质朴自然、具有真正的现实主义品质的影片是《活着》（1994）。这部电影改编自余华的同名长篇小说（1993）。在这部十二万字的长篇小说中，余华描述了男主人公徐福贵一生遭遇了父母、儿女、女婿和外孙的“意外死亡”，自己则从一个嗜赌成性的地主少爷转变为一位任劳任怨地活着的孤独老人。这部小说用冷静的笔调叙述了六个亲人不同原因的死亡，把“意外”重复叙述成徐福贵不可抗拒的人生宿命。电影《活着》只讲述了徐福贵（葛优饰）父母、儿女的死亡，最后的结局则是徐福贵夫妻和女婿、外孙过着贫寒却祥和的家庭生活。这部电影有多处催人落泪的情节，它们不仅得力于葛优本色而杰出的表演，也表现了张艺谋场景调度和人物设计的纯熟艺术。但是，这部电影相比于小说，就主题内容和人物性格而言，并没有新的开拓。对于小说中的“意外死亡”的重复设计，电影虽然减少到四次，但仍然不脱平面重复的痕迹。面对这些死亡，徐福贵只是一个“见证人”——惯性的承受者，缺少人性深度的参与和反思。“它（《活着》——引者注）犹如救火队员奔赴火场一样地急速穿越历史，表现

① 安德烈·巴赞（2005：312）。

了许多大片都具有的平淡。尽管有优秀的技艺和表演，但是它缺少对情感的关注，并且带着许多不自然的细节”①。影片中，徐福贵女儿凤霞（刘天池饰）难产死亡的那场戏，就是非常造作且俗套的“文革”戏。那个被二喜（姜武饰）从牛棚中“揪出来”为凤霞生产保险的“王大夫”（赵毓秀饰），是一个非常脸谱化的“被打倒的反动权威”形象。他的造型完全是从“文革”电影《决裂》中的“反动权威”张子清（葛存壮饰）脱胎而来的。被带到医院的王大夫，饿鬼似地吃下了二喜给的七个馒头，差点把自己撑死，因此耽误了抢救难产大出血的凤霞。这个过度夸张的半是喜剧、半是悲剧的桥段更是典型的张艺谋式奇观化设计。

从《秋菊打官司》《活着》和《一个都不能少》可见，张艺谋电影的“现实主义”只是“影像现实主义”。他仅仅在影像层面上下功夫，不但不能在社会和文化场面做有意义的开拓，反而以奇观化的人物和情节的设计使电影背离生活，成为隔绝现实的厚重的影像之墙。巴赞在批评过度虚构而失于真实的导演时说：“我们指责导演恐怕不是由于他的虚构，因为导演的艺术就在于虚构，而仅仅由于他已不能掌握虚构的分寸，成了虚构的受害者，因而难以对现实有任何新的开掘。”②巴赞这段批评，对于张艺谋电影是非常适合的。

三 《英雄》：“中国想象”的电影奇观

电影《英雄》(2002)，与此前张艺谋主要采用文学作品改编的电影不同，是一部他参与编剧的原创电影。它是第一部中国出品的“好莱坞式大片”：前所未有的巨额投资、国际化主创团队、全名星阵容和史诗性的宏大叙事。从《英雄》获得的国际声誉和票房纪录来看，它是过去三十年张艺谋电影的巅峰作品③。

在《英雄》摄制中，张艺谋以绚烂绮丽的画面、梦幻奇异的动作设计和中西糅合的浪漫音乐，构造了一部“武侠史诗大片”，给中外观众奉上了一次空前的视听盛宴。然而，这部电影最突出的特色，仍然是张艺谋的色彩象征主义的张扬。影片首尾和中间的秦宫戏段是深蓝色系，与秦人服饰的黑色相近似④。男主角无名（李连杰饰）与长空（甄子丹饰）棋馆对战的戏段是蓝灰色系。无名入赵国，与残剑（梁朝

---

① Schwartz(2008)。

② 安德烈·巴赞(2005：277)。

③ 电影《英雄》以3100万美元投资，获全球票房1.771亿美元，是当时中国大陆影片投资最多、票房最高的破纪录影片。它获得了北美主流批评家的好评，在Rotten Tomatoes和Metacritic两大电影批评网站，分别获专家评分95%和85%。

④ 据《史记》记载，秦始皇灭六国称帝，自认是胜周朝而代之，周从火德，秦从水德，“以水灭火”。“水”为玄色，故秦朝“衣服旄旌节旗皆上黑”（司马迁，2014：299）。

伟饰)、飞雪(张曼玉饰)、如月(章子怡饰)演绎“求字”“挡箭”“离间”“情杀”的戏段，是朱红色系。无名向残剑、飞雪求助，要求他们中一人以性命相托，助他得以进入秦宫行刺戏段，是浅蓝色系。对支持还是阻止无名刺秦，残剑与飞雪发生刀剑冲突的戏断，是白色系，其中穿插他们二人相恋、一次失败的刺秦戏段是绿色系。在电影中，深蓝、蓝灰、朱红、浅蓝、白色、绿色不仅各自标志了不同的戏段，而且分别具有肃穆、信念、欲望、沉静、牺牲、祥和等象征意义。在这些色系区分下，《英雄》的画面对细节的精致考究，达到剑击中的水滴和厮杀中人物毛发的精微、奇丽的呈现，色彩的饱和、精妙与构图的均衡、和谐，令人激赏。

但是，张艺谋并没有将《英雄》创作为能够与其视听效果相配的真正具有历史意蕴和人文深度的“史诗大片”。“《英雄》充斥了处心积虑设置的细节……非常愉悦眼睛。但是它过于琐碎，没法积聚强劲的推动力，而且过于造作，难以扣人心弦。”[①]在这部电影中，张艺谋不仅过度追求视觉细节的奇幻效果，而且毫无节制地堆砌离奇情节。飞雪与如月在色彩斑斓的胡杨林里厮杀的戏段，无名和残剑在四围苍翠的湖水上剑斗的戏段，前者如红色的抒情诗，后者如蓝色的梦幻曲。然而，这两段戏，不仅就故事线而言是跳戏的，显得生硬、造作，而且与影片前后展示的当时人物活动的大漠环境明显冲突。从历史地理来看，赵国处于今天河北南部、山东西部、河南北部。赵国境内并无大漠，更为重要的是，它位于秦国东部。按影片旁白，这两个戏段发生在赵国陉城(今河北定州)。历史影片摄制，异地取景无可厚非，但必须符合剧情，不违背基本史实。为了追求“大漠”影像，电影把赵国迁移了二千多公里，移植到了嘉裕关外的敦煌雅丹地貌中。这个移植不仅改变了赵国的历史地貌，而且还改变了秦、赵之间的地理位置：在电影中，无名从赵国赴秦国，不是由东向西，而是由西向东。拉里(Anthony Lane)指出：“《英雄》根本不是具有历史内涵的史诗，而是过度设计的舞美剧：它是一种不见流血的暴力梦幻，主要依靠的是动作的华丽，而不是性格的丰富。”[②]从影片的“秦东赵西”位移可见，张艺谋导演艺术的着眼点，不在历史真实，而在影像奇观。

《英雄》的剧情是由侠客无名在秦宫向秦王讲述他如何诛杀长空、残剑和飞雪三位对秦王威胁最大的刺客展开的。无名讲的第一个故事是，他首先在秦国战杀了长空，然后去赵国找到残剑与飞雪这对恩爱情侣，以飞雪与长空有一夜之情离间两人，令他们反目成仇，相互厮杀，无名则乘机击败两人。这个故事被秦王质疑，认为事实上是无名与他们三人串通，为了助无名进入秦宫刺杀秦王，三人以性命相

---

① Dargis(2004)。

② Lane(2013)。

托。无名顺着秦王的逻辑讲述了第二个故事，展示他如何以超人的剑技（“十步一杀”）得到三人的信任和支持，使他以战胜者的殊荣进入秦宫，并在最近距离与秦王单独相处，伺机刺杀秦王。然而，当第二个故事讲完、获得秦王认可后，无名又讲了第三个故事：残剑逆转成为刺秦的反对者。残剑认为秦王灭六国之战，是为统一天下、重建和平之战，他把人民重享和平的梦想寄托在秦王身上，因此竭力阻止无名刺杀秦王。在第三个故事中，残剑讲述了他与飞雪曾于三年前杀入秦宫，他临时放弃刺杀秦王的故事。影片的结局是，无名听从残剑的劝告，放弃刺杀秦王，秦王则在文武百官的敦促下，下令处死无名；飞雪得知无名因残剑劝阻放弃刺杀秦王的消息，在争吵中失手杀死了残剑，然后自杀。

熟悉电影史的观众会看出，《英雄》的剧情设计来自黑泽明电影《罗生门》(1950)的叙事结构。《罗生门》由在东京罗生门牌楼下躲雨的樵夫（志村乔饰）、僧人（千秋实饰）和游民（上田吉二郎饰）交谈，用闪回的手法讲述关于武士金泽武弘（森雅之饰）与妻子真砂（京町子饰）在山林中路遇强盗多襄丸（三船敏郎饰）、妻子遭强暴和武士被杀害的四个故事。这四个故事，分别由强盗多襄丸、武士妻子、武士亡灵和樵夫讲述。强盗供认是他用自己的长刀杀死武士，妻子真砂暗示是她用自己的短刀杀死武士，武士亡灵说他死于用妻子的短刀自杀，樵夫声称他看见强盗用长刀杀死武士。关于武士的死亡，四个人有三种说法，而且凶器有长刀与短刀的区别。强盗、武士夫妻三人，作为当事人，各自的说法是从维护自我的立场出发的。樵夫作为与案件无关的见证人，他的说法本来应该是可信的，但是他因为贪财而在现场拿走了真砂的短刀，他的说法同样具有维护自我的目的。因此，武士究竟是如何死的，就成为一个不解之谜。《罗生门》用四重相互差异且纠结的叙述，将人性中的懦弱令人震撼地揭示出来，具有深刻的启迪意义。

虽然叙事结构模仿《罗生门》，《英雄》的叙事逻辑却非常薄弱，而且存在明显漏洞，乃至于这部标举反暴力的影片逆转为对暴力的谄媚。我们不追究残剑与飞雪结为情侣，矢志刺秦，共同练成剑法，一道杀入秦宫，残剑却在举手可成之际放弃刺秦；我们也不追究无名作为秦王屠杀赵国遗留的孤儿，为刺秦十年练剑，在长空、飞雪以性命相托、助其进入秦宫之后，却为残剑临别时写给他的“天下”二字感动而放弃刺秦，并且甘心在秦王令下受死；我们也不论何以刺秦未成的残雪、飞剑能够安然从禁军千万的秦宫逃离，而无名却身陷秦军重阵，死于秦军铺天盖地的箭雨之下。但是，一个显明的逻辑漏洞，使这部影片自我颠覆。影片设置的最终逆转是残剑和无名以“天下”和平寄托于秦王，从而放弃刺秦，然而影片自始至终都将秦王描述为一个极端残忍的暴君。在无名的叙述中，当他进入赵国陉城的时候，“城中百姓逃散一空，只余下书馆弟子”[①]。但是，秦军对这些手无寸铁的习字人，却用疯狂的箭雨加以冷酷无情的屠杀。在影片结尾，无名向秦王转述了残剑劝阻他刺秦，而且以一个虚拟的刺杀动作中止了他的刺秦行为，秦王在众臣的敦促下下令处死无名，行刑使用的仍然是遮天蔽日的箭雨。影片塑造的显然是一个残暴且疯狂的暴君秦王，这个形象与历史对秦始皇的基本描述和评价是一致的。在历史上，秦始皇以“淫侈”和“暴虐”著称。他以血腥的战争灭除六国。“十三年(公元前234年——引者注)，桓齮攻赵平阳，杀赵将扈辄，斩首十万。”[②]这是秦始皇灭六国的战例之一。在称帝以后，秦始皇更是“乐以刑杀为威”[③]。公元前212年，有方术士韩人侯生私下表达对秦始皇暴虐和贪权的不满，并且逃走，秦始皇得知后，将侯生的言行视作知识阶层对他统治权威的挑战，下令御史审查咸阳城中所有文学、方术之士，活埋了“犯禁者四百六十余人”[④]，史称“焚书坑儒”。公元前211年，有陨石坠落，后发现陨石上刻了“始皇帝死而地分”[⑤]的文字，因为没有查到刻字人，秦始皇下令将住在陨石周围的人全部处死。贾谊《过秦论》说：“秦王怀贪鄙之心，行自奋之智，不信功臣，不亲士民，废王道，立私权，焚文书而酷刑法，先诈力而后仁义，以暴虐为天下始。”[⑥]司马迁推举贾谊此论，以之为对秦始皇的定性史评。因此，张艺谋设计的影片结尾逆转，不仅与既有历史叙述相悖，而且是对影片叙事逻辑的釜底抽薪。无条件地向一个暴君寄托和平梦想，是张艺谋《英雄》最根本的逻辑悖谬。“实事求是地讲，这部电影表达的笨拙的意识形态实质上是一种暴力政治学。”[⑦]无论张艺谋主观意愿如何，《英雄》通过“故事逆转”所产生的最终效果，确实是在向观众渲染暴力和谄媚强权。

张艺谋拍摄《英雄》，明显带着“要超越李安的《卧虎藏龙》”[⑧]的意图。在《英雄》中，可以看到许多《卧虎藏龙》(2000)的影子，两片不仅共同使用敦煌雅丹国家地质公园作为一个重要外景地，而且两片都持道家的立场看待书法与剑法，认为两者本质相通，以“无”为至境。当然，两者的基本相同点都以“剑”为载体，试图在艺术地展示中国武术的神奇魅力的同时，揭示中国文化的深刻意蕴。然而，两者的区别是非常明显且重要的。首先，虽然两片都追求场景和动作的画面美，武打设计都

---

① 电影《英雄》中无名独白。

② 司马迁(2014：299)。

③ 司马迁(2014：329)。

④ 司马迁(2014：329)。

⑤ 司马迁(2014：330)。

⑥ 司马迁(2014：356)。

⑦ Hoberman(2004)。

⑧ Ebert(2004)。

沿袭了功夫电影的神奇化和抒情性的传统，但是《卧虎藏龙》表现了紧扣剧情和合于自然的节制，而《英雄》则无节制地追求奇观和美化，前者的简约、幽淡与后者的奢华、铺张是截然相反的。其次，就中华文化底蕴的阐释而言，《卧虎藏龙》是通过侠客李慕白(周润发饰)向铁贝勒(郎雄饰)送出青冥剑和九门提督玉大人之女玉娇龙(章子怡饰)盗走青冥剑为导线，多层展开江湖与官府、个人与家族、欲望与节制的恩怨情仇，从而清澈、优美地揭示出中华文化醇厚、内敛的生命意蕴。与之相比，《英雄》在雄心勃勃地将剑术与琴、棋、书、舞等文化元素杂烩一炉时，与其自我悖谬的叙事逻辑一样，把中华文化精神演示为缺少基本道德准星的混杂物。

然而，这两部电影还有更深刻的区别。李安在《卧虎藏龙》中设置了主角李慕白内心纠结的三条情感线：其一，他与师妹俞秀莲(杨紫琼饰)高尚、隐忍的精神爱恋；其二，他对毒害师父江南鹤的碧眼狐(郑佩佩饰)的复仇意志；其三，他对玉娇龙锲而不舍直至为之失去生命的教化。这三条纠结的情感线，自然而隽永地塑造了一个内心丰富、宅心仁厚且坚韧担当的侠客形象。这个形象的成功之处，就在于李慕白是一个复杂而透明的"侠客"，他的复杂来自矛盾的生活世界，他的透明来自他以"爱"为核心的人格精神。以李慕白的武功，碧眼狐早就应该死在他的剑下，然而碧眼狐总是能凭借错综复杂的情景意外逃脱，最后李慕白竟然死于碧眼狐射向玉娇龙的毒针。李慕白并不是有意为玉娇龙抵挡毒针，而是被误伤。这个细节的设计，表现了李安导演对中国武侠精神极其细腻而真诚的把握，他把侠客作为意蕴隽永且真实自然的人来描绘和赞扬，传达出深刻、委婉的动人力量。与李慕白相比，作为《英雄》主角的无名，无论是内心意识还是形象设计，始终是扁平、僵硬的。他除了用语言表白自我刺秦的意志，就是用精心设计的动作展示他决胜天下的奇绝剑术。无名为复仇刺秦，十年练剑，却在成功在即的时刻放弃夙愿，从此可见，无名是张艺谋在《英雄》中设计的一个空心武士，他如机械人一样执行着某种意志，不加思考，也没有疑惑。当一种新的意志被输入的时候，他也同样毫无思考与疑惑地执行。"李安的《卧虎藏龙》有一个情感核心恒定激烈的场景。《英雄》却只是令人着迷，而不触击内心。"①"有心"与"无心"，这两部影片的重要区别在这里，两位导演的重要区别恐怕也在这里。

《英雄》作为至今为止张艺谋最成功的电影，在最大限度展示他的导演艺术的同时，也最深刻地暴露了他的文化认知缺陷。他对于人物的把握和设计，只能从动作和造型上下功夫，一旦进入到内心，尤其涉及文化心理的时候，他就会出现违背

---

① Travers(2004)。

电影逻辑和文化常理的严重偏误。如果《英雄》的叙事逻辑成立，残剑而不是无名才应该是影片的真正主角——主导叙事发展的灵魂。然而，这个“灵魂”从一个刺秦义士逆转为秦王护佑，却只是因为书法的启示。残剑对无名说：“秦王不能杀，这是我从书法的境界中悟出的道理。”[①]这个理由的空洞与荒谬是同样登峰造极的。作为一个导演，张艺谋似乎不懂得思想和意义必须用影片的情节和角色表演来揭示。梅尔·吉布森(Mel Gibson)的电影《勇敢的心》(1995)，不仅将苏格兰民族英雄威廉·华莱士(吉布森饰)的成长史作为他的英雄形象塑造的主题背景，而且把他与征服者英格兰国王爱德华一世(帕特里克·麦高汉饰)的心理斗争作为他的英雄生命最重要的内涵，因此塑造了一个血肉丰满、心灵浑厚的民族英雄。在华莱士被处死的情节中，电影不是极度展示英王的残暴和华莱士的慷慨、从容，而是调度细致的镜头语言把华莱士宁愿承受凌迟酷刑而不愿表示屈服的英雄意志强烈而沉痛地展现出来。正是华莱士承受的痛苦和他表现的意志同等壮烈，不仅感动了围观群众悲痛地为他呼求宽恕，而且也震撼了监刑官的铁石心肠，使之示意刽子手中止凌迟酷刑。在被刽子手举斧斩杀前刻，华莱士用最后的生命呼唤出了“自由”的口号，他的呼声传到垂死的英王爱德华的耳中，成为给这位征服者敲响的送终的丧钟。与华莱士的牺牲情节相比，无名一言不发、一脸庄重地走向宫门，转身等待秦王令下的箭雨射杀，表现出徒有其形的空洞和造作——他实际上只是一个执行导演场景调度的机械符号。“你可以欣赏张艺谋在《英雄》中的成就，但是切莫要带着任何情感靠近它。”[②]这是任何试图“用心”观赏《英雄》的人不得不接受的忠告。

然而，张艺谋对自己的文化认知缺陷没有任何反思。在《英雄》之后，在其导演的《十面埋伏》(2004)和《满城尽带黄金甲》(2006)两片中，张艺谋更加肆意脱离剧情和人物，对暴力和血腥进行极度铺排、渲染和美化。在这些影片中，我们看到张艺谋在极度扩张和炫耀他的画面艺术的同时，已经完全忽视或放弃了一个电影艺术家应有的道德自觉和人文情怀。至此，张艺谋的导演艺术在巅峰之际垂直坠落了。从《金陵十三钗》(2011)、《归来》(2014)和《长城》(2017)中，我们看到，作为过去三十年中国电影的代表性人物，张艺谋的导演艺术不仅持续在谷底徘徊，而且表现出不再能够寻找到出路的困厄。

---

① 电影《英雄》中残剑独白。

② Travers(2004)。

结语：张艺谋电影之路的反思

1987 年到 2017 年的三十年，是中国电影从封闭走向开放、从政治一元化走向文化多元化的三十年。在这三十年中，张艺谋电影的创作探索和艺术成就是最引人注目且具有代表性的。因此，系统梳理和反思张艺谋电影，对于研讨过去三十年中国电影发展的成就与误区，是一个重要的课题。

从 1987 年的《红高粱》开始，直到 2002 年的《英雄》，张艺谋电影是在走着一条积极探索并努力走向世界主流电影的艺术创新道路，取得了国际、国内普遍认可的成就。但是，系统审视张艺谋电影，我们应当认识到，张艺谋电影从一开始就带着"先天缺陷"，这就是张艺谋作为一位电影家内在的文化认知缺陷。这个缺陷虽然被张艺谋导演的艺术优势，即他杰出的摄影艺术所弥补或掩饰，但始终伴随着他的电影道路。在过去三十年中，对于张艺谋的文化认知缺陷，国内外批评家给予了持续的关注和批评。然而，张艺谋本人始终没有正视并且努力弥补自己的文化认知缺陷；相反，他在片面地仿袭好莱坞大片制作模式的前提下，执意强化自己的摄影优势而无视电影创作的文化维度，最终使自己成为"大片陷阱"中的无可逃遁的"影画囚徒"。

从美学层面反思张艺谋的文化缺陷，我们应当注意张艺谋近十五年电影表现的一个普遍现象，就是重复使用极度宏大场面，铺张、渲染和美化暴力、权力。这个现象在《英雄》《满城尽带黄金甲》和《长城》中表现得尤为突出。西方批评家认为这是受到《指环王》系列等好莱坞大片的影响，也有批评家认为张艺谋对古典歌剧的华丽场景具有一种拜物教式的迷恋。也许，古典歌剧或美国大片的场景调度给予了张艺谋灵感。但是，对比《指环王》系列和《英雄》等影片的暴力场面，我们可以看出，尽管两种电影在场面宏大、奢华上有相似性，但它们的导演意识是有明显区别的：《指环王》展示的是混乱无序的暴力场面，而张艺谋电影展示的是权力控制下的高度整齐、机械的暴力场面。这不能不令人联想到张艺谋成长时期的中国"文革"的广场美学。作为一个有待进一步研讨的课题，在此我们可以提出，张艺谋电影在表现出文化认知缺陷的同时，也深刻地表现出"文革"文化和美学对他的人文意识的负面影响。进一步讲，正是这种负面影响，在根本上阻绝了张艺谋真正走上艺术大师之路。

超越张艺谋电影，回顾中国过去三十年电影发展，我们不能不遗憾地看到，中国电影在 20 世纪后二十年呈现的开放、创新气象，进入 21 世纪以来，并没有得到持续和提升，与国产电影产量和票房的高速提升相反，真正的优秀作品还并不多见，而且，从海外票房和国际评奖看，中国电影正在从国际电影现场退缩。中国电影现在面临的根本问题是影片艺术内涵的提升和精品创作。这个问题的核心，就是电影艺术的人文精神提升。从广泛的意义上讲，张艺谋面临的问题，也正是当下中国电影整体面临的问题。对此，无论电影批评，还是电影创作，都有非常艰巨的工作要做。

（原载《文艺研究》2017 年第 12 期）

张艺谋电影差什么？
——《金陵十三钗》和《一次别离》比较研究

去年12月，在北美影坛上有两部"冲奥"的东方电影不期而遇：张艺谋的《金陵十三钗》(以下简称"《金》")和阿斯哈·法哈蒂(Asghar Farhadi)的《一次别离》(*A Separation*)。这两部分别产自中国和伊朗的电影，均被各自国家官方推荐参加角逐2012第84届奥斯金像奖最佳外语片奖。《金陵十三钗》于去年12月23日始在北美上映一周，其后，《一次别离》在12月30日开始在北美上映。

在美国《CNN》《电影》《纽约时报》《好莱坞报告》等权威报刊的专栏评论中，《金》遭遇了空前未有的否定评论，被一致评为"很差"(weak)的电影——充满低级噱头的大杂烩肥皂剧；《别离》却获得了美国批评家一致高调的赞美，被称为"伟大的家庭电影"，被一致评为"非凡"(exceptional)的电影。——除非2012年的"世界奇迹"出现，张艺谋投资合9400万美元的"冲奥巨片"《金陵十三钗》已梦灭北美，而伊朗导演法哈蒂的仅投资50万美元的"小电影"《一次别离》将摘84届奥斯卡金像奖最佳外语片奖桂冠。

"冲奥"已过十年，张艺谋所代表的"中国电影"，就如踢不出亚洲的中国足球，个中原因，可分析一二。

《金钗十三钗》：一部被美国批评家"砸片"的"冲奥片"

面对舆论对自己的电影的批评，张艺谋先生又发明了一个"批大片即仇富"的说法。他对记者说："现在'砸大片'跟仇富一样。只是拍大的，就先挑毛病。我觉得投资大有时候树敌反倒多，大家反而会同情和欣赏那些小制作的、正艰苦创业的年轻导演的作品，认为他很珍贵，这也很正常。"[①]

① 小青(2011)。

从报道的上下文看,张艺谋先生此番话语所指,当然是针对国内批评者的。张艺谋先生认为大片是富人才玩得起、欣赏得起,仇富而仇大片,“砸大片”就成了中国穷人的专利。其实,对大片的态度而言,“穷”未必“仇富”。比如这次《金陵十三钗》在北美和国内同期上映,该片的国内票房一片叫好,在北美却冷淡得令片商发毛。然而,想必,张艺谋也会同意,北美的富人多,中国的穷人多。如果张艺谋先生肯认历史的账的话,正是比北美富人普遍贫穷的中国观众热衷于为他的电影掏腰包,他才有机会做成了中国电影的票房英雄。

这次《金》片的拍摄,张导演与制片商拼了身家性命要做的一件事,就是让《金》片获得山姆大叔的欢心,偿《英雄》以来冲击奥斯卡奖的夙愿。为了实现这一点,张导演的团队从电影内外都在实现从“爱国主义”向“国际主义”的“全球化”转型,不仅连上镜头的日本兵都要用日本人出演,而且一再修改剧情,最终完成了美国混混约翰在电影中如圣子显灵一般地化身为舍身救中国女人的英雄的电影定位。张艺谋们讨好山姆大叔的苦心特别表现在这个“约翰”的设置上。设想,如果遵照严歌苓原著,电影中的约翰是一个正版的美国牧师,而不是一个混混冒牌货,他对中国女人的拯救就显得不够美国了,真正的美国,应当是“混混皆可为英雄”——这就是张艺谋及其“冲奥”团队野心勃勃要送给山姆大叔的2011圣诞大礼!可惜,山姆大叔根本不买账!换句话说,对于张艺谋大片,中国穷人好歹都买账,“美国富人”却没有中国穷人的慷慨!

在看国内媒体的“外转中报道”时,我感觉到《金》片似乎已经被山姆大叔内定为明年84届奥斯卡奖影片了;张伟平一气给这部影片投报了奥斯卡全部13个奖项,似乎是交定金通吃了。然而,令我大跌眼镜的是,我不仅没有在美国媒体上看到“观众一致好评”的信息,而且来自好莱坞等地的专业评估信息是美国观众对《金》片的反应“冷淡”,业界普遍不看好其市场前景。在国际著名的“电影评论知性网”(www. Movie Review Intelligence. com)12月27日发布的专业电影评论信息是:自在美上映一周来,《金》片在美国获得的电影评论,肯定性评论仅占32.5%,平均肯定度51.7%;在7级评分系列中,《金》片的平均得分是倒数第二级“很差”(“weak”)。

美国著名电影批评家、哥伦比亚大学教授利维(Emanuel Levy)在《电影》杂志发表评论文章,批评《金》片不是来自真实生活的灵感,而是张艺谋制造的一个混乱、严重缺少平衡、过度炫耀某些场景的电影大杂烩(a hodgepodge of a movie),是张艺谋发迹以来最糟糕的一部电影。利维说:“它(《金》)终归是一个电影杂碎(a mishmash of a movie),一部拘泥于成规、老套过时、造作感伤的作品。它出人意外地将1937年日本进攻的南京悲剧琐碎化,将其压扁为一个迎合感伤音乐剧的传说，囊括其中的尽是类型化或单面性的角色。”[①]

《纽约时报》专栏作家麦克·黑尔(Mike Hale)指出，《金》片似乎唯一向人们证实的是“每一个生命的无意义的牺牲换来了廉价的眼泪，它的代价是南京大屠杀的历史真实被轻率地淡化了”[②]。《纽约邮报》以嘲谑的口吻称《金》(*The Flowers of War*)为“恶败的战利品”(the wilted spoils of ‘War’)，认为张艺谋作为中国最著名的电影人之一，尽管用了影星克里斯蒂安·贝尔(Christian Bale)，却拍摄出了这部荒谬绝伦的肥皂剧，应当得到的圣诞礼物是惩罚坏孩子的一大堆煤块。[③]《好莱坞报告》的评论文章则称，如果华纳兄弟公司(Warner Bros.)在1942年导演《金》片这样一部电影，也许它可以成为一部有效的反日宣传片，而且博得好效益。但是今天，它(《金》)扮演的不过是低级噱头(hokum)。[④]

在美国评论家的笔下，《金》片不仅没有得到一句好评，而且被指出了三个严重局限：其一，《金》严重缺失对南京大屠杀的历史揭示和反思，不能让观众意识到为什么这是一场血腥丑恶的“灾难”；其二，张艺谋在电影中表现了完全违背历史真实和电影的现实性原则的“电影魔术师”的作风，将根本不可能出现的情景肆意安置在电影中，像肥皂剧的恶搞一样；其三，为了表现全球化，尤其是为了讨好美国观众和影评人，设置的“美国混混变英雄”的男主角约翰是一个虚假而无生命的角色，奥斯卡明星贝尔完全是承担了“一个错误的角色”。两位专栏作家都指出整部电影在情色华丽下面，是缺少价值判断和艺术灵魂的空洞和虚假。无疑，这是一部企图成为“史诗巨片”的电影的致命内伤。

我所阅读的十余篇美国评论家评论《金》片的标题文章，是严肃依据电影作品的实际有针对性的评论，表现了令人尊重的专业性。就此要特别指出的是，美国评论家对《金》片的批评，均是在电影艺术的层面上展开的，并没有从意识形态上说话。他们所否定《金》片的，就是该片表现的严重缺陷在于：张艺谋导演迎合和炫耀性地使用商业电影元素的时候，并没有在尊重历史、尊重艺术的前提下进行创作，因而，没有赋予《金》艺术的完整性和意义的生命力。

---

① Levy(2011b)。

② Hale(2011)。

③ Musetto(2011)。

④ McCarthy(2011)。

《一次别离》：美国批评家眼中的“伟大电影”

与《金陵十三钗》遭遇权威批评家“砸片”（张艺谋语）相反，《一次别离》却在美国获得了权威批评家定义为“非凡”（exceptional）的好评。给《金》片打了“C－”（不及格）评分的利维，给《一次别离》打的分数是“A”，而他给去年的奥斯卡最佳故事片《国王的演讲》的评分是“A－”。利维在《电影》发表文章《〈一次别离〉：2011最好的外语片》，称赞《一次别离》虽然以家庭离异为主题，但提出了关于文化和宗教的多重禁忌问题，“‘别离’超越了它所处理的特殊离异故事，达到了更高的相关性和普遍性的水平”[①]。在《时代》杂志发表的理查德·科利斯（Richard Corliss）的评论文章中，《一次别离》被称赞为一部看似情节简单却引人入胜、耐人寻味的电影。“看完电影数天之后，你还会持续咀嚼和思索它揭示的矛盾。”[②]在CNN的特约评论文章中，评论家马克·拉比诺维茨（Mark Rabinowitz）以毫无保留的态度表示《一次别离》是今年全球十佳影片，“甚至是无与伦比的杰出”“一部伟大的家庭剧”。拉比诺维茨说：“它是一个在某些层面上，在任何一个国家都可能上演的故事，但它仍然是一个特别属于伊朗社会的故事。”[③]《滚石》（*Rolling Stone*）发表彼得·特拉弗斯（Peter Travers）的评论文章说，《一次别离》的导演以罕见的精致而新异的艺术把我们带入了现代伊朗人的心灵深处。“《一次别离》是一部里程碑式的电影。你无法将它从你的脑中驱除。”[④]

《一次别离》只是一部仅有50万美元投资、七个人物——两个家庭的六个人物和法官——的小电影；而《金》片却是投资合9400万美元，组织了包括好莱坞一线明星贝尔和世界一流的特效设计威廉姆斯团队在内的26个国家的演制团队的“大片”。然而，《金》——这部中国有史以来最国际化、投资最昂贵的“中国大片”，何以在张艺谋们极力要迎合的美国批评家的眼中，竟然成了过时的肥皂剧、无聊的噱头杂烩呢？在《金》与《一次别离》的比较中，何以“大片”没有成为“大电影”，“小片”却独显“大电影”神威？

《一次别离》的剧情非常简单。从事医生职业的女主角西敏（Simin）和在银行工作的男主角纳德（Nader）是一对生活于伊朗德黑兰的中产阶级夫妻，妻子为了儿女获得更好的教育，要求丈夫与她携十一岁的女儿向国外移民，但传统的丈夫因为

---

① Levy（2011a）。

② Corliss（2011）。

③ Rabinowitz（2011）。

④ Travers（2011）。

坚持要留在国内照顾病瘫的老父而拒绝了妻子的要求。妻子闹离婚，愤而返回娘家，丈夫只得雇佣一贫民的妻子瑞茨(Razieh)来看护老父。不料这位带着一个五岁女儿前来做看护的瑞茨，因为外出看病，将纳德的老父捆绑在床架上；纳德目睹老父的惨景，解雇了瑞茨，并在怒气中将她推出家门。又一个惨剧发生了：怀有身孕的瑞茨在纳德家门外摔下台阶而流产了。瑞茨的丈夫霍贾特(Hojjat)是一个失业且因欠债不还而被监禁的木匠，他向法庭控告纳德有意将瑞茨推下台阶，是故意谋杀她腹中的胎儿。因此，离婚纠纷未了的纳德，又被缠上了"谋杀官司"。

在我所阅读的具有代表性的美国报刊中，美国批评家非常一致地认为，《一次别离》具有三个突出的优点：

其一，这部电影对关系到两个伊朗家庭内部和相互之间的纠纷叙述，在两个小时的放映中，不仅有条不紊地展示了矛盾的复杂纠葛，而且在现代伊朗社会背景上将具有普遍意义的人生矛盾作为"问题"提供给各国观众思考。

其二，这部电影是导演法哈蒂的深思熟虑之作，不仅剧情自始至终都保持着有机张力，每一个镜头都将观众的期待引向下一个镜头，而且素朴自然的表演总是成为对人物性格的非同寻常的深度揭示。在法哈蒂的现实主义风格导演艺术指导下，电影中人物表演的真实感是如此自然强烈，甚至不需要理解台词，观众仍然被深深感动。

其三，在这部电影中，导演法哈蒂的目的，并不是依照习惯给予剧中人物的矛盾一个解决，也不是要为他们的问题提供答案；对于法哈蒂，真正重要的是在电影中捕捉现代都市生活的细微而累积的种种挫折——如何理解和应对这些日常生活的挫折，这是在当代世界谁都可能面对的问题。出于这样的目的，法哈蒂在这部电影中直击非常独特的伊朗社会的个人生活问题时，也同时向非伊朗社会(包括美国社会)的观众提供了自我反思的激发。[①]

《一次别离》之所以被美国批评家推崇为"伟大的家庭电影"，是因为他们在这部"小电影"中同时看到了深刻的差异性和认同。法哈蒂的现实主义艺术信念成就了《一次别离》的伊朗本土的品质，它是切入而不是逃避本土的内涵，这就彰显了它较之西方的差异。但是，正是通过差异的揭示，它把"现代生活"这个跨文化的语境所具有的矛盾的普遍性和根本性揭示出来了。在《一次别离》中，对于由"移民选择"引发的两个家庭的纠纷，不仅剧中人不能给予是非判决，而且在剧外的观众也不能做判决。撇开伊朗社会面临传统与现代矛盾选择的特殊性，我们从电影所获得的启示是"选择"本身的矛盾处境：每个人都有自己的理由，因此，每个人的选择

① 参见本文所引《一次别离》评论文章。

都是对于自己的正确，对于别人的错误。无疑，这是今天地球上的人们在多层次上面临的共同困境，当全球化运动把人们组织在一个“地球村”的时候，这种困境的感受就是根本性的存在感。

“伟大电影”：要国际化视野，不要全球化模式

《一次别离》给予我们的启示是，一部“伟大的电影”之伟大并不是一个技术意义上的“大制作”，它不需要华丽包装和耗资巨大的场景，也不是各种电影消费的娱乐元素的加减、组合——总之，它不是用金钱叠起来的楼台。“伟大的电影”之伟大是因为对人生世界理解的深刻细致，而且表现出来的电影艺术给人的感动和启迪，它需要的是电影家真正能够切入生活世界的感触力和超越生活局限的艺术表现力。电影是一种现代机械技术，但更根本的意义上，电影是一种现代人文艺术。在技术一体化的全球化运动中，电影艺术的力量正在于它能够批判地揭示“全球化”的困境，为现代人的心灵开拓新的自由空间。

对于美国电影评论家的一致批评，张艺谋先生似乎无从闻及，故对于国内的批评，尽管相对于美国批评家来说，零星微弱之至，仍然有“大片被砸”的不悦，甚至于铸造出了“批大片即砸大片，砸大片即仇富”的逻辑作回应的大盾。其实，张艺谋电影的根本问题，就是对电影只是从商业、从技术层面去理解和操作，认为电影就是色彩好看的画面，他的特定制片商张伟平将其公司定名为“新画面”似乎也是在印证和强化张导演的“画面电影观”。记得张艺谋所代表的第五代电影家曾有一个“反第四代电影家”的说法，即电影不是影戏而是戏影，认为电影重在影像而不是戏剧，从而打出了“玩电影”的旗号。电影当然要用画面说话，但是电影的画面的价值在于它们要承载人性的灵魂，而戏剧性正是赋予电影画面灵魂的链条。

张艺谋追求精美绝伦的画面，从《英雄》到《金》，历十年之功，为什么自认最好的《金》片仍然不仅被有识的中国批评家批评，而且被美国批评家一致批评为虚假、造作、错乱的肥皂剧呢？技术层面讲，是张导不会讲一个清楚的故事；而意义层面讲，张艺谋，作为一个电影家，尚没有觉悟到电影的美丽画面必须要由深刻的灵魂注入生命，才能真实，才能生动，才能真正产生电影艺术的感染力。也许，张艺谋如果愿意重温一下谢晋先生的《芙蓉镇》就会理解，一部真正史诗性的大片的根本生命不是画面精美，而是来自导演所赋予它的灵魂。

无论从其一系列言论，还是从《金》的实际情况，张艺谋都表现了单纯技术地从事电影制作的导演观念。《金》不仅缺少一部以重大历史悲剧题材为主题的电影应

有的价值理念，而且情节生硬、场景突兀、人物单薄，给人的观影经验确如美国电影批评家所指出的“大杂烩”“肥皂剧的恶作”“低级噱头”之感。无疑，在2011年拍出这样一部既不能真正给人以美感，又不能给人以精神启迪的“大片”，是一个导演的严重失败之作。

张艺谋作为当今“中国最具影响力”的导演，“冲奥”已经十年了。从《金》的成效看，他离“奥斯卡”不是更近了，而是更远了。为什么？过去的失败，他可以推诿于技术和奖金，今天以富起来了的中国作后盾，携“中国最贵电影”却更为无望，他在近日的公开言论中还责怪中国文学家没有写出好剧本。在持续十年来的挫败和下跌中，公众从未见张艺谋有何反思。在推销《金》时，他与张伟平总是津津有味地夸耀如何组织了包括好莱坞一线明星贝尔和世界一流的特效设计威廉姆斯团队在内的26个国家的演制团队，并且以之为“全球化”的标志。如此平面地理解“全球化”，并且一味追求这种“全球化”，张艺谋打造出这个本欲讨好美国批评家，反而被他们“砸片”的大杂烩肥皂剧《金》，就是“水到渠成”了。

“全球化”的实质是现代技术扩张和资本扩张形成的以国际市场为中心的全球一体化运动。这个运动对文化的影响是以全球一体化取消全球文化多样性，从而形成以西方（尤其是美国）文化为轴心的“文化一体”（即单一平面的文化）。这是世界现代性的负面结果。20世纪的文化运动的基本矛盾是全球化与反全球化的矛盾。包括美国电影在内，“反全球化”始终是一个基本主题——从国际电影视野来看，更是电影的一个基本任务。

无论从民族文化特性的保存，还是从参与国际文化竞争的意义上，我们都必须反对全球化。我们真正需要的是深刻的国际文化视野，从而保持伟大的反思力和创新力。所谓“深刻的国际文化视野”，它提供的是应对国际文化挑战的创新原动力，而不是模仿和复制的欲望。

这次《金》片的制作和宣传，主打“全球化”，用制片人张伟平的话说“一切都向好莱坞看齐”。张伟平对记者说：

> 从12月23日开始，《金陵十三钗》陆续登陆美国各大城市的主流院线，与众多好莱坞颁奖季里的候选者一起，为明年的奥斯卡金像奖热身——这样的举动，在中国电影史上尚属首次。有人纳闷，张伟平的底气源自何处？他提高嗓门答道：“这就是《十三钗》真实实力的体现。首先它是国际化的制作，不光有克里斯蒂安·贝尔的加盟，这部电影还融合了26个国家顶尖艺术家的创作；其次是题材，这是个现代的故事，救赎的主题让西方观众更容易接受；再加上好莱坞的包装，像我们的北美预告片请来美国的公司剪辑，还有北美版海

报也请到《阿凡达》海报的制作公司负责制作——一切都向好莱坞看齐。”[①]

张伟平与张艺谋在《金》北美冲奥“被砸”之后，是否能反思一下“一切都向好莱坞看齐”为什么还要被山姆大叔“砸片”呢？

我可以借此说一句前瞻性的话，因为同样缺少艺术的灵魂，《金》片离奥斯卡影片的距离，并不比《英雄》更近。

（本文原题为《中国电影：要国际化视野，不要全球化模式——〈金陵十三钗〉与〈别离〉的比较研究》，载《贵州社会科学》2012年第3期）

---

① 王正昱(2011)。

冯小刚的电影"上位"之路
——兼评近年国产电影的低位乱象主流化

一 "混血老炮儿"与冯小刚的电影本色

在2015年中国电影现场，数以百计的国产影片，只有一部成为搅动业界内外国人神经的话题电影，就是冯小刚主演的《老炮儿》。在关于这部电影的是非争议中，无论是褒是贬，业界内外都承认冯小刚演活了男主角张学军（六爷）这个已经过气的老流氓，更准确的说法是，冯小刚是一个老炮儿的"本色出演"。

在《老炮儿》中，曾经以流氓斗殴称霸一方、蹲过监狱的张学军，现在北京的胡同中过着游手好闲却讲规矩、好仗义的生活。身为一代老流氓，六爷看不惯现在的小流氓做事不仗义、不讲规矩。这部电影的主题就是老流氓六爷教育小流氓讲规矩。六爷的独子张晓波（李易峰饰），因为一个女孩惹上了官二代小流氓谭小飞（吴亦凡饰），被后者非法扣压，六爷坚持不报警，要按"规矩"摆平，先是赔钱赎人，不成又约打群架，事情越闹越大，谭小飞父亲腐败的"证据"落到了六爷手中，谭方为索回"证据"把张晓波打成重度脑震荡。为了收拾残局，六爷与谭小飞约定，按"六爷的规矩"，双方约人打群架，六爷为儿子复仇、谭家拿回"证据"，两件事一起了结。但是，六爷并没有按"规矩"办事。知道自己身患心脏病重症的六爷，先写信向中纪委举报谭家腐败，然后安排好后事，在约架当天身穿解放军将校呢大衣、手挥日军战刀出现在一片荒野的冰湖上面。《老炮儿》的结局是，六爷在冰湖上展示了一个"老炮儿"的壮烈情怀之后，心脏病突发死亡。

作为一部现实题材的正片，《老炮儿》有多处令人大跌眼镜的"狗血桥段"。比如，谭小飞的女友为张家偷回十万"赎金"的时候，"不小心"把谭家腐败的"证据"（以谭小飞名义存在瑞士银行的存款的对账单）也带到张家了。为了追回这个"致命证据"，谭家的黑道管家不是计谋利诱在先，而是在情况都没有说明的时候就在张家居住的胡同中如土匪一样公开暴打张家父子。当然，最令人头大的是：在导演的大脑中，这六爷，究竟是"讲规矩"，还是"不讲规矩"？儿子被非法扣压，六爷不报警，用赔钱、约架来解决，是讲江湖规矩；在儿子被打重伤后，他向中纪委举报谭家腐败是讲"党的规矩"。那么，既然"举报"违背了江湖规矩，六爷为什么还要如约赴战？而且，他懂得腐败是犯法，竟不懂得聚众滋事也是犯法？

因此，看完影片，我们感觉在这个被某些评论追捧为“有情怀”的六爷心目中，“规矩”不仅自始至终没有“法制”含义，而且是可以随意改变和舍弃的。所以，当他穿上在“文革”武斗时期显示“大院高干子弟”身份的将校呢大衣的时候，所有“六爷的情怀”就成为空洞苍白的虚张声势，而当他从木匣中抽出日本战刀之后，我们看到冯小刚电影的恶搞娱乐故技又露面了。社会学家、北大教授郑也夫撰文批评《老炮儿》是将存在于社会底层青年中的“胡同流氓文化”和来自社会高层子弟的“大院混蛋文化”虚妄拼接的“伪历史制作”。他说：“‘文革’成为两种少年殴斗之风的分水岭。之前是讲规矩、重技艺、好单挑（即一对一），一路因袭下来的流氓文化。之后是无规矩、抄家伙、喜群殴的大院子弟的殴斗新风。”[①]其实，这种不顾史实的“混搭”正是《老炮儿》的“灵魂”，这个“灵魂”在冯小刚导演的影片中是一以贯之的。“大院混蛋文化”与“胡同流氓文化”的搅和，正是冯小刚电影的“本色”。

二　在张艺谋败落的地方，冯小刚“站起来了”

在张艺谋无可挽回的败落之后，冯小刚占据了“中国电影英雄”的地位。当年张艺谋在中国电影场收获的殊荣，现在都降落在冯小刚的头上，那些曾经围绕着张艺谋写评论、做学问的影评人和电影学者，现在都转场到冯小刚身边，纷纷以冯小刚电影来标志中国电影的最新高度。

张艺谋是以北京电影学院科班出身，由摄影开始，而做成第五代导演的领军人物的；冯小刚的电影前史，则始于军旅宣传队队员，经历了电视美工和合作编导，最后终于成为当今头牌导演。看起来两人做成做大的路线图相似，其实两人是逆向而行的。

电影科班出身的张艺谋，在其过去30余年的电影生涯中，以其电影作品标绘出了清晰的艺术追求轨迹，这个轨迹的起点是其导演处女作、斩获柏林电影节金熊奖的《红高粱》（1987），它的顶峰是其第三次获奥斯卡最佳外语片提名的《英雄》（2002）。1987年至2002年期间，张艺谋电影在国际电影节拿奖拿到手软，除奥斯卡金像奖、金球奖外，几乎包揽了全球最重要的电影大奖，成为一位当代中国无人望其项背的“国际电影大师”。与此同时，在《英雄》创造了“内地票房2.5亿元人民币，全球票房1.77亿美元”的国产电影“票房神话”之后，在国内，“张艺谋电影”成为毫无悬念的“票房电影”，甚至《三枪拍案惊奇》这部遭受观众和影评人一边倒的

---

① 郑也夫（2016）。

"恶评"影片，也因为"张艺谋导演"而斩获近3亿元票房。

《英雄》是张艺谋与电影制片人张伟平首部合作的商业大片。这部影片的成功，一方面是张艺谋倾其所有地投注了自己的电影艺术之长，另一方面二张联手收揽了一个当时最具票房号召力的中国一线电影明星团队。《英雄》是张艺谋拍摄出的"最好看"的电影，这部电影竭力集好莱坞大片路数之大成，将"侠"的中国元素做最极致的影画发挥，从而将"张艺谋电影"推向顶峰。然而，作为"电影大师"的张艺谋的内在缺陷也在这部电影中暴露出来：因为缺少一个伟大电影艺术家的人文体验和认知，张艺谋对中国故事的讲述，在追求极致美化的影像展示的时候，做空了中国故事的灵魂。因此，《英雄》全片最后落脚的"秦王天下观"成为中国观众笑场的热点，而在国际电影界的视野中，这不过是对当代国际霸权主义的低俗谄媚。

张艺谋电影三度提名奥斯卡奖而均失败在"一步之遥"外，症结就在于，以他自身的文化局限，他无法理解奥斯卡影片的基因是现代文明精神，因此他无力跨越这一步之遥。作为一个职业电影家，张艺谋计划一开始就是要冲刺奥斯卡小金人的。但是，在《英雄》之后，"张艺谋大片"展示给观众的是极尽铺张奢华之能事的场景奇观，故事零乱、人物扁平、装神弄鬼，成为2002年后张艺谋电影的基本观感。这是艺术追求无力、沉迷于商业制作的张艺谋导演的难逃之境。2011年的《金陵十三钗》，是二张合作的最后一部电影，申报了外语片可能申报的全部十三个奥斯卡奖项，一项未获提名，而且被国际影评非常一致地定评为"杂碎烂片"。其实，2002年后，国际重要电影奖项已经抛弃了张艺谋，他的影片持续申报奥斯卡奖，向国内发布舆论"志在必得"，不过是利用国内观众信息局限，做虚张声势的票房炒作。当然，以2014年的《归来》为标志，"张艺谋电影"，已经是一个被观众终于看破了"西洋镜"的过了气的招牌。

三　从王朔痞子文学走出来的冯小刚恶搞戏路

出身于部队宣传队队员、电视美工的冯小刚，在其导演生涯的前半期，是绝没有张艺谋式的电影大师梦的。他的电影轨迹，是追随着王朔的"痞子文学"开始的，他把王朔小说中的"大院子弟"鄙视一切、嘲弄一切而自以为是的"顽主"以更为卑琐的影像风格呈现在银幕上。1997年的《甲方乙方》，是冯小刚的导演成名作，也是冯小刚首次与喜剧演员葛优合作的影片。这部以"贺岁片"定位的影片，实际上也定格了所谓"冯小刚喜剧"的商业配方：A. 以王朔式的调侃为影片的灵魂和基调；B. 追逐流行话语，把电影对白挤兑成网络段子；C. 拼贴时尚符号的影像；D. 沉溺于皮相取乐的恶搞。

冯氏恶搞，在2001年的《大腕》中达到极致，把一个美国导演在中国北京的一次假死，演化成一出商人拜金的广告大战。瞎编滥造的剧情是毫无情节线的杂烩之物，而人物的玩偶化达到了最拙劣的串场小丑都不啻的空洞。在影片中，作为剧情发展线的核心人物、被标榜为好莱坞元老级导演的泰勒，制片人竟然可以将日本人拍摄的影片强加于他的名义之下，而他在忧愤之中给男主角尤优（葛优饰）留下了为他举办一个"喜剧葬礼"的"遗嘱"，并且在昏迷多日苏醒后，拒绝让人告知尤优，暗中惊喜旁观自己的"喜剧葬礼"的广告大战愈演愈烈。影片的最后收场是老年泰勒导演着自己年轻的美女情人露西（关之琳饰）与尤优戏里戏外的示爱。

2013年12月19日，冯小刚导演的《私人订制》正式上映后，恶评如潮，观众和影评人一边倒斥其为"烂片"。该片上映之初，冯小刚自信满满地吆喝观众"吐槽"，但是面对一边倒的恶评，他故伎重施：导演自己公开恶口骂阵，拉升影片票房。在影片上映后的第10天，12月30日夜，冯小刚在其认证微博连发7个帖子反击批评该片的影评人，称"你们丫的这帮大尾巴狼""别他妈现眼了""永远跟你们丫的势不两立"。这次冯小刚骂票，并没有产生多少效益。上映前，业界对《私人订制》的票房预期是破10亿，该片最终票房是7.18亿，在冯小刚开骂前10天获5亿票房，其后20天获2.18亿票房——低于同年上映的赵薇导演处女作《致青春》的7.19亿。显然，"冯小刚贺岁片"的票房神话破碎。

荒诞喜剧的灵魂，是假戏真做——"假戏"，要让观众知道是假戏，所以看出荒诞、滑稽；"真做"，要演绎出荒诞生活的内在逻辑，向观众揭示现实和人心的真实。冯氏贺岁剧只知一味地恶搞，以为把戏做得越假，越离谱，加点时尚佐料，就是娱乐大餐，这实在是愚者自娱之愚。在2001年，中国观众仍然在严格的进口片限额之下"欣赏"冯氏喜剧，缺少喜剧佳作训练品味的中国观众似乎还是将三流喜剧也算不上的《大腕》中的冯氏恶搞照单全收。然而，到了2013年，中国观众不仅在电影院经历了日益增量的进口影片的培训，而且在线观看海外影剧已成为方便随意的日常生活。冯氏恶搞的"戏份"与"笑果"，不仅日益变得拙劣廉价，而且其恶俗日益令人难以忍受。从《私人订制》回看《大腕》，以至于《甲方乙方》，除了看到缺少技术和艺术含量的低俗商业片，还能看到什么呢？在当代荒诞喜剧电影大师中，美国有昆汀·塔伦蒂诺，中国香港有周星驰，与他们相比，冯小刚能算什么呢？

四　冯小刚的悲剧，没有灵魂的"上位"电影

但是，从低俗商业片入道的冯小刚，在2004年的尝试把"职业盗贼拍成悲情侠客"的、"喜剧中的悲剧"《天下无贼》获得好评之后，萌发了改走"艺术电影"之路、追

求“电影艺术大师”之梦的雄心。于是，2006年“冯氏悲剧艺术片”《夜宴》浓墨重彩地登场了。这部以莎翁不朽悲剧《哈姆莱特》为剧情模板的“悲剧片”，不仅让人品味不到一丝莎翁原作的艺术才情，而且在画面重墨阴森的美工炫技中，让人看到太多的张艺谋《英雄》与《十面埋伏》的华彩影像和桥段铺陈。其后，冯小刚以其自己特有的艺术嗅觉开始了自己电影主题的某种角度的矫正，他不仅致力于拍出“悲剧艺术大片”以成就“电影艺术大师”，更要在“悲剧艺术”的桥段中追加迎合时需的亮色和高调。于是，观众看到了2006年的《集结号》和2010年的《唐山大地震》(以下简称《唐》)。

《集结号》的剧情是一个“战后悲剧”：在淮海战役中，在经历了一场激战后，解放军连长、男主角谷子地(张涵予饰)率领该连最后47名官兵奉团长命令坚守某个阵地，因为没有听到团部命令撤退的集结号，全连殊死坚守，直至47名官兵全部阵亡；唯一活下来的谷子地后来参加志愿军的“抗美援朝”，但是，当他转业回国后，却发现自己“为革命牺牲”的“47位弟兄”只被认作“失踪”，而不是被追认为“烈士”。于时，谷子地开始了毫无希望而又倔强执拗的为“47位弟兄”讨名分的壮举。然而，没有人出来为谷子地提供证明，向他下达命令的团长也在朝鲜战场牺牲。谷子地“讨名分”从向上级写信申诉到最后疯狂无谓地挖掘覆盖往日战场的煤山，显然走上了一条没有希望的不归路。然而，光明的逆转奇迹般出现了，在影片中此前从未出现的该团张政委“被找到了”，就是这位当年勘察作战现场、亲自确认谷子地和47位部属为“失踪”的张政委，只是因为听人转述谷子地的申诉，就下达文件，把谷子地“47位弟兄”由“失踪”改追认为“烈士”。影片在庄严的烈士追认仪式中结束，由当年的号手吹响的集结号，在白雪漫布的群山上空嘹亮回荡。

如果我们把《集结号》看作一部正剧，它的情节线和思想主题都是严重经不起推敲的。姑且不说谷子地不仅在47位部属全部阵亡的恶战中独自幸存，而且是全身而退；也不说一场战斗下来，部队就改编，致使被本方误俘的谷子地无法证明自己的身份，试问，谷子地既然把“47位弟兄”的烈士身份视作重于自己的生命，为什么不在那场战争结束后就向上级讨说法，而要事隔数年、从朝鲜战场转业回来才开始想到“47位弟兄”不能“就这样没了”？再者，谷子地并没有失去记忆，部队整编，但原部队番号、上级首长的名字应当还记得，为什么在申诉无门、被逼至绝望疯狂的境地，“张政委”才空降出来，而且不经任何调查和讨论，就为谷子地的“47位兄弟”的“烈士身份”正名？如果我们将《集结号》的主题解读为对生命的尊重、对牺牲者公平待遇的追求，它向观众展示的“尊重”与“公平”的理念，不是来得太廉价、过于“长官意志”？如果观众真要将《集结号》解读为“悲剧片”，就会发现这是一个导演“不走心的”伪悲剧，因为导演用一个“神转”的喜剧结尾，把这个悲剧题材关于牺牲的个体意义的反思追问粗暴地转化成虚伪拙劣的颂赞。

《唐》片是以一对夫妻在1976年夏天一个炎热的午夜在卡车上做爱开始的——在不远处，一边是工人挑灯夜战的建筑工地，另一边是在一栋宿舍楼上的夫妻两人的狭小的家，家中一对年幼的双胞胎儿女正在睡梦中。因为这个“车震”桥段开头，2010年的中国观众预期再次看到《大腕》式的冯氏闹剧。但是，接下的剧情发展似乎是一个灾难悲情正剧。1976年的唐山大地震，不仅夺去了这个四口之家的丈夫方大强（张国强饰）的生命，而且让幸存的妻子李元妮（徐帆饰），在儿女同时被重压在废墟下、只能救一人时，选择了救儿子方达、牺牲女儿方登。然而，这个“冯氏悲情剧”的色调和旋律却在向华彩和高调不断跳转。在银幕上，一边是被掩埋的女儿并没有死，她被参与救灾的一对无法生育的解放军军官王德清（陈道明饰）夫妇收养，备受疼爱，长大后到杭州上大学、恋爱、辍学生子、远嫁加拿大；另一边是在地震中失去一只手臂的儿子，虽然厌弃上学，长大成人后到南方打工而成为财大气粗的老板。女儿因为记恨母亲对自己的舍弃，32年不愿重返唐山寻找母亲和弟弟。然而，在2008年的汶川地震现场，这对失散32年的姐弟意外相逢了，电影在弟弟带着姐姐重返唐山，与母亲相认、心灵和解中走向结局。

在《唐》片中，冯小刚将官方认定24万人遇难的唐山大地震的生命悲剧，反转为展示一个受灾家庭的灾后复兴奇迹的奇愚喜剧。尽管影片中确有几个桥段具有煽情催泪的效果，但是，“灾难悲情”的揭示和医治，都只是片面敷衍的。徐帆饰演的母亲形象，是非常空洞和符号化的，其展示内涵远不如陈道明饰演的养父。在这部被贴上“主旋律”标签的“悲剧片”中，尽管冯小刚收敛了他的恶搞伎俩，但是，为了主题演绎而不顾情节逻辑和生活常理的“造奇”手段是时时可见的。在该片的“神奇”中，最为“奇绝”的是：被重压在水泥墙板下，已经被母亲选择放弃的女儿，被作为尸体发掘出来、母亲亲手放在父亲的尸体旁之后，竟然会迅速苏醒过来，而且毫发无损地起身，独自走入人群中。与姐姐全身幸存相反，被救护的弟弟却失去了一条胳膊。这个奇迹是怎么产生的？莫非现场救援人员暗中违反母亲的选择？当然不是。这个奇迹来自冯小刚的“主旋律大脑风暴”——为了高调歌颂灾后的光明，姐弟都不能死。这个意识并非不可，冯小刚的问题是，从电影讲，活儿做得太糙了。如果说冯小刚借唐山大地震的生命悲剧背景唱了一曲灾后32年幸福生活的独调颂歌，那么，这曲颂歌在“悲剧电影”的意义上，是不合格的，是一个艺术扭曲的怪胎。

《一九四二》讲述了在1942年河南遭遇大旱天灾又遭日军侵占人祸的背景下，某村财主范殿元（张国立饰）的逃难遭遇。该片用了一个与《唐》片异曲同工的开场：午夜范殿元在巡查家中粮仓的时候，发现长子正在强向前来借粮的村妇花枝

(徐帆饰)“偷荤”,父亲没有制止儿子的丑行,灾难就接踵而来。这位财主带着一家老少离家逃难百余天,家人非死即失,他最终在悲惨孤独中绝望归乡。在这部118分钟片长的“史诗巨片”中,在105天的逃难之途上,男主角范殿元犹如苦难之河上漂浮的一个本质雕像,没有生气更没有灵魂,流水账式的灾难遭遇没有改写他内心的动律,只是摧残了他的“老东家”原有的外形。陈道明、李雪健和张涵予分别饰演的蒋介石、省长李培基和基督徒安西满三个角色,虽然是三个非常脸谱化的配角,但因三位演员拿捏有度,时而在银幕上闪出几许具有滑稽意味的光亮。此外,这部“有悲无剧”的“日记体电影”(国内观众评语),彻头彻尾阴暗沉闷。

据媒体报道,以刘震云小说《温故一九四二》改编的电影《一九四二》是冯小刚运筹了18年、矢志夺取奥斯卡奖的“冯小刚悲剧导演艺术巅峰”之作。显然为了讨好美国影评人,冯小刚效仿张艺谋在《金陵十三钗》中的故技,不仅给影片中两个美国角色(记者白修德和神甫梅甘)大量的戏份,而且把他们塑造成全片中鲜见的“正能量”。但是,《一九四二》在海外获得的专业影评与《金陵十三钗》一样,是异口同声的恶评。就笔者浏览各大美国影评网站所见,《一九四二》在美国获得的最委婉的专业批评是:“因为容量过大,这部电影只是一次饿死300万人的大灾荒的大量现成事件的堆积,因为不会讲故事而使电影缺少趣味和情感。”①

为什么美国人不买冯小刚的账呢?包括《一九四二》在内,冯小刚的“悲剧片”一再暴露了他作为导演的根本“悲剧”缺陷——悲剧所需要的深厚的人文精神和生命体验,不仅是冯小刚所缺少的,而且是与他骨子里的低俗商业投机素质格格不入的。曾与冯小刚合作编剧《编辑部的故事》的马未都在评价《一九四二》的失败时说:“他(冯小刚)把他之前积累的,所有有价值的东西,都放上了,他对市场的判断,对品牌的使用,他认为观众对他的信心,题材的重要性,都堆到了《一九四二》上,可他败了。”②马未都讲得很明白,拍《一九四二》,冯小刚是真用心的,但心不是用在对一场旷世生命浩劫的人性体验和历史认知,而是以市场赌徒的心态做艺术投机。

然而,用“失败”定义冯小刚,只具有电影学的意义——电影还是商业和政治产品。众所周知,冯小刚是电影界公开抨击国家电影审查制度声调最高、频率最高的导演。然而,恰恰是这个口口声声控诉电影审查制度的冯小刚,不仅是累积大陆电影票房最高的导演,而且是包揽内地各大官方奖项、获奖率最高的导演之一。中国电影“华表奖”是中国政府设置的最高电影奖,冯小刚以《集结号》《唐山大地震》和

---

① Eagan(2012)。

② 刘丹青(2013)。

《一九四二》，三届获优秀故事片奖，两届获优秀导演奖——这是仅次于张艺谋的获奖纪录。与张艺谋曾在各大国际电影节频频获奖、风光一时不同，冯小刚电影在海外仅有开罗、罗马和平壤三个乏人关注的电影节有获奖纪录。《集结号》不仅获得中国国家电影奖"华表奖"的优秀故事片奖、优秀导演奖，而且获得平壤国际电影节（朝鲜唯一国际电影节）的最佳影片奖和最佳导演奖。众所周知，朝鲜的电影审查制度的严酷，绝对是全球有一无二的。冯小刚电影总是以"神奇逆转"为冯氏悲剧片涂上"红色光芒"。《集结号》的男主角为部下"47 弟兄"讨说法而投告无门的阴云终于被响彻云霄的"集结号"吹散。这应当是感动朝鲜评委而且让他们在高压审查制度下胆敢给该片评奖的"光明结局"。《一九四二》是全片"一黑到底"，而没有发生《集结号》式的"光明逆转"。很简单，1942 年死亡 300 万人的大饥荒发生在国民党政府治下的"黑暗旧社会"，不需要，而且也不应该有"光明逆转"。冯小刚电影见证了一个基本的事实，冯小刚并非不适应国家电影审查制度，反而在高度迎合中成为真正的受惠者。因此，冯小刚过去数年对国家电影审查制度的"抗议"，就让人听起来只是一种博人眼球的吆喝。

五　冯小刚标志当今中国电影的低位乱象主流化

总观冯小刚既有电影，无论喜剧片还是悲剧片都表现出在低水准中投机取巧，虽极尽上下迎合之能事，但缺少一个电影人对观众的尊重、对艺术的诚意——更遑论艺术理想。在第 15 届中国电影"华表奖"颁奖典礼的获奖感言中，冯小刚声称："《一九四二》亏了很多钱，拍摄《私人订制》是为了还华谊兄弟的人情。我随随便便拍一部电影就卖了 4 亿，我认认真真拍一部电影却不卖钱！这让我产生了很大的困惑！"[①]这段自白非常清楚地表明了观众和电影在冯小刚心目中都不过是"随便赚钱"的工具。正因为骨子中只是以电影为生意的，一旦要"认认真真拍一部电影"，是找不到"认真"所必需的诚意和灵魂的。作为一个从影 20 多年的导演，虽然玩了许多花样，冯小刚真正出彩的还是从王朔的痞子文学那里倒销过来的"调侃＋恶搞"戏路。冯小刚把《一九四二》拍成一部"苦难堆积""有悲无剧"的电影日记，并不奇怪。因为他对人类悲剧情感的认知和学习能力是非常低的。

在此，有必要再谈谈冯小刚的《集结号》。在《集结号》中，冯小刚让观众看到了解放军官兵浴血奋战、英勇牺牲，看到了谷子地为牺牲的战友讨说法不顾生死，也看到了上级的光明神奇降临。但是，这部被贴上"悲剧史诗"标签的电影，有一个基

① 刘丹青(2013)。

本的信息没有传达给观众：谷子地和他的战友为谁而战？他们牺牲的价值是什么？《集结号》前半部国共两军枪战情节，明显是模仿斯皮尔伯格的电影《拯救大兵瑞恩》(1998)的，谷子地及其部属，不仅模仿美国大兵的手势、姿态，而且还模仿美国大兵为给战友复仇枪杀俘虏的桥段。冯小刚把这个桥段新编得非常奇葩：因为连指导员的阵亡，连长谷子地向部下下令不接受敌军投降、命令俘虏重新捡起枪，再枪杀俘虏。但是，看看《拯救大兵瑞恩》是如何深刻感人地揭示美国军人的异国奋战与祖国人民的生命关联，我们就知道，冯小刚的《集结号》是如何抽空谷子地及其战友的灵魂，将他们变成一群蛮勇无畏的战争机器。冯小刚让影片在上级追认谷子地的"47位弟兄"为烈士的仪式中结束，难道那宣示他们烈士身份的"集结号"就是他们奋勇牺牲的终极愿望？如果真是如此，谷子地及其战友们，与美国商业枪战片中的雇佣军如何区别？当然，冯小刚和他的拥趸影评人会申辩说：美国雇佣兵不会在死亡路上等待"集结号"。

冯小刚取代张艺谋，既是得力于张艺谋的自我败落，更是得力于多年来中国电影的票房与品格逆向而行。2015年全国电影总票房为440.69亿元，同比增长48.7%；国产影片票房271.36亿元，占总票房的61.58%。这是中国电影市场和国产影片创造票房奇迹的一年，但是，放眼国际电影大奖和重要影评圈，中国电影已经近于销声匿迹。如果说张艺谋代表曾经冲出亚洲、走向世界的一代电影人的勇气和理想，那么，冯小刚则在张艺谋的冲刺失落之处向国内回头并且自甘于蜷缩在日益浑噩无序的中国电影圈。冯小刚代表着一个犬儒投机的中国电影时代，这个电影时代是单凭江湖名号吸纳资本就可做导演的时代。正是在这个以品质落败赚取高额票房的电影市场，冯小刚凭借已有的电影履历就可以成为一个无人挑战的电影巨人，成为中国电影的标杆。

冯小刚就是当下中国电影现场的一个"老炮儿"，在中国电影艺术落败的冰场上，他挥舞着自己臆想的战刀，虚张声势地向无极冲刺，而且用化妆师涂上的明亮虚汗竭力表演出他毫不存在的豪侠情怀，假想着这是一个感天动地的"震撼"造型。当然，那件攀附权势的将校呢军大衣，在赋予他极度虚肿的豪壮表象的同时，也让人瞥见了他掩饰不住的内心空洞。

（原载《贵州社会科学》2016年第8期）

《后会无期》与韩寒现象

《后会无期》：遮掩欲望的猥琐青春

这个暑期档电影票房角逐，前半期看点是以《变形金刚4》为首的5部美国大片不出一月狂卷40亿元人民币，后半期的重头戏是“美片清场”之后，媒体联手推给公众的郭敬明《小时代3》与韩寒《后会无期》之“郭韩影战”。我以为，郭片恶俗，韩片猥琐。与《小时代3》赤裸裸地张扬物质主义的“青春梦想”不同，《后会无期》是用看似散淡随性、实则觊觎名利之术，裱新着上世纪后期以来的陈腐的“青春叛逆”。

“郭韩影战”打的不是电影战，而是以网络联动纸媒的“粉丝战”“口水战”。令人惊异的是主流媒体争相炒作“韩寒《后会有期》口碑胜郭敬明《小时代3》”。甚至，不少在业界颇有影响的学者、批评家，也在纷纷认定《小时代3》为烂片的同时，高调指认《后会无期》为“有情怀的文艺片”“是中国电影更新换代之作”。如此一边倒地压郭挺韩，是这些学广资深的评说者曲意装萌，还是中国电影真的“烂片无底线、评判无准则”？

从电影叙事看，《后会无期》是一部十足的烂片。它烂在不仅前后情节如“仙人跳”一样毫无联系地推进，而且每个情节本身的叙述也是不过脑的“神导”。如男主角江河（陈柏霖饰）的“旅馆妓遇”，占时半小时以上，破绽百出。实际上，因为影片根本无所表达，更不会表达，它充斥全片的似是而非、言不及物给这场青春秀涂上了“青春迷惘”的油彩。

这部“作家、赛车手韩寒”的导演处女作，虽被韩自称为“一部很有诚意的电影”，但从情节到对白都充斥着对他人创作的仿袭，是一部毫无诚意的“电影杂攒”。在该片中，最出新意而且切合“后会无期”片名的桥段，是阿吕（钟汉良饰）在森林中神秘出现，神侃骗取了马浩汉（冯绍峰饰）、江河两人的信任，从而轻易地骗走了马的汽车。然而，这个桥段是美国经典公路片《末路狂花》（1991年）的一个雷同桥段的翻版（该片中，是一男骗两女）。又如，该片让江、马两人煞有介事地探讨“温水煮青蛙”的人生寓意，不过是拾人牙慧、重弹西方电影老调。再如，阿吕那句“你连世界都没观过，哪来的世界观”，则是对《失恋33天》中大老王那句“你连人都没生过，你拿什么质疑人生”的模仿。

这部被自我标榜为“公路文艺片”的电影，在115分钟的片长中，导演用以炫技的招数就是不断地让演员一边背诵出戏的“段子”，一边表演“韩氏猥琐耍酷”。如，马、江和阿三人模仿美国公路片《逍遥骑士》(1969年)中三个男子露天并肩撒尿。不同的是，该片人物将手上尿液抹在他人身上或自己身上。又如，江先将暗娼苏米(王珞丹饰)的招嫖名片扔进马桶，又马上捞起来用洗脸毛巾擦干，马随即用这条毛巾擦脸，并且直呼幸福。

在这一系列“韩氏猥琐耍酷”的“神戏”堆砌下，江河以极度装萌且脸谱化的表演向观众反复演绎着一个“博学而迂执”的“青春偶像”。然而，片中这位年轻的中学教师江河的人格是极端分裂的。他处处表现出不通世俗的迂执，但与暗娼苏米初会，不过三句话就表现出如嫖客一样油滑。更令人大跌眼镜的是，在人前如古代圣徒一样高洁矜持的江河，却随即毫无条件、没有过程地迷上了苏米，甚至在得知其设局诈骗自己后仍不弃不离。显然，江的书生迂执只是导演安排的装萌。江的猥琐，就在他自以为是、不断自我拆破的“装”中。

《后会无期》是一部名不副实、逻辑混乱、没有诚意的电影。它是一部打青春失意牌的“文艺片”，结尾却是三年后如期归来的男主角江河出书成名、情侣携手的商业片俗套。江河美梦成真的结局表明：以平凡为色面、以叛逆为标签、以迷惘为情调的“韩寒青春情怀”，骨子里是一个觊觎名利的梦。

“天才韩寒”：一个辍学生假造的文化骗局

作为第一主角的江河，扮相和神情都指向现实中的韩寒。江河与韩寒经历了相同的“人生跳转”：影片中一路失意落败的江河在影片结尾时跳转为“成名作家”，现实中韩寒从一个因学业极差被迫辍学的高一学生跳转为“文学天才”。2012年，现实中的韩寒面对被质疑作品代笔，不能自证清白，与之“后会有期”的是，2014年，电影中江河的成功史是一段“仙人跳”式的空白。

2000年，7门文化课不及格的高一辍学生韩寒出版了“涉及的政治、历史、文学知识无数，直接引用的文本数量非常浩大”的长篇小说《三重门》。不读书而智识超群，学业差而才华出众，如此韩寒当然是一个不可思议的文学奇迹。

事实上，在20、21世纪之交，中国社会上下罹患“大师渴望症”。因为大师缺失，国内教育广受社会诟病，以高考为指挥棒的应试教育则首当其冲。应时而生的“天才少年作家”韩寒被文学权威和主流媒体联手塑造为“反应试教育的天才英雄”。从2000年到2012年，他又从“天才少年作家”转型为“公民意见领袖”。文学权威们无论是真信还是假信，无论其出发点如何，似乎都得到了神灵感召，在为“韩寒奇迹”推波助澜的过程中，彻底放弃了学术理性和文学常识。

2012年春，由网友麦田发起，方舟子等众多学者参与，国内网络自发展开了长达半年的“质疑人造韩寒”活动。质疑者认为，韩寒的主要作品如《杯中窥人》《三重门》及发布于博客的大量时评文章，均非韩寒本人所作；他们通过大量文本考辨、甄别，证明韩寒本人既没有能力，也没有时间条件完成这些署名文献。

韩寒的回应包括四方面：其一，以恶劣辱骂麦田、方舟子及其家人为基本手段反击质疑；其二，在包括电视视频的媒体回应中，罔顾事实、出尔反尔、前后矛盾、错误百出地否认作品代笔；其三，两次起诉、两次撤诉，高调宣称追究方舟子等人的“法律责任”，却又不了了之；其四，出版自称为《三重门》手稿的影印稿，但该书显示，这个字工句顺的“手稿”，只可能是“抄写本”。

综合韩寒回应质疑的公开表现可证明，已年届30岁的作家韩寒，缺少合格高中毕业生应备的文史知识，缺少一个当代成熟青年应有的语言表达能力，更加缺少一个有教养的当代青年必备的社会道德观念。这个暴露于公众眼前的韩寒与写出《三重门》及大量公众认同、针砭时弊的博客文章的“意见领袖韩寒”格格不入。这就是说，“不读书的天才韩寒”和“自由意见领袖韩寒”，只是当代媒体联手文学界打造的一个虚假文化偶像。

不敢面对自己“天才成名史”的韩寒与《后会无期》中“博学迂执”又“欲望猥琐”的江河是同形同质的。这种现实与电影的同形同质，如果导演真是韩寒本人，则是他对主角的无意识移情（自我投射）；如果导演并不是韩寒，则是导演根本缺少诚意和底气。但是，无论导演是谁，作为现实韩寒的电影化身，“很装”的江河表现出来的只是“韩寒猥琐”。

《后会无期》“很韩寒”“很装”“很猥琐”。“天才作家韩寒”，是当代文坛的最大丑闻。

“韩寒”：一个必须清理的反智主义招牌

成名15年来，“韩寒”已被文学界、媒体和市场合谋打造为一个拥有巨大吸金资本的品牌代言人。所以，韩寒的主要包装商和长期投资商、《后会无期》出品方之一路金波敢于宣称：“韩寒就是拍成一坨翔（网络语，意为‘屎’），我们也赔不了。”（2014年8月4日，《成都商报》）因为有暴利可图，围绕着“韩寒”，聚集着关系错综的多种利益集团。

正是这些利益集团将韩寒紧紧包裹，联手抵制将其撕破伪装、曝光真身的质疑。准确讲，这个偶像的继续存在成为无视社会公义的文化商人及其利益关联者恶意敛财的文化幌子——这次主流媒体和某些影评"大V"对《后会无期》的力挺，背后是有利益链可循的。

韩寒一开始就以"反应试教育"为幌子，承担了新世纪文化的反智主义英雄。在当代中国文化史上，韩寒是继张铁生和黄帅之后，第三个反智主义的"英雄代表"。韩寒说："我不读文学史，我就是文学史。"这话表现的无知、狂妄，与"文革"时期张铁生、黄帅们的"读书无用论"的狂言妄语一脉相承。

在2012年被质疑作品代笔后，韩寒作为品牌代言人，撕下了"自由公知"的伪装，赤裸裸地进入低俗娱乐炒作。为了提高自己的商业人气，他甚至协同网络以年幼女儿为炒作对象，扮演"国民岳父"。在《后会无期》首映当天，"韩寒电影卖得好，小野嫁妆少不了"的广告语赫然出现在某报上。这就是说，追逐市场需要，今天的"韩寒"已经露出了无底线迎合和刺激恶俗市场趣味的面目。

我以为，清理"天才韩寒成名史"，不仅是给历史以真相、还文坛以是非之必需，同时也是肃清20世纪以来对中国文化毒害极深的反智主义流毒，给青年以正确引导的应有之义。着眼于反腐治国，"假造天才作家韩寒"的最后查证，不仅将坐实当代文坛的最大丑闻，也当是揭开当代中国文坛腐败盖子的一个关键契机。

（本文原题为《"天才韩寒"是当代文坛的最大丑闻》，载《中国青年报》2014年8月19日9版）

2017：全球两部现象级电影
——《战狼2》与《敦刻尔克》比较谈

在2017年的全球电影中，最引人注目的两部电影当属吴京导演、中国出品的《战狼2》和诺兰导演、美国出品的《敦刻尔克》。在全球有史以来最高票房电影榜单中，《战狼2》以8.703亿美元票房排名55位，《敦刻尔克》以5.237亿美元排名168位。[①] 但是，有两个现象值得注意：其一，《战狼2》的票房99.7%来自国内票房收入，只有0.3%来自海外(北美为主)。其二，在国际影评界，较之《敦刻尔克》获得普遍的高度赞扬，《战狼2》不仅"遇冷"，而且在为数不多的影评中遭遇尖锐的批评。[②]

对于这两部影片所产生的票房与评价的两极逆向差异，我们有必要在美学与文化两个层面做深入的研讨，并通过两片的比较研究，探讨电影如何表现"爱国主义"主题。

一 《战狼2》剧情的细节批评

从电影类型划分，《战狼2》属于动作/战争片，而且是按商业大片的制作模式配方生产的。在121分钟的片长中，影片展示了数十种轻重枪械，战斗车船从越野车、坦克到军舰，正反角色之间的打斗、拼杀和射击则充斥全片，极具震撼力的爆炸也频繁出现。当然，这部影片的"商业化制作"更主要表现在"轻角色，重动作"和"轻故事，重刺激"的电影呈现。男主角冷锋(吴京饰)被设置为一个血性刚烈的超级英雄，以他全能的格杀技艺表现爱国主义者的赤胆忠心；与之相对，反派主角、来自欧洲的雇佣军头目"老爹"(Frank Grillo 饰)则被设置为扮相凶残、心狠手辣的邪恶杀手。这是我们在好莱坞商业大片中常见的正、反派主角形象设置。也如好

---

① 本文影片票房数据来自 www.boxofficemojo.com 2017年10月22日发布信息，后面引用不再注释。

② www.rottentomatoes.com(烂番茄网)和 www.metacritic.com 为两大国际著名的电影批评网站。在 Metacritic 网中：仅4位高端批评家评论《战狼2》，而且有两位给予差评；50位高端批评家评论《敦刻尔克》，仅3位给予差评。在烂番茄网中，仅有4位批评家对《战狼2》的评论，最高分60，最低分25，平均44分；52位专业批评家评论《敦刻尔克》，30位批评家给予100分高评，6位批评家给予90分及以上高评，23位批评家给予了67～88分的评分，仅一位批评家给予了38分差评，平均94分。

莱坞商业大片的故事呈现套路一样，这两个正、反派主角之间的格斗、搏杀构成了影片呈现的基本情节，而故事则成为粗略、扁平的叙事线索。在画面、音效和动作设计上，《战狼 2》借助于国际化的主创团队实现了国产动作/战争片的“好莱坞式”升级。但是，在人物性格塑造和剧情创意两个层面，该片表现出了主创团队明显的弱点——缺少人物性格的合理表现和剧情推进的有机缜密。客观讲，在电影艺术层面，作为一部商业大片，《战狼 2》远未达到通行的水准。

《战狼 2》讲述了在一次非洲某国军事叛乱中，原中国人民解放军特种兵“战狼”冷锋只身进入叛军占领区，解救被围困的中国侨民和当地民众的故事。电影序幕用一个两分钟的长镜头展示了在马达加斯加海域，作为商船私人保安的冷锋与四个海盗水下徒手格斗，并且将他们成串捆绑的情景。然后，影片闪回叙述他在三年前护送战友的骨灰回家，遇到战友家正被强拆，愤怒之中，一脚踢死了恶霸开发商，因此被解除军职并且入狱服刑。电影转入正片后，冷锋随他解救的商船来到非洲某国的首都。在这个港口城市，他倒卖中国商品、与当地人斗酒，还收了一个非洲儿童 Tundu(N. K. Chukwuebuka 饰)做“干儿子”。该国突然暴发军事叛乱，冷锋带着 Tundu 在叛军的枪林弹雨中四处冲杀，来到中国政府撤侨的码头边。冷锋和 Tundu 登上了撤侨船，却通过手机得知 Tundu 的母亲 Nesa(Ann James 饰)被叛军围困在一个华资工厂中；其中还有 47 名中国工人被围困。另外在一座华资医院中，还有一位特别需要保护的援非中国医生陈博士需要解救。按照国际法，中国政府不能直接派军事人员前往解救他们。冷锋以非现役军人身份，主动向现场的中国大使请求只身承担解救任务。这次军事叛乱的首领是奥杜将军，他雇用了欧洲最昂贵的职业雇佣军团队，“老爹”则是参与叛乱的雇佣军头目。“老爹”的手下大熊(O. A. Prudius 饰)带众雇佣军先期赶到陈博士所在医院，混乱中女雇佣军雅典娜(Heidi Moneymaker 饰)枪杀了陈博士。冷锋驾车冲杀入医院，从中救出了援非医生瑞秋(卢靖姗饰)和陈博士收养的非洲女孩帕莎(Diana Sylla 饰)，带着她们俩，在叛军一路疯狂追杀中，来到 Tundu 母亲所在的华资工厂。在工厂主儿子卓亦凡(张翰饰)和工厂保安队长、退伍侦察兵何建国(吴刚饰)的配合下，冷锋歼灭了围困工厂的叛军，带着中国侨民和非洲工人平安抵达中国维和部队驻地。

这就是《战狼 2》的剧情主线，一个非常单一平面的叙事线索。在这个主线中，有两个插曲。

其一，在华资工厂中，冷锋率领何建国和卓亦凡与追随而来的雇佣军进行了一场恶战，雇佣军撤退之后，冷锋在夜晚暴发了恶性致死的拉曼拉病毒症。在工厂总管林志雄(淳于珊珊饰)的要求下，为了避免传染工厂人员，冷锋带着瑞秋和帕莎连夜冒雨驱车到野外，借宿于一个山洞。一夜之后，睡梦中醒来的冷锋不仅逃脱了死亡,而且神奇地恢复如初,成为立即投入战斗并且身手矫健的猛士。影片对这个"奇迹"的解释是:陈博士在被枪杀前发现帕莎是拉曼拉病毒自愈体,从她身上提取血液制作了拉曼拉病毒疫苗;瑞秋昨晚给冷锋注射了这种尚未做活体实验的疫苗,冷锋因此痊愈。这显然是一个非常勉强的解释,其明显的漏洞是,在他们昨天在逃离华资医院的车上,瑞秋见冷锋右手受伤,就告诉他小心感染拉曼拉病毒,说这是尚未研制出救治药物、迅速致死的非洲流行病毒,但一夜之后瑞秋却声称自己掌握着这种神奇救生的疫苗了!在华资医院中,冷锋三人是在叛军和雇佣军蜂拥搏杀中夺路而逃的,电影只显示瑞秋在危急中惊慌地抱着帕莎登上冷锋的汽车,随身没带任务箱包,冷锋则在与雇佣军及叛军搏斗之后徒手冲上汽车。除非有神仙之明,瑞秋是不可能随身携带这种未经活体实验的病毒疫苗的。在车上为冷锋包扎手伤的时候,瑞秋叫坐后排的帕莎递上一只药箱。合情理的解释是,这只药箱是冷锋备用的,不可能事先放入陈博士的疫苗。看电影呈现的前后画面,冷锋和瑞秋都不可能携带陈博士的疫苗(如果真有!)。因此,让冷锋从拉曼拉病毒逃离死亡、一夜痊愈如初的神奇疫苗,只能是"神赐"了。那么,影片为什么要设计这个难以自圆其说的"奇迹"呢?从剧情看,它是出于两个需要,一是为了插入一切商业大片必有的浪漫情节,以舒缓影片持续紧张的搏杀气氛,二是为了让冷锋在山间"就地取材"制作冷兵器毒箭,给持续观看热兵器的观众换一下口味。

其二,在"老爹"率领下,雇佣军和叛军控制了华资工厂,而且在冷锋、何建国和卓亦凡(在工厂冲突中抗击雇佣军和叛军的全部人员)已经被严密围困、只待擒杀的时候,突然收到了奥杜将军强迫撤退的命令。"老爹"在愤懑、无奈中率部撤退,解除了冷锋们的困局。然而,"老爹"回到叛军总部,听到奥杜将军几句斥骂之后,就一刀刺杀了他。杀死奥杜将军之后,"老爹"即刻将现场的叛军副头领"扶正",并许诺只要助其"杀死冷锋,抓住帕莎",他就可统治该国。此后,"老爹"再度率领雇佣军和叛军向冷锋所在的华资工厂冲杀而来,而且声势更加浩大。这个插曲的前后转换令人不能解释一个关键问题:在唾手可得之际,"老爹"为何放弃擒杀冷锋?首先,直接的解释当然是听命奥杜将军。但是,后续的情节表明,这个叛军首领,虽然名为雇佣军的金主,但实质上不过是"老爹"不高兴就可以一刀刺杀,并且可以轻易替换的"叛军头目"。其次,在"老爹"不需听命奥杜将军的前提下,另一个解释是,"老爹"假借"听命撤退",先回总部解决掉干扰他的奥杜将军,然后对冷锋杀回马枪。按照片商宣传,"老爹"是"智商、指挥能力和作战技能一流的雇佣兵组织头目"。先前在华资医院中,观看录像,"老爹"不仅已经确定了帕莎是陈博士死后他最需要得到的人,而且通过雇佣军欧洲总部确认了冷锋的"战狼"身份。因此,从医院冲突之后,"杀死冷锋,抓住帕莎",就是"老爹"的基本目标。本来在首次攻入华资工厂后垂手可成的事情,“老爹”为什么要用“撤退”绕一个大圈子来完成?[①] 影片设计这个情理不通的“撤退”的意图是什么呢?我们猜想有两个意图:其一,作为一个商业大片的设计套路,作为超级英雄,主角一定要经历绝处逢生、转败为胜的“逆转”,以此显示其“超级全能”;其二,以杀掉奥杜将军为转折点,将冷锋与非洲叛军的斗争,正式逆转为他与“老爹”代表的欧洲雇佣军的斗争。

在后半部转入冷锋与“老爹”的直接斗争之后,影片除了持续展示敌我双方的枪击、肉搏之外,新添了冷锋用一支自制木棍“毒箭”攻入雇佣军和叛军重兵围困的华资工厂,以及在工厂内部进行“坦克漂移”的坦克大战等情节。影片在竭力展示冷锋的神奇功夫和豪强风格时,并没有进一步揭示他的内心意识和性格内涵。与之相对,“老爹”作为反派对手,也只是持续展示他的凶狠和残暴。杀死奥杜将军后,“老爹”明确宣称以“杀死冷锋、抓获帕莎”为血战目标。然而,在影片后半段直至结尾,帕莎不仅不再成为“老爹”追逐的对象,甚至可说已经完全被后者遗忘。我们看到,一场竞赛“坦克漂移”和正、反两主角的凶残格斗、血腥搏杀占据了影片后半段的主要画面。在影片的最后动作戏中,“老爹”使用暗藏的微型双匕猛烈刺杀冷锋、强压着冷锋说:“世界上只有强者和弱者,你们这种劣等民族永远属于弱者,你要习惯,你他妈必须习惯。”冷锋夺下双匕反手连续猛刺“老爹”,在最后杀死他之前回应说:“那他妈是以前!”这个结尾情节的设计,完全偏离了“撤侨救援”的主题,冷锋与“老爹”的斗争,从反暴力的斗争,转换成历史上欧洲列强与中华民族的压迫与反压迫斗争的当代延续。冷锋的回应,并没有否定“老爹”宣称的“弱肉强食”的霸权主义,而是在承认其“世界只有强弱”的丛林法则前提下,用自己杀死“老爹”的行动和“那他妈是以前”的回话证实在“世界上只有强者和弱者”的国际社会中,“中国(中华民族)现在是强者”。在“撤侨救援”的主题片中,延续冷战思维,无条件地将“国际反暴力”主题转换为“民族强权”之争,无论就剧情逻辑,还是就电影精神,都是不应该的认知错误。

《战狼 2》作为一部动作/军事商业大片,设定并且明确张扬的是爱国主义主题。这部电影在中国大陆获得堪称奇迹的近 57 亿人民币的“爆款票房”和国内主流媒体的高度赞扬,主要原因就在此。在影片中,该片不断使用对白、文字、图像等媒介突出显示中国的强大、威信、友善和正义。其中的一些情节,对于激发中国观众的民族自豪感和爱国主义热情,是有强烈的感染力量的。但是,由于其动作商业片的定位,更由于主创人员表现出的文化认知力和艺术创新力的双重缺陷,影片对

---

① 在网上,有网友为影片辩解说,“老爹”的背后有更深的欧洲政治背景,这个幕后力量的意图就是要把中国卷入非洲战乱;这个谜底会在《战狼 3》揭秘。按:此说荒谬可笑,若片方真如此发展剧情,问题就不止于“漏洞”。

爱国主义主题的表现，不是从电影艺术的有机呈现出发，而是停留于贴标签、喊口号，并且机械、笨拙地使用爱国主义元素。在全片中，《战狼2》最强烈渲染"中国力量"的情节，是结尾时冷锋以冲锋姿势半站在行进的卡车顶上，右手作旗杆，高举着中国国旗，带领着满载被解救的中国工人和当地居民的车队，以胜利者的姿态通过叛乱交战区。对于中国人，这个场面是非常感人的。但是，从《战狼2》的故事线索来看，"举中国国旗通过交战区"，是一个矛盾虚假的设置。主要理由有四：其一，尽管影片中至少两次出现叛军首领严令禁止枪杀中国人，实际上自始至终影片展示出，佩戴红巾的叛军对平民的屠杀都是包括中国人的，"叛军不打中国人"，是一个影片自我否定的设计。其二，如果说冷锋对叛军、雇佣军的战斗可不定义为"中国军事介入"，那么，在中国海军舰队得到"上级指令"在海上向在华资工厂施行屠杀的叛军和雇佣军发射导弹、进行毁灭性打击之后，对于遭受中国军事打击的叛军（和雇佣军）怎么可能奉守"不打中国人"的戒令？其三，电影画面显示，冷锋在卡车上高举的中国国旗，是在叛军和雇佣军两度冲杀进入华资工厂之后、联合国救援直升机到达之前，工厂保安队队长何建国在最后撤离工厂时从工厂某房屋顶上的旗杆上取下来，随身带走的。这意味着，这面中国国旗至少在战乱暴发后，就作为"中国象征"悬挂在该工厂上空——当然也是人人可见到的。既然展示中国国旗就可以免于交战双方攻击，为什么在两次工厂冲突中，数以百计的叛军对这面飘扬在工厂上空的中国国旗视而不见？其四，奥杜将军在被杀前告知"老爹"，叛军不能杀害中国人，因为叛军在夺取政权后需要中国作为联合国常务理事国之一"投票认可"。然而，影片紧接着展示给观众的是，叛军和雇佣军直接炮击标记"UN"的联合国人道救援的、非战斗直升机。基于这四点理由，电影没办法向观众合理解释：冷锋高举的中国国旗为何突然具有威力迫使遭遇了中国军事打击重创、仍然在与政府军交战的叛军对通过交战区的中国人放下武器。

通过上面细节分析，可以明白，《战狼2》的"爱国主义"主题表现，主要着眼于暴力动作和军事攻击的设计与呈现；与此对应，不仅具有人物角色扁平、空洞、脸谱化的弱点，而且全片存在一系列严重的叙事漏洞。《战狼2》的严重艺术缺陷，不仅严重削弱了它对"爱国主义"主题的表现力，而且也彰显出它的主创人员在文化认知层面的诸多误区。

二　《敦刻尔克》的艺术魅力

诺兰导演的《敦刻尔克》，是以"二战"初期"敦刻尔克大撤退"的历史故事为背景的。敦刻尔克是法国西北角、濒临英吉利海峡的城市。它与英国隔海相望。在

“二战”初期，1940 年 5 月 26 日到 6 月 4 日，英国政府实施“发电机行动”，从被纳粹德军围困于敦刻尔克的 40 余万英法联军中将 338 226 人撤到英国，创造了人类历史大撤退的伟大奇迹。

诺兰表示，他的“《敦刻尔克》不是一部战争片，而是一个逃生的故事，归根结底是一部悬念电影”（‘Dunkirk’ is not a war film. It’s a survival story and first and foremost a suspense film ）。在全片 106 分钟里，《敦刻尔克》没有战争的流血场面。敌军轰炸造成的伤亡景象被置于远景中；在近景，呈现于画面的只是被置于战争恐惧中，生机渺茫，等待求援更等待奇迹的求生的军人。对于英国远征军，“悬念”，是被敌军围困中的无时无刻不面临的死亡，更是眼望着 26 英里外、海峡对岸的家园而不知归途的迷茫。英军士兵汤米（Fionn Whitehead 饰），从影片开始到结尾，一直处于生死未卜的逃生之中。他先在敦刻尔克市区从敌军的枪弹追杀下逃生，跑到海边，他与一位乔装成英军的法国士兵吉布森（Aneurin Barnard 饰）先后登上三艘不同类型的救援船，都遭遇了沉船，三次在极度恐惧中弃船逃生。汤米最后得救，而吉布森却悲惨地淹死于一艘被德军射击而沉没的商船船舱中。通过汤米的逃生遭遇，诺兰让观众强烈感受到敦刻尔克被围困士兵的恐惧，这种恐惧是比直接遭遇流血牺牲更深刻的恐惧，是切入到生命核心中的恐惧。

这就是一个士兵对战争的恐惧。在电影中，汤米没有遭遇任何一个敌人，但时刻可能射向他的子弹或在身边爆炸的炮弹，显示出敌人无所不在。当他和一群高地兵团的士兵钻入一艘搁浅的商船，以为找到了一艘得救的诺亚方舟，却不料成为没有现身的德军演练射击的瓮中之物。诺兰不仅没有让任何一个德军出现在银幕中，而且观众几乎听不到“德军”一词，取而代之的是“敌军”，最大限度淡化了甚至模糊了具体的敌人“德军”。敌人的抽象，就是敌人的普遍化，它就是时刻威胁并可能剥夺士兵生命的战争本身。战争本身，而不是具体的敌人，是士兵生命的真正威胁和精神恐惧，这就是诺兰在电影中揭示的更深刻的即他所谓的“内在恐惧”。

然而，《敦刻尔克》并不止于士兵逃生的恐惧悬念故事。汤米从城中巷道逃跑到海边，看到的是一望无际的被困士兵。在大广角俯拍的镜头中，这些等待着救援也同时等待着死亡的士兵，静默无声地排成一条条暗黑的长线，他们可能在数十个小时或更长的时间内登上归国的航船，更可能在下一分钟被敌军空投的炸弹夺去生命，变成沙滩上的一具冰冷的尸体。然而，海滩上的士兵在爆炸声中如爆米花一样飞散之后，其中的幸存者会很快站立起来，迅速排列成静默的暗黑长线，继续他们的等待，等待救援，更等待奇迹。这些士兵作为个体是孤独、无助、迷茫甚至无望的，但是，他们在死亡威胁围困的海滩上的集体存在，却展现了一种坚忍顽强的集体生命力。没有口号、没有宣言，诺兰用默片式的场景把观众带入这种集体生命力中。

正是基于对这种集体生命力的体验和崇尚，诺兰把《敦刻尔克》创作成为一部讴歌集体英雄主义(communal heroism)的“密切的史诗”(intimate epic)。汤米的个人逃生行动一再失败，尤其是与他共同潜入船舱的高地兵团士兵最后葬身火海，是对传统战争片的个人英雄主义的否定。因为在持续恐惧中等待产生的绝望，有一名士兵扔掉枪弹，只身投入海浪，不久人们就看到涨潮时被潮水推回到海边的尸体。这些场面强烈地反证出，敦刻尔克奇迹，既是集体救援的奇迹，也是集体逃生的奇迹。《敦刻尔克》以三条叙事时间线组成故事结构：防波堤上的一周、海上一天、空中一小时。防波堤是遣送撤退人员的核心场地，由英国海军上校司令官波顿(Kenneth Branagh 饰)任总指挥。在海上，道森先生(Mark Rylance)响应英国政府号召，主动与儿子及其朋友驾驶自家游艇前往敦刻尔克参加救援。在空中，英国空军飞行员法雷尔(Tom Hardy 饰)和柯林斯(Jack Lowden 饰)为保护地上和海上的救援行动，与敌军战机顽强战斗。这三条时间线在电影前部交替展开，随着电影的推进，在后半部逐渐交合，最终汇集为一。它们交汇的节点是道森先生的游艇，他和儿子先后救了坠海的柯林斯和汤米，让三条时间线上的人物汇合。这个汇合的情节具有“密切的史诗”的象征意义，因为它揭示了陆、海、空三条时间线上的人物命运的内在关联，是祖国(Home)意义的深刻呈现。

在大规模救援中，将个体生命与国家存亡联系在一起，是一个普遍的艺术主题。关于敦刻尔克大救援的集体英雄主义主题，也已有多种文学和影视作品表现。传统战争片或灾难片的基本手法，是直接渲染战争的血腥和恐怖场景，主要从肉体层面揭示战争对人类的伤害和残酷。诺兰的《敦刻尔克》的独特之处，是借用悬念电影的手法，致力于从心理和精神伤害层面探讨战争亲历者的真实经验，并且在银幕上将之还原为一种“密切的紧张”，使观众对于战争的死亡恐惧感同身受。《敦刻尔克》是一部没有主角的影片，汤米可说是电影中的一个主要演员，但他并没承担一个主角的作用——与片中的普通士兵一样，他也是无名的(只有通过片尾演员表观众才知道这个士兵叫“汤米”)。但是，诺兰运用非常洗练的电影手法，塑造了指挥官波顿、飞行员法雷尔和游艇主人道森先生等救援者的感人形象。这些人物形象虽然缺少个人生活—情感背景的铺垫，却细腻生动而具有高度的真实感和亲和力。道森先生展示的阅历丰富、宽厚慈爱而敢于担当的人格魅力，在从容不迫和情急果断之间的自然转换，给人无限的力量和温馨，这就是带领你度越一切危难、真正“回家”的感觉。电影结尾时，回到英国海岸，从道森的游艇中走出了难以计数的被救援军人，象征性地表现了“道森先生”巨大的包含力。正因为有这些质感强烈的人物形象，电影才把观众带入到被救援士兵所感受的对祖国(家)的密切认同中。

因此，当波顿看到海上驶来飘扬着英国国旗的无数民船而念出“home”一词，观众的眼泪也同他的眼泪一样含在了眼眶中。

《纽约时报》专栏作家达吉斯(Manohla Dargis)评论说：“《敦刻尔克》是一部技巧和技术臻于电影艺术巅峰的杰作，它讲述了一个洁净、真诚而包含深刻的道德意义的故事。这个故事拉近了昨天的战争和今天的斗争之间的距离。”[①]在电影中，有许多洗练而精美的画面，这些画面紧贴剧情，同时现实而象征性地深化了电影主题表现。在电影开始和结尾都航拍了敦刻尔克的海滩。前者是伫立着被困士兵队列的以白砂为底色的一个静默如死亡谷的世界，在极端简约中展现无限的恐惧和不安。后者是法雷尔击落最后一架敌机，驾驶着燃油耗尽的战机，无声地滑过被晚霞晕染着的金色海滩，列队等待上船的士兵以整齐的队列向他致敬。这两个画面都是静默无声的，简约之至，却呼唤着观众最强烈的心灵共鸣。诺兰以《敦刻尔克》为里程碑，证实了他是一位将卓越的电影艺术和伟大的道德精神深刻结合的艺术家。这个结合，就是《敦刻尔克》给予当今电影的基本启示。

三　错误榜样《第一滴血 2》

本文开始已指出，《战狼 2》不仅遭遇严重冷遇，而且在为数不多的评论中，得到了非常严重的差评。相对于它创造的国内票房纪录，可以说，《战狼 2》是“走不出国门的‘爆款大片’”。[②]

新世纪以来，我国制定了强国文化战略，为了提升国家形象和提高国际竞争力，促使作为重要国家文化软实力的国产影片走出国门，是一项重大的文化战略举措。在过去 30 年的前半期中，国产影片较为重要的“走出去”的代表性案例，是张艺谋的《红高粱》(1987)到《英雄》(2002)等多部影片。这些影片在海外票房和国际评论两方面都取得了开创性并且持续提升的良好纪录，尽管有着许多局限，但它们代表着一个开放和上升的国家文化形象。然而，近 15 年来，同样以张艺谋电影为代表，国产电影在影片产量和票房总值持续高速提升的前提下，不仅没有相应扩大国际市场和提升国际影响力，反而市场逐年退缩、评价下滑。例证之一是，在过去 30 年中，中国大陆影片，前 15 年有张艺谋的《菊豆》(1990)、《大红灯笼高高挂》(1991，香港地区参评)、《英雄》(2002)和陈凯歌的《霸王别姬》(1993，香港地区参

---

① Dargis(2017)。

② 关于《战狼 2》(*Wolf Warrior 2*)与《敦刻尔克》(*Dunkirk*)的国际评论，参见国际重要电影专业批评网站 www.metacritic.com 发布的专题栏目文章。

评)获奥斯卡最佳外语片提名；但后 15 年，没有一部大陆影片入围奥斯卡评选。无疑，国产电影的“退缩+下滑”趋势，不仅与国家强国文化战略的文化建设目标不协调，也与国家整体发展的趋势不协调。

《战狼 2》为什么“不能走出国门”？就电影技术而言，为数不多的国际评论普遍指出，《战狼 2》只是堆砌了吸引观众眼睛的动作和军事影像，而缺少有情感力量和意义深度的故事情节；它不仅剧情老套，而且包含着许多逻辑漏洞，“即使以动作类型片的标准，它也带着逻辑硬伤”[①]。但是，相对于对它的技术性水平和错误的批评，国际媒体更严重的批评是针对《战狼 2》令人质疑的思想内涵，“《战狼 2》不仅充斥着平庸的设计，而且包含着爱国主义狂热”[②]。多位批评家指出，《战狼 2》是史泰龙在《第一滴血 2》中塑造的“白人拯救者”(White Saver)的中国翻版，“像史泰龙的早期明星片一样，《战狼 2》教训你，敲打你，还要期待你欣赏”[③]。

好莱坞动作/枪战片《第一滴血 2》(1985)，讲述因为袭警而服劳役的越战退伍军人兰博(史泰龙饰)，接受其原部队上校特劳特曼(R. D. Crenna 饰)的建议，前往越南执行侦察美军战俘营地的特别任务。在兰博出发执行任务前，负责此次行动的指挥官莫达克(C. Napier 饰)明确告诫他“只能拍照，不得参战”。兰博与越南地下女交通员可(J. Nickson-Soul 饰)合作，进入越军控制的战俘营地，发现了存活的美军战俘，并且在与越军的一场战斗之后首先救出了一位美军战俘。得知兰博解救了一位美军战俘，莫达克在命令无效的情况下，通过自己安插的人，用手枪胁迫乘飞机前往撤离地接应兰博的特劳特曼中止接应行动，致使兰博和美军战俘落入越军手中。特劳特曼和兰博都明白了这次行动是莫达克及其背后的美国政客操纵的一次政治骗局，目的是消除美国国内对“越南还有美军战俘存活和被监禁”的看法。作为俘虏，兰博不仅遭受了被越军投入粪池等暴行的野蛮蹂躏，而且遭遇了专程前来审问的苏军中校普多夫斯基(S. Berkoff 饰)及其助手叶辛中士(V. Goric 饰)恶魔般的刑讯逼供。兰博在乔装成乡村送饭妓女进入战俘营的可的帮助下，从苏军的控制下逃脱。在转战途中，可被越军小头目击毙，兰博带着复仇的怒火，一人与苏军和越军殊死激战，不仅全歼了敌人，而且用他徒手缴获的苏军武装直升机将被囚禁的美军战俘带回美军基地。作为超级英雄，他在返程的途中，还与一架追逐而来的苏军武装直升机进行了一场惊险但最终大获全胜的空中战斗。

兰博作为独狼式(lone wolf)的超级英雄，身怀绝技，不仅是徒手肉搏和枪战爆

① Buckley(2017)。

② Murray(2017)。

③ Abrams(2017)。

破的高手，而且是可以驾驶车、船、飞机的全能战斗者。作为一个超级英雄，兰博是一个代表着自由正义的个人主义战士，权力和体制，不仅是他的自由的敌人，也是他追求正义之路的制约者和破坏者。作为一个“白人拯救者”，兰博则以救世主的超越力量和超越精神出现在野蛮和邪恶的敌人面前，他以复仇女神的神圣意志摧毁敌人，从而拯救世界。在《第一滴血 2》中，作为一个反体制的个人主义英雄，兰博在与行动总指挥莫达克所代表的政治势力的斗争背景上成为一个孤立的独狼英雄；进入敌营之后，以莫达克的“中止接应”命令为转折，前半部分他与“野蛮的越军”作战，后半部分他与“邪恶的苏军”作战。在这部影片中，角色的优劣善恶，完全是以民族/国家来分配的。该片拍摄的时期，是“二战”后东西冷战后期，美国正处于里根总统的强硬冷战政策时代。《第一滴血 2》在通过神化兰博的超级英雄形象而高调宣传美国至上主义的同时，明确丑化作为冷战对立国的苏联国家形象，它不仅通过苏军中校普多夫斯基这个反派主角，而且通过影片中所有可以看清面目的苏军人物（比如最后追逐兰博的苏军飞行员）将“邪恶国家”的形象输入观众的意识中。

《第一滴血 2》不仅因为它充斥全片的暴力、血腥、平庸夸张的情节、对兰博角色的过度神化等技术缺陷遭受国际批评界的尖锐批评，而且因为它极度表现的美国至上、白人优等和强烈的民族敌视情绪，遭受到国际批评界的普遍抵制。在专业性的 www.metacritic.com 没有关于它的评论专栏，而在大众性的 www.rottentomatoes.com，它的评分只有 30%分。《芝加哥读者报》的文章批评该片说，“就是撇开它令人毛骨悚然的民粹主义姿态，它也是一部令人生厌的影片”[①]。《纽约时报》的文章指出，兰博是一个按照“纯粹的战斗机器”模式来塑造的超级英雄（没有他不能完成的使命），“对于不崇拜这种电影偶像的任何人，‘兰博’就是一个滑稽可笑的陈腐角色”[②]。

比较《第一滴血 2》和《战狼 2》，我们可以发现从角色设置到情节设计，后者与前者有惊人的相似。兰博是一个越战退伍军人，是美军特种部队的功勋战斗人员；冷锋是被解除军职的原中国军人，是中国人民解放军特种部队中的精英战斗队“战狼中队”的中尉军官；两人都是“独狼式”的全能、超级战斗英雄。在武器使用上，不仅两人都能随意使用各种轻重武器，而且都特别喜好并且擅长使用冷兵器弓箭。在战斗中，兰博徒手缴获了苏军的武装直升机；也是在战斗中，冷锋徒手缴获了叛军的坦克。在配角设置中，兰博的主要配角是向往美国的越南地下女交通员可，她

① Kehr(2008)。

② Canby(1985)。

救助了兰博，为兰博包扎伤口；冷锋的主要配角是原本信任美国的华裔女医生瑞秋，她也救助了冷锋，也为冷锋包扎伤口；这两个女配角都爱上了各自的男主角，区别是可牺牲了，瑞秋幸存。在反派设置中，兰博先遭遇了看守俘虏营地的越军小头目，一个野蛮而愚蠢的越南本土坏蛋，但他的真正对手是凶残、邪恶的第三国军人、苏军中校普多夫斯基；冷锋也是先与奥杜将军率领的非洲某国叛军混战，然后遭遇真正的对手——第三国凶残、邪恶的欧洲雇佣军首领"老爹"。在剧情上，不仅两片都是"爆炸、枪战和肉搏"充斥全片，"密集而紧张的动作冲击，让观众无暇顾及情节的漏洞和人物的矛盾"[①]；而且，两片都是以一个"意外指令"逆转了剧情：在《第一滴血 2》中，莫达克下令中止接应行动，致使剧情由兰博对战越军逆转为兰博对战苏军；在《战狼 2》中，也因为奥杜将军的撤退令，剧情由冷锋对战当地叛军逆转为对战欧洲雇佣军。值得注意的是，两片都对第三方作了意识形态丑化的处理：《第一滴血 2》将苏军中校描写为一个邪恶国家的代表形象，《战狼 2》则明确将雇佣军头目定义为一个仇视中国的欧洲种族主义者的邪恶代表。当然，两片间更为本质的相同点是：无论《第一滴血 2》还是《战狼 2》，在跨国拯救中，拯救者出自主角所代表的单一国别，出自第二国别的人物"落后"/"野蛮"，出自第三国别的人物——作为反派主角的真正敌人，则残暴而且邪恶。

两相比较，2017 年的《战狼 2》对 1985 年的《第一滴血 2》的模仿是非常明显而且全面的。在回应网友对《战狼 2》模仿好莱坞动作/军事大片、神化冷锋的超级战斗能力的批评时，导演吴京在访谈中说道："可能我这样会让有些人很反感。但是一个美国人一个人干掉一个师，身上还没中枪，他就是牛、就是美国英雄，我一个中国人打十几个雇佣兵没死就不行？我就得该死？……美国人就可以 OK，中国人就不行，贱不贱啊？"[②]吴京这段话明显表现对了对好莱坞大片的"神化英雄"模式的认同和追随，以及缺少反思意识的对美国超级英雄的"强能攀比"。试图通过竭力模仿和攀比好莱坞神化的"美国英雄"来反对美国大片的"文化霸权"，并且宣示中国的文化实力，是一条走不通而且自相矛盾的电影路线。[③]《战狼 2》之所以走不出国门（得不到国际电影市场和评论界的接受和认可），症结就在此。

《战狼 2》表现的文化误区，对国产影片创新提出了一个严肃问题：电影如何表现爱国主义主题？在世界电影视野中，无论从既往中外优秀电影，还是从今年的

① Leydon(2017)；Scheck(2017)。

② 摘录自 1905 电影网专访《吴京独家反驳个人英雄主义质疑：我怼的就是偏见》，作者"獠牙牙"，参见獠牙牙(2017)。

③ 《纽约时报》等媒体的批评文章指出，《战狼 2》的基本悖谬是"以好莱坞式的个人主义英雄模式表达中国的集体主义爱国精神"。参见 Buckley(2017)。

《敦刻尔克》，我们能够获得的基本启示有两点：其一，电影表现爱国主义，首先必须是理性的、文明的，必须有国际关怀。20 世纪人类经历了两次世界大战，战争的灾难给人类的深刻教训就是：非理性的、进攻性的“爱国主义”，实质是一种与他国树敌并且最终将本国拖入战争灾难的“民族主义”。英国学者奥维尔（George Orwell）在著名的《民族主义札记》一文中，对“爱国主义”和“民族主义”作了甄别。他指出，“爱国主义”无论就军事还是就文化而言，本质上是防御性的；“民族主义”就其实质而言则与对霸权的欲求分不开，具有进攻的性质。[①] 作为电影爱国主义的理性表达，我们应当弘扬的是爱国主义，而不是民族主义。其二，电影对爱国主义主题的表现，必须是电影艺术的呈现，而不是贴标签、喊口号。要成功地表现爱国主义，向国际社会树立中国的正面形象，需要有真诚严谨的艺术创新意识，不仅要巧思善构，而且要尊重生活，以深刻的人文精神为灵魂，在细节上精益求精。电影的创作，是虚构的艺术，但是，虚构的艺术原动力不是胡编乱造和标新立异，而是以对人生世界的深刻领悟为前提，发掘并表现积淀和活跃在民族生活中的生命意识、文化精神。只有真诚的投入，才能领悟民族生命的强健；只有细腻精妙的艺术，才能真正向国际社会展现民族精神的魅力。

（原载《贵州社会科学》2017 年第 12 期）

① Orwell(1945)。

新编京剧《赤壁》的创新之伤

就目前舆论所见，今年在国家大剧院两度上演的新编京剧《赤壁》，以其令中国戏剧观众惊异的场景创新，赢得了当前戏剧创新的“头牌”。在全戏空前的华丽大场景中，这出戏的两个最为编导得意的出彩场景设置是：第一，将一个十数米高的古代战船模型安置在舞台上，让剧中主角之一花脸曹操的戏都在这舞台上的“真船”中表演；第二，在“草船借箭”一折演出中，以多层饰缀着飞箭图形的透明帘幕自空垂落布景的方式，把整个舞台设置为一个“万箭齐发”的动漫式场景。

熟悉京剧艺术的观众都知道，京剧是一种纯粹以人的表演作媒介的艺术。在京剧中，不仅人物的各种动作是由演员的程式化的虚拟表演来完成的，如骑马、划船、击箭等动作，都是在无一马、无一船、无一箭的舞台，由演员表演的高度舞蹈化的虚拟动作来完成的；而且，更重要的是，舞台场景也是由演员的虚拟性表演来构成的，在几乎是虚空的舞台上，演员既不依靠道具，也不凭借布景，只是通过自己的手眼身法步，向观众展现出或是肃静的厅堂或是幽妙的林园或是山野江河等等万千景象。京剧演出的舞台美术的特点是“布景在演员的身上”，这一特点形成了宗白华先生所说的中国戏剧的独特的舞台美学：中国戏剧的景与情全由演员表演，情与景是高度交融的。这种情景交融的舞台美学，是与走实景化的西方戏剧的舞台美学迥然不同的。

没有舞台布景，本来是由于戏剧发展初期的匮乏的物质条件的制约，是舞台美术的缺陷。但是，为什么它被保持下来，并且形成不同于西方的独特的舞台美学呢？宗白华先生说：“中国戏曲和中国画有很多相同的地方，中国画从战国到现在，发展了几千年，它的特点就是气韵生动。站在高位，一切服从动，可以说，没有动就没有中国戏，没有动就没有中国画。动是中心。西洋舞台上的动，局限于固定的空间。中国戏曲的空间随动产生，随动发展。‘十八相送’十八个景，都是由动作表现出来的。”所谓“由动表现空间”，就是由演员的表演在人的行动中把人和空间内在地联系起来，把本来虚无一物的舞台创造为人与世界统一的戏剧场景。因此，中国戏剧的舞台场景不是由无生命的景物构成，而是由活生生的、优美而灵动的艺术家的表演展示出这个场景中的人物、景致和情调，它是情景交融的！

中国戏剧不追求布景，而追求虚实相生的气韵生动的舞台美感，更深层的原因在于中国传统文化的世界观就不是西方式的把世界看成一个纯粹数学物理的世界，而是看成人与万物统一的活生生的世界。所以，在戏剧演出中，中国人并不希望看到场景的物质化的真实，而是希望欣赏演员如何能将这个无生命的物质空间创化为幽妙曲致的灵境。实景的舞台空间是一个数量化的透视空间，是固定的。这是西方传统戏剧的空间。中国戏剧的"动"的空间，是虚实结合、非透视的，也是非定型的。帘幕，在西方传统戏剧中只是起屏隔作用；在中国戏剧中则是展示着剧情和场景变化的灵动节奏。因此，在中国戏剧中，不仅具象的布景是多余的，而且道具的使用遵循最简约的原则，以少胜多，并且象征、虚拟性地使用道具。比如折子戏《秋江》，演员只手执一叶小桨，就将江流宛转和江上舟子的难以言传的风情韵致创化在舞台上，设若抬上一只小船在舞台上，演员还如何作为？

在布景上，西方传统戏剧相对追求实景舞台美学，这条道路的下限是影视艺术的诞生。影视艺术在高度还原生活具象场景的同时，不仅以摄影的现实主义场景超越了传统戏剧的场景追求，而且以具象场景剥夺了戏剧表演的意义和价值——因为戏剧表演与实景舞台是剥离的。这就是戏剧艺术的现代性危机。西方现代戏剧是为应对这个危机而诞生的，它所奉行的舞台美学就是场景的抽象和虚拟化，将人的表演作为舞台的绝对主体。因此，西方戏剧艺术不仅度过了现代性危机，而且得以在影视主体化的信息时代保持生机。承认和坚守戏剧是人的表演艺术、人是戏剧的主体，这是人类戏剧史的第一公理。西方戏剧能够迎接现代性的挑战，也是靠了这个公理。

然而，《赤壁》创新所走的道路，却是影视化的场景设置道路。走影视场景化的道路，的确为京剧演出套上了宏大华丽的场景外衣，使原本无布景而素净的京剧场景获得了与时尚同步的直观美艳的观赏魅力，但是，它也以实体化的布景和道具改变了京剧演出的舞台美学。当《赤壁》的编导把实景的"战船"和"万箭"强行插入京剧舞台的时候，京剧作为"人的表演艺术"的戏剧空间被割裂了，演员被实景束缚，道具突兀地充斥在舞台上，物挤压了人：在舞台后景处船模上表演的曹操如笼中困兽，而"万箭齐发"时，小舟上的诸葛亮和周瑜一瞬间同观众一道变成了看热闹的儿童——戏剧在这动漫奇观的舞美展示之际被中止了！

回眸所见，这些夺人眼目的"飞箭"在舞台上是呆立不动的，这似乎印证了古代哲人所说的"飞矢不动"的悖论。但是，我在此感受到的却是这些不动之箭对京剧艺术的致命之伤。“京剧是角儿的艺术”，这句京剧的行话不仅道出了个中三昧，而且揭示出了京剧深厚的人学意蕴。可惜，正是这种人学意蕴被《赤壁》布景中的突兀的呆箭所伤。

（原载《中华读书报》2009年9月9日）

荒原回望：我观《李尔王》

在灯光渐暗的舞台上，先后死去的李尔王和三个女儿及爱德蒙的尸体横陈台中，奥本尼公爵、肯特伯爵和爱德格等幸存者伫立台上。在这惨烈的死亡之境，生死格斗的喧腾瞬间静息了，台前的人字形台阶从静寂中徐徐升起，伴随着葬礼进行曲，手执长剑的爱德格凝重地步上台阶。当台阶升高到如一座顶天立地的金字塔而几乎屏蔽了整个舞台的时候，爱德格站立台阶的顶端，凌空向静息的观众演说了终场辞：

悲伤沉重的担子，我们要承担，
情感是唯一的语言，
老人一代受尽苦难，我们却还年青，
既看不到如此惨痛，也活不了这么长久。

这是 2017 年春节期间，国家大剧院演出李六乙执导的莎士比亚悲剧《李尔王》终场时的场景。李六乙版《李尔王》舞美设计，全剧的主体表演空间是在一个可旋转的平面舞台上展开的。但是，有三次使用了升降台：第一次，第一幕第一场，李尔王决定隐退，要求三个女儿当庭向他表示爱心，并依据表达的热爱程度分赐王国领地，象征王座的铁锈色矩形立方体从舞台中央升起，李尔王高坐其上，将王国疆土一分为二，赐予竭力表白爱心的大女儿和二女儿，放逐了爱心真挚而不愿表白的三女儿；第二次，第二幕第二场，被忘恩负义的大女儿和二女儿恶意羞辱而愤懑出走的李尔王，在荒原之夜遭遇暴风雨，舞台中央再次升起这座矩形立方体，在它的上面，同时遭遇自然和人性摧残的李尔王，在呼唤暴风雨肆虐尘寰的同时，向苍穹中的神灵悲告："我遭受的惩罚胜过我犯下的所有罪恶。"第三次，在以李尔王的死亡终止了一场宫廷骨肉爱恨倾轧的灾难之后，爱德格作为幸存的一代年轻人执剑登上台前升起的台阶，并庄重地演说了终场辞。

2010 年 8 月下旬，我曾在莎翁故里斯特拉特福观看皇家莎士比亚剧院演出的《李尔王》，记忆中其舞美设计是上下两层复式结构，表演在立体空间中穿梭展开。相比之下，皇家版的上下复式舞台使戏剧冲突更加紧凑和强烈，因为复式舞台垂直延展了表演空间，自然也加速了表演的运动和转换节奏；李六乙版的平面旋转舞台，赋予戏剧较为平缓和沉静的表演效果，疑似将这出炽烈浩荡的皇室悲剧，雕刻为可以驻足静观和审视的静态史诗。因此，在李版《李尔王》中，三次升降台的运用，不仅是对平面舞台的有机转换，具有破静为动，化平面为立体的意义，而且对全剧剧情的发展，是三个标志性的设计，它们先后标志了李尔王在剧中的命运演变：昏聩自负的王者，遭受命运打击的失败者，不能得救的被毁灭者。然而，值得注意的是，剧终宣告李尔王的死亡，不是用升降台将他的遗体托起，升到舞台中央上空，作一次庄严的祭别；而是让爱德格登上台前高升的台阶，并且演说终场辞。

为了保持悲剧的庄重(decorum)，终场辞要求由在场地位最高的人物演说。在《李尔王》终场时，奥本尼公爵地位最高，应由他演说终场辞。《李尔王》最早的刊行本Q本(1608，1619)终场辞，就是奥本尼演说的；但1623年的刊行本F本终场辞，则改为由爱德格演说。在现代莎士比亚研究者中，一些权威学者认为莎翁在生时修改了爱德格的角色定位。美国学者布罗姆指出："在莎士比亚修改的终场，一个不是沉于绝望而是接受命运的顽强的爱德格成为不列颠之王。"(《布罗姆的不朽莎士比亚：李尔王》，2008)莎士比亚于1616年意外病逝，尽管有理由推论，但没有直接证据可以断定出现在1623年F本终场中的改动是他本人所为。在晚近刊行的《李尔王》剧本中，终场辞演说者，"新编剑桥莎士比亚"本采用F本的奥本尼，而"牛津世界经典"本采用Q本的爱德格。

莎士比亚的《李尔王》取材于早期英国历史著作，最早的蓝本是12世纪英国编年史家杰弗里著、具有传说性的《不列颠皇家史》(1136)。在旧有的史说中，远嫁法兰西国王的三女儿柯蒂丽亚帮助李尔王恢复了王位，并且在父王死后，继承了他的王权。莎士比亚改写了这个"幸福结局"，取而代之的是李尔王与三个女儿均遭死亡的"毁灭结局"。另外，在旧有关于李尔王的史说中，是没有葛劳斯特伯爵父子三人的情节的，莎士比亚是把取材于另一部史籍的故事移植入了《李尔王》中。在《李尔王》中，葛劳斯特伯爵是李尔王性格的投影，他轻信自己私生子爱德蒙的谗言，迫使嫡子爱德格冤负阴谋杀害父亲的罪名逃亡荒原，假扮疯子乞丐偷生度日。爱德蒙与李尔王的大女儿、二女儿一样极度贪婪和忘恩负义，而且更加奸恶。为了满足无限贪欲之心，他向李尔王的二女儿瑞根及其丈夫康瓦公爵出卖自己的父亲，致使试图救助李尔王的葛劳斯特遭受被瑞根夫妇挖出双眼的残害并被放逐荒原。

逃避父亲通缉的爱德格第二幕第三场沦入荒原，被两个女儿恶意羞辱逼走的李尔王第三幕第一场沦入荒原，被挖掉双眼并逐出家门的葛劳斯特第四幕第一场沦入荒原。他们三人先后在荒原相遇，最后被命运的风暴汇集在多佛悬崖前面的荒原中。这三个身份不同、遭遇不同的流亡者，却有着共同的命运：他们都为自己轻信血亲而遭受厄运的无情打击。李尔王轻信两个女儿的谄媚，葛劳斯特轻信私生子的谗言，爱德格轻信同父异母兄弟的离间。因为轻信，李尔王放逐了无私忠爱于他的三女儿，葛劳斯特下令追杀嫡子，爱德格则不向父亲做甄别和辩白就遁入逃亡之路。伴随着三个主要人物沦入荒原，荒原就成为《李尔王》剧情发展的基本场景。

《李尔王》无疑是一部皇室血亲悲剧，为什么莎士比亚不以宫室而以荒原为戏剧的主要场景？荒原，即未开发的自然。对于丧失文明权力的人类，自然是一面凶猛而神秘的镜子，它让人类在它的强力逼射下，放弃一切伪装和庇护，把自我本性中的一切隐匿的善恶强弱以最本真的生命状态表现出来。李尔王在暴风雨中变成了一个神智疯狂的老年废王，但他溃败的身体却更真实地散射出天性中的骄傲、尊严和强胜，甚至可以说，他的悲剧是由他与生俱来的王者禀性种下祸根的。丧失双眼的葛劳斯特在荒原中，却与被自己通缉的儿子爱德格不期而遇。他本意是到多佛悬崖结束残生，却在生死分际的悬崖前面，享受了儿子给予的爱而展示出一个老年父亲的慈爱和安详。因为担心与父亲相认会使饱受命运摧残的父亲不能承受这个意外，爱德格在盲目的父亲面前继续伪装成疯子乞丐。因此，这场"父子和解"，就更加展示出父子天性中的亲密而无限温暖。

在荒原中，如果说李尔王和葛劳斯特获得了重塑，被剥夺权力或视力的处境让他们的天性自然而深刻地展示出来，那么，爱德格则由自然培养、锻炼，从而被塑造为一个慷慨承担命运的年轻的王者。作为逃亡者的青年爱德格，虽然不得不靠装疯做贱、与兽蚁为伍求生，但是，他非但没有自我沉沦，反而成为李尔王和葛劳斯特人生困厄之途的救助者和开导者。在戏剧开始时期，爱德格是一个软弱无谋的贵族青年，爱德蒙设计陷害他，他完全顺从后者的授意而行动，致使被诬陷而戴罪逃亡；与之相比，李尔王和葛劳斯特则是位高权重的强势者。在三个荒原流亡者中，李尔王和葛劳斯特是因过受害，只有爱德格是真正无辜的。然而，正是这位无辜受害的青年，"被命运遗弃的最最惨的人"，没有抱怨、没有绝望，甚至没有愤恨。"天神是公正的"，这是爱德格的信念，凭借这个信念，他不仅承受了命运的打击，而且从打击中获得了锻炼和培养，他发现了真正的自我——"无所畏惧，心存希望"。

自问世以来 400 余年，《李尔王》被研究者普遍推崇为莎士比亚最伟大的剧作。著名的莎士比亚学者 A. C. 布拉德利说，"如果我们注定要失去所有莎士比亚的剧作，只有一部例外，相信真正懂得欣赏他的多数人会毫不犹豫地要求保留《李尔王》"(《莎士比亚悲剧》,1904)。但是，《李尔王》的知名度和普及度，远不如《哈姆莱特》等多部其他莎剧。这是因为，《李尔王》作为最广泛地荟萃了莎士比亚的艺术和思想精华的剧作，具有超越舞台表演的丰富和复杂性，对于它的把握和展现，需要

特别的想象力。布拉德利说："《李尔王》是莎士比亚最伟大的作品，但不是他最伟大的剧本。"(1904)

我认为，《李尔王》是莎士比亚对人类精神史的一次伟大的"荒原回望"，抓住这个"荒原回望"的戏剧灵魂，不仅《李尔王》剧中的许多矛盾纠结和疑问就可以厘清，而且这部不朽悲剧的"最伟大"之处才可以寻踪。莎士比亚的《李尔王》，既不同于索福克勒斯的《俄狄浦斯王》式的过失—惩罚悲剧，也不同于他的《哈姆莱特》式的弑夺—复仇悲剧。李尔王和葛劳斯特没有复仇，爱德格也没有复仇——他在决斗中刺杀爱德蒙，并不是为自己和父亲复仇，而是要以"骑士的方法"确证爱德蒙是叛徒，所以他对受伤倒地的爱德蒙说，"让我们互相宽恕吧"。《李尔王》是在荒原背景上提示出的人类精神的自然史悲剧——这是一个无限再生、复现的自然史。在《李尔王》中，尽管爱恨情仇在李、葛两家人中纠结繁复，但是，两代人之间的生长与消亡关系是明显的。爱德格的终场辞说"老人一代受尽苦难，我们却还年青"，这是清楚地划出了代际；而他说"我们既看不到如此惨痛，也活不了这么长久"，这不仅表达了一种"有限的乐观主义"，更表达了从父辈们的悲剧吸取教训，不要重蹈老来昏聩而刚愎自用的覆辙。可以说，《李尔王》至深的惨烈和震撼就在于，它不仅让我们洞悉人类来自自然，而且必归于自然。

李六乙在谈执导理念的时候说，"莎士比亚的这部作品，自诞生时就充满了对2000年人类历史的回望"。观看国家大剧的演出，我感到李六乙的执导非常准确地抓住了"荒原回望"这个灵魂。他不仅采用F本的爱德格演说终场辞，而且以"高台展望、凌空感悟"的场景设计，高度仪式化地表现出爱德格在全剧中的精神意义。我想，基于对一个坚信公正、理性担当的爱德格的深刻认同(推崇)，从爱德格看李尔王，从剧末看全剧，可以获得一个透视《李尔王》的精神线索。这是我观看李六乙执导《李尔王》获得的深刻启迪。

(本文原题为《荒原回望——评李六乙执导的〈李尔王〉》，载《艺术评论》2017年第3期)

第三辑

怎样批评朱光潜?
——评王攸欣的《选择·接受与疏离》

最近为写一篇评述朱光潜美学的论文,读了一批论述朱光潜的著作,其中包括青年学者王攸欣撰写的《选择·接受与疏离——王国维接受叔本华、朱光潜接受克罗齐美学比较研究》(北京,三联书店 1999 年版。以下简称"《选择》")。邓晓芒教授为该书作序,给予极高的评价。他的评价是:"我深感本书(《选择》——引者注)是国内目前从西学东渐的立场考察近百年来学术思想变化的最深入、最具启发性的一部专著。"[①]邓晓芒教授的高度评价使我关注此书。但是,认真研读《选择》之后,我对它的评价与邓晓芒教授有很大差别。我的评价是:《选择》是一部有许多学术错误,并且学风、文风不端正的书。

《选择》虽然只以王国维、朱光潜为研究对象,但涉及问题很多,包含的错误也很多。限于篇幅,本文集中讨论该书作者用作全书基本论据的两个判断:(1)朱光潜误解和扭曲克罗齐美学;(2)朱光潜误解和扭曲尼采美学。我通过下面的讨论要揭示的是:《选择》作者不仅没有把握朱光潜的美学思想,而且也没有把握克罗齐、尼采的美学思想。(本文只就《选择》的有关论断讨论朱光潜对克罗齐、尼采美学的理解和接受,关于朱光潜与两者之间的差异、矛盾和分歧,我将另撰专文阐述。)

一 朱光潜不理解克罗齐美学吗?

《选择》的一个基本论断是:朱光潜长期不理解(误解)克罗齐美学,而且为了达到借用克罗齐美学暗传自己的传统观念的目的,误译甚至改变克罗齐的概念;克罗齐美学的核心概念是"直觉",朱光潜曲解和误改克罗齐美学,最典型地表现在他对克罗齐直觉概念的理解和改变上。《选择》说:

> 从直觉是形象霎时占满意识、形象的具体新鲜、直觉是心灵的活动、直觉

① 王攸欣(1999:7)。

> 与名理的分别这几点看，他(朱光潜——引者注)都和克罗齐一致，但有两点与克罗齐不同：一是先认定有外物形象，二是把直觉的形象当成物“呈现”于心的形象，这样形象的形成就是被动的。克罗齐直觉则强调创造，而且被动感受的观点恰恰是克罗齐批评的对象，他认为把直觉当成单纯的感受，违反常识，直觉是心灵活动创造性地把一些模糊不清的感触、情绪综合为具体的形象。在《诗论》及30年代其他单篇论文中，朱光潜仍然保持了《文艺心理学》的直觉观念，而且把它当克罗齐的观念：“在你凝神注视梅花时，你可以把全副精神专注在它本身形象，好像注视一幅梅花画似的，无暇思索它的意义或是它与其他事物的关系，这时你仍有所觉，就是梅花本身形象在心中所现的‘意象’。这种‘觉’就是克罗齐所说的‘直觉’。”[①]朱光潜为何会误解克罗齐呢？当然首先得归咎于他自己下的功夫不够，后来翻译了《美学》原理部分后就纠正了误解；另一原因是克罗齐的直觉与中国传统文论差别太大，传统文论极少把直觉当成创造性综合过程，几乎都在反映论的意义上使用直觉一词。朱氏习惯于在传统反映论的哲学背景中理解直觉，出现了重大误读，这种误读在《克罗齐哲学述评》中才得到了改正。[②]

这是《选择》中很重要、很有代表性的一段话(类似文字在该书中多次重复出现)，是其作者批评朱光潜误解、改变克罗齐美学的立论基础。在这段话中，有许多问题(错误)应当澄清(纠正)，但现在我只紧扣朱光潜是否理解克罗齐的直觉概念做三点分析：

第一，《选择》断定朱光潜与克罗齐在直觉观念上的一个区别是：朱光潜“认定外物有形象”，而克罗齐否定。的确，克罗齐认为形象是由直觉赋予感受、印象的，是直觉对它们的表现，是直觉的创造。在这个意义上，克罗齐否定外物有形象。但是，克罗齐仍然承认感受、印象作为直觉对象(材料)的自然性(natural)，认为它们是心灵被动接受的东西[③]。朱光潜是否“认定外物有形象”呢？不是。在《诗论》中，朱光潜说：“所见对象本为生糙零乱的材料，经‘见’才具有它的特殊形象，所以‘见’都含有创造性。”[④]在《文艺心理学》中，他更明确指出：“美感经验就是形象的直觉。这里所谓‘形象’并非天生自在一成不变的……它是观赏者的性格和情趣的

---

① 《选择》引朱光潜这几句话有数处文字误、漏，特别是漏掉了朱光潜原文中插入的英文单词“form”和“image”，而且误注出处为“《朱光潜全集》第1卷，页51”，疑《选择》此处的引文不是来自朱光潜原著，而是从他人另文中转引。朱光潜原话正确出处是：朱光潜(1987b：51)。

② 王攸欣(1999：175-176)。

③ Croce (1992：6).

④ 朱光潜(1987b：53)。

返照。观赏者的性格和情趣随人随时随地不同，直觉所得的形象也因而千变万化。”①

读者应当注意，在上面《选择》引述的《诗论》的话中，朱光潜分别使用了“形象”与“意象”两个概念，并且说“这时你仍有所觉，就是梅花本身形象(form)在你心中所现的‘意象’(image)。这种‘觉’就是克罗齐所说的‘直觉’”②。在这段话中，形象与意象两个词，正如它们分别附带的英文单词“form”和“image”，是有不同的意义的：在这里，“形象”只指对象提供的粗糙的感觉材料(相当于克罗齐的“感受”“印象”)，而“意象”才是克罗齐所谓的直觉形象③。因此可以说，朱光潜很清楚：梅花本身的“形象”，只是粗糙的感觉材料(构成“梅花”审美形象的条件)，不是克罗齐所说的直觉形象，而对它的“见”——直觉所得的“意象”，才是直觉形象。在这个问题上，朱光潜与克罗齐是基本一致的。《选择》作者在朱光潜与克罗齐之间所做的区分，不仅是捕风捉影牵强附会之举，而且表现了他自己严重的知识缺陷。

第二，《选择》认定朱光潜与克罗齐有另一个重要区别，并且由此表现了朱光潜对克罗齐直觉概念的根本误解：朱光潜认为直觉的形象是物被动呈现于心的，而克罗齐认为直觉的形象是直觉创造的产物。克罗齐主张直觉是精神的创造性活动，这是确切无疑的。但是，《选择》根据什么判定朱光潜认为直觉只是被动地接受(呈现)形象呢？《选择》的根据是，朱光潜在《文艺心理学》第一章论述直觉时说：“形象是直觉的对象，属于物；直觉是心知物的活动，属于我。在美感经验中心所以接物者只是直觉，物所以呈现于心者只是形象。”④如果朱光潜关于审美直觉只说过这两句话，《选择》之说也许成立。但是，在这一章的结尾，朱光潜非常明确地总结说：“我们在上文说‘直觉属于我，形象属于物’，原是一种粗浅的说法。严格地说，直觉除形象之外别无所见，形象除直觉之外也别无其他心理活动可见出。有形象必有直觉，有直觉也必有形象。直觉是突然间心里见到一个形象或意象，其实就是创造，形象便是创造成的艺术。因此，我们说美感经验是形象的直觉，就无异于说它是艺术的创造。”⑤因此，《选择》的论断是对朱光潜思想极武断的断章取义。

进一步讲，稍微了解朱光潜美学思想的读者都知道，主张审美经验(艺术直觉)是一种创造性活动，是朱光潜一以贯之的思想，是他对美的本质规定。朱光潜说：

---

① 朱光潜(1987a：214-215)。

② 朱光潜(1987b：51)。

③ 在《文艺心理学》中，朱光潜有“一种很混沌的形象(form)”和“一个无沾无碍的独立自足的意象(image)”两个说法，并且明确指出“意象”才是直觉的形象(朱光潜，1987a：206)。这两种说法可证明我的区别。

④ 朱光潜(1987a：209)。

⑤ 朱光潜(1987a：215)。

“世间并没有天生自在、俯拾即是的美，凡是美都要经过心灵的创造。”[①]强调审美经验（艺术直觉）的创造性，也正是朱光潜的美学在20世纪50年代被持反映论美学观的蔡仪、李泽厚诸学者批判为“唯心主义”的一个重要原因。因此，《选择》说朱光潜“习惯于在传统反映论的哲学背景中理解直觉”，实在是一个张冠李戴的“重大误读”！

第三，《选择》还认定朱光潜对克罗齐的直觉概念有另一个重要误解：克罗齐认为情感不过是被动的“材质”，绝不是支配力；朱光潜却主张“在心灵的创造作用中，背面的支配力是情感”[②]。《选择》做出这个判断，原因在于其作者对克罗齐美学从《作为表现和普通语言学的科学的美学》（1901）[③]到《美学纲要》（1912）的一个重要变化的无知：在《美学》中，在克罗齐精神哲学总体原则下，直觉是精神活动的初级形式，是精神对机械、被动和自然的感受材料（感触、印象和情感）的主动表现。这就是说，精神作为表现（直觉）者是主动的，而情感作为被表现（直觉）者是被动的[④]。然而，在《美学纲要》中，与克罗齐明确提出了“艺术即抒情的直觉”定义一致，情感由被动的直觉对象变成了直觉的原动力。克罗齐说：“是情感给了直觉以连贯性和完整性：直觉之所以真是连贯的和完整的，就因为它表达了情感，而且直觉只能来自情感，基于情感。”[⑤]朱光潜是在介绍克罗齐《美学纲要》中的艺术观时，讲“在心灵的创造作用中，背面的支配力是情感”的[⑥]。这是符合克罗齐的原意的。《选择》作者自己既没有分清克罗齐思想的前后变化，也没有把握朱光潜在不同情况下对克罗齐直觉说的引用，就判定朱光潜对克罗齐有“重大误读”，暴露了他自己真正对这两位美学家的著作“用功不够”和草率的研究态度。

二　朱光潜不理解尼采吗？

《选择》的另一个基本论断是：朱光潜误解和歪曲了尼采的悲剧哲学。《选择》此论主要是针对朱光潜在《诗论》中对尼采的酒神—日神冲突说的引用。《选择》说：

> 诗境的二元性与尼采艺术中酒神与日神的二元性在关系上有近似处，尼采认为希腊悲剧由象征幻象的阿波罗照耀象征情欲本能和痛苦的狄奥尼索斯

---

① 朱光潜（1987a：347）。
② 王攸欣（1999：175-176）。
③ 克罗齐：《作为表现和普通语言学的科学的美学》，以下简称“《美学》”。
④ Croce (1992：8-9).
⑤ 克罗齐（1983：227）。
⑥ 朱光潜（1987c：236）。

也确有些像意象体现情趣,日神精神是形象、静观而客观的,也和朱光潜的意象有共同特征。不过就其大者而言,他们的相似处也就到此为止了。即以尼采美学最为关键的酒神精神而论,朱的理解与原意大相径庭,以构成诗境的情趣与之比拟,更是错上加错。朱氏认为尼采的狄奥尼索斯和阿波罗分别代表艺术中的主观和客观精神,构成对立冲突的两个方面,而尼采根本否认艺术中存在主观因素,他从不在朱光潜理解的"主观"意义上使用该词,他的酒神代表着人类而不是个人的艺术本能,象征人类的痛苦和迷醉,情欲的放纵与生命的体验,他把主观性当作个人浅薄的意欲而与人类本能的普遍性相对,艺术的形成过程是酒神精神对主观性的克服过程,当酒神苏醒的时候,就是主观逐渐消失的时候,"艺术家在酒神过程中业已放弃他的主观性"。朱光潜的情趣倾向于指诗人个人的情趣,这种情趣的主观性是在获得意象的过程中予以客观化的,事实上他的诗境更倾向于主观,他说:"没有诗能完全是主观的,因为情感的直率流露仅为啼笑嗟叹,如表现为诗,必外射为观照的对象。也没有诗完全是客观的,因为艺术对于自然必有取舍剪裁,就必受作者的情趣影响,像我们在上文已经说过的。"甚至说:"严格地说,一切艺术都是主观的,抒情的。"[①]

这是《选择》集中谈朱光潜对尼采悲剧思想的误解和改变的一段话的前半段(后半段则是对前半段大同小异的莫名其妙的重复)。在该段长达两页的文字中,《选择》用了"错上加错""显得可笑""不啻当头一棒"等贬义词妄加于朱光潜的头上。在该段前一页,《选择》甚至斩钉截铁地说:"叔本华和尼采在直觉表现上与克罗齐观点截然相反,朱氏同时引证他们为同一论点——诗境论撑腰实在令人吃惊。"[②]面对《选择》这个判断,我的问题是:究竟是朱光潜还是《选择》的作者"实在令人吃惊"?现在让我们来解读《选择》这段文字。我仅讨论四个与本文密切相关的问题:

第一,尼采的酒神精神的基本含义是什么?《选择》说"他(尼采——引者注)的酒神代表着人类而不是个人的艺术本能,象征人类的痛苦和迷醉,情欲的放纵与生命的体验",这是大致不错的。但是,不止于此。尼采认为酒神精神的意义永远是在与日神精神的矛盾冲突中被肯定、确认和显现的。这是酒神精神的另一个同样基本的含义(而且正是这个含义使尼采的"酒神精神"与叔本华的"意志"概念区别开来!)。在《悲剧的诞生》的第一节第一段中,尼采就明确指出,酒神精神和日神精神,作为两种来自自然的艺术本能,"既是并行不悖,却又总是矛盾冲突,互相给予

---

① 王攸欣(1999:206)。

② 王攸欣(1999:205)。

对方新的生机，并又持续不断地投入新的对立冲突，仅能在‘艺术’的名义下显现一种调和”[①]。尼采的酒神精神有两个基本含义，《选择》只讲酒神精神概念代表人类痛苦的生命体验这一层含义，不讲酒神与日神的永恒冲突与联系，如果不是出于对尼采的片面理解的话，只能说是对尼采的蓄意阉割了。

朱光潜是否正确理解了尼采的酒神精神？在《悲剧心理学》的第八章中，朱光潜对尼采的悲剧哲学（尤其是酒神精神）有准确完整的阐释，但《选择》只字未提。在《诗论》第三章中，朱光潜说："苦痛是狄俄倪索斯的基本精神，歌舞是狄俄倪索斯精神所表现的艺术……静穆是阿波罗的基本精神，造形的图画与雕刻是阿波罗精神所表现的艺术。这两种精神本是绝对相反冲突的，而希腊人的智慧却成了打破这冲突的奇迹。他们转移阿波罗的明镜来照临狄俄倪索斯的痛苦挣扎，于是意志外射于意象，痛苦赋形为庄严优美，结果乃有希腊悲剧的产生。"[②]朱光潜这段话简明扼要地介绍了尼采的酒神精神的两个基本含义，其准确性与尼采的《悲剧的诞生》一对照就知。不知《选择》作者判断朱光潜的理解与尼采的原意"大相径庭"的根据何在？

第二，尼采是否"根本否认艺术中存在主观因素"？不是。尼采反对美学中的"主观主义"，目的在于反对叔本华所主张的主观艺术与客观艺术的对立[③]。尼采说："所谓主观与客观的对立，在美学中尤其不能成立；因为充满欲望、追求着个人目的的主体只能被认为是艺术的敌人，而不是艺术的源泉。但是，在下述意义上这个主体是艺术家，即他已经摆脱了他的个人意志，并真正地成为一个中介，通过它，那个唯一真实的主体（酒神精神——引者注）欢度他在形象中的解放……只有当天才在艺术创作中与这位世界的原始艺术家（酒神精神——引者注）融为一体，他才能抓住艺术的永恒本质；因为在这个状态下，他以一种奇妙的方式变成了神话传说中的一张能够随意转动眼睛观看自身的魔像；他现在同时是主体和客体，同时是诗人、演员和观众。"[④]尼采的观点非常清楚，他反对的是充满个人欲望、追求个人目的的主体（"清醒的、经验现实的自我"），而不是"根本否认艺术中存在主观因素"。

"根本否认艺术中存在主观因素"，就是根本否认艺术是人的（创造）活动。也许，这种艺术观只有在柏拉图式的"艺术（诗歌）是神灵附体的活动"的古代美学思想体系中才能成立。自康德确立艺术是人的自由创造活动观念以来，在西方现代

---

① Nietzsche (1995：1).

② 朱光潜(1987b：63)。

③ Nietzsche (1995：13).

④ Nietzsche (1995：16-17).

美学体系中，是不会有人"根本否认艺术中存在主观因素"的。《选择》作者认定尼采"根本否认艺术中存在主观因素"，不仅是对尼采的严重误解，而且是违背美学常识的。

第三，尼采"从不在朱光潜理解的'主观'意义上使用该词"吗？不是。尼采在《悲剧的诞生》中和朱光潜在《诗论》中，都在两个相关的意义上使用"主观"一词：其一，经验意义上的"主观"；其二，审美意义上的"主观"。经验意义上的"主观"是艺术家（诗人）个人的非艺术的自然情感（和意志），与之相对，客观则是艺术家（诗人）创造的艺术形象（艺术品）。审美意义上的"主观"，是超经验的艺术的主体性，它来自艺术家的自我情感（意志）的审美化转换（超越）——艺术家的自我获得了审美的普遍性和超越性。尼采和朱光潜都主张，从经验的"主观"到审美的"主观"的转换，是在艺术中实现主观与客观统一（情感客观化为形象）的前提，是一切艺术的基础。尼采说："因此，我们的美学要解决的第一个问题是：那个在一切时代总是诉说着'我'，用尽一切声调歌唱自我的情感和欲望的'抒情诗人'怎样变成一个艺术家？"[①]他认为悲剧艺术是诗人自我两度客观化的结果：第一，摆脱个人的意志，成为与原始意志统一的酒神艺术家；第二，酒神状态的客观化，即酒神的冲动净化为日神的美丽梦象[②]。朱光潜在《诗论》第三章第四节专门讨论"诗的主观与客观"，正是以尼采的"主观客观化"原理为出发点的。朱光潜说："尼采虽然专指悲剧，其实他的话可适用于诗和一般艺术。他很明显地指示出主观的情趣与客观的意象之隔阂与冲突，同时也很具体地说明这种冲突的调和。诗是情趣的流露，或者说，狄俄倪索斯精神的焕发。但是情趣每不能流露于诗，因为诗的情趣并不是生糙自然的情趣，它必定经过一番冷静的观照和熔化洗炼的功夫，它须受过阿波罗的洗礼。"[③]

显然，《选择》的作者只能理解"主观"的经验意义上的含义，而不能理解"主观"的审美意义上的含义。这是他断定朱光潜与克罗齐在"主观"上根本分歧的根源。另外，该作者还想当然地认为朱光潜在其诗学的情感（"情趣"）概念与尼采的"酒神精神"之间画了等号。朱光潜没有画这个等号，他只是认为，情感与酒神精神都是情绪性的和非形象性的因素（力量），两者的表现都需要一个客观化（形象化）的过程。这正如尼采所说："悲剧神话只能被理解为酒神智慧通过日神的艺术而获得形象化表现。"[④]如果《选择》的作者认真阅读了《悲剧的诞生》第五节、第六节和《诗

① Nietzsche (1995: 13).
② Nietzsche (1995: 14).
③ 朱光潜(1987b: 63)。
④ Nietzsche (1995: 82).

论》第三章,而且读懂了,就会明白所谓"尼采从不在朱光潜理解的'主观'意义上使用该词"的说法是妄下断语。

第四,朱光潜的"诗境更倾向于主观"吗?不是。相反,朱光潜与尼采一样,坚决反对诗歌中的主观主义,主张诗歌的理想境界是主观与客观的统一。朱光潜说得很明白:"没有诗能完全是主观的,因为情感的直率流露仅为啼笑嗟叹,如表现为诗,必外射为观照的对象(object)。也没有诗完全是客观的,因为艺术对于自然必有取舍剪裁,就必受作者的情趣影响,像我们在上文已经说过的。"[①]在《诗论》第三章中,朱光潜论述的一个中心思想,就是诗歌的境界是主观与客观的统一,即情趣与意象的契合[②]。情趣与意象的契合,即情景交融,是中国古典诗学的一个基本观念。朱光潜的创造性在于,他引用尼采的"酒神精神幻化为日神形象"说入诗学,提出情趣与意象的契合是主观化为客观、情趣化为意象的一个斗争过程。而且,也正因为从尼采的悲剧观念出发,朱光潜认为,艺术境界的极境(情趣与意象的契合),不仅实现了情感的完美表达,而且实现了自我的解放——"从形象中得解救"[③]。《选择》作者只凭截取了朱光潜一句"严格地说,一切艺术都是主观的,抒情的",就断定朱光潜"诗境更倾向于主观",如果不是存心曲解,就只能是盲人摸象了。

综合上述,朱光潜对尼采的悲剧哲学是有准确把握的,两人之间在许多基本美学观念上具有深刻的一致性。《选择》作者断定朱光潜只是用尼采为自己撑腰,显然是不顾基本事实,指鹿为马。如此治学,已不只是一个"实在令人吃惊"的判断可论定的了。

三 《选择》的出发点是什么?

综合前面的讨论,我认为,如果把《选择》妄加于朱光潜的种种贬斥送还给它的作者王攸欣,是绝不为过的。现在,我要探讨的是,为什么王攸欣完全不顾朱光潜著作的基本思想、内在联系,而苦心纠缠于一些他所谓的"误解""扭曲"呢?

根本的原因,就是王攸欣用自己编制的解释框子去套朱光潜的美学思想。在《选择》一书中,他谈王国维、朱光潜,目的不在于这两位学者的美学(因此并未用心钻研他们的思想),只是要借这两个重要人物为范例,向学术界展示他的一个关于

---

① 朱光潜(1987b: 65)。
② 朱光潜(1987b: 49-73)。
③ 朱光潜(1987b: 62-64)。

百年中国学术文化的“西学东渐”的“新”阐释模式。这个模式是：

> 在近代以来的中西文化交流中，中国文化的先行结构和期待视界已经显示出对西方文化的选择和扭曲力量……还不止此，中国文化的先行结构极大地限制了审察西方文化的视界，不说接受，仅仅是理解，也多停留于肤浅的层面，西方民族的内在精神尤其是使人与社会健康发展的精神核心未能得到足够关注和透彻理解。[①]

显然，朱光潜被王攸欣选择为“肤浅理解和扭曲改变西方文化”的范例。但是，就《选择》看，王攸欣对朱光潜美学甚至谈不上“肤浅理解”。比如，他在近半部书中谈朱光潜对克罗齐的“误解”“扭曲”，却对于朱光潜与克罗齐的真正分歧是什么都没有搞清楚。那么，他为什么选择自己无力把握的朱光潜为批评对象呢？首先，当然因为朱光潜是一个值得“批评”的对象。其次，还有一个原因，这是王攸欣可能不会承认的：意大利学者沙巴蒂尼（M. Sabatini）和美国学者麦克杜哥（B. S. Mc Dougall）对朱光潜的批评诱导他选择了朱光潜为自己的批评对象。沙巴蒂尼批评朱光潜把克罗齐的直觉概念引入文艺心理学，是把克罗齐作为精神活动因素的“直觉”误解为一个关于审美经验的心理学范畴[②]。麦克杜哥则批评朱光潜在20世纪20年代至30年代中国传统瓦解、社会动乱中“向古老的传统倾斜”[③]。认真读《选择》，就会看到，这两位外国学者的观点实际上是王攸欣对朱光潜主要看法的思想来源和精神支持。

正是追随沙氏的观点，王攸欣认定朱光潜长期基本误解克罗齐，到撰写《克罗齐哲学述评》之后才修正自己的错误；也正是追随麦氏，王攸欣认定朱光潜迷恋中国传统观念、利用西方的学术方式暗传自己的传统观念。但是，非常可惜的是，王攸欣意识不到，沙氏和麦氏对朱光潜美学的理解，都是极其有限和有偏见的。从《选择》例示的参考文献目录和正文引注可知，沙氏和麦氏是王攸欣自己通过中文恰好能阅读到的论述朱光潜的两位外国学者。王攸欣自己不理解朱光潜，明里暗里“拉”他们来为自己撑腰，可说是受了崇洋媚外的毒害。困守在自己预定的套子中，借了两位外国学者的眼睛来看朱光潜，王攸欣除了看到一个他自己需要的“朱光潜”以外，还能看到什么呢？

在《选择》中，还有很多由于作者的学风、文风不端正而产生的问题。例一，在《选择》书末的参考文献中，列入了沙巴蒂尼和麦克杜哥批评朱光潜的文章；在该

---

① 王攸欣（1999：283）。

② 沙巴蒂尼（1981：141）。

③ 邦尼·麦克杜哥（1981：237）。

书正文中，王攸欣有两处提到沙氏，而对麦氏则未置一词。但是，《选择》中有一段长达一页半的，也是仅有的评述朱光潜《悲剧心理学》的文字[①]，与麦氏文章中相关论述的文字和观点都很近似（而且同样空洞！）[②]。这使读者不能不意识到《选择》这部分内容与麦氏文章之间存在血缘关系。王攸欣在《选择》正文中只字不提麦氏，如果不是学风问题，也是文风问题。例二，从《选择》例示的参考文献目录和正文引注看，王攸欣根本没有读过克罗齐《美学》的英文版，但他在《选择》中处处摆出对克罗齐此书很有研究的样子，反复指摘朱光潜的中译本将某个英语词"误译""改变"了。事实却是，这些指摘的内容都来自朱光潜在《克罗齐哲学述评》中对相关英语词汇的说明。这是"用朱光潜批朱光潜"的伎俩。王攸欣对此事实也是只字不提，实在难辞蓄意掩盖之咎。

四　怎样批评朱光潜？

我以"怎样批评朱光潜？"为本文的题目，就包含了一个前提：朱光潜是可以批评的。事实上，在现代中国美学史上，朱光潜作为中国现代美学的代表人物，产生的影响最大，经受的批评最多（批判最重）。新中国成立前，20 世纪 30 年代有鲁迅，40 年代有巴金、郭沫若、蔡仪等文化名人批评（批判）朱光潜；新中国成立后，朱光潜更经历了 1956—1962 年的美学大批判，批判队伍包括中国当时有发言权的文艺理论界的诸多权威人物和李泽厚等崭露头角的青年学者；"文革"结束后，朱光潜美学研究和批评也曾是 20 世纪后期中国美学的一个热点课题。今天，正因为朱光潜是中国现代美学的代表人物，对他的美学思想的研究和批评，就是我们总结 20 世纪中国美学遗产、推进新世纪中国美学发展的一项重要工作。

但是，20 世纪中国美学史的经验、教训证明，批评朱光潜是一个艰深的课题。它不仅要求批评者具有踏实严谨的学风和文风，而且要求批评者必须具有扎实的学术功底和深广的理论视野。以王攸欣在《选择》中的学风、文风进行朱光潜美学研究和批评，结果只能是对朱光潜美学的简化和丑化，不仅不能进一步发掘朱光潜美学的真正价值，而且也不能揭示朱光潜美学的真正局限。我写此文的目的，不仅在于批评王攸欣的错误，而且在于呼吁扎实、健康的美学研究和批评。

（原载《文艺研究》2003 年第 5 期）

---

① 王攸欣（1999：166-167）。

② 邦尼·麦克杜哥（1981）。

学者的命运：坦诚面对学术批评

我在《答王攸欣〈怎样作学术批评?〉》一文的结尾曾说："天地悠悠，人生恍惚。此答，是我关于王攸欣《选择》一书要说的最后的话。"(《中华读书报》2003 年 11 月 19 日)

此后，王攸欣发表《呼吁建立学术批评规范》(后称《呼吁》，《中华读书报》2003 年 12 月 17 日)一文。在这篇文章中，针对我坚持严厉批评他的《选择·接受与疏离》(后称《选择》，三联书店，1999)，王攸欣说：

> 在一般读者的阅读心理上，评价是不利于被批评者的，读者总有"苍蝇不叮无缝的蛋"的错觉，而实际上，按我的观察，苍蝇确实叮无缝的蛋——只要蛋摆在苍蝇出没的地方。(《呼吁》)

依王攸欣此言，不仅我因为坚持批评他的《选择》而变成了一只"苍蝇"，支持我、为我提供学术批评空间的学术界也成了"苍蝇出没的地方"，甚至读者(至少《中华读书报》的读者)也都成了不识王攸欣的"蛋"之好歹的群氓!

事实究竟如何? 谁是谁非? 事已至此，我有责任再次站出来说明白。

我怎样批评《选择》

我的《怎样批评朱光潜?》(《文艺研究》2003 年第 5 期)一文，对王攸欣的《选择》作了专门批评。这篇文章全文约 12000 字，除简短引言外，分四部分：一、"朱光潜不理解克罗齐美学吗?"二、"朱光潜不理解尼采吗?"三、"《选择》的出发点是什么?"四、"怎样批评朱光潜?"

在第一、第二部分中，我分别摘录《选择》论述朱光潜误解克罗齐/尼采的一个代表性段落(这两段文字分别都在 500 字以上，其论点、判断在《选择》中一再重复)，以其中涉及的七个方面的重要学术问题为线索(这些问题也是贯穿《选择》全书对朱光潜的评价和批评的)，联系、比较朱光潜、克罗齐和尼采的相关论著，以细读的方式对《选择》这两段话中包含的严重学术错误作了解读和学术批评。我的基本观点是：王攸欣在《选择》中对朱光潜的论述表明，他不仅不理解朱光潜的美学思想，也没有把握克罗齐、尼采的美学思想；与此同时，王攸欣对一些美学基本知识也缺少必要的把握和理解；更严重的是，王攸欣在对朱光潜著作的引用和评述中，普遍存在断章取义、独断妄论的错误。

在第三部分中，我以第一、第二部分的论述为基础，概要论述了《选择》作者王攸欣在此书中的出发点。我指出，王攸欣撰写此书，有一个先入为主的框子为出发点，即他所谓"中国文化的先行结构极大地限制了审察西方文化的视界，不说接受，仅仅是理解，也多停留于肤浅的层面"（《选择》，第283页），而朱光潜则被选择为"肤浅理解和扭曲改变西方文化"的范例；同时，从比较分析可见，王攸欣对朱光潜的基本评价，显然受到意大利学者沙巴蒂尼和美国学者麦克杜哥对朱光潜的批评的启示和精神支持。

第四部分是结论，我特别指出：朱光潜不仅是可以批评的，而且批评朱光潜是发展当代中国美学的必要课题。但是，20世纪中国美学史的经验、教训证明，批评朱光潜是一个艰深的课题。它不仅要求批评者具有踏实严谨的学风和文风，而且要求批评者必须具有扎实的学术功底和深广的理论视野。否则，不仅不能进一步发掘朱光潜美学的真正价值，而且也不能揭示朱光潜美学的真正局限。

总结起来，在《怎样批评朱光潜？》中，四部分相比较，第一、第二部分是对《选择》中的主要学术错误作实证性的分析和批评，是全文的重点，约9000字；第三、第四部分是在前两部分的基础上，对《选择》的出发点、学风和文风问题作概要的论述，以及全文的结论。

王攸欣怎样对待学术批评

迄今为止，除《呼吁》之外，王攸欣还发表了《怎样作学术批评？》（《中华读书报》2003年10月22日）和《怎样研究朱光潜？》（《文艺研究》2004年第1期）两篇文章专门反驳我对他的《选择》的批评。总结这三篇文章，王攸欣对待学术批评的态度和做法主要是：

第一，王攸欣宣称并坚持认定：《选择》是一部"此前所有的评审意见和公开发表的书评，几乎无一例外地称此书学风严谨、扎实，即使持批评意见的书评者也是如此"的书，因此是不容他人再来批评和否定的；否则，批评者不仅要成为"独具只眼"的笑柄，而且要承担"有意构陷"的罪名。王攸欣说：

> 作者愿意用如此大的篇幅对拙著作出批评，我很欢迎——如果学风、文风

端正而非构陷的话。长文尚未见到，现在这篇短文的主要观点，就是要指出我的著作"学风、文风不端正"，这显然是批评者"独具只眼"的发现，因为此前所有的评审意见和公开发表的书评，几乎无一例外地称此书学风严谨、扎实，即使持批评意见的书评者也是如此。(《怎样作学术批评?》)

第二，在《怎样作学术批评?》和《呼吁》中，王攸欣在不作任何论证的前提下，给我罗织了一系列学术罪名："空手道""无影脚""强加罪名"，并且指定我对他的批评完全是出于"狭隘的门户之见""心怀偏见的误读""有意构陷"。在《怎样研究朱光潜?》中，除了连篇重复这些罪名外，王攸欣新增的内容是就我对他的批评作数项"学术"反驳。针对我对《选择》的批评，学术反驳无疑应当是王攸欣的重点，是他最应当认真下功夫的部分。可惜的是，即使在这个"学术反驳"部分，仍然缺少应有的学术态度和学术含量，不仅重复了王攸欣在《选择》中批评朱光潜时的主观臆断、妄下断语的学风和文风，而且充斥着对学术批评的根本敌视。

试举《怎样研究朱光潜?》中一例：王攸欣指责我不懂常识，混淆了克罗齐哲学中的"直觉"和"心灵"两个概念。王攸欣的证据是我转述克罗齐《美学》英文版相关内容的一段话。我说：

> 的确，克罗齐认为形象是由直觉赋予感受、印象的，是直觉对它们的表现，是直觉的创造。在这个意义上，克罗齐否定外物有形象。但是，克罗齐仍然承认感受、印象作为直觉对象(材料)的自然性(natural)，认为它们是心灵被动接受的东西。(《怎样批评朱光潜?》)

根据这段话，怎能判断我混淆了克罗齐的"直觉"和"心灵"两个概念呢？王攸欣的正确阐述又是什么呢？他在指责我的"错误"之后，没有提出别的说法，只是如是说：

> 即使按肖鹰本人转述的克罗齐语，也不能说直觉是被动的，只能说心灵被动接受，直觉作为心灵(精神)活动的一种创造形式，与心灵作为整体是不同的，肖鹰根本没有理解克罗齐直觉与心灵的区分。(《怎样研究朱光潜?》)

这两段引文之间有什么差别呢？难道第一段话(我说)的意思不正是第二段话(王攸欣说)的意思吗？比较它们，只能证明两点：(1)不是我根本不理解克罗齐，而是王攸欣对我的根本歪曲；(2)王攸欣完全是用我的观点来否定我，是歪曲之后又颠倒过来治罪。王攸欣如此对待别人文章，读者怎能信任他的学术信誉呢？

第三，然而，在这三篇文章中，还有一个更突出的共同点：王攸欣最花力气，并且用大部分篇幅反复声明和"论证"我的文章对他有如下"有意构陷"和"小题大做”：(1)《选择》与麦克杜哥的文章《从倾斜的塔上瞭望》相关段落“存在血缘关系”，但王攸欣在正文中不置一词；(2)王攸欣根本没有读过克罗齐《美学》的英文版，但他在《选择》中处处摆出对此书很有研究的样子；(3)《选择》引朱光潜一段话有数处错误，疑《选择》此节引文从他人另文中转引。

我是在《怎样批评朱光潜?》第三部分的结尾处和一个注释中指出《选择》中这三个细节性错误的。王攸欣不仅反复纠缠于此，而且在三篇文章中都一再向读者宣称：我只是将这三个细节性错误作为指责他学风、文风不端正的“关键例证”。

因此，我要特别指出，我严厉批评《选择》的主要原因，不在于它所包含的诸多不符合学术规范的细节性错误，而在于这部书及其作者在论述和批评朱光潜中表现的严重的学术错误和根本不负责任的治学态度。我指出这些细节性错误，只是将之作为旁证加强我对《选择》的严重学术错误的批评。

正因为我并不将这三个细节性错误作为《选择》书中的主要的学术错误，所以，我在《怎样批评朱光潜?》中只是点到为止；也正是由于这个原因，我在《答王攸欣〈怎样作学术批评?〉》一文中，也没有针对王攸欣的责难就相关事实作进一步的解释。然而，王攸欣因此认定我在回答他的文章中“只是默认”了他对我作的“有意构陷或偏执误读”的指责，从而宣判我“不能作学术批评”。

现在，为了澄清事实，我不得不在下面就王攸欣反复纠缠的三个细节性错误的是与非展开讨论。这实在不是我的兴趣所在。但是，为了结束王攸欣持续在此作无聊的纠缠而且以此混淆是非，特别是为了使读者能够更好地了解我究竟是怎样批评《选择》的、《选择》及其作者王攸欣的主要错误究竟在哪里，我不得不认真努力做好下面的细节性澄清工作。

王攸欣怎样对待确切的事实

在我的《怎样批评朱光潜?》中，王攸欣对之纠缠不休、借以指责我“有意构陷”的那段话是：

> 在《选择》中，还有很多由于作者的学风、文风不端正而产生的问题。例一，在《选择》书末的参考文献目录中，列入了沙巴蒂尼和麦克杜哥批评朱光潜的文章；在该书正文中，王攸欣有两处提到沙氏，而对麦氏则未置一词。但是，《选择》书中有一段长达一页半的，也是仅有的评述朱光潜《悲剧心理学》的文字，与麦氏文章中相关论述的文字和观点都很近似(而且同样空洞!)。这使读者不能不意识到《选择》这部分内容与麦氏文章之间存在血缘关系。王攸欣

在《选择》正文中只字不提麦氏，如果不是学风问题，也是文风问题。例二，从《选择》例示的参考文献目录和正文引注看，王攸欣根本没有读过克罗齐《美学》的英文版，但他在《选择》中处处摆出对克罗齐此书很有研究的样子，反复指摘朱光潜的中译本将某个英语词“误译”“改变”了。事实却是，这些指摘的内容都来自朱光潜在《克罗齐哲学述评》中对相关英语词汇的说明。这是“用朱光潜批朱光潜”的伎俩。王攸欣对此事实也是只字不提，实在难辞蓄意掩盖之咎。（《文艺研究》，2003 年第 5 期）

这段话明确指出了《选择》一书中的四个事实：A.“在该书正文中，王攸欣有两处提到沙氏，而对麦氏则未置一词”；B.“从《选择》例示的参考文献目录和正文引注看，王攸欣根本没有读过克罗齐《美学》的英文版”；C.“《选择》书中有一段长达一页半的，也是仅有的评述朱光潜《悲剧心理学》的文字”；D. 王攸欣反复指摘朱光潜对克罗齐《美学》的英文版作的中文翻译将某个英语词“误译”“改变”了，但从未说明（只字不提！）其说法来自朱光潜。王攸欣两篇反驳文章，直接承认或证实了我指出的前三个事实；对第四个事实，王攸欣只承认前一半，否认后一半。王攸欣说：

肖鹰指责我没有读过《美学》英译本，却摆出很有研究的样子。确实，我没有读过克罗齐《美学》的英译本，我到北京图书馆去借过，可惜没借到，但我也实在并没有“摆出很有研究的样子”（见拙著第八章，第 196 页）。克罗齐《美学》是意大利文写的，英译本只是译本之一，朱光潜认为错误颇多，1940 年代，朱光潜参照英译本和意大利原文本第 5 版，仔细译了原理部分，此后又作了修订，对研究朱光潜来说远比英译本重要，朱光潜对译名有反复的说明，事实上我也还懂点英语，知道译名尤其是某些学界已经讨论的关键性概念可能出现的问题，难道研究朱光潜中译本及其研究成果就只是“用朱光潜批朱光潜”，不可能得出超出于朱光潜的结论吗？那任何研究都会面临同样的问题。我的研究恰恰在比较朱光潜的不同译文和他自己的说明中，得出了新的结论——很多学者觉得令人信服，并表示赞赏。（《怎样作学术批评？》）

王攸欣这段自我辩护是否遵循了逻辑同一律等论辩规则，我提请读者注意，但不作评价。在这里，我只针对王攸欣声称的“我的研究恰恰在比较朱光潜的不同译文和他自己的说明”，引出《选择》中的一段话来看王攸欣究竟是怎样“比较”朱光潜的！王攸欣说：

《美学》里说，心灵创造性地赋予混沌的、被动的、无法感知的刺激物以意象，就是直觉。克罗齐用感受（sensation）、感触（feeling）、印象（impression）等

> “材质”表示这些刺激物，但他后来发现了这种“方便假立”概念的毛病，就把感触(feeling)偷换成情感。在西文里 feeling 可以表达这两种意义，这种情感由实践活动产生，因此直觉所需的材质便不假外求了。朱光潜也明白感触和情感的差别，在第三章介绍直觉的形成时用 feeling 的感触义，把直觉当表现时却用的是情感义，这就违背了逻辑同一律。不过他在第七章就直觉赋予“材质”以形式的“材质”提出了疑问。“材质”对应于英文“matter”，该词朱译为物质，很不妥当，因为这易和我们称为客观实在的物质混淆，只要用此译名，克罗齐整个学说就会显得荒谬，因为他根本不承认有客观实在。因此我们除直接引用朱光潜原文时用物质译名，其余均改称材质。(《选择》，第 137～138 页)

这是“在比较朱光潜的不同译文和他自己的说明”，还是在煞有介事地批评朱光潜？是在严肃地引述朱光潜，还是在有意盗用朱光潜？这段话的上下文，都没有说明其根据和资料来源(也没有相关注释)，读者如果不相信《选择》的作者王攸欣对克罗齐《美学》英文版素有研究，就只能认为他是超文本的语言巫师了！王攸欣这样做，难道不是“根本没有读过克罗齐《美学》的英文版，但他在《选择》中处处摆出对克罗齐此书很有研究的样子”吗？

从他在两篇反驳文章中的申辩看，王攸欣似乎真(?)不明白我为什么一定要指责他“根本没有读过克罗齐《美学》的英文版”。正如他所说，克罗齐的《美学》原文是意大利文，我为什么不指责他没有读此书的意文版呢？就此，我不得不特别指出：我对王攸欣的指责不是针对他“没有读过克罗齐《美学》的英文版”，而是针对“他在《选择》中处处摆出对克罗齐此书很有研究的样子”。这就是王攸欣学风不端正的一个表现。

王攸欣一再声称“怀疑”我认真通读过他的《选择》。上述《选择》中的四个事实是我从该书中总结出来，并且首次向学术界揭示的。要准确把握和判断它们，如果不至少认真通读《选择》两遍，是不可能的。王攸欣在反驳文章中一再呼吁真实、具体的批评。这是正确的。那么，他为什么根本不顾我文章中的事实，一味“怀疑”我没有认真通读过他的“著作”呢？

王攸欣怎样对待自己的错误

我在《怎样批评朱光潜?》的一个注释中指出：“《选择》引朱光潜这几句话有数处文字误、漏，特别是漏掉了朱光潜原文中插入的英文单词‘form’和‘image’，而且误注出处为‘《朱光潜全集》第 1 卷，页 51’，疑《选择》此处的引文不是来自朱光潜原著，而是从他人另文中转引。”

对于我的批评，王攸欣的回答是：

> 他（肖鹰——引者注）据拙著的一处打印错误，怀疑我转引自“他人另文”，而实际上，此段引文还在同书中出现两次，并无打印错误，这说明，肖鹰显然是急于找到拙著中的错误，就足够他作文章了，这样来作学术批评怎么行呢？（《呼吁》）

事实如何呢？就让我们列出朱光潜的原文和王攸欣的三次引文作一细致比较，看看是我急于寻找他“著作”中的错误，还是其错误过多，不容忽视：

朱光潜的原文是：“在凝神注视梅花时，你可以把全副精神专注在它本身形象，如象注视一幅梅花画似的，无暇思索它的意义或是它与其他事物的关系。这时你仍有所觉，就是梅花本身形象（form）在你心中所现的‘意象’（image）。这种‘觉’就是克罗齐所说的‘直觉’。”（《朱光潜全集》第 3 卷，1987，第 51 页）

王攸欣的第一次引文是：“在你（!）凝神注视梅花时，你可以把全副精神专注在它本身形象，好（!）像（!）注视一幅梅花画似的，无暇思索它的意义或是它与其他事物的关系，（!）这时你仍有所觉，就是梅花本身形象[]（!）在[]（!）心中所现的‘意象’[]（!）。这种‘觉’就是克罗齐所说的‘直觉’。”（《选择》，第 176 页）

王攸欣的第二次引文是：“在凝神注视梅花时，你可以把全副精神专注在它本身形象，如象注视一幅梅花画似的，无暇思索它的意义或是它与其他事物的关系。这时你仍有所觉，就是梅花本身形象[]（!）在你心中所现的‘意象’（image），（!）这种‘觉’就是克罗齐所说的‘直觉’。”（《选择》，第 195 页）

王攸欣的第三次引文是：“在凝神注视梅花时，你可以把全副精神专注在它本身形象，如像（!）注视一幅梅花画似的，无暇思索它的意义或是它与其他事物的关系。这时你仍有所觉，就是梅花本身形象（form）在你心中所现的‘意象’（image）。这种‘觉’就是克罗齐所说的‘直觉’。”（《选择》，第 266～277 页）

在上列后三则引文中，“__”、“[]”、“（!）”是我标记的，它们分别标示错字/增字、遗漏字符处、提示错误。将王攸欣的引文和朱光潜原文比较可见：被王攸欣一再宣称为“此前所有的评审意见和公开发表的书评，几乎无一例外地称此书学风严谨、扎实，即使持批评意见的书评者也是如此”的《选择》，三次引述朱光潜约 120 字符的同一节话，共计错误 10 处，在第一次引述中错误 7 处，而且三次竟然没有一次引述完全符合原文！这就是王攸欣所声称的“学风严谨、扎实”？

然而，王攸欣将我指出的错误轻松地推诿给“打印”，并且只承认其实际包含了 10 处错误的三次引文中只有一处错误；在王攸欣的眼中，我则完全是为了“作文章”才急于到他的“著作”中找错误。

从他的《选择》到三篇对我的反驳文章，王攸欣都表现了在别人的论著中“发现错误”的天才。然而，他对自己书中的诸多明显错误却总是两眼一抹黑，即使被指出来了，或者矢口否认，或者推诿给别人。为什么？因为王攸欣对自己的“著作”不只钟爱有加，而且根本就是一种过度自恋。我们读《怎样作学术批评？》《呼吁》，能读到王攸欣对自己的“著作”“最谦虚”的说法是：

（我当然不敢保证我的著作绝对没有错误）！（《呼吁》）

请看，这个“最谦虚”的说法还别别扭扭地藏在一个括号里。一个当代青年学者自恋到如此地步，怎么可能接受或容许别人批评呢？怎么可能坦然正视和公开承认自己的错误？我们又怎么可能期待他能够稍微拿出一点善意而不是如此充满敌意地面对批评和批评者呢？

王攸欣指责我急于找到他的“著作”中的错误来作文章，并宣判我这样不能“作学术批评”。按王攸欣的标准，我怎样才有资格“作学术批评”呢？难道只有去他的“著作”中寻找王攸欣博士“深刻独到”的“创见”才能“作学术批评”吗？

一个不容王攸欣否认的“血缘关系”

王攸欣一再声称，我指出《选择》对朱光潜《悲剧心理学》的评述与麦克杜哥的文章《从倾斜的塔上瞭望》相关段落“存在血缘关系”是对他的“有意构陷”，并且要求我向他“公开道歉”；当看到我的回答没有如其所愿时，他愤怒了，他说：“一个痛恨因袭的研究者，其著作竟被人指为与他人文章存在血缘关系，强烈地感到受了人格侮辱。”（《呼吁》）

在《怎样批评朱光潜？》中，我所谓“血缘关系”，不过是比喻性地指出：王攸欣对朱光潜《悲剧心理学》的论述与麦克杜哥文章相关段落的高度相似，会使读者自然意识到（！）他受到了麦氏的深刻影响。一个学者的文章、思想受到另一个学者的文章、思想的影响（甚至深刻影响！），并不是什么可耻的事情；而且，没有一个学者敢说他的文章、思想完全不受到别人的影响，除非他真是自恋到了王攸欣这个地步，真认为自己的“著作”是横空出世、无中生有！我很难相信，一个心态正常的学者会只是因为被人指出他的文章与别人的文章有“血缘关系”（受到别人的影响）就“强烈地感到受了人格侮辱”。

为什么王攸欣如此忌惧这个“血缘关系”呢？从他在《呼吁》中连续两次说到“‘存在血缘关系’或抄袭”，显然是将这两者混为一谈了。我真想不到，王攸欣竟然不能区分学术的“血缘关系”与“抄袭”。这一方面令我感到“不轻易许人”的王攸欣有“抄袭”恐惧症，另一方面又令我对王攸欣的中文修养（以及生物学知识）产生一点怀疑。

在《怎样作学术批评？》一文中，王攸欣曾将《选择》中唯一论述朱光潜《悲剧心理学》的段落和与麦克杜哥文章的相关部分并列摘录出来，向读者展示两者之间并无血缘关系。他斩钉截铁地说：“如果不是怀有偏见，会认为上引两段文字有血缘关系？”然而，王攸欣只是列出了这两个文本中的相关部分，并未作比较。现在让我们来对它们作具体比较，看看两者之间是否“存在血缘关系”：

第一，麦/王主张——朱光潜奉行唯理主义的悲剧原则。麦克杜哥说：朱光潜“立足于教条主义地信奉亚里士多德的传统；和他早期的关于方法的声明相反，他求助于理论而不是求助于悲剧的典范”。**王攸欣说：**“他的这种思维方式大致说来是唯理论的，他不是从文学发展的具体历史和已经出现的现代作品中去重新确定其悲剧观念，却拿几个世纪以前形成的范畴去裁定发展了的经验事实。”

第二，麦/王主张——朱光潜从希腊悲剧观念（命运原则）出发，否定非希腊文化的悲剧。麦克杜哥说：“朱光潜的论点是，中国没有一个严格意义的悲剧的样本。他的理由是中国人同印度人和希伯来人一样。和欧洲流行的东方宿命论相反，不能真正欣赏命运的作用。”**王攸欣说：**“他认为中国人、印度人、希伯来人都没有产生过悲剧，甚至欧洲近代以来也已经无法产生悲剧了，为什么呢？因为这些民族和现代人的作品都不符合他的悲剧概念——实际上并不是他的，而是他接受的古典主义悲剧概念。他并不从现代的那些已被公认为悲剧的作品中去寻找悲剧性和悲剧精神，却抱定悲剧必然和不可知的命运相联系的想法，以此去裁判所有的作品。”

第三，麦/王主张——朱光潜从希腊悲剧观念（命运原则）出发，否定近代悲剧。麦克杜哥说：“朱光潜关于近代悲剧的讨论也是有错误的……我们应该看到在朱光潜的理论中除了可能不妥当之外，毫无疑问还有教条主义地生搬硬套。从他的其他著作中我们得知朱光潜了解易卜生、奥尼尔和梅特林克的作品，似乎把他们看得很高。”**王攸欣说：**“朱光潜并非没有考虑到中国古代的悲剧和西方近代以来的悲剧，他在《悲剧心理学》第十二章《悲剧的衰亡：悲剧与宗教和哲学的关系》中即花了大量篇幅来论述这个问题，说明他的偏颇并不是由于狭隘的经验论所致，而是以既定的概念来推绎出判断的标准所致。”

第四，麦/王主张——朱光潜从希腊悲剧观念（命运原则）出发，否定非戏剧体的悲剧。麦克杜哥说：“俄狄浦斯的婚姻本来就有意义要使观众震惊，不过中国戏剧确实没有可同希腊戏剧完全相似的范例。站不住脚的是这种言外之意，即中国文学全然缺乏悲剧精神，朱光潜不承认像杜甫这样的悲剧诗人和《红楼梦》这样的悲剧小说是非常奇怪的，特别是鉴于他后来把道德上的崇高归功于希腊民族的议论。”**王攸欣**说：“凡属没有表现出强烈的宿命感和悲壮感的戏剧、小说在他（朱光潜——引者注）看来都是缺乏悲剧精神的，即使在我们看来比古典悲剧更为深刻，更具有悲剧感的现代名著如陀思妥耶夫斯基的《罪与罚》《卡拉玛卓夫兄弟》也不能称为悲剧——后者同时违背了他的悲剧与宗教不相容的观念。”

第五，麦/王主张——朱光潜的悲剧观念有值得肯定的转变。麦克杜哥说：“他对中国和当代文学的傲慢态度可能也是由于学院中的趋炎附势引起的。他所受的大学教育大半忽视了当代的著作，并且大半忽视了艺术中的非西方传统。值得注意的是当朱光潜回到中国后这些态度很快被丢弃了。”**王攸欣**说：“可喜的是他并非总是执着于这种思维方式，写《西方美学史》的时代就已经改变了这样的观点，把一些中国作品和现代作品也算作悲剧了。”

第六，麦/王主张——朱光潜在悲剧论述中的空泛/浮夸文风。麦克杜哥说：“朱光潜未能显示出中国严肃文学和民间文学的发展和相互作用，他又不乐意在这种情况下区别悲剧的形式和精神，因而导致他发出了一些夸大的空泛议论。”**王攸欣**说：“《悲剧心理学》因其具体目标的关系，所以不像朱氏其他著作那么平易朴实，为了显示掌握资料的广泛性和全面性，有时沾染了一点浮夸之气。”

第七，麦/王文章（书）上述内容的基本趋向是对朱光潜的《悲剧心理学》的立场、观点和方法持批评（否定）态度，只在此前提下给予局部有限的肯定。

第八，在观点基本一致、内容相近的前提下，麦/王文章（书）相关部分论述文字篇幅相近。麦克杜哥的文章中包含上述内容的部分，不包括引文约800汉字符（包括引文共计近1700汉字符），分四个自然段；《选择》的相关部分不包括引文约900汉字符（包括引文共计近1200汉字符），一个自然段。

（限于版面，不能在此完整列出麦/王相关段落，再作比较分析。上列各节引文按问题分类排列，顺序与原文不一致。上例引文原文在：[美]麦克杜哥：《从倾斜的塔上瞭望》，《新文学史料》1981年第3期，第244页；王攸欣：《选择》，第166～167页。）

在这两段均不超过900汉字符（不包括引文）的文章之间，汇集了这么多的相似性（相同性），难道不是一个奇迹吗？

王攸欣在反驳我对他的批评时宣称：“我并没有特别看重麦克杜哥的研究，为什么不能不置一词呢？”（《怎样作学术批评？》）真是如此吗？他现在怎样解释他与麦克杜哥之间在论述朱光潜《悲剧心理学》中的奇迹般的相似呢？然而，世界上真有如此相似的两段文章却相互不存在“血缘关系”的奇迹吗？

现在，王攸欣还能否认《选择》与麦克杜哥的文章之间“存在血缘关系”——准确讲是王攸欣受到麦克杜哥的深刻影响吗？如果王攸欣认定“与他人文章存在血缘关系”就是“受了人格侮辱”，那么，这个侮辱王攸欣是洗不掉了。不过，我坚持认为，一篇文章受到别人的影响并不是可耻的，可耻的只是如王攸欣这样蓄意而且固执地掩盖他所受到的影响。

并非多余的话

本文的举证、分析已经证明，真正践踏学术批评的是王攸欣，而不是我。我对王攸欣《选择》一书的批评是认真负责、尊重事实的。

在《呼吁》中，王攸欣已经越出批评（反批评）的界限，对我作人身攻击。尽管如此，基于本文阐明的各项事实，我坚持我这个判断，“《选择》是有许多学术错误，并且学风、文风不端正的书”；坚持我在《怎样批评朱光潜?》一文中对《选择》作的严格的学术批评。

我当然深知，坚持对王攸欣作严格的学术批评，非常可能还要招致他更进一步的人身攻击。因为王攸欣的表现让我认识到，他确实已经错误地将此举作为他维持自己的“学术声誉”的唯一希望！

但是，无论如何，我还是将王攸欣视作一个学者。因此，最后我愿善意地提示王攸欣：要做一位学者，就选择了随时要接受学术批评的命运；坦诚面对学术批评，是一位真正爱惜自己的学术声誉的学者必备的素质。

（原载《中华读书报》2004 年 2 月 25 日）

岂容于丹再污庄子

日前，著名艺术家韩美林在政协会上直言："我从前挺崇拜她于丹的，突然她蹦出一个她喜欢周杰伦，这下子绝对灭了我喜欢她的想法。因为你天天讲庄子，孔子，你突然一个周杰伦！你讲庄子，庄子不是说'天地有大美而不言'，你怎么喜欢一个大喊大叫的？在那儿弄这一套！那是音乐吗？那是杂耍！……你这么大把年纪了，你讲着我们中国传统的东西的时候，你讲到美学了没有？你知道庄子里面有多少美学吗？你假如知道的话，你就不会说这个话！"①韩先生此言一出，即刻被媒体冠以"炮轰某某"的名号炒作为又一个媒介热点。

韩先生以72岁的高龄发出此肺腑之言，其中虽不免长者偏激之语，但言之谆谆，义之切切。于丹依然故我地"高姿态"回应韩先生的批评，她对媒体说："一般人年纪大了，地位高了，就容易口是心非，评价熟人时更是如此，但韩老师一直都在说真心话，从喜欢我到不喜欢我，现在在发言中替我痛心，一点都不做作，这很难得，我能感觉到他的诚意，老爷子真可爱，希望广大读者不要为难他。"②

作为后辈，我钦佩韩美林先生为中国文化的健全发展大义直言！我曾有幸在一项文化活动中与韩先生数日相处共事，他真是一个"不失赤子之心"的"可爱的老爷子"。但是，我们不能因为韩先生的可爱，就将他针砭时弊的严肃批评打入娱乐文化的冷宫。是也，非也，我们应当认真辨析。

一　周杰伦与庄子美学

首先把周杰伦与庄子(国学)扯在一起的，不是韩美林，而是于丹本人。她在2007年底央视《面对面》节目中接受记者王志访谈时，宣称"现在全世界的人都知道我热爱周杰伦"，并说："现在有很多人把周杰伦跟传统文化对立起来问我，说我们年轻的孩子都去听这种流行歌曲了，然后你再讲《论语》、讲《庄子》，你怎么样才

---

① 韩美林2009年3月9日在全国政协十一届二次会议小组讨论会上的发言(http://ent.163.com/09/0311/11/544D2JQB00031H2L.html)。

② 转引自徐力(2009)。

能用这种传统文化的核心价值去影响现在的孩子，我很坦率地告诉他们，我认为周杰伦和方文山，某种意义上，跟我做的事情是殊途同归的。”[①]韩美林应当是听到于丹如此说法后，才产生了对她是否懂得庄子美学的质疑，因为他认为真正懂得（认同）庄子美学的人，是不会欣赏周杰伦的。

庄子的美学，作为中国古代的“纯艺术精神”（徐复观语）的发源，其精神义理是极丰富深邃的。就此，我们只可举出其核心要义。庄子美学的宗旨，是“与造物者为人，而游乎天地之一气”（《庄子·大宗师》），即以体认天地万物的根本“道”（气）为旨归。因此，一方面，他在万物统一于道（齐物论）的基础上持审美相对论，即所谓“厉与西施，恢诡谲怪，道通为一”（美与丑在根本上是一致的）；另一方面，他又主张以虚静澄明的心灵烛照天地，从而透现宇宙最深刻而静极的本体。“水静犹明，而况精神！圣人之心静乎！天地之鉴也，万物之镜也。夫虚静、恬淡、寂漠、无为者，天地之平而道德之至，故帝王圣人休焉。”（《庄子·天道》）依此审美精神，庄子的审美趣味反对刻意雕琢修饰，主张“淡然无极而众美从之”的“朴素”的美感。这朴素的美感，是“原天地之美而达万物之理”而成，因此“朴素而天下莫能与之争美”。简言之，以自我的“虚静之心”，观照天地间“素朴之美”，是庄子美学的要义所在。徐复观先生认为庄子追求的是一种落实于人生的“纯素”之美，这种美体现于艺术，是由中国的水墨山水画为代表，实为精到之见。[②]

周杰伦的歌唱艺术表现的是与庄子美学旨趣相异的另一种世界景象，是当代人格的最终孩童化的“青春自我”，即是无历史记忆的、纯粹感性的、碎片化的自我的世界景象。这是一个非中心化的、任意感觉和游戏着的“青春童心”，他的眼睛不是为认识世界而是为将世界中的一切景物“再现”为琐碎而新奇的梦象而存在的。波德莱尔说，这种漫游症式的“再现”将我们带回到神话般的“童年时代”：“儿童看什么都是新鲜的，他总是醉醺醺的。儿童专心致志于形式和色彩时所感到的快乐比什么都更像人们所说的灵感。……儿童面对新奇之物，不论什么，面孔或风景，金箔，色彩，闪色的布，衣着之美的魅力，所具有的那种直勾勾的、野兽般出神的目光应该是出于这种深刻愉快的好奇心。”[③]作为当今最流行的青春文化偶像，周杰伦就拥有这样一双孩童化的眼睛，在这双眼睛中，无论神秘的历史传说、古老的童话，还是当代生活景观，都被从它们的时空语境中破碎出来，变成了飘荡在无坐标的形象世界的文化碎片。周杰伦眼中的世界，是一个混乱无序而奇特无限的世界，

---

① 见央视访谈《面对面》节目（http://news.tfol.com/10026/10130/2007/8/28/10410620.shtml）。

② 徐复观（2001：80）。

③ 波德莱尔（1987：480）。

他用他的呓语式的童声风格的歌唱将我们引入这个世界，让我们在与无时间的碎片图像持续的意外碰撞之中享受儿童式的惊喜。周杰伦的歌，有这几个感性特点：词缺少文意的连贯性，“前言不搭后语”；全曲无调性的叙唱调与古典抒情乐句的杂糅；低迷的梦呓式的吟唱夹带着亮丽的高音歌唱。这种歌曲风格，不仅是一种中西古今乐风的碎片式的杂合，而且将一切可感觉之物都变成了儿童眼中的“意外的惊喜”①。相对于庄子的“虚静之心”，周杰伦的是“浮荡之心”；相对于庄子的“朴素之美”，周杰伦的是“炫惑之美”。因此，韩美林说一个真正认同庄子美学的学者不会同时欣赏周杰伦的音乐，是理在其中的。

如果就广义的国学或中国传统文化来看，周杰伦的歌唱艺术虽然糅合了诸多传统艺术元素，但并没有表现出在精神上与中国文化的趋同或对之作弘扬。庄子说：“夫道不欲杂，杂则多，多则扰，扰则忧，忧而不救。”（《庄子·人间世》）不独庄子及道家美学，孔孟及儒家美学同样追求艺术精神及其表现的纯粹性和一致性。荀子说“君子知夫不全不粹之不足以为美也”（《荀子·劝学》）。这种追求“纯粹完全”的审美理想，实际上是世界各民族传统文化的基本审美精神。周杰伦的歌曲作品，从作词，到作曲，到表演，都表现出跨时空、跨地域和跨文化的杂糅现象。他的词作者方文山，被媒体誉为“当今第一大词人”。如果此说仅指他的歌词创作中糅合了许多中国古典诗词语汇和意象，是可以成立的；但是，如果此说指他在当代文化中传承或创新了中国词曲艺术，则不能服人。他的词创作有三个特点：第一，戏仿唐宋诗词中的颓废感伤情调；第二，时空错乱的意象堆砌；第三，文白夹杂的非逻辑的语言组合。《菊花台》当属于方文山词作中最近于唐宋词格调的一首歌词。《菊花台》前两段是：“你的泪光柔弱中带伤/惨白的月弯弯勾住过往/夜太漫长凝结成了霜/是谁在阁楼上冰冷地绝望/雨轻轻弹朱红色的窗/我一生在纸上被风吹乱/梦在远方化成一缕香/随风飘散你的模样。菊花残满地伤/你的笑容已泛黄/花落人断肠我心事静静淌/北风乱夜未央/你的影子剪不断/徒留我孤单在湖面成双。”其中，“惨白的月”，与“雨轻轻弹”如何相配？“花落人断肠”，又怎能“我心事静静淌”？以王国维评词的标准论，《菊花台》既未获神理（写景状物未能真实传神），又缺少寄兴（不能传达言外的精神意味），它给予听众的只是似是而非的意绪漂浮，实无境界可言（此歌词情意与宋徽宗赵佶的《燕山亭》一词相近似，但两相比较，就可深感赵佶感怀人生游离的沉痛凄楚的境界）。

周杰伦的歌，援用传统文化元素，正如其援用流行文化元素，其宗旨只在娱乐，其效用也只在娱乐。它对于传统文化的意义，不在弘扬，而是消解，因为在其似是

---

① 参见肖鹰（2006：58-65）。

而非的挪用中，传统文化的纯正性与完整性被肢解和取消了。换言之，传统文化在周杰伦的歌唱艺术中，只是一种被肢解、拼贴的娱乐元素。于丹声称“我认为周杰伦和方文山，某种意义上，跟我做的事情是殊途同归的”，我相信于丹在此说了一句真话，因为她使用了同样的娱乐化原则把《论语》和《庄子》带入当今中国的大众娱乐市场。当然，她声称自己与他们是“殊途同归”不够确切，因为三人的策略一样、技巧一样，不同的只是使用的媒介不一样：方文山使用歌词，周杰伦使用歌唱表演，于丹使用演讲语言。准确讲，在把传统文化娱乐(愚乐)化的道路上，于丹只是步周杰伦的后尘而行者，她以周杰伦为偶像，的确如其追捧者所说，是于丹的“诚实”的表现。

二　《于丹〈庄子〉心得》：谁的“庄子”？

自于丹在央视《百家讲坛》讲《庄子》以来，学界和大众抨击于丹严重误解、扭曲庄子思想的声音就持续不断。2007 年，我曾为撰写批评于丹的专文《中国学者为何“不学而术”？——兼谈“于丹现象”》[①]，用心研读过《于丹〈论语〉心得》，以读此书的心得，我认定不读《于丹〈庄子〉心得》[②]也可料知其中连篇累牍的错误和愚乐。然而，为了写这篇文章，我以“我不入地狱，谁入地狱”自勉，专嘱学生从图书馆借来用心研读再三。坦率说，尽管我有充分的心理准备，读这本《于丹〈庄子〉心得》的心得，还是一场空前未遇的劫难式心灵洗礼。

此书令我第一大吃惊的是于丹从讲《论语》到《庄子》的超人的“淡定”。这个“淡定”表现在于丹面对学界持续的严正批评所做的两个坚持：第一，坚持“用古人说话”，无论孔子、庄子的原意是什么，都用他们来宣讲自己的“心得”；为了达到自己的目的，不仅肆意歪曲他们的原意，甚至不惮修改其文字、语句；第二，坚持以“百家讲坛愚乐经典”的模式向听众和读者炮制拙劣的“心灵鸡汤”。从《于丹〈论语〉心得》到《于丹〈庄子〉心得》，其立意、主题和叙述结构，都是“一以贯之”的，乃至于我初读后一本书时还以为错借了前一本书。换言之，只要将书中的“庄子”换为“孔子”，将“庄子”的故事换为“孔子”的故事，《于丹〈庄子〉心得》就是一本彻头彻尾的《于丹〈论语〉心得》。读《于丹〈庄子〉心得》，我最强烈的感受是“于丹心得”的“孔子”化装成“庄子”再度粉墨登场，仔细地辨别，又可看到缕缕“于丹心得”的“老子”的幽灵。虽然书中屡称“庄子云云”，却见不到我读《庄子》原典或自郭象直至近世

---

① 肖鹰(2007)。

② 于丹(2006)；于丹(2007)。

冯友兰诸先哲论著中的庄子的影像。当然，无论“孔子”“庄子”或“老子”，在这本书中都扮演着为当代职场或考场中挣扎的苦闷之徒做心理慰安的济世郎中的角色。如果我们一定要从《于丹〈庄子〉心得》看到一个“庄子”，我们只能看到一个“于丹心得”的功利而媚俗的“庄子”，一个由于丹操纵的兜售廉价的人生道术的“庄子”。这个“庄子”与《庄子》中的庄子完全无关，也与两千余年来滋养着中国文化和艺术心灵的庄子无关。

在《于丹〈庄子〉心得》中，有如下篇目：第4章“认识你自己”、第5章“总有路可走”、第7章“坚持与顺应”、第9章“心态与状态”。在这些篇目下，于丹大讲“认识你自己”和“坚守自我”是通往人生福地的必由之路。研修过中国哲学史的学者都知道，与孔孟哲学主张教化民众、以礼约人的仁学理想相反对，老庄哲学的基本精神是绝学弃知、返璞归真。庄子讲人生的解放之途，就是通过“心斋”和“坐忘”，实现自我遗忘而使自我的生命完整地回归于造化运行的大千世界，即实现他所谓“天地与我并生，而万物与我为一”(《庄子·齐物论》)的境界。对于庄子，人生的根本幸福不仅不是来自所谓“认识你自己”和“坚守自我”，反而是自我意识(“有我”，物我分别)导致了人类个体的生命真性的丧失，导致了与生俱来的困苦和劳役。老子在庄子之前已有言：“吾所以有大患者，为吾有身。及吾无身，吾有何患?”(《老子·十三章》)庄子循老子之路而又加以改进，主张人生解脱之道是以自我身心俱忘而浑然与天地万物一体。他的逍遥游的人生理想的真义即在于此，用他的话说，就是“旁礴万物以为一”(《庄子·逍遥游》)。“我”明明是庄子全力要消除的人生障碍，在于丹的“心得”中却被尊奉为要认知、坚守的人生福地。这是于丹教授的无知，还是愚乐?

读《于丹〈庄子〉心得》可见，全书充斥着对庄子义理、命题、概念的误读、歪曲，错误连篇，凡涉及庄子，几乎找不到一页没有歪曲或误解的。比如，她解释“旁礴万物以为一”说：“这个神人啊，他的道德啊，可以凌驾万物之上，将万物融合为一体。旁礴，就是磅礴。连叔用了一个流动人心的词：‘旁礴万物’，其实，就是让自己成为天地至尊。这种磅礴万物不一定借助神仙功力，这往往指的是我们的内心。”[①] 这则话表明，于丹根本不懂庄子之意。“旁礴万物以为一”本是指物我浑然一体、天下大同的境界，以此，庄子又如何期望“凌驾万物之上”“让自己成为天地至尊”? 在解读庄子论人生短暂“若白驹之过郤”时，于丹如是说：“人生百年。我们生命里面的这一段光阴，跟整个时间的流程相比，是微不足道的。用庄子的比喻来讲，‘人生天地之间，若白驹之过郤，忽然而已’，好像是一匹白马从门缝里跑过去，那样倏忽

---

① 于丹(2007：25)。

一瞬一样。”[①]一匹马(无论黑白),如何“从门缝里跑过去”,而且还是“那样倏忽一瞬”? 常识告诉我们,无论在庄子的时代,还是我们的现实,这都是不可能的! 这大概只有在“于丹心得”的“天堂”中可以实现。这种类似的错误,在于丹此书中不胜枚举,它们反映的不只是于丹是否懂得庄子的问题,而是以“传播国学”为使命的于丹教授是否懂得常识、尊重常识的问题。与其学理、常识错误相伴的是,于丹此书中的天女散花而令人应接不暇的语病。在上面引的这句话中,就有两个语病:“整个时间的流程”是什么? 怎么计算? “倏忽一瞬”,“倏忽”和“一瞬”都是指一刹那间,即知觉中不能再分的最小时间单位。“倏忽一瞬”,难道还有“绵绵一瞬”? 读《于丹〈庄子〉心得》,在遭受缤纷而至的语言惊吓中,我常有其作者出语不过大脑的幻觉。

在《于丹〈庄子〉心得》中,对孔孟老庄诸子思想的张冠李戴和错误嫁接,也时常令人惊怖啼笑。在此书第54～55页,于丹两次讲“儒家追求‘杀生而取义’”。此话令我惶然若丧,以为自己往昔对孔孟所知根本错了,因为“杀生而取义”翻译为通行白话,就是“反生命恐怖主义”。重温《论语》和《孟子》,才知于丹教授将孔子说的“杀身以成仁”(《论语·卫灵公》)和孟子说的“舍生而取义”(《孟子·告子》),窜讲为“杀生而取义”,生生将儒家的“仁义”学说篡改成“恐怖”学说了(当然,还如蒙牛公司在“特仑苏牛奶”中添加“OMP”一样,于丹教授在这个“于丹心得”的创新命题中添加了佛教的否定性用语“杀生”——佛教反对“杀生”)。在《于丹〈论语〉心得》中,开篇一章的标题就是“天地人之道”,这是把学生子思的思想安到了先生孔子的头上。孔子(《论语》)讲“天道”、讲“人道”,但是不讲“地道”! “天地人之道”出自子思所著《中庸》,是对孔子“天人之道”的发挥,所谓“人与天地参”;《易传》进一步阐发子思此说,所谓“兼三材而两用之”。在《于丹〈庄子〉心得》中,于丹教授故伎重施,在第10章“大道与自然”中,大谈庄子说“大道合乎自然”。在《庄子》一书中,“自然”一词出现8次,不仅无一次涉及这个命题,而且无一次以“自然”论“道”(大道)。老子曾有“人法地,地法天,天法道,道法自然”(《老子·二十五章》)一说。于丹所谓“大道合乎自然”,就是出于老子此说。她将它强加于庄子,只可说这是于丹教授“假李为庄”的“心得”。而且,明审的读者会注意到,“法”和“合乎”是不同义的,因此,于丹的“大道合乎自然”只是对老子的“道法自然”的貌合神离的戏仿。

钱穆指出:“循庄子之修养论,而循至于极,可以使人达至于一无上之艺术境界。庄生之所谓无用之用,此惟当于艺术境界中求之,乃有以见其真实之义也。”[②]

---

① 于丹(2007:77)。

② 钱穆(2005:287)。

徐复观也说："庄子不是以追求某种美为目的，而是以追求人生的解放为目的。但他的精神，既是艺术的，则在其人生中，实含有某种性质的美。因而反映在艺术作品方面，也一定会表现某种性格的美。而这种美，大概可以用'纯素'或'朴素'两字加以概括。"[①]钱、徐两先生所论，实为精辟之见。《于丹〈庄子〉心得》全书以"人生修养"为主题展开，但既无一处涉及庄子人生的"素朴的美"，更只字不提及庄子美学。这表明其作者于丹对庄子生命精神的根本隔阂。因而，韩美林质疑以周杰伦为偶像的于丹是否懂得庄子美学，不仅表现了韩先生对庄子精神的洞见，而且的确直击了于丹的要害。

概括地说，充斥《于丹〈庄子〉心得》一书的错误，表明于丹不仅在学理上根本未入庄子哲学堂奥，甚至其对庄子的皮毛之见，也是歪曲多于正识。退而言之，《于丹〈庄子〉心得》一书，言不成句，句不成篇，篇不成书，是一本无知无畏的愚乐大众的劣作。学术界对此书的严正批评至今不绝于耳，但于丹从未以任何方式在任何场合认错和道歉；两本错误累累的"于丹心得"反复重印，发行量巨大，于丹对其中错误却只字不改！于丹一再声称她"传播国学"奉行"三鞠躬一握手"原则。这就是：向古圣先贤一鞠躬，向读者观众一鞠躬，向媒体一鞠躬，跟与所有与其"探讨"的人一握手(央视访谈《面对面》)。试问，炮制如此拙劣的愚乐经典的"心得"而且拒不认错的于丹教授的"三鞠躬"可能有一丝诚意吗？如果古圣先贤有灵在天，将怎样应对这位于丹教授的鞠躬呢？我真不知道孔子会有如何态度，但我可猜想庄子的笑纳。庄子认为道无所不在，甚至"在屎溺"(《庄子·知北游》)，"以道观之"，他必笑纳于丹的鞠躬和《于丹〈庄子〉心得》。

三　真人：庄子人生哲学的精义

老子与庄子，同以"道"为宇宙万物的本原。但老子主张"道法自然"，而庄子主张"法天贵真"(《庄子·渔父》)。老子的人生理想是以"无为"的自然态度"复归于朴"，即回复到原始纯朴的状态。庄子的人生理想则是"虚己以游世"(《庄子·山木》)，"乘物以游心"(《庄子·人间世》)，从而实现"缘而葆真"(《庄子·田子方》)的纯美自由的境界。"朴"，实际上是退守无为的消极状态，亦即老子的"自然"；"真"，则是开放融合的积极状态，就是庄子的"朝彻"和"见独"，即体认我与世界本真的统一、融合。这种真的体认，落实于个体，是其生命最真实自然的表现，而且因其最真实自然，产生至深的感动和融合。"真者，精诚之至也。不精不诚，不能动

① 徐复观(2001：81)。

人。故强哭者，虽悲不哀；强怒者，虽严不威；强亲者，虽笑不和。真悲无声而哀，真怒未发而威，真亲未笑而和。真在内者，神动于外，是所以贵真也。”（《庄子·渔父》）就此，庄子的宇宙论落实于人生论，而其人生论实践为他的既特立独行又博大宽容的人生境界——“真人”境界。

因为“法天贵真”，庄子反对一切虚伪造作和趋炎附势之徒，他将贪恋权势的名家惠施比喻为嗜吃死鼠的乌鸦，讥讽获得秦王宠惠而得意轻狂的宋国曹姓商人是秦王的“舐痔者”。他一生贫困，但为了保持自我的纯素的自由，拒绝楚王请其做相的邀请，并以“曳尾涂中”的水龟自喻。庄子还写道：“泽雉十步一啄，百步一饮，不蕲畜乎樊中。神虽王，不善也。”（《庄子·养生主》）所谓“神虽王，不善也”，是指恬然生息于水泽的雉鸡悠然自得，自然显出尊贵威仪，而非刻意为之。这实在就是庄子纯素的人生美（真人）的自我写照。庄子的“真人”人生和哲学，对于我们今天过于功利的社会和人心，实在是一剂清凉至纯的仙药。但一经于丹们的媚俗愚乐的手艺调配，这仙药则变成了蛊惑人心的迷魂汤。因此，韩美林先生对于丹的正言批评，是对借庄子愚乐大众的于丹们的一个棒喝，实在来得必要、及时！

（原载《当代文坛》2009 年第 4 期）

学界要有勇气直面抄袭

南京大学教授王彬彬批评清华教授、著名学者汪晖的《反抗绝望》一书存在严重抄袭现象的署名论文，见诸报端一周来，导致的不是学界对抄袭是非进行严肃甄别，而是在媒体报道称"多名专家称抄袭说难成立"的背景下，"说汪晖抄袭，王彬彬遭挺汪派围剿"的局面。(《现代快报》(南京)2010 年 3 月 28 日)

这一近年来并不鲜见的现象，再次重演，令人在为中国学界深感悲哀的同时，难以沉默。

一　钱理群等三位学者为汪晖的辩护，缺少学者应有的严谨和责任

王彬彬对汪晖的抄袭指证是否成立，甄别是非的关键是将王文与汪著作比对，逐条核对所指抄袭是否确凿。第一个公开表示"抄袭之说不成立"的学者是著名鲁迅研究专家、北京大学教授钱理群先生，然而他发表这个意见的前提却是"他刚刚听闻此事，王彬彬的那篇文章尚未读完，而且手头没有《反抗绝望》一书可以查阅，所以只能根据他此前对该书及汪晖本人的了解谈一点自己的看法。"(《京华时报》2010 年 3 月 25 日)紧接在钱理群之后公开表态的两位鲁迅研究学者，在重复"抄袭之说不成立"的意见时同样没有对王彬彬指证的抄袭情况作具体甄别。

虽然没有作具体甄别，钱理群等三位学者却给出了"抄袭之说不成立"的三点理由：第一，汪著是作者在读博士生时的著作，写作时间离现在已过 20 年，当时缺少严格的学术规范要求；第二，王文指出的汪著抄袭问题，只是不合学术规范的技术问题，不是有意抄袭的学风问题；第三，汪著的核心观点应该是汪晖独立思考的结果，其对鲁迅研究的贡献不能否定。基于这三个理由，钱理群向媒体表示"此事最好是到此为止，因为各方已经表达了他们的看法"(《钱江晚报》2010 年 3 月 26 日)。

钱理群等三位学者为汪著所做的"抄袭之说不成立"的辩护，是根本站不住脚的。首先，《反抗绝望》一书，来自汪晖 20 年前的博士论文不假，但是，此书先后在

台湾久大(1990)、上海人民(1991)、河北教育(2000)和北京三联(2008)发行四版。按照出版规则,新版属于新书。王彬彬批评针对的是2000年河北版汪著——汪著最后修订版(2008三联版未修订),按作者新版序,此版是"修订再版",实际上作者也作了删节和文字修订,作者理应为书中内容全部负责。同时,以"80年代缺少学术规范"和"博士生不成熟"作辩护,也是不尊重史实和不负责任的说辞。其次,用"技术问题"化解"抄袭责任",是回避了王文的具体指证。王文共计具体指证汪著抄袭他人著作10例,在其中,根据笔者的核对和**参考汪著上下文**,有两例是明显不能成立的(汪著58～59页,涉及李泽厚著作;汪著72页,涉及勒文森著作),有两例可以宽容地归结为"技术问题"(汪著68页、69页,涉及勒文森著作),但是,其余6例,是确凿的抄袭(逐字逐句的抄袭),而且抄袭意识明显可见(或者没有任何注释,或者注释明显是误导读者的)。最后,抄袭和学术成就是两个概念,两者不可互相代替。不能用"有成就"证明"无抄袭";但是,如果抄袭现象严重,关系到主要立论和观念,"成就"就要打折,甚至瓦解。

严肃讲,钱理群三人为汪晖做的辩护,不仅站不住脚,而且还令人遗憾地看到三位学人缺少作为学者应有的严谨和责任。

二　个案分析:汪著抄袭学者李龙牧《五四时期传播马克思主义思想的重要刊物——"新青年"》一文

在王文中,有一节专门分析汪著第61～62页中的一自然段"以搅拌、组装、拼凑等多种方式"抄自林毓生《中国意识的危机》一书。将王文摘录的汪著与林著相关段落比对,两者主要内容令人感到似是而非;参照两著相关段落,读王文的分析,更觉王说搅混、牵强。笔者在"豆瓣网"读到网友"vivo的日记"一帖(2010-03-27),其称汪著此文抄袭自李龙牧1958年发表于《新闻战线》第1期上的文章《五四时期传播马克思主义思想的重要刊物——"新青年"》。经查对原发期刊李文和汪著,情况确实如"vivo的日记"所言。下面全文录出汪著该段文字:

> 《新青年》开始出版正是在袁世凯极力巩固其卖国统治,准备扮演帝制丑剧的时候。辛亥革命在人们心里点燃的短暂的虚妄的希望已经幻灭了,建立了四年的"中华民国"不仅没有真正走上富强之道,连"民国"的招牌都岌岌可危。于是,《新青年》的第一个结论是辛亥革命并没有在中国建立起民主政治,

> 还需要大张旗鼓地宣传资产阶级民主思想，争取实现名副其实的民主共和国。这种政治性结论直接引导了“五四”知识者对思想文化的重视。袁世凯称帝前便已在提倡祭天祀孔，以便从思想体系上为帝制作张本；《新青年》在袁世凯称帝时发表的文章中也便开始具体地反对儒家的“三纲”和“忠、孝、节”等奴隶道德。[①]1916年秋，保皇党康有为上书黎元洪、段祺瑞，主张定孔教为“国教”，列入“宪法”，《新青年》便陆续发表了许多文章，从反对康有为扩大到对整个封建伦理道德的批判。[②]这一方面是因为这个复古逆流确与帝制复辟的阴谋有关，而更重要的是当时进步的思想界有一种比较普遍的认识，即认为要想在中国实现民主政治，便必须有一个思想革命，或者如当时所说的“国民性”改造，从而断言“伦理之觉悟为最后之觉悟”[③]——从“中体西用”到“托古改制”，从政治革命到文化批判，“传统”的各个层面至此被想象为一种具有必然联系的整体而遭到彻底的否定，其标志便是普遍皇权与社会文化传统的内在关联得到深刻的揭示，而“中庸”的思想模式，“折中”“公允”的生活态度被激烈的、否定性的、整体观的思维模式所代替。[④]（第61～62页）

比对李文和汪著，我们可以发现：第一，汪著这个自然段全文约600字，前约六分之五来自对李文第二、四自然段的抄袭，抄袭基本是逐字逐句，但有几处跳跃；第二，该自然段后六分之一，即“从‘中体西用’”开始，汪著对李文第四自然段结尾进行了改写，并且很快转入对王彬彬指出的林毓生著作相关段落结尾部分文句的糅合式使用。第三，在汪著这个自然段中，加了四个注（王文引用此段时略去了）。这四个注，前两个是完整照抄李文原注，后两个是汪著作者加上的。加第3注，是因为汪著在抄袭的李文语句中加上了一句自己引用的陈独秀的原话，注释内容是陈著书名；汪著第4注内容如是：“鲁迅对‘中庸’的批判可参见邱存平《关于鲁迅对中庸思想的批判》一文，见《鲁迅研究动态》1987年第10期。”

从以上分析，可见汪著这个自然段有三个特点：第一，抄袭严重；第二，抄袭手法混用；第三，作者是熟悉注释规则的。对于钱理群等用“技术问题”来否定王文指证的抄袭，我们有必要提请他们注意：汪著这个自然段与邱文，相同点只有“中庸”“折中”“公允”三词；相反，这个自然段，主要文字直接抄自李文，结尾文字和意思又基本属于林著，为什么汪著作者不注李文和林著，反而注邱文呢？

王文长达万余言，但仅具体指证了汪著第一编，即三分之一篇幅（全书共三编）的抄袭问题。尽管如前文所言，王文的指证能确凿落实“抄袭”的，只是六处；但这六处中有四处是大段落抄袭。因此仅就汪著这三分之一而言，恐怕抄袭情况也不可谓之不严重。这样的抄袭情况，无论是在20世纪80年代，还是在今天；也无论是对于专家学者，还是对于博士学生，恐怕都难以用“不够学术规范”或“不成熟”来开脱之罢？

三 勿以混搅历史的办法强拉古人为今日抄袭之辈背黑锅、作保护

严肃认真地揭露和甄别抄袭是非，消极地讲，是惩戒学术不端行为；积极地讲是鼓励和保护学术创新。实际上，对抄袭的揭露和甄别，本身就是一个具有重要学术价值的活动。学术抄袭不仅侵犯了著作权人的合法权益，而且也向读者甚至学术界屏蔽了真实的学术源流。抄袭的屏蔽作用，在那些一度被推崇为杰作甚至经典的“抄袭之作”的流传中，影响更大。甄别抄袭，就是一项正本清源的工作。

然而，令人惊异的是，这次揭露抄袭似乎非但未给中国学界带来积极的帮助，反而激发了某些学者把今天学者的抄袭账赖在古人身上的勇气。比如，扬州大学教授姚文放在向媒体为校友汪晖的抄袭辩护时，公然使用了“古人也曾把名著据为己有”的奇论，并且说：“现代以来许多知名学人也有类似情况，例如鲁迅评价陶渊明并不是浑身静穆，既有‘采菊东篱下，悠然见南山’这样闲适的一面，也有‘刑天舞干戚，猛志固长存’这样金刚怒目的一面。此话最早是朱熹说的，但鲁迅当时也没有说明引用何处——这在当时，是完全许可的。”(《扬州晚报》2010 年 3 月 29 日)鲁迅真是把朱熹的妙语“据为己有”，而“不说明”吗？我们看看这两位先师究竟如何说的：

> 李太白诗，不专是豪放，亦有雍容和缓底，如首篇“大雅久不作”，多少和缓！陶渊明诗人皆说是平淡。据某看，他自豪放，但豪放得来不觉耳。其露出本相者是《咏荆轲》一篇，平淡底人如何说得这样言语出来！(《朱子语类·论文下(诗)》)
>
> 又如被选家录取了《归去来兮辞》和《桃花源记》，被论客赞赏着“采菊东篱下，悠然见南山”的陶潜先生，在后人的心目中，实在飘逸得太久了……就是诗，除论客所佩服的“悠然见南山”之外，也还有“精卫衔微木，将以填沧海，形天舞干戚，猛志固常在”之类的“金刚怒目”式，在证明着他并非整天整夜的飘飘然。这“猛志固常在”和“悠然见南山”的是一个人，倘有取舍，即非全人，再加抑扬，更离真实。(《鲁迅全集·“题未定”草(六)》)

朱熹讲陶渊明“豪放得来不觉耳”，称其《咏荆轲》是“露出本相者”；鲁迅讲陶渊明有“猛志固常在”和“悠然见南山”的两面，用的例是《读山海经》。朱熹讲陶是

豪放与平淡的统一，鲁迅讲陶是飘逸与怒目的对立。**鲁迅如何“剽窃”了朱熹呢**？**精卫填海等于荆轲刺秦**？姚文放教授是真不知原委，还是蓄意搅混历史以便拉起在九泉下长眠了数十载的鲁迅来给当代抄袭之辈背黑锅呢？这样的学识和态度，如何面对鲁迅？如何面对讲台下的子弟？

有识之士都承认，学术剽窃已成中国学术的大害。中国学术欲得救治，学界必须有勇气直面抄袭。如果应之以无原则的庇护和无理的赖账，中国学术未来必无生机可言。

（原载《中华读书报》2010年3月31日）

“范曾现象”的文化解析

近年来国内闹国学、兴大师，范曾以一个“国学开讲”，一夜之间就由“国画大师”转型为众多媒体造势追捧的“国学大师”，这就是所谓的“范曾现象”。“范曾现象”在当代文化活动中具有典型性，值得我们深思。

一　范曾的“国学”

我不确定什么时候知道“范曾”，但我确切知道，无论美术界，还是学术界，对“范曾其人其画”评价甚多。收藏家郭庆祥的《艺术家还是要凭作品说话》一文，不点名批评范曾“自我吹嘘”和“过度包装”，要旨也是指范曾虽然博得“名满天下”，虚而不实。[①]

在《范曾自述》中，范曾自诩说：“当我有了这样的明确的发现之后，我的艺术的进步简直以迅雷不及掩耳之势，使全社会震惊，我的画也以空前的速度冲出亚洲走向世界。仅仅十年时间，我像从激烈的地震颤动中，大地被拥起的奇峰，直插云天。”[②]在范曾的公开自白中，这样的自诩不胜枚举。

近日，我专门对范曾的著述做了一番考察。据“范曾官方网站”（http://fanzeng.artron.net）介绍，自2000年至2010年间，范曾出版著作92种。其中，从中国青年出版社2001年版《范曾谈艺录》到中国文化艺术出版社2010年版《范曾自述》，约有20种可称“学术论著”。经过浏览比对，我发现，这些“范曾学术论著”，全部由各类零散文章编辑而成，不仅无一有条理成体系的“著作”，而且其中文章严重重合，差别不过是编排顺序不同，当称之为“十书一个样，一书十个名”。汇总“范曾学术论著”，清除重复篇目，也许可以编辑一册20余万字的“范曾杂论杂述汇编”，它的代表就是2010年的《范曾自述》。这个发现让我认识到，范曾不仅如收藏家郭庆祥所揭露的那样，“将十来张宣纸挂在墙上，以流水操作的方法作画”，而且

① 郭庆祥（2010）。

② 范曾（2010a：26）。

“出版著作”也是“一书十编”的“流水线作业”。

那么，“范曾大师”的“国学造诣”究竟如何呢？我以为“范曾国学”有三个特点。

其一，以散漫无章的浮言游辞，逞古今中外无所不知之能，语焉不详，却又作头头是道之状。例证：《天与人：儒学走向世界前瞻》一书，是范曾与著名儒学专家杜维明的对话集。读此书，我们看到，在这场被媒体炒作为“当代儒学巅峰对话”的对话中，杜维明理彻言明，从容贯通地讲述儒学传统的天人观念，并以“天有不能”“人与天地参”和“恻隐本心”诸观念落实儒学的“现代价值”；与之相对，范曾在对古今中外的生拉硬扯中，主要表现的是他除了“知道”吾国有孔孟老庄诸子之外，还“知道”西方有柏拉图、亚里士多德、莱布尼茨、康德一干人。[①] 这当然不是“对话”，而是学问家的思想讲示与门外汉的炫知逞能的“对比”，两者学问思想的高下，虽不当谓“天人之别”，但可称“天地之差”。

其二，以常识掉书袋，不解义理，混乱芜杂，却又口号连天。例证：范曾《走进国学》一文全文列标题分四部分：国学的“源头活水”，国学的分类，国学与现代社会的关系，几本国学参考书。就我所知，就题名与结构看，这篇文章当是“范曾国学”绝无仅有的“纲领性文件”；该文末尾注明“本文为范曾在部级领导干部历史文化讲座上的发言”，则足见该文非等闲言论。然而，读完此文，你除了见到在任何“国学读物”甚至“百度百科”都可翻检到的“国学”零碎信息外，无法从“范曾大师”的“讲示”得知国学究竟何物、何义、何为；你更无从知道“范曾国学”有何纲何领。但是，你可以见到不少口号式的、似是而非的“国学论断”。比如：“国学的源头活水究竟是什么？用一句最简单的话来概括，即‘先秦之学的生发’，这是对国学简捷而明了的论述”；“国学的终极目的是‘为己’之学，而不是为人、为物、为事而学”[②]。至于这样的“口号论断”，究竟有何依据，义理何在，“范曾大师”是不予论说的。

其三，中西穿凿附会，以不知为知，以无理为理，以妄说为真传。《书道法自然》一文，散见于范曾近年出版的《书道法自然》《范曾自述》等多种“著作”，当然是“范曾大师”论书法不可或缺之文。范曾在该文中称：“柏拉图之摹品说，在中国传说中的庖羲氏之时已然作如是说。”[③]《易传·系辞》言：“古者庖羲氏之王天下也，仰则观象于天，俯则观法于地，观鸟兽之文与地之宜，近取诸身，远取诸物，于是始作八卦。”《易传》哲学的“仰观俯察”的“拟象观”，是基于“一阴一阳之谓道”的“唯变所适”的宇宙论；柏拉图主张的是以“永恒不变”的“理念哲学”为前提的“模仿说”（不

---

① 杜维明、范曾（2010）。

② 范曾（2011）。

③ 范曾（2010b：9）。

知范曾所谓“摹品说”语出何处?)。在“变动”与“永恒”之间,“庖羲氏”(伏羲)与柏拉图正相反对,前者如何代后者立言？由此可见,范曾所谓“国学”,于中西源头处的根本大义,都未知是非究竟；他总是向读者炫耀的“中西贯通”,不过是附会妄言。

国学传统的治学精神,儒家讲诚意涵养,道家讲虚心守真,释家讲本心自觉,这三者在“范曾国学”中是见不到的。“范曾国学”的根本缺陷,就是缺少入于心灵的真切和出于心灵的真诚。“范曾国学”在当下文化中由出版到演讲,从平面媒体到影视网络,声势排场甚是壮观。但是,无论搞多大排场,造多大声势,范曾还是不能掩饰他的“国学”的内在缺陷和外在虚夸,当然也免不了学界非议丛生。

二　范曾的“坐四望五”

范曾的“画分九品说”,当称“令古今震惊”之论；无疑此说的“震惊点”,是“范曾大师”设定了他在古今世界画坛的“坐四望五”之位。

1995 年,赵忠祥《岁月随想》记载:“记得 1982 年在密云水库,我们一起做一个电视节目。他对我说过一段话,他说,画分九品,可分为正六品与负三品。一品,谓之画家,作品赏心悦目:二品,谓之名家,作品蔚然成风；三品,谓之大家,作品继往开来；四品,已成大师,凤毛麟角；五品,谓之巨匠,五百年出一位；六品,可称魔鬼,从未看到。负一品,不知美为何物；负二品,看之愈久,离其愈远；负三品,与美不共戴天,在艺术的审判所,判处死刑,立即执行。我问他:‘那么,你认为你属于这九品当中的哪一品呢?’他颇为自得地笑着说:‘哈,我是坐四望五,以待来日。’”[①]

国画分品,肇始于南朝谢赫《古画品录》。他以“绘画六法”为理论框架,将国画分为六品[②]；后世画论家,如唐代张彦远、宋代黄休复、明代董其昌,虽然各说有异,但都以谢赫之论为先导。我认为,宋代黄休复的画品说,是国画品评体系的结晶性表达。黄休复说:“画之逸格,最难其俦。拙规矩于方圆,鄙精研于彩绘,笔简形具,得之自然,莫可楷模,出于意表,故目之曰逸格尔。大凡画艺,应物象形,其天机迥高,思与神合。创意立体,妙合化权,非谓开厨已走,拔壁而飞,故目之曰神格尔。画之于人,各有本性,笔精墨妙,不知所然。若投刃于解牛,类运斤于斫鼻,自心付手,曲尽玄微,故目之曰妙格尔。画有性周动植,学侔天功,乃至结岳融川,潜鳞翔

---

① 赵忠祥(1995:140-141)。

② 谢赫(2007)。

羽,形象生动者,故目之曰能格尔。”[①]

传统国画品评理论贯穿和张扬的是追求画家自我与天地自然的生命统一的国画精神,“逸”“神”“妙”“能”诸范畴对画品的界定,就是以解决形与神、技与道、物与我等一系列矛盾的深刻性和超越性的高下之分为准则的。将“画分九品说”比较于古代画品论,我们可以清楚地看到,充斥范曾的画品观念的,不是对传统国画精神的追溯和发扬,而是他急于在绘画史和当代画坛争名逐利的“画王排名”冲动。从范曾后来在论“画分九品”的专文中的界定可见,“画家”“名家”“大家”“大师”“巨匠”“魔鬼”,这些名词在范曾的心目中,标志的是一个“画家”在名利场中的“排名”和“身价”。范曾说:“第三是大家:置身于大家之列,也就是独具突兀、不同凡响,自然会天下云集而景从,其影响所及,能够达到让天下人风起云涌地跟着他走。”[②](范曾《吟赏丹青》)这样的“大家”,不就是今天娱乐文化中的明星效应吗?范曾所追求的这种明星化的大家/大师/巨匠效应,与古代画品论精神毫无关系。

在其“九品说”中,范曾以六品为最高,将自己排在“坐四望五”之列。何谓“坐四望五”?范曾说:“第四是大师:前足以继往,后足以开来,一个朝代大概有十数人。他们的作品真正能够使你心旌动摇,能够使你在灵魂上有所升华;第五是巨匠:五百年必有王者兴,为不世之才,不是每个时代都有的;第六是魔鬼,古往今来,中西画坛,仍付阙如,一个还没有。若举庶几近之者,西方的米开朗基罗有点接近,东方的八大山人有点接近。”[③]

依其自许,范曾“神与八大山人争驱”“力比米开朗基罗”。范曾说:“我今天作画,其实只发挥了我的才能的不到50%……如果能有另外的环境和条件,那么我的画还会有更长足的进步,还会有更伟大的境界。”[④]因此,“坐四望五的范曾”,就是将与八大山人、米开朗基罗三足鼎立古今世界画坛之最的“画魔范曾”。“画分九品说”让我们看到,范曾的“直插云天”,决非虚言,不仅有算数有历史地把自己编排在“五百年一出”的“画王”之列,而且终身定位是“中西画坛,仍付阙如,一个还没有”的“画魔”。这就是范曾的“以虚求实”,“虚到极处而实到极处”的功名观。

范曾坦言,他是从“中国历史上的官制受到启发”,官分九品,也将画分九品。以画名攀附官阶,这当然是范曾画家观的独到之处。不过,无论官品,还是画品,古人均以一品为高;范曾反以一品为低。老子言:“天得一以清,地得一以宁。”“一”,在中国文化中享有至尊地位,何以在“国学大师”范曾的眼中如此卑贱呢?

---

① 黄休复(2007:171)。

② 范曾(2007b:128)。

③ 范曾(2007b:128)。

④ 范曾(2007b:134)。

三　范曾的反国画精神的“流水线作画”

在传统画论体系中，“气韵生动”为“绘画六法”的第一法，画品分类之首纲；坚持以“气韵生动”为绘画的精神统率，是贯穿中国画论、画品说历史发展的一条红线。这条红线不仅将超越物象的生气、精神作为国画表现的本体因素，而且确定了画家自我与绘画作品的生命统一。这就确立了既作为绘画精神，又作为绘画方式的“意”在国画创作中的核心统率。这个“意”的统率作用，不仅是书画同源的形上基础，而且也是“一笔书”和“一笔画”成为书法、国画的创作理念的根据。张彦远说：“昔张芝学崔瑗、杜度草书之法，因而变之，以成今草书之体势：一笔而成，气脉通连，隔行不断。唯王子敬明其深旨，故行首之字，往往继其前行，世上谓之一笔书。其后陆探微亦作一笔画，连绵不断，故知书画用笔同法。”[①]

张彦远所揭示的，是国画创作精神的精义所在，它所强化的是画家在创作过程中的完整的生命投入和因此而展现的绘画行为的连续性（统一感）。清代石涛的“一画说”，渊源在此。石涛说：“太古无法，太朴不散；太朴一散，而法立矣。法于何立？立于一画。一画者，众有之本，万象之根，见用于神，藏用于人，而世人不知，所以一画之法乃自我立。”[②]石涛此说，明确将画家与绘画统一的“整体生命”的创作精神奠定在“众有之本，万象之根”的“一”（道）的根基上。

观范曾画作，专业人士多有“千人一面”之感，这种雷同性从哪里来？根本原因就是范曾不能体会“意存笔先”的境界，斤斤计较于逞技炫巧的人物造型，落入自我模式化的机械描绘，用谢赫的话说，就是“拘以体物”。从操作手法看，其原因在于收藏家郭庆祥最近揭露范曾的“流水线作画法”：“他将十来张宣纸挂在墙上，以流水操作的方法作画。你猜怎么着？每张纸上先画人头，再添衣服，最后草草收拾一番写款，由他的学生盖章。”（《艺术家还是要凭作品说话》）

这种“流水组装人物”，是根本违背国画的“一笔画”精神的机械复制性生产；它追求的是“多、快、省”的商业效率。“流水线作画”破坏了国画创作的有机整体性和非重复性原则。张彦远说：“守其神，专其一，是真画也。死画满壁，曷如污墁？真画一画，见其生气。”[③]在流水线作业中，范曾的脑子中装满了人物形象的零部件，“意旨乱矣，外物役焉”，怎能企望他的绘画有生气、有气韵？

---

① 张彦远（2007：114-115）。

② 石涛（2007：140）。

③ 张彦远（2007：115）。

范曾时常以苏东坡赞吴道子的诗“当其下手风雨快，笔所未到气已吞”自誉，声称自己作画是“随兴之所至，墨酣笔畅，解衣槃礴，观古今于须臾，托（当为‘抚’——引者注）四海于一瞬”，“作画时忘怀荣辱、罔知物我之范曾”[①]范曾此说，难道不是对他自己的“流水线作画”的绝妙讽刺吗？

我们当然可以相信范曾“二十分钟画一幅《泼墨钟馗》”的作画速度，但这个速度只是来自一个熟练工匠的“手艺”，而“不是真画一画，见其生气”的艺术原创。

四 中西不分、古今不辨的“范曾美学”

在国画创作中实行“流水线作画”，无异于中国传统绘画精神的自杀。范曾既自认国画的“弘扬者”，以做八大山人360年之后的不二传人为使命，为何又以如此拙劣危害的方式“变法”国画呢？我认为，除了郭庆祥所揭露的在利益驱动下以“画人民币”的态度“作画”的原因，还有范曾对中国绘画精神缺少深刻体认的原因。范曾不仅自认“坐四望五”的“国画大师”，而且以“汇通儒释道，学贯中西”的“国学大师”自许。但是，阅读《范曾谈艺录》（中国青年出版社2007年版）等文献可见，范曾的学术修养是奠定在非常零乱、粗浅的“见识”基础之上的。不仅中西学术的大义未通，而且于中西文艺、文化的许多常识的认知，都是似是而非、牵强附会的。在“范曾学术”中，充斥着惊人的常识错误和混乱表达，以其学术表现，范曾尚未跻身学者之列，更遑论“国学大师”。

在“范曾学术论述”中，“庄子”和“柏拉图”是反复被引用的两个思想家，他们分别代表范曾最推崇、似乎也最有领会、认同的中西美学鼻祖。然而，我们看到，对于范曾，庄子美学的真谛就是“天地有大美而不言”，而柏拉图美学的核心则是“艺术是永恒真理的摹品的摹品”。范曾说：“美是真也是善，而至高的美则是永恒理念，艺术在它面前无能为力。啊，真是东西大哲的不期而遇，他们虽然词语有殊，而大旨一也。庄子深知宇宙天地之大美是绝对永恒的自在之物，凭人类自身局限的小智小慧，是无法和它相提并论的，而柏拉图同样以为艺术所能负荷者，只应是老老实实地遵循宇宙永恒的理念，不要作非分之想。”[②]

依范曾此说，庄子的“天地有大美而不言”与柏拉图的“艺术模仿论”就是“同宗共旨”了。然而，我们知道，庄子“天地大美观”，是以其“天地与我并生，万物与我为一”的“齐物论”哲学为前提的；柏拉图的“永恒理念”，是建立于本体与现象二分的

---

① 范曾（2010a：152）。
② 范曾（2007a：7）。

先验哲学，它是存在于现实世界之外的“永恒整一”的“绝对实在”。从审美精神而言，“天地大美观”开启的是中国美学“与物无对”（天人合一）的审美精神；“永恒理念”奠定了西方古典理想主义的“自然与艺术相对”的创作理念。因此，庄子与柏拉图，是殊途异归的。

范曾对柏拉图的误读，不仅基于对西方学术史的整体隔阂，而且也来自他对柏拉图的“认知”只是道听途说。他虽然不吝使用推崇柏拉图的辞藻，但每每述及柏拉图的思想学说时，范曾只是重复大致如此的两句话：“柏拉图的美学观点简单而明确：他认为天地万物是永恒理念的‘摹品’，而艺术则是‘摹品的摹品’。柏拉图曾说：‘人类要用不朽的生命来回忆永恒的真理。’”[①]在这两句话中，前一句话只是复述柏拉图的“模仿说”命题；第二句话，不知范曾引用自何处，但可肯定地说，绝非“柏拉图曾说”。柏拉图既不会主张“人类的生命不朽”，也不会主张“用生命回忆真理”。

柏拉图哲学的要义之一，是“不朽的灵魂回忆永恒的真理”，即“灵魂回忆说”。柏拉图说：“我们实际上已经相信，如果我们要想获得关于某事物的纯粹的知识，我们必须摆脱肉体，由灵魂本身来对事物本身进行沉思。从这个论证的角度来判断，只有在我们死去以后，而非在今生，我们才能获得我们心中想得到的智慧。”[②]当范曾反复“引用”这个“柏拉图曾说”的时候，他显然不知道柏拉图在《斐多篇》《斐德罗篇》和《会饮篇》中是如何主张“不朽的灵魂”应从“可朽的身体”中解脱出来，“通过拒绝身体的罪恶使自己不受污染”，从而回升到不朽的理念世界。范曾不仅不懂得柏拉图的核心论说灵魂回忆说，而且把“生命”与“灵魂”混为一谈，如此“国学大师”，当然是当今中国特产。我们不知道这个“人类永恒生命”教义出自何处，但可以确定无疑的是范曾根本没有阅读过柏拉图任何原著，他所知的不过是“口耳之说”的“柏拉图”。

对于庄子，范曾是有阅读的，因此了解要多于柏拉图。但是，当范曾把“庄子美学”归结为“大美无言”，而又主张“庄子深知宇宙天地之大美是绝对的永恒的自在之物”的时候，他不仅让我们看到了“范曾庄子心解”意味着对“庄子美学”多么简单粗暴的肢解、阉割，而且暴露了自称“我的变化，是从老子和庄子的哲学思想发端的”范曾，在根本上并没有读通庄子。庄子主张“与造物者为人，而游乎天地之一气”（《庄子·大宗师》），怎么可能又附和柏拉图，主张宇宙间有一种“绝对的永恒的自在之物”，而且还是他追求的“天地之大美”呢？根本没有读通庄子的范曾，是把

① 范曾（2009：70）。
② 柏拉图（2002：64）。

庄子的“天地大美”，实在化、客观化为“与我相对”的具体物象了。从艺术的角度，范曾所理解的“天地大美”，不过是拘于体物形骸的“自在之物”。老子讲“大象无形”，庄子讲“象罔之境”，在范曾的意识中是付之阙如的，然而，从艺术创作精神和审美形象观而言，这是老庄美学的精义所在。

正因为如此，尽管范曾在技巧上刻意用功追摹古人，但在精神上却与古人背道而驰。范曾视八大山人为古今国画第一人，曾长年临摹其画作，力争为其绝代传人。但是，无论从画作，还是从论述，范曾对八大山人的认知和仿习，都拘于形而失于神。庄子讲自然造化的根本精神是“覆载天地刻雕众形而不为巧”（《庄子·天道》）。但范曾在绘画实践和绘画认知中恰恰与庄子相反对，执着和得意于自己的线形技巧。范曾说：“我自以为几根衣纹足以睥睨南宋，与梁楷伯仲。”[①]他以为艺术形式可以脱离精神意蕴和作品整体，成为“绝对自在之美”，实际上是不能理解中国艺术哲学的“不形之形，形之不形”的精神。

出于美学认知上的根本缺失，范曾不以自己的艺术缺陷为丑，反以为“美”。对于他普遍遭受非难的人物形象的重复和雷同，范曾不能反省到自己的艺术造诣未过“形象关”（是“以形为形”，而非“形之不形”），反而自鸣得意，以“雷同”为“自我的艺术符号”。范曾声称：“我的艺术已经形成了独特的符号，普天之下，凡有人群的地方，都知道什么是范曾的画。”[②]如果一个画家的艺术形象雷同僵化到了如商标一样的“凡人皆知”，的确，这样的“艺术”也就只有“符号的意义”了。范曾的绘画被专家学者严重诟病和拒斥，难道不正是因为它们只是“千人一面”的“范曾符号”吗？

然而，范曾对庄子和柏拉图的“同一化解读”，并非简单误解，而是基于他本人的“美学观”。范曾说：“美是什么？它就是造化，就是自在之物，就是亘古不变的、不假言说的自然。”[③]在这个关于“美”的论断中，除了杂糅庄子的“造化”“不假言说的自然”和柏拉图的“亘古不变的自然（理念）”外，还塞进了康德的“自在之物”。用这个“美”的论断，范曾真正要表达的，既不是庄子的美学观，也不是柏拉图的美学观，而是他本人奉守的“美学观”：“这种美意识是一种自在之物，这种存在是绝对的、不以人的意志为转移的。而且这种存在，任何一个生理健全的人都能感受到。这就是我所讲的美的客观存在。”[④]范曾正是以这种“客观美论”肢解庄子和柏拉图，并将两者“二合为一”。“天地大美”＝“永恒理念的摹品”＝“客观自在的自然

① 范曾（2010a：28）。

② 范曾（2010a：144）。

③ 范曾（2007a：5）。

④ 范曾（2009：55）。

之美”，这就是“国学大师”范曾向公众宣讲的“我的美学提纲”。[①]

范曾所坚持的“美的客观性”的美学观，其来源是20世纪50年代盛行的以蔡仪美学为代表的“唯物主义的客观美论”。这种“美学观”，不仅在西方，而且在中国，也早已是“骨灰级”的过时之说了。从范曾的庄子、柏拉图的“解读”，到他对现代艺术的简单粗暴的拒斥，我们可以看到，半个多世纪以来，范曾不仅没有摆脱这种机械美论的影响，而且与半个多世纪以来的中西艺术文化发展是根本隔膜的。

（原载《贵州社会科学》2011年第10期）

① 范曾(2010c)。

“钱锺书斥责马悦然”考辨

一 “钱锺书斥责诺奖评委马悦然”

多年以来，在中国媒体（包括纸本报刊和网络）广泛流传着一则“钱锺书斥责诺贝尔文学奖评委马悦然”的话。这则话虽然被广泛引用和传播，却因为引用者都不注明出处，最终成为疯传多年的“无主信息”。这种“无主传播”状态，使“钱锺书斥责马悦然”的真实性丧失殆尽，如在新浪微博中，网友“云梦子围炉夜话”就在与马悦然现任夫人陈文芬交流时说道：“我百度了一下，虽有多家报刊转载此事，但皆未言及来源，实属可疑。我借用此轶事，无非是为中国文学鸣不平，无丝毫贬损污蔑钱先生之意。”[①]这是一种很有代表性的观点，它表明受众难以采信“钱锺书斥责马悦然”这则信息——实际上，其无主传播越广泛，其可信度越微小。

然而，这则“虽有多家报刊转载此事，但皆未言及来源，实属可疑”的“钱锺书斥责马悦然”信息，真是无中生有的“网络八卦”吗？不是！在《传记文学》1995 年第 1 期中，张建术撰写的报告文学《魔镜里的钱锺书》有这样一段话：

> 更早的时候，诺贝尔评奖委员会的汉学家马悦然上府拜访他，那次，钱锺书一面以礼相待，一面对着大名鼎鼎的马博士，说出一番尖锐的话来。他说：“你跑到这里来神气什么？你不就是仗着我们中国混你这碗饭吗？你懂中国吗？【你会说几句中国话，不就会说‘你好’、‘你吃了吗’这么几句吗？】在瑞典你是中国文学专家，到中国来你说你是诺贝尔文学奖评奖委员会的专家，【那钱是你给的吗？】你说实话，你有投票表决权吗？作为汉学家，你在外面都做了些什么工作？巴金的书译成那样，欺负巴金不懂英文是不是？那种烂译本谁会给奖？【别的国家都可以用原文参加评奖，中国作品就非得译成英文才能参

① 现探索新浪微博，“@云梦子围炉夜话”账号已经不在，本段文字转引自陈文芬 2011 年 10 月 2 日与其对话的转载（http://weibo.com/1738296430/xqU1gf6Qm）。

评】，有这道理吗？”[①]

上面这段话，就是“钱锺书斥责马悦然”的原始出处。《魔镜里的钱锺书》在《传记文学》发表后，张建术应邀对此文作了剪辑压缩，以《做聪敏的君子——侧记钱锺书》为题目在《大学生》杂志 1996 年第 1 期发表，这段话原文刊载其中；《中外书摘》1996 年 5 月号和《科技文萃》1996 年第 7 期先后以《聪敏君子钱锺书》为题目摘要转载了这个压缩稿，这段“钱锺书斥责马悦然”的话仍然刊载其中。

然而，我们现在网络搜索中，所能搜索到的这段“钱锺书斥责马悦然”的文字，均无作者、无出处，变成了难以采信的“无主信息”。

二　马悦然夫人陈文芬的否定

这则原出于张建术著《魔镜里的钱锺书》的“钱锺书斥责马悦然”文字，自发表以来，被广泛转载和传播，特别是 2000 年后网络普及以来，它已经是广为人知的信息。近年来，伴随着国人对“诺贝尔文学奖”的关注强化，更加之马悦然以“诺贝尔奖评委中唯一深谙中国文化、精通汉语的汉学家”身份在中国公众视野中曝光度的日益提升，“钱锺书斥责马悦然”的信息传播也愈加普及。但是，因为它在媒体中被演化为“无主信息”，就导致了无论引用者还是接受者都对之持“似是而非”的态度。

正是在这个语境下，马悦然现任夫人陈文芬（新浪实名认证微博“小妖陈文芬”）于 2011 年 9 月 29 日至 10 月 3 日期间，以回复网友的方式，在新浪微博发出 10 则微博，明确否定“钱锺书斥责马悦然”的可能性。陈文芬的主要观点表现在如下微博中：

> 回复@舍心忘兹：很多人利用传言，借钱锺书之口来伤害马悦然。我认为：传言中伤的不是我丈夫，而是钱先生。以钱先生之学养风范，谦谦君子，他能说出如此鲁莽无礼，缺乏常识的言语，对待一个外国书生，钱锺书是钱锺书先生，他可不是[德国汉学家]顾彬教授啊！2011 年 9 月 29 日
>
> 回复@舍心忘兹：马悦然 1981、1982 年两次拜访钱锺书，杨绛先生皆在场。那一系列拜访中国文人的活动，进行录音采访，有档案。我不忙于驳斥谣

---

① 张建术（2010：35-36）。按：作者张建术告知，《传记文学》版《魔镜里的钱锺书》为作者朗读手写稿，时任《传记文学》副主编刘向宏电脑录入，与原稿文字有个别出入。应作者要求，本处引用文化艺术出版社 2010 年版《魔镜里的钱锺书》中相关段落，其中，前两处“【】”中文字《传记文学》中没有，后一处“【】”中文字与《传记文学》中相应文字语句顺序前后颠倒。

言；令马悦然难过的是，怎么会有人利用故去的钱锺书，来讲粗鄙无聊的闲话，他们那一代人受苦还不够吗？2011 年 9 月 29 日

日本作家川端康成，大江健三郎，土耳其帕慕克获得诺奖，也有英文与其他语文译本的；这奖是瑞典学院十八名院士来评论，瑞典人学过欧洲几种主要语言，日文，中文对他们来说，就远得多了。评委需要译本是常情常识，钱锺书先生不至于连这样的事都不明白，谣言伤害钱锺书至此，文人集体悲哀。2011 年 10 月 2 日

回复@云梦子围炉夜话：当年马悦然、陈宁祖夫妇赴北京钱府拜访，两次见面杨绛先生也在，并无外人作陪。谈话主题是马悦然手中的研究大计划，就学术跟作者的视野，马悦然希望知道加进“散文”这一文类于学术计划，钱先生的看法如何？全程未谈过诺贝尔文学奖，更无谈过巴金作品。2011 年 10 月 2 日

回复@云梦子围炉夜话：马悦然欣赏许多中文作家作品，惟从未翻译过巴金作品，无论是英文或瑞典文；钱锺书、杨绛两位先生毕其一生于文化语言翻译贡献卓著，不会不知道诺奖评委需要译文阅读亚洲语系文学作品，此等谣言中伤仙逝多年的钱先生，马悦然活着的人为故友难过。2011 年 10 月 2 日

从时间比对，钱锺书与马悦然见面，不能谈及诺贝尔文学奖。彼时，马悦然如何能想到自己成为诺奖评审，天方夜谭啊。2011 年 10 月 3 日[①]

归纳上引微博，陈文芬否定“钱锺书斥责马悦然”的可能性的主要论据有：(1)她不相信钱锺书“能说出如此鲁莽无礼，缺乏常识的言语，对待一个外国书生”；(2)马悦然和已故前夫人陈宁祖两次拜访钱锺书是“一系列拜访中国文人的活动，进行录音采访，有档案”可作证；(3)马悦然没有翻译巴金作品，钱锺书不会针对他指责巴金作品翻译问题；(4)拜访钱锺书时，马悦然尚不是诺奖评委，钱锺书不可能用未来的事指责马悦然。

三　对陈文芬的否定之质疑

陈文芬对“钱锺书斥责马悦然”的“否定”，难以成立，有如下可质疑处：

其一，她主观性地将这则“钱锺书斥责马悦然”认定为“如此鲁莽无礼，缺乏常识的言语”，其他读者未必认同，钱锺书本人也未必认同。

---

① 本文马悦然夫人陈文芬微博言论皆引自其新浪实名认证微博“小妖陈文芬”(http://weibo.com/wenfenchen)。

钱锺书对人对事的严谨不苟、直言辛辣，是世所周知的，他如果看出马悦然“就是仗着我们中国混你这碗饭”，是绝不会隐而不发的。陈文芬女士如果花点时间阅读一下钱锺书自己的论著和其友人关于他的文字，就会了解钱锺书的“狂者胸恣”。

陈文芬认为“(诺奖)评委需要译本是常情常识”，她持这样的“诺奖常识”显然是把诺奖评委本身的语言缺陷变成了不可置疑的“天理”了。如果诺贝尔文学奖真正是“世界性”的文学奖，为什么非西方文学语言必须“转译”才有资格参评？文学的常识(不是诺奖的常识)是文学是语言的艺术，文学的语言在根本上是不可能通过翻译而不被损害的！这个文学常识，陈文芬女士大概不懂得，但是钱锺书是必然懂得的。

其二，陈文芬没有搞清楚“钱锺书斥责马悦然”的文中针对性。

在“钱锺书斥责马悦然”中，有如是说：“在瑞典你是中国文学专家，到中国来你说你是诺贝尔文学奖评奖委员会的专家，【那钱是你给的吗?】你说实话，你有投票表决权吗?”陈文芬指出，马悦然 1985 年才入选瑞典学院院士和进入诺奖评委会，而他拜访钱锺书在此前，“从时间比对，钱锺书与马悦然见面，不能谈及诺贝尔文学奖。彼时，马悦然如何能想到自己成为诺奖评审，天方夜谭啊。”

然而，在“钱锺书斥责马悦然”话中，并没有认可马悦然是诺奖评委的含义，相反是对马悦然“到中国来你说你是诺贝尔文学奖评奖委员会的专家”有质疑，所以才会质问道“你说实话，你有投票表决权吗?”如果我们考虑到钱锺书知识的渊博和掌握信息的及时广泛，而且采信这句话是钱锺书说的，那么我们就可以得出合情理的推论：钱锺书得知尚不是诺奖评委的马悦然在中国自称诺奖评委，所以对他发出了这样的批评和质问：“到中国来你说你是诺贝尔文学奖评奖委员会的专家，【那钱是你给的吗?】你说实话，你有投票表决权吗?”因此，陈文芬仅以马悦然当时不是“诺奖评委”否定钱锺书上述批评的可能性，是站不住脚的。张建术《魔镜里的钱锺书》文中记述所指此事发生的时间，也是在 1985 年之前——马悦然进入诺奖评委之前，这是与“你说实话，你有投票表决权吗?”的质疑是吻合的。

“巴金的书被译成那样，欺负巴金不懂英文是不是?”，这句话是举中国文学翻译成西文而受损害的一个例子，其中没有文字指出是批评马悦然把巴金作品翻译烂了。因此，陈文芬用马悦然从未翻译巴金作品来否定钱锺书说这句话的可能性，理由也是不成立的。如果陈文芬联系到下面一句话“【别的国家都可以用原文参加评奖，中国作品就非得译成英文才能参评】，有这道理吗?”，就应当明白，批评“巴金作品翻译烂”的主旨不在批评马悦然，而是针对“中国作品就非得译成英文才能参评”的“诺奖规则”(即陈文芬所谓“诺奖常识”)，目的是要指出这个规则“没有道理”。

其三，以拒绝录音采访为惯例的钱锺书，是否会破例接受马悦然的“录音采访”？

陈文芬声称马悦然拜访钱锺书，“进行录音采访”。这个“录音采访”，是不符合我们所了解的钱锺书对待采访的态度的。《光明日报》记者单三娅在1999年7月16日发表的《钱锺书、杨绛与〈光明日报〉》一文中记述说：

> 1988年5月，在新闻改革的大形势下，报社编辑部组织记者采访一些文化名人，就如何办好《光明日报》发表意见。文艺部研究后决定采访钱锺书、夏衍、唐弢、萧乾。5月中旬的一天，我和史美圣还有摄影记者彭璋庆来到钱先生家。那天他首先把我们让进他们的客厅兼书房。当我们说明来意后，他又重申了不太愿意接受记者采访的意思，同时客气地对拿起相机准备拍照的彭璋庆说：“我不喜欢记者照相，大家坐下来聊聊吧！”彭璋庆只好放下了相机，从始至终成为一个旁听者。……那天他们夫妇二人还对翻译界的现状谈了看法，批评了不严谨的风气。那天谈得很投机，最后钱先生同意将他对报纸改革的意见整理好给他过目后发表。几天后，史美圣将我整理的小文寄给钱先生，请他定稿，过了一两天，钱先生将改稿寄回，并以他一贯幽默宽容的笔调附一毛笔短信：“美圣同志：来函奉悉，三娅同志记录得很中肯扼要，把我的废话都‘不着一字，尽得风流’。遵旨改几个字送还。”[①]

单三娅记述的采访情景，与《文艺报》前副总编吴泰昌记述的另一次采访情景非常一致。吴泰昌1977年首次拜访钱锺书先生，至1985年时，已经是可以“不告而至”的钱府座上客。但是1985年冬天，他带中国新闻社香港分社记者林湄采访时，情景也是如此：“记者采访时我一直在场，钱先生不同意记者录音、作记录。后有机会看到‘速写’的原稿，又见到钱先生的修改稿，对照一下，经钱先生的‘回忆增补’，确实使文章添了‘实质’的内容。钱先生‘瓮中捉鳖’点睛之语，被记者采用为文章的正标题。”[②]林湄采访完成的报道《“瓮中捉鳖”记——速写钱锺书》当年发表在香港《明报》。该报道记述了这次采访时相同的情景。

钱锺书拒绝“记者录音、作记录”，旨在坚持对采访稿“过目”“修正”的权力。他既然对单三娅、吴泰昌这样熟悉的记者、朋友的采访都拒绝录音、照相，何以会对外国人马悦然网开一面呢？因此，对于陈文芬所声称而且她自己表示并未有查阅的“采访录音”，我们有理由质疑其“存在”。

---

① 单三娅(1999)。

② 吴泰昌(2005：57)。

其四，陈文芬不是当事人，却在没有做必要的调查研究和掌握基本凭据的前提下，擅自为当事人“作主张”。

据张建术的报告文学记述，“钱锺书斥责马悦然”发生在1985年之前。马悦然前夫人陈宁祖1996年去世；陈文芬于1998年与马悦然初识于台湾，“密恋”多年，2005年宣布婚讯。[①] 从时间比对来看，80年代发生在钱锺书与马悦然交往中的事情，陈文芬完全不是知情人。

在2011年10月2日微博中，回复网友“云梦子围炉夜话”所言“我百度了一下，虽有多家报刊转载此事，但皆未言及来源，实属可疑”这则微博时，陈文芬说：“回复@云梦子围炉夜话：好感谢您这样说。”陈文芬这个回复表明，她与这位网友一样，并不知道“钱锺书斥责马悦然”有正式的原始文献出处——《传记文学》1995年第1期。她是在没有对信息来源作考察并且掌握其真实来源的前提之下，针对一个“自以为无主”的网络信息作回应。

在2011年9月29日微博，陈文芬指出：“马悦然1981、1982年两次拜访钱锺书，杨绛先生皆在场。那一系列拜访中国文人的活动，进行录音采访，有档案。”但是，在2011年10月3日微博中，她又声称“虽我未及查阅详细的日期，我可以肯定两人谈话绝不可能涉及诺贝尔文学奖”。这两则微博告诉我们：陈文芬本人不仅没有查阅过她声称的马悦然采访钱锺书的录音档案，而且连所称“采访”的日期都不知道（“未及查阅详细的日期”）。既然如此，她关于采访内容的主张（“我可以肯定两人谈话绝不可能涉及诺贝尔文学奖”）就是无根据的臆断妄言了。

退一步讲，即使陈文芬所声称的“录音档案”证明她关于这两次钱马会谈情况的言论属实——“不能谈及诺贝尔文学奖”，但是仍然不能因此排除“钱锺书斥责马悦然”的可能性。因为，1998年才与马悦然“初识”的陈文芬，不能排除马悦然在80年代有第3次或更多次拜访钱锺书的可能（王元化《一九九一年回忆录》的记述可见这种可能性，详见本文第四节），自然她也不能排除在她所指称的这两次拜访之外发生的事情——“钱锺书斥责马悦然”。

作为非当事人，陈文芬如果是负责地甄别历史信息的真伪，她应当提供相应的事实材料为自己的立论作证据。否则，她的“钱锺书与马悦然见面，不能谈及诺贝尔文学奖”就真的是“天方夜谭啊”。

---

① 马悦然、陈宁祖(2012)。

四 钱锺书究竟怎样看待诺贝尔文学奖

前文述，1985年冬，作为钱锺书先生忘年之交的吴泰昌，应中国新闻社香港分社记者林湄之请，带着后者对钱锺书先生进行了一次不告而至的采访，钱锺书戏称为"瓮中捉鳖"。林湄在香港《明报》发表了关于这次采访的报道《"瓮中捉鳖"记——速写钱锺书》。其中，与本文相关的是"钱锺书谈诺贝尔文学奖"。相关文字全录如下：

> 话题从文学创作谈到"诺贝尔文学奖"一事。没想到这个看来并不新鲜的话题，却引出了钱老一段精彩的议论。他问我是否知道萧伯纳的话。萧氏说："诺贝尔设立奖金比他发明炸药对人类的危害更大。"
>
> "当然，萧伯纳自己后来也领取这个奖的。其实咱们对这个奖不必过于重视，只要想一想，不说活着的，在已故得奖人中有 Grazia Deladda，Paul Heyse，Rubolf Eucken，Pearl Buck 之流，就可见这个奖的意义是否重大了。"说着，他从书架上取了一本巴黎去年出版的《新观察杂志二十年采访选》，翻到 J. L. Borges 因拿不到诺贝尔奖奖金而耿耿于怀的那一节说："这表示他对自己缺乏信念，而对评奖委员会似乎太看重了。"(此段引号内的回答，是钱锺书在修改稿上亲自写的——笔者注)①

吴泰昌在《我认识的钱锺书》一书中介绍，在他征得钱锺书同意后，他将上引《明报》内容采用"新闻摘要"的方式于1986年4月5日出版的《文艺报》刊出，刊发标题为《著名学者钱锺书最近发表对"诺贝尔文学奖"看法》，全文如下：

> "萧伯纳说过，诺贝尔设立奖金比他发明炸药对人类的危害更大。当然，萧伯纳自己后来也领取这个奖的。其实咱们对这个奖，不必过于重视。"著名学者钱锺书是在寓所接受中新社香港分社记者采访时，发表他对"诺贝尔文学奖"的看法。他说："只要想一想，不说生存的，在已故得奖人中有黛丽达(Grazia Deladda)，海泽(Paul Heyse)，倭铿(Rubolf Eucken)，赛珍珠(Pearl Buck)之流，就可见这个奖的意义是否重大了。"在谈到博尔赫斯(J. L. Borges)因拿不到诺贝尔奖奖金而耿耿于怀一事时，钱锺书说："这表示他对自己缺乏信心，而对评奖委员会似乎又太看重了。"(引文英文名字为引者附)

从林湄的报道和吴泰昌的记述，都可以见证，钱锺书对于自己发表关于诺贝尔

---

① 因在内地无法查找当期《明报》，转引自吴泰昌(2005：55)。

文学奖的看法，是非常严格谨慎的，公之于世的文字，凡以他本人名义，他都要求书面审阅、订正。尤其要注意的是，他事后与林湄、吴泰昌的通信表明，他不仅事前要审定相关文字稿，而且事后是关注社会反应的。[①]

五 钱锺书对马悦然的真实态度

钱锺书究竟怎样看待马悦然？从笔者能够查寻到的文献来看，大概可以说，钱锺书与马悦然交往之初，对后者是比较接受的，但是在进一步的交往中，他改变了对马悦然的看法和态度。

王元化先生在《一九九一年回忆录》中指出："我和马悦然相识在八十年代初，他是由钱锺书介绍给我的。当时钱先生曾向我说，'我不会把不相干的人介绍给你，这个人是不错的。'当时马悦然还不是瑞典皇家学院的院士。他当选为院士(同时也就成为诺贝尔文学奖的评委)以后，不知为了什么，钱锺书和他的交往逐渐疏远，以至断绝。有一次我听到钱锺书批评他说：'他的董仲舒也搞不下去了。'"[②]

在这同一篇文章中，从王元化的记述可见，他本人与马悦然的关系始终是友好、融洽的。因此，他介绍钱锺书与马悦然关系"交恶"、钱锺书指出"他(马悦然)的董仲舒也搞不下去了"是有可信性的。这可以作为张建术报告文学中关于"钱锺书斥责马悦然"记述的可信性的一个旁证。当然，王元化日记指马悦然当选院士以后钱锺书才与其"交往逐渐疏远，以至断绝"，此述日期当不确切，应为1985年。

另一个旁证，是国际著名的计算语言学先驱钱定平教授在《斯人难再得——缅怀钱锺书》一文中写道："关于中国文学作品的外文'烂译'，锺书先生对瑞典的马悦然曾经有过一番少有的'耳提面命'的谈话。这大家都知道。"[③]钱定平所谓"少有的'耳提面命'"就是指"钱锺书斥责马悦然"。钱定平少年时代就是"钱迷"，并在钱锺书生前与其有书信往来，以他的国际视野和对钱锺书的认知，他能够采信此说，并且承认"这大家都知道"，是对"钱锺书斥责马悦然"的真实性的一个有价值的旁证。

六 "钱锺书本人在世时看过这篇东西"

在考察"钱锺书斥责马悦然"，为本文作资料准备的时候，我通过文化艺术出版社编辑寻找到了《魔镜里的钱锺书》作者张建术的电话，并在电话中向他作了咨询。

---

① 参见吴泰昌(2005：58-59)。

② 王元化(2001：223)。

③ 钱定平(1999：18)。

他告诉我，早在陈文芬之前，已经有人对这篇报告文学的真实性提出了质疑，称之为“小说家言”，针对这种质疑，他撰写了《〈魔镜里的钱锺书〉是小说家言吗》（未刊稿）。他通过电子邮件提供了这篇写于2010年12月8日的文稿，并表示允许我在将公开发表的文章中自由摘引文中言论。现摘要如下：

> 最近看到网上有文章指责我的那篇《魔镜里的钱锺书》是小说家言，不足凭信，并以一处小错为据。初时我付之一笑，近日想想还是交代几句比较好，算是对读者负责。
>
> 我本人确实写过小说，现在还准备写，但不等于我写的报告文学就是小说家言。两种文体的区别我很清楚，做起来自然各行其道。实际情况是钱锺书本人在世时看过这篇东西，未着一字不认可，倒是指着挑他毛病的段落说：“这些地方都挺客观。”他本人都不说我是小说家言，别人凭什么这么武断？
>
> 当时这篇报告文学的出炉，有它一个特定的背景。第一是杂志社向我约稿，我答应人家了。第二是当时有人把整人诬陷的矛头指向了钱锺书和他的朋友，制造了局部的白色恐怖。钱锺书1994年、1995年两度生病，直至发烧住院，跟这场风波不无关系。这事在当时不是什么秘闻。
>
> 说我做小说家言的人，是不是清楚上述写作背景呢？谁会相信钱锺书本人愿意别人拿他的真名实姓做小说呢？那时候他活着，是有能力出来说话的，有谁见他否认过文章的真实性呢？[①]

张建术在电话中告诉我，《魔镜里的钱锺书》文稿经电脑录入打印后，由杂志社方面提交钱锺书亲自审阅，钱锺书认可后告知了张本人，并发稿刊印，这就是“实际情况是钱锺书本人在世时看过这篇东西，未着一字不认可”所言。张建术还在电话中告知，“钱锺书斥责马悦然”，是他在准备《魔镜里的钱锺书》的采访过程中，三次从不同的人物口中所听到的，三次的内容是一致的。在电话交谈中，张建术还特别说明，他撰写这篇报告文学，是在钱锺书遭遇“特殊困难”时期受约于杂志社，并且当时承诺不向外公开杂志社约稿的背景——“当时有人把整人诬陷的矛头指向了钱锺书和他的朋友，制造了局部的白色恐怖”。

依据张建术的《〈魔镜里的钱锺书〉是小说家言吗》一文及他与我的电话交谈内容，我们能否采信“钱锺书斥责马悦然”的文字是“经钱锺书过目并认可”之说呢？作更进一步的直接取证超出了笔者的能力。但是，就本文前述林湄、吴泰昌和单三

---

① 张建术《〈魔镜里的钱锺书〉是小说家言吗》（未刊稿），2010年12月8日撰。

娅所披露的钱锺书对采访、报道的态度和做法看，在钱锺书生前存在了近四年、传播极广的《魔镜里的钱锺书》要逃出他的“法眼”是不可能的。连侨居海外的文学界外人士钱定平承认“钱锺书斥责马悦然”是“大家都知道”的，首当其冲的钱锺书岂能闭目塞听？因此，我是倾向于钱锺书对张建术《魔镜里的钱锺书》的审定和认可的。否则，我们是应该闻见对自己发表的言论“字字计较”的钱锺书的相关否定反应的。

七 我们还需要“钱锺书”吗？

吴泰昌记述他1980年造访钱锺书，在参观了钱先生书房以后，与钱先生有这样的对话：

> 在与钱先生杨先生用餐时，我说别人都说你过目不忘，钱先生摆摆手，他说：“怎么可能做到过目不忘呢？我只是没有藏书的习惯，看了书尽可能将有用的东西用脑子记下来，用手抄下来，万一需要时再去重查。我对自己的著作不断修改，除改正误排的，补充新发现的材料外，也有改正自己发现或别人指出的误引或不恰当引用的。”我说，过目不忘你不认可，那说过目难忘总还可以吧。他还是摆摆手，不作回答。①

钱锺书在世的时代，做学问主要还是靠读纸本书为主。他不喜藏书，“书非借不能读也”，就靠频繁借书阅读做学问，当年中国社会科学院文学所的同事多称他“从所图书馆里借书多，还得快”，而夫人杨绛说：“钱先生有书就赶紧读，读了总做笔记，无数的书在我家流进流出，存留的多是笔记，所以我家没有大量藏书。”②

在当今的计算机和网络做数据存储的强力工作时代，钱锺书式的苦读穷究似乎没有意义了。他当年写《管锥编》时“蜗居”于社科院文学所办公室，用小推车借阅图书的时代一去不复返了。他费尽心血劳力才能获得的信息，我们现在可以在万维网中便捷地检索到。但是，我们在方便之中养成的是马虎，在丰富之中得到的是恍惚，我们得来全不费功夫，于是有了无需尊重原作、原创，连出处和作者都忽略，只保留赤裸而无主的“信息”。“钱锺书斥责马悦然”就是这样一则被网络时代

---

① 吴泰昌（2005：87）。

② 吴泰昌（2005：88）。

“无主化”的信息，这个信息的虚化和无意义化，表征的是当代学术的轻浮功利，而它的要害就是钱锺书所代表的学术精神的丧失。

丧失钱锺书精神，我们只能沦为信息浮乱中的睁眼文盲——我们知道一切，但一切都是虚实莫辨，真假倒置。世间恨失钱锺书！

（原载《当代文坛》2013年第5期）

韩寒神话与当代反智主义

引言："反智主义"概说

"反智主义"是对英文单词"anti-intellectualism"的翻译。据维基百科解释：反智主义是对知识、知识分子和接受教育的敌视、怀疑态度，它通常表现为嘲弄教育、哲学、文学、艺术和科学，认为它们是无用的而且蔑视它们。[①]

在人类文化历史运动，反智主义与尚智（intellectualism）有着复杂的矛盾，无论是东方还是西方，反智主义都可以追溯到古代。美国历史学家理查德·霍夫斯塔特（Richard Hofstadter）1963 年出版《美国生活中的反智主义》（*Anti-intellectualism in American Life*），研究反智主义对美国政治生活的深刻影响；该书 1964 年获普利策图书奖，"anti-intellectualism"一词因而走红。华人学者余英时在 1976 年发表《反智论与中国政治传统》一文，研究了"反智论"对中国传统政治的影响，特别揭示了法家哲学的反智精神对于中国传统政治理念的深刻影响。

在中国传统思想体系中，道家和法家具有明确的反智主义主张。"古之善为道者，非以明民，将以愚之。民之难治，以其智多。故以智治国，国之贼；不以智治国，国之福。"（《老子》）这是道家反智主义的典型言论。老子是从政治权术的立场主张反智的。但是，庄子发展了道家另一个方向的反智主义，即对僵化理念和教条的质疑，认为经典是"古人之糟魄"，主张超越有限知性去感悟、体验个体与世界的无限统一感（"独与天地精神往来，而不傲逆于万物"）。余英时称之为"超越的反智论"（transcendental anti-intellectualism）。庄子的"超越的反智论"对于警惕和反对经典崇拜和权威专制，保持文化活动和生产的现实感和创新力，具有必要而积极的意义。韩非是法家的反智主义的集大成者，"反智论发展到韩非才圆满成熟，化腐朽为神奇"（余英时）。韩非说："故明主之国，无书简之文，以法为教；无先王之语，以吏为师；无私剑之捍，以斩首为勇。是境内之民，其言谈者必轨于法，动作者归之于功，为勇者尽之于军。"（《五蠹》）韩非的反智主义是古代秦始皇焚书坑儒思想

---

① http://en.wikipedia.org/wiki/Anti-intellectualism.

来源,也是两千多年来中国传统政治权术思想的原点。

在20世纪后半期,中国社会经历了两次大的反智主义浪潮。一次是十年“文革”在“知识越多越反动”口号下“打倒臭老九”(打击和摧残包括教师在内的知识分子)的运动,这个运动树立的反智主义标兵是1973年的“白卷英雄张铁生”。另一次是上世纪末延续至今的反智浪潮,它的当代性表现为消费主义和文化资本共谋,其标志是1999年的“不读书的文学天才韩寒”。

大众文化的消费娱乐和公知学者的犬儒主义是造就“韩寒神话”的两大基因。前者需要的是“另类成功”偶像,后者需要的是“自由代言”英雄,超越真伪是非,“天才韩寒”就成为1999年以后中国“最具影响力”的神话。

1973年“白卷英雄张铁生”和1999年的“不读书的文学天才韩寒”,都在各自的时代代表着当代中国反智文化主潮。他们属于不同的时代,但都被自己的时代树立为“反潮流的英雄”。[①]

一 “白卷英雄”的幽灵不散

“文革”十年,留给中国的最后一个文化记忆是“白卷英雄张铁生”。今天重审1973年的历史,那个因为声称“历史清白如洗,个人表现胜似黄牛”的知识青年张铁生,在只得6分的理化高考卷背面写出那封信《致尊敬的领导》,初衷只是向招生部门表示自己因为忙于生产队长的领导工作而失去了复习备考时间,“我所理想和要求的,希望各级领导在这次入考学生之中,能对我这个小队长加以考虑为盼”[②]。然而,这封本是“几乎交白卷”的知识青年张铁生为自我上大学求情的信,却被毛远新、江青一伙改造为《一份发人深省的答卷》,而张铁生本人则被树立成“反对资产阶级教育路线回潮”的“反潮流英雄”。“白卷英雄张铁生”因此成为反文化的“革命符号”:读书不仅无用,而且有罪。

1976年以后,中国社会进入“新时期”的一个根本标志,就是对“读书无用论”的“文革”思想的批判和否定,取而代之的社会理念是“知识就是生产力”(民间语则是“学好数理化,走遍天下都不怕”)。高考制度的恢复,以考试分数而不是以政治表现作大学录取标准,是对“读书有用”的制度性肯定。与此同时,以“自由”“民主”

---

① 关于当代中国反智主义的论说,请参看两篇文章:薛涌《网络文化的反智主义精神》(http://blog.sina.com.cn/s/blog_45f00ef4010004va.html);吴稼祥《中国需要“反智主义”吗?》(http://zqb.cyol.com/content/2008-01/23/content_2043416.htm)。关于韩寒本人的“反智”言论,可浏览韩寒的《通稿2003》《三重门》等作品及其博客文章,在本文中不罗列。

② 张铁生(1973)。

“理性”为核心理念的现代性的文化启蒙也以重续“五四精神”的路线展开。然而，进入20世纪90年代之后，中国社会历史运行的特殊轨迹在扩大开放和深化改革的同时，弱化甚至抑制了启蒙精神，在“全民向钱看”的旗帜下，无边界的功利主义使社会动力失控于精神上的犬儒主义和实践中的投机主义。

度过20世纪最后十年的中国知识分子都知道，令举世瞠目的中国经济崛起和娱乐明星主导的大众文化市场，这两个领域的辉煌拓展反衬的是作为一个群体的“知识分子”的边缘化和末世沉寂。当知识界的衮衮宿学在清寂中以“学术登场，思想退场”自诩的时候，也有不少有识者将这个“非知时代”归因于80年代末中国社会的意外转轨。然而，如果我们熟悉王朔的“痞子文学”早在80年代后期就为下一个时代的反智主义兴风作浪，就会懂得，他的“我是流氓我怕谁”的口号呼喊出的并不只是某个边缘群体的不平和抗议，而是在重续“白卷英雄”的反文化精神遗产。在王朔小说中，无一例外地在“指证”“文革”理念：知识者最愚蠢，无知者最聪明，反智者最英雄。王朔小说的英雄“顽主”如是说：“您千万别把我当人”“玩的就是心跳”。

20世纪最后十年，在一切领域都当称“繁荣”的中国社会，理想主义的溃败和批评理性的瓦解不仅很少被人觉识，相反，却被许多掌握着特殊话语权的人视作社会进步、民众福祉。老作家王蒙将王朔的小说意旨释读为“躲避崇高”，并加以推崇，实际上宣告了90年代中国文化的粗鄙化是上下同流的，而非仅是底层潮变。然而，拜金主义可以开拓文化消费市场，却不能提高社会文化品质；犬儒主义在躲避崇高的时候，滋生的并不是个体生活中的自信独立，而是价值失落之后的迷信盲从。

二　“不读书”：反智时代的“天才神话”

德国哲学家本雅明说：“哪里有乞丐，哪里就有神话。”1999年中国文化空间，是理想和理性双重缺失的时代，全社会过度旺盛的开发力唯有在“天才”和“大师”的方向上无可着力。然而，这又从反面强化了全社会对“天才”和“大师”的乞求。当世纪之交的中国社会自上而下都在呼求“天才”和“大师”的时候，实际上是整个社会基本价值和理念缺失的精神饥渴症反映。

不仅基于本雅明的神话学原理，而且也基于市场经济的供求关系，在1999年的中国，当韩寒在新概念作文大赛中提交仅用一个小时完成的、引经据典贯穿全篇、文字老到考究的千字文《杯中窥人》的时候，一个被期望中的“天才”就登堂入室了。参赛者韩寒赢得新概念作文大赛的《杯中窥人》，无论从语气文风、知识引用，还是从思想观念，与1999年的文化语境不相通，更与常识中的一个17岁的高中学生情趣意识不相通。作为一个曾对当代文学史有一定研究的学者，我认为《杯中窥人》更属于80年代早期文化热的语境，而且写作者的心态更近于一个曾经沧海的中年作者。在1999年阅读此文，我质疑的不是该文的真实作者身份，而是这一篇以掉书袋为长的作文何以被评为"新概念作文"标杆。准确讲，《杯中窥人》无论对于17岁的少年，还是对于1999的中国文学，都不是"新"，而是"旧"。

然而，2000年韩寒出版了《三重门》。在这部20万字的长篇小说中，小说的主题是描述上世纪90年代后期上海高中生的学习生活——因此被出版商包装为青春小说。这位17岁的高中生据称在一年的学习期间完成此书，却引用了50余部中外学术、文学的历史典籍，其中包括《尚书》《论语》《左传》《史记》《管锥编》等具有专业难度的著作，而且其引用并非泛泛而引，是表现了作者对所引文献在一定程度领会之后的"化用"。在出版《三重门》的时候，韩寒因为连续两年7科不及格(包括语文在内)在留级重读高一一年之后，被迫退学。作为新概念作文大赛一等奖作品《杯中窥人》的作者，韩寒以17岁辍学的高中生身份出版这部包含着"巨额知识"的《三重门》，无异于对中国教育和文化投放了一枚颠覆性的炸弹——它不仅在"偏才辍学生"和"文学天才"之间画上了等号，而且直接成为反对广受社会诟病的"应试教育"的"不读书的天才英雄"。韩寒神话的第一口号是："七门功课红灯，照亮我的前程。"①

更重要的是，因为《三重门》的出版，作者韩寒"被认证"的不仅是非凡的文学才能，而且是只有神童才可能具有的远超年龄的知识掌握和表现力。但是，不仅父亲韩仁钧的公开表述在描绘一个写作《三重门》之前一年还几乎不读书的"玩童儿子韩寒"，而且韩寒本人也多次宣称自己不读书，"不读四大名著"。因此，韩寒出版《三重门》，不仅直接抨击了普及教育的"应试教育"，而且对"知识与能力"的学习规律也是毁灭的——实际上是根本否定了学习的意义。与"白卷英雄"异曲同工，作为"不读书的文学天才"，"韩寒神话"在1999年再次为"读书无用论"正名。"读书无用"，因为有"不读书的文学天才"。这对于一个功利主义主导的社会，是一个多么具有蛊惑力的口号？而对于许多在"应试教育"重压下的学生和家长，这"不读书的文学天才"，无异于是"虽不能至，心向往之"的福音。

在20世纪后期的中国，功利主义、文化造星和全社会的反智心态，共同为韩寒的"不读书的文学天才"准备了土壤。我们相信，历史再重复一次，这个"韩寒神话"

---

① 见2010年7月21日凤凰网专稿《"竖子"韩寒：主动申请退学 不高考也能成才》(http://edu.ifeng.com/news/detail_2010_07/22/1813586_1.shtml)。

也完全会如期重演。问题在于，将韩寒直接扶上“天才神坛”的，并不是擅长于流行偶像造神的娱乐市场，而是当时以新概念作文大赛评委身份集聚起来的包含北京大学和复旦大学教授在内的全国著名的文学教授、作家。作为当时的新概念作文大赛评委之一，著名儿童文学作家、北京大学中文系教授曹文轩曾表示：“读罢《三重门》，愈发使我感到惊奇。……在《三重门》的作者韩寒身上，却已几乎不见孩子的踪影。若没有知情人告诉你这部作品出自一个十几岁的孩子之手，你就可能以为它出自于成年人之手。”[①]显然，《三重门》作者表现的非少年的心理和语言的成熟，令熟悉少年作者作品的曹文轩教授“吃惊”，但是，他又说：“他(《三重门》作者——引者注)是觉察到了自己的智慧——有智慧在助他。有了智慧，一切都会变成另一副样子，一切都会有另一种说法。”[②]我们据此可以判断，以作家和文学教授的眼光，曹文轩教授从《三重门》作品本身，“已几乎不见(作者)孩子的踪影”，“以为它出自于成年人之手”。但是因为在视作者韩寒为“文学天才”的语境下，“一切都会变成另一副样子，一切都会有另一种说法”——本来可以展开的对作者真实性的质疑立即转化为对作者天才的迷信。

曹文轩教授对《三重门》作者超年龄的“文学天才”的认定，应当代表着当时认证韩寒为“文学天才”的作家、教授们的普遍意识。我们不怀疑他们的文学鉴赏能力和判断能力。但是，在1999年的反智文化语境下，正常的文化逻辑和学术理性被虚拟了，在面对韩寒这样的“特别案例”(另类)的时候，这些作家和教授们对作品的判断是受控于超作品、超文学的“天才饥渴”语境的。在这个语境中，全社会的功利主义改写了个人判断密码，在对于一切可能的“天才迹象”的求证中，将“宁信其有，不信其无”作为绝对指令植入个人意识深层。在曹文轩教授的《序言》中，《三重门》表现出的成年人的成熟、深刻和智慧被视作作者超常的文学天才而被赞赏，在“求天才心切”的语境下，是可以理解的。问题是，一个17岁的高中辍学生，不仅没有证据表现出必要的知识储备，而且没有时空条件保证其写作中对这些知识的检索和引用。如果一个有文学创作和批评经验的作家和教授没有放弃最低限度的质疑意识的话，应当提出的关键质疑是：以韩寒的特殊经历，“一个不读书的天才”，在一年高中学习期间，在20万字的《三重门》中如此熟练地引用“巨额知识”究竟如何可能？而且，从其最近公开的《三重门》手稿视频图像可见，韩寒“写作《三重门》”的“原始手稿”如同誊清稿一样整洁——17岁少年创作一部引用“巨额知识”、长达20万字的长篇小说，一年高中生学习时间完成，“一次定型”(韩寒自叙语)，这作者

---

① 曹文轩(2003)。

② 曹文轩(2003)。

是神吗？

其实，如果不是基于迫切“认证”《三重门》作者的“文学天才”，一个熟悉文学史的作家和学者可以做出两个判断：第一，《三重门》作为一部长篇小说，远非上乘之作，它不仅没有表现如《少年维特的烦恼》和《麦田守望者》等真正天才之作的作者所禀赋的非凡的文学才华和独特深邃的人生感悟力，反而因为它的作者极度填充和炫耀知识，使一部“青春小说”弥漫着严重的冬烘陈腐。第二，《三重门》的文风和手法表现，不仅缺少少年天才之作的才气和青春活力（“已几乎不见孩子的踪影”），而且就是作为“出自于成年人之手”的作品，也绝不是 20 世纪末中国文学语境中的产物，它的作者无疑是一位在 20 世纪 80 年代早期的文学环境滋养定型的，具体讲，它的作者是当时的文化热熏染成熟的小说家，他的心态被这个时代定格了——这不仅表现在《三重门》从语气至叙事手法都严重模仿钱锺书先生的《围城》，而且表现在作者在小说中苦心罗织和炫耀“巨额知识”。从 80 年代早期的文化热以来，中国文学经历了先锋叙事、魔幻现实主义、新写实、身体写作、女性主义写作、新历史写作等等思潮和手法演变，这些都没有在《三重门》中留下痕迹，它的“17 岁的作者”犹如一个封冻在 80 年代文化热中的仿钱锺书作家，知识、观念和文风都如此封冻着，这样一个“少年作者”，如果说是一个书虫式的仿古作家还可以，何谈“文学天才”？

因此，如果当时给予《三重门》一份负责任的文学史鉴定，“文学天才韩寒”的神话就无从谈起。然而，当时惊讶于《三重门》作者的“少年老成”的时候，那些负责“天才识别”的作家和文学教授们偏偏遗失了文学史鉴定——这本来是鉴别天才的基本维度。

在安徒生童话中，那些聚集在一丝不挂的皇帝面前的大臣们，极力见证“皇帝的新装”，不仅是为了表达自己的忠诚，而且也是为了证明自己的见识。在 20 世纪末中国的反智文化语境下，基于同样的理由，“不读书的文学天才韩寒”轻易地逾越了社会质疑和文学识别而进入 21 世纪的中国文化中。一个严重事实在过去 13 年的时间中，没有被警觉：“文学天才韩寒”并没有继续表现他在《三重门》中的创作能力和超龄学识，他成名后前期“转青春风格”的文学作品表现得很普通，甚至说表现出了相较同龄作者更低水平的文学写作能力，而其后期的博客文章所表现的从文字到观念上的“粗痞化”更与《三重门》的作者判若两人。然而，博客的兴起为“文学天才韩寒”提供了新的空间，所以“80 后意见领袖韩寒”“自由公民韩寒”甚至于“当代鲁迅韩寒”从“韩寒博客”走出来，进入 21 世纪初的中国社会文化空间，成为“现在中国大学教授加起来的影响力都赶不上”的“青春偶像韩寒”。

三 “不学为知”：反智时代的皇帝新衣

“不读书的天才韩寒”的“成功奇迹”，就韩寒本人而言，并没有促使他通过非学校教育的勤奋努力，真正变“差生”为“高才”，而是为其玩世讽学提供了“专利”。在韩寒正式出版和发表的作品中，大量散布着嘲弄、漫污和恶搞文史知识、羞辱教师、学者和作家职业，以“不读书的天才韩寒”神话贬损和否定教育、文学的文化价值。下面试举三例在网络流传极广的“韩寒语录”：

我到现在都一直在庆幸自己没去上大学，而且我觉得高考是一定要改革的。我将继续不遗余力地说高考和大学的坏话。我很早前就说过，现如今的大学像妓女一样，只要有钱，全国所有大学都乖乖排成一排随便你点，想上哪个上哪个，愿意多花点钱甚至可以几个一起上。氛围不同了，别再还真的以为自己是天之骄子，十几年前大学生还吃香，但那一批已经是绝代天骄了。所以，还是抓紧时间学点真本领和真手艺吧。(《韩寒炮轰今年高考作文题：“不仅傻而且蠢”》，人民网，2007 年 6 月 11 日)

教师不吃香而家教却十分热火，可见求授知识这东西就像谈恋爱，一拖几十的就是低贱，而一对一的便是珍贵。珍贵的东西当然真贵，一个小时几十元，基本上与妓女开的是一个价。同是赚钱，教师就比妓女厉害多了。妓女赚钱，是因为妓女给了对方快乐；而教师给了对方痛苦，却照样收钱，这就是家教的伟大之处。(《三重门》)

文坛算个屁，茅盾文学奖算个屁，纯文学期刊算个屁，也就是一百人手淫，一百人看。人家这边早干的热火朝天了，姿势都换了不少了，您老还在那说，来，看我怎么手淫的，学着点，要和我的动作频率一样，你丫才算是进入了淫坛。……什么坛到最后也都是祭坛，什么圈到最后也都是花圈。(《文坛是个屁，谁都别装×》，2006 年 3 月 2 日)

这些言论，被某些“公知”意向性地解读为反对应试教育、抨击文坛腐败，因此将韩寒追捧为特立独行的反应试教育的“英雄”，反文坛腐败乱象的“批评家”。近日“挺韩”代表人物、原《南方周末》评论员笑蜀(陈敏)在《人物》杂志发文说：“以韩寒考场上的失败为理由，尤其以韩寒对反智教育的抵制为理由，来指控韩寒反智，何其荒诞。这种知智不分，这场把考分、把学历当智慧来炫耀，把反智的传统应试教育当作智慧的主要源泉加以捍卫的荒诞闹剧，本身就是愚昧，本身就是反智。”他进而宣称：“对韩寒的这种不公平，实际上是对整个差生群体的不公平　　韩寒的背后，站着的是千千万万所谓差生，总量之大几乎就等同于一个种族。韩寒事业的成功，某种意义上，被视作所谓差生的希望。"①

作为往日捧韩和今日挺韩的代表人物，笑蜀显然代表了在此次事件中部分"公知"无视事实、混淆是非的立场。差生不等于反智；差生辍学，通过学校外的奋斗努力获得巨大成功，更不是反智。反对应试教育弊端，不是反智；以个人的偏才、特长抵制扼杀个性的教育模式，更不是反智。批评韩寒反智，既没有人"以韩寒考场上的失败为理由"，也没有人"尤其以韩寒对反智教育的抵制为理由"。殊不知韩寒本人迎合和张扬的正是在20世纪后期以来的极端功利主义和文化虚无主义糅合的反智主义思潮，一种市场经济背景下的"读书无用论"——"不读书的文学天才"的"另类成功"神话和梦想。不仅如此，如上文三则引文显示，由"文学天才"华丽转身为"意见领袖"的韩寒，在以博客为主要载体的公共文化表达中，把反智主义张扬为一种亵渎文化教育的流氓粗鄙的话语权力和语言暴力。准确讲"韩寒反智"：(1)自我吹嘘并参与制造"不读书的文学天才神话"；(2)恶性嘲弄并且彻底否定教育对于青年成长的意义，抵制教育和诬蔑教师职业、文学创作。长期以来，韩寒不断宣称自己不读书，尤其不读中外文学名著，甚至狂妄宣称"我不读文学史，我就是文学史"。从既已公布的说诸多证据表明，作为一位连读两年高一、两年都7科不及格(除体育以外，包括语文、英语、历史在内所有文化课均不及格)的高一辍学生，韩寒确是一个不读书的"差生"，而且他在回应"代笔"质疑中的所有文字和视频表现，均缺少普通高中学生应有的文史知识和水平，开口就错，出尔反尔。然而，这位"不读书的文学天才"却又是引经据典、一小时内一挥而就的千字文《杯中窥人》和包含"巨额文史知识"、在一年学习期间"创作"的20万字长篇《三重门》的作者。这表明什么？如果事实如此，那么"不读书的韩寒"不仅是"天才"，而且是"天知"。我们承认有文学天才——超越常人的感悟、想象和表现力的作家，但是，我们不能承认有天知——不学而知。除非，我们要打破理性，承认这个世界上不仅有人，而且有神。

在博客中，韩寒先是以文学批评，继之以社会批评的"另类批评家"形象出现的。2006年，当他针对批评家白烨否认80后作家的文学创作价值写出的《文坛是个屁，谁也别装×》问世的时候，被震动的不仅是"腐而且败"的当代中国文坛，而且是正在兴建的以网络为基本媒介的整个中国公共空间。阅读这篇《文坛是个屁，谁都别装×》，你会发现，全文并无传统文学批评论争的理性和逻辑，它没有论述甚至没有论据，它的全部力量都集聚在它的工整而充满语言颠覆力的标题中。这篇文章奠定了"80后意见领袖韩寒"的"文化—社会批判"的策略和话语逻辑——它的

① 笑蜀(2012)。

力量来自话语扭曲产生的爆破力，它表述的只是常识和公理，但它在非逻辑的语言狂欢中表现对被批评对象的肆虐和反叛。因此，读韩寒博客文章，各阶层的读者都会获得异常的欣快感受——虽然作者并没有提供任何独特的思想和见解，在知性层面传达的只是常识，但是它们的确让阅读者在似是而非中感到亵渎权威、挑衅权力的“另类话语狂欢”。

在2012年前的最后5年中，以“文学天才”打底的“80后意见领袖韩寒”（别称“自由公民韩寒”和“当代鲁迅韩寒”）的成型和成功，既与这期间整个中国社会的消费主义的泛文化扩展分不开，在韩寒背后的商业集团和媒体都看好并不同程度参与了这个“青年偶像”的包装、塑造；同时，又与在此期间中国知识分子整体在全面商业化、功利化中的批评力丧失相联系。“不读书的天才”韩寒能够成为这期间的“意见领袖”，深层的原因是知识分子退却留下的非理性批评冲动的社会需要——实际上是非理性话语狂欢的需要——为韩寒的“意见领袖神话”提供了现实土壤。问题在于，在个人与媒体之间的不对等，在批评理性与媒体资本逻辑之间的不平衡，最终我们看到了一个以博客为平台的“神话韩寒”——“韩寒博客”被捧成了话语神坛，它所发布的博客文章，哪怕全文只有一个“喂”，所在网站都会将该“文”推荐到网站首页，而且点击率就是数以百万计。在这个以点击率为影响力的博客时代，“韩寒是不可战胜”的神话就造成了。

这个“不读书的天才”韩寒成为“意见领袖”的时代，是社会批评理性被媒体传播逻辑取代或操控的时代。作为“自由公民”偶像，韩寒形象的自我悖论表现为：他的“自由言论”培养的支持者（数以百万计的粉丝）却多以对偶像“韩寒”的无条件的“忠诚”和“捍卫”为前提，当这些韩粉们对于韩寒的异议者总是施以网络暴力围攻的时候，我们看到，伴随着“韩寒的自由批判”，是编织在网络公共空间中的“不可战胜”的“韩寒恐怖”。在这次质疑事件中，韩寒的重要支持者、出版人路金波就以微博言论威胁坚持质疑韩寒的方舟子，“许多大腕都怕方舟子，因为一耗不起时间、二多少都有把柄、三老方确实有大批粉丝。但是他招惹韩寒就错了，因为一韩寒也没工作、精力还更好；二当时为了怕政府找茬，各方面严格守法；三方教主的信徒碰到韩粉集团军，相当于一把沙子洒进了洞庭湖”[①]。

因此，我们不得不检讨的是，为什么“自由公民韩寒”并没有培养起他的支持者对于异见者的平等意识？为什么“韩寒的言论自由”要以其拥戴者（粉丝）对他人批评韩寒的“网络暴力”为前提？由此，难道我们不应当检讨韩寒那些充满反智主义趋向的批评话语和策略中所包含的反自由、反民主的暴力极权基因吗？当然，我们

---

① 见路金波2012年1月20日微博（http://weibo.com/1182419921/y1yqAcbeC）。

就不应当奇怪，为何“自由公民”韩寒从来没有针对“偶像韩寒”享受的媒体特权（霸权）作任何反思和自戒。

四　无知者的暴力：“自由公民韩寒”的原相

在“南方周末2009年度人物”评选广告中，《南方周末》给予候选人韩寒的标签是：“韩寒：作为公民韩寒，他首先尽到了一个合格市民的本分，他对自己生长的城市，这一年发生的种种不平之事尖锐地批判，这是因为他爱这里，真把她当家园。率真而理性，不高调也不犬儒。韩寒的可爱可敬，就在于他在中国社会追求最大限度的独立与自由，做自己最喜欢的事，说自己最想说的话。”①这个标签就是后来被推上美国《时代周刊》“2010全球最具影响力100人”的“公民韩寒”的“官方标签”。

然而，作为一个“自由公民”或“意见领袖”，“韩寒神话”的全部虚伪性和矛盾性在这次“质疑人造韩寒”的网络运动中彻底暴露出来。韩寒本人、韩父韩仁钧及其长期合作者路金波，在回应麦田、方舟子等人“质疑韩寒作品被代笔”中，表现的无理、蛮横、出尔反尔，与“自由公民”的概念是完全相反的。韩寒本人的表现尤其不符合媒体塑造的“韩寒形象”。在这20余天中，他的极端失态和自相矛盾的言行，不仅破灭了“自由公民韩寒”的偶像形象，而且暴露了从语言表达到知识学养的严重缺陷——不仅完全不具备《三重门》的“文学天才”的影子，而且缺少一个80后青年普遍的文明见识和心胸气度。

对于被质疑代笔，韩寒初期回应说：“这是最下流的招数，利用作家职业无法自证的特殊性，披着质疑的外衣，干着诽谤的勾当。”②近半月后，韩寒更如此界定对他代笔的质疑：“一个团伙因为发泄私愤，预设立场再有罪推论进行到丧心病狂。”③作为一个以“自由公民”身份立足于网络而且以犀利、勇猛批评社会著称的“青年偶像韩寒”竟然如此看待和回应质疑，不啻是自我背叛。如果韩寒确有一点他曾经标榜的“自由公民素质”，他就应当首先承认别人的质疑权利，进而应当反思自己为何招致“被代笔”这样严重的质疑并据实、据理反驳。在事件发展20余天的进展中，韩寒始终用方舟子等质疑者“公报私仇”等阴谋论说辞回应质疑，既不承认方舟子等人介入质疑是有自己“悬赏征寻代笔者”这一前提，更不敢面对多位学界质疑者公布出来的严谨、理性的证据。从既有媒体披露出来的信息可确认，无论韩

---

① 见《南方周末》2009年12月10日专题《2009，人的力量》。

② 韩寒(2012d)。

③ 韩寒(2012a)。

寒参赛新概念作文大赛的过程，还是他作为一个包括语文在内七科不及格的体育特长生，在16岁创作汇集高密度知识信息、表现出成熟深刻的成人视角的长篇小说《三重门》，都存在严重疑点。对一个多年来被社会接受为“文学天才”的作者产生作者真实性质疑，并且展开理性的分析、考辨，是中国社会文化理性进步的表现。当韩寒将这样的质疑指控为“最下流的招数”“诽谤的勾当”“一个团伙发泄私愤”而进行恶意回应的时候，实际上也放弃了理性反驳质疑、合理自我澄清的权利。

然而，过了半个月，韩寒似乎忘记了自称“作家职业无法自证的特殊性”，不仅在博客中用图文展示“写作《三重门》的手稿”，而且要用这1000页手稿上法院证明《三重门》是韩寒本人原创，而非“被父代笔”。韩寒提供的手稿，如果获得司法验证，只能证明韩寒本人是手稿文字书写者，并不能证明韩寒本人是《三重门》的原创作者。鉴于已经公开的事实和证据，由于韩寒父子文学的特殊历史，韩寒需要提供直接证据证明：父亲韩仁钧没有条件为他提供《三重门》原创。无疑，这比通过DNA证明父子俩没有父子关系还难——而且即使证明（当然我们相信不可能）两人没有父子关系，仍然不足以证明韩仁钧先生没有为《三重门》代笔。在这个意义上，“作家职业无法自证的特殊性”是可以成立的。其实，韩寒不理解，他需要而且可能证明的只是自己作为“文学天才”的创作力——他遭受质疑的根本正在于无论《三重门》写作的当时，还是后来的13年，韩寒不是合理表现，而是让公众对他的文学创作力产生严重质疑。

面对方舟子坚持质疑，韩寒不是正面回应，转而诉诸法律，他声称：“诉讼是为了让我的手稿和证据能够确证，也为了防止行业开此先河，就是当你看一个作家不顺眼，不需要观点之争，不需要文学批评，也不需要任何证据，只要说他的某篇文章是别人写的，于是这个作家的名誉将受到损害。”[①]韩寒显然在这里创建了一个完全不符合文学史的“作家风险”——作家可以任意被质疑代笔，而且必将遭受名誉损失。苏联作家肖洛霍夫23岁创作《静静的顿河》，曾被包括索尔仁尼琴在内的文坛重量级人士指责偷窃他人手稿出版此书。1999年，《静静的顿河》手稿被发现存于肖洛霍夫密友库达绍夫的远亲家中，俄罗斯文献鉴定专家委员会鉴定手稿确为肖洛霍夫手迹，肖洛霍夫被冤枉“代笔”20年，死后才得以澄清。[②]

韩寒以声称“作家无法自证清白”来证明“自己清白”，并以之做反击方舟子等质疑者的武器，在企图将自己面临的被质疑困境普遍化、抽象化的同时，暴露了他自身作为一个1999年成名的“文学天才”，迄至13年后的今天始终没有进入文学

---

① 韩寒(2012b)。

② 见维基百科“米哈伊尔·亚历山大罗维奇·肖洛霍夫”词条。

写作史，不懂得一个真正置身于文学写作史的作家，是不需要担心被质疑代笔的。当韩寒反复向媒体申诉这一说法的时候，他此举的实际效果是在反证“被代笔的质疑”。肖洛霍夫的遭遇证明：一个作家真正的清白不是脆弱而是坚硬的。一个作家可以不相信历史，但必须相信时间。历史是人写的，时间是超人的。真正的作家存在于文学写作史的时间中。让时间证明清白，这是一个清白的作家应有的自信。韩寒迄今为止的表现都表明，他没有这个自信。肖洛霍夫在离世后因创作手稿被发现，被鉴定证明清白；韩寒主动出示的“创作手稿”却因为缺少创作的痕迹（显示出抄写稿的整洁）而加深质疑。为什么同样拥有“手稿”，肖洛霍夫与韩寒面对不一样的社会判断？这是韩寒及其支持者坚称“韩寒未被代笔”要面对的要害问题。

在这次“质疑韩寒被代笔”事件进展到本文写作的今天，我与多位公开表达意见的学者一样认为，无论方舟子所代表的质疑者将把“质疑代笔”的研究工作推进到什么程度，也无论韩寒起诉方舟子侵犯名誉权是否胜诉，“韩寒偶像”是破碎了。正如没有直接证据，方舟子就不能最终坐实“韩寒被代笔”，“韩寒偶像”的破裂，不是因为这次由麦田引发而自由展开的理性而强劲的“代笔质疑”，甚至也不是因为韩寒及其支持者不能有效证实《三重门》等作品为韩寒原创，而是因为韩寒在整个回应质疑过程有三个在根本上与“韩寒偶像”的应有品质完全相反的表现：第一，始终敌视被质疑，甚至以诋毁污辱质疑者人格的方式回应质疑；第二，不仅始终无视质疑者据以质疑的论据的客观存在（这些论据绝大多数来自韩寒父子公开出版的作品和媒体言论），而且出尔反尔、毫无诚信；第三，无论其博客文章和视频言论，均表现了与“文学天才”，尤其是与包含“巨额知识”的《三重门》作者完全相反的语言能力和文史水平。

韩寒回应《三重门》的知识来源说：“为了显示自己读书很多，我有一个小本子，记下了很多可以引用的地方，用在文章里和第一本小说《三重门》里，这也是当时为什么很多教授大为震惊，觉得我旁征博引，其实我只是有多少存款花多少钱而已。少年总是特别希望自己是老成的和高深的，就好比以前有一个傻×给我女朋友写英语情书，我居然没看懂，因为把爱情说成‘love’总是太肤浅了，讲成‘affection’自然显得有文化。《杯中窥人》也是这样一篇文章。在2005年之后的很多采访里，我已经反思并嘲笑自己说，那是一篇很装×的文章，《三重门》是一本很装×的书。”①

质疑者、资深编辑张放说：“其实《三重门》作者对上述知识的使用上，用‘信手拈来’‘随心所欲’形容更为恰当。也就是说，作者绝对不是表层意义上的、像高一

① 韩寒（2012d）。

生那样泛泛地了解上述知识面里的知识，并非为了秀而秀。正相反，作者的知识储备，显然还远不仅止于此。更大胆一点说，是有着更宽泛的阅读量的，像拿小水杯从一个大桶里舀水一样自如。也正如此，才会给人一种作者是成年人的判断。"[①]张放的评议不仅与曹文轩的《序言》相吻合，也与《三重门》责任编辑袁敏的评议相吻合。袁敏说："(《三重门》)果然很棒，它的行文似有《红楼梦》的格局，它的用笔又有《围城》的韵味，它的语言藏龙卧虎、吸古纳典，语言本身有细节、有性格、有生命，充满灵性。它写的是一部校园小说，但却折射出社会生活的各个层面；一个17岁的少年对社会、对人生、对世事、对周围的一切，常能发出一些深刻独到、直抵要害的见解来，那份智慧、那种敏锐足以让成年人都汗颜。"[②]

韩寒用"抄书装×"搪塞关于《三重门》"巨额知识来源"的质疑，不仅违背了他的肯定者和质疑者对《三重门》共同的评判，而且表现了"不读书天才"的无赖相——当然，一味逃避质疑而罔顾事实的时候，也全然不恤13年前那些以自己的文学信誉将他扶上"文学天才"神坛的老师们的苦心了。就本文而言，这个"抄书装×"的自供虽然并非《三重门》来源的实话，但的确把一个反智主义时代的"人造偶像"的内底给翻倒出来了。然而，"公民韩寒"的无赖相更强烈地表现在其博客中的《质疑鲁迅》一文，在这篇韩寒自称"转载"的无主文章中，作者用恶搞鲁迅的方式影射"质疑韩寒就如质疑鲁迅"，此文极力炫技耀识的文气手法与韩寒博客文章《答春绿》别无二致，而且两文表现的对质疑者的阴损刻薄只能出自同一作者。读这篇《质疑鲁迅》，我们不可能相信这是一个对文学艺术有真心尊重，对理性、平等和自由有真的信仰的"自由公民"所为。它让我们看到，为了自我维护，一切(包括自己宣称、主张的)价值都可以践踏，这不就是那个"非革命""非民主"，只要"一点写作自由"的"公民韩寒"的神话，这个神话的精髓不就是"在杀戮权贵的时候，也应该杀戮群众"的信仰？[③]

总结韩寒对这次被质疑代笔的回应，我们可以概括出他的三个辩护手法：第一，"文学天才无所不能"，"你做不到的，不能说我做不到"；第二，"抄书装×"，我不读书，但我抄书，"有多少钱花多少钱"；第三，"遗忘"，自己说法前后不一，父子说法互相矛盾，"13年前的事谁还记得?"这三个辩护手法，对于质疑者，就如三个具有巨大吸引力的陷阱，任何事实确凿的质疑都会如遭遇黑洞一样，被陷落其中——所以韩寒至今不是据理据实反驳质疑，而是一言以蔽之，质疑者对他的质疑全部是"捏造"

---

① 张放(2012)。

② 袁敏(2003)。

③ 韩寒(2012c)。

“造谣”“抹黑”。在“三重坑”背后的韩寒，给予公众的是诚意还是欺诈？是真相还是谎言？是负责还是推诿？恐怕细心观察的人士多会选择每个问题的第二答案。

在近一月来，韩寒及其主要支持者（特别是韩父韩仁钧和合作出版人路金波）公开做出的全部回应，不仅丝毫没有有益于澄清质疑，而且在极大程度上强化和印证了“人造韩寒”的质疑。一个强有力的证据是，韩寒本人回应质疑的全部说法都在向公众指向一个判断：韩寒在撒谎。我本人在阅读双方争议全部文章和相关视频后，认为虽然尚没有直接证据揭示“人造韩寒”的真相，但是今天面对质疑的韩寒始终在为 13 年前的真相撒谎。

对于深陷质疑困境中的青年韩寒，我们要提醒的是：真相解放韩寒——一个宽容的社会可以原谅那个 13 年前“被文学天才”的孩子，一个理性的社会理解 17 岁的他“装×挖坑”，一个温和的社会接受他对 13 年前“被文学天才”的“历史遗忘”，但是，社会的宽容、理性与温和，绝不能成为容忍 13 年后这个“天才人偶”继续撒谎的理由。

五　两个英雄　一种反智

在以“白卷英雄”张铁生为男主人公原型的电影《决裂》中，男主人公凭着一双长满厚茧的“劳动者的手”取代了电影中代表知识传授者的教授（“资产阶级反动权威”）的讲台位置。在当代以网络为主体的公共空间中，韩寒以一个“不读书的天才”成为“公民意见领袖”。他们成为偶像（英雄）的时代不同，但共同的就是，反智主义是中国文化的主潮。在“文革”时代，张铁生并不孤独，在他身旁还有更年少的反潮流英雄黄帅；而在当代的反智文化主潮涌动中，在韩寒的身旁有以低俗表演走红中国的小沈阳、“抄书抄得好”的出版奇人郭敬明和“网络呕像”凤姐等偶像群星。韩寒和凤姐，都是这个反智时代的代言人，只是在反智的愚乐闹剧中，分别扮演着不同的角色——他们是在同一个市场走红。因此我们才可以理解，为什么韩寒和凤姐同是这个时代的“英雄”。

特别值得注意的是，在这次质疑韩寒作品代笔论争中，不问真假是非而力挺韩寒的，不仅是沉潜于网络的无名“韩粉”，也不仅是那些在娱乐市场上与韩寒惺惺相惜的娱乐明星，还有不少活跃于公共领域、以“理性”“独立”著称的“公知教授”。人大教授张鸣称，韩寒是“非公权力”公众人物，不应在被“打假”之例；[①]北大教授郑

---

①　张鸣（2010）。（张鸣文：“但是，如果一个人，无权无势，也没什么姿色，不凭演技，仅仅是一介平民，一张嘴，就会有万众关注，写一篇博文，马上会传遍世界，有几百上千万的点击率，这样的人，实在是太有影响力了。不消说，在中国，这个人就是韩寒。”）

也夫称，韩寒非学者教授，无须对他进行“打假”。[①] 清华教授郭于华则无视这次被质疑事件中，韩寒一再表现的对自由、理性、平等的践踏，多次公开撰文坚称“韩寒之可贵，在于他的独立、自主、率性，这些都是社会中的稀缺之物”。她将诸多教授、学者对韩寒的理性质疑定性为“断杀”“互殴互毁”，表现了“对个人极度不宽容甚至刻薄，而同时对制度之恶却宽容体谅”的“劣根性”；认为质疑韩寒的“恶果”就是“没人再批判强权暴力，无暇再关注弱者的处境”[②]。

公知教授们，都把“自由代言”的希望寄托在“公民韩寒”身上了，但是，如果他们不是闭眼而是理性面对这位“公民韩寒”在面对质疑时的表现，难道他们不会看到一个“独断专横自私狂妄狠毒又有煽动力”的“韩寒”吗？[③] 在韩寒助选美国《时代》周刊 2010 年“全球最具影响力人物”的时候，著名媒体人士笑蜀称赞韩寒说：“说到底他无非比我们多了一样东西，那就是公民的气质，那就是率性，那就是真实”；“看看韩寒，多爽朗，多快乐，多阳光。”[④]现在暴露在公众眼前的韩寒，与“率性真实”“爽朗阳光”相差何远？难道公众没有理由质疑此“韩寒”是否彼“韩寒”，没有权利知道那个“最具影响力的公民韩寒”身后的真相？追求公共生活的真相，不是“公民社会”的应有价值？然而，面对一系列直逼“人造韩寒”真相的事实被披露，不少支持和推崇韩寒的“公知”依然坚持着做维护“皇帝新装”大臣。一位网友曾戏评“挺韩者”拒绝面对质疑韩寒的证据说：“只有骗子不知道真相。”这句话在调侃中的确披露了部分“公知”持续维护“韩寒神话”的心中奥妙。

然而，面对韩寒神话的解体，不只是“公知”的不愿接受，蓄意“挺韩”的更大力量来自媒体和媒体背后的财团隐形的手。20 世纪后期以来的中国语境中，向来以独立和求真的面目出现的《南方周末》及其子报刊《南方都市》《南都周刊》等明显摆出打派仗的姿态，连篇累牍地发表《差生韩寒》等忽悠其事的挺韩文章，而新浪网站在博客平台上，面对双方争议，通过极不对等地突出推荐韩寒及其支持者的博客文章，表现了严重偏袒韩寒的立场。

据了解，截至目前，韩寒代言的品牌和公司包括有凡客诚品、雀巢咖啡、华硕电脑、门户之见帝王威士忌、LVMH 旗下的奢侈品牌宇舶表、斯巴鲁汽车等。据媒体报道，韩寒的代言费不菲，2010 年 4 月，韩寒以 500 万元正式成为凡客诚品代言人，代言其 29 元 T 恤，据统计需要凡客卖出 20 万件 T 恤才能收回成本。2011 年韩寒成为雀巢咖啡代言人，代言费超千万。万榕书业创始人路金波发微博称，“见证一

① 郑也夫(2012)。

② 郭于华(2012)。

③ 韩寒(2011)。

④ 笑蜀(2010)。

位作家成为中国代言费最高的大明星”[1]。在这条资讯的背景下,《南方周末》评论员笑蜀当年为“公民韩寒”宣传的《像韩寒那样珍惜你的痛感》一文中的文字,比如“这正是公民社会的旨趣所在。它不是要对抗什么,不是要反叛什么,不是要颠覆什么”;“韩寒那样,珍惜你的痛感,珍惜你喊痛的权利,使韩寒成为潮流,成为时尚”,当然就会散发出清晰的消费主义的广告气味。

2月3日韩寒发表博文称“我也将不再回应此事,就此事,现在收笔”[2]。SOHO中国CEO张欣女士说:“韩寒的谢幕词让人读了想哭,无论是曾经犀利的韩寒,还是现在情绪低落的韩寒,总有他独特的魅力。”[3]由一位企业高管说出这个“韩寒总有他独特的魅力”的感叹,表达的是对“韩寒”的“偶像魅力”的欣赏,已经成为这个反智时代的跨阶层的“超是非”的审美无意识。它告诉我们,一个反智时代,就是一个普遍需要偶像、不需要真相的时代。

在一个习惯了奴役和崇拜的国度,就是“自由”和“反叛”,也要攀缓在一个偶像身上——即使是一个虚假的偶像,总比失去偶像要好。当代中国文化的大悲剧在于,没有偶像,真正心酸和恐惧的还不是那些在茫然中徘徊的少男少女,而是那些在公众看起来很不凡的学者名流——他们(她们)不仅是“天才韩寒”生命长青的暖房,而且左右着普通公众尤其是年轻公众的“自由理性”。因此,无论现实中的韩寒表现了多少无知、谎言和无赖,也无论多么令人失望,作为一个“人偶”,韩寒“总有他独特的魅力”。建立在反智文化时代语境基础上的韩寒的“独特魅力”在于:他既是一个超值的娱乐消费偶像,又是一个“自由代言”的政治符号。

这次韩寒偶像被质疑而迅速破碎,开始的是当代中国批评理性的再次觉醒,它预兆的是被中断的当代中国的理性启蒙将会重续。美国学者曾将网络视为一个蛮荒的世界,这是“不读书的天才”韩寒成为网络偶像的天然土壤。但是,伴随着网络空间的全民化,网络的文明和理性开发必将进入日程。这次“偶像韩寒”在方舟子所代表的学者和文化人士的理性而坚韧的质疑中破灭,就是一个中国网络文明进步的证实,而且它的意义是超越网络而辐射到全社会的。

(原载《贵州社会科学》2012年第5期)

---

① 见《南方日报》2012年2月21日报道《韩寒因论战形象受损,专家建议代言企业终止合同》。

② 韩寒(2012a)。

③ 见张欣2012年2月3日微博(http://weibo.com/sohozhangxin)。

第四辑

教授岂可"做回畜生"

2007年，是被种种怪事搅扰不安的一年。岁末，中国学界又爆一令人瞠目结舌的大怪事：一位任职京城某师大的文艺学教授在网上发出檄文向世人宣告：不做教授，要做畜生。

现在是价值多元化的时代，也是标榜"自我选择"的大自由时代。然而，尽管出现了太多令人匪夷所思的"自我选择"，这"不做教授，要做畜生"的自我选择，仍然还是天下第一，古今无双。只听说过要变性的，没听说过要变种的。

这位教授何以如此发狠呢？细究原委才知，原来这位教授的大著在某权威期刊上受到了严厉的批评，他就认定自己遭了"险恶之人"的攻讦，蒙受了"畜生的待遇"，"所以放下身段，做回畜生"。（"新浪网"博客文《做回畜生》）

畜生就是畜生，不是教授放下身段就做得了的；教授就是教授，也不是畜生穿上马甲就装得成的！只是今日中国之大可怪者，确有畜生比个别教授做得更有人味；而个别教授的行为又实在远不如畜生。

孟子说"人之所以异于禽兽者几希"。人与畜生的区别只在于，人有理性良知，能够讲道义，守规矩；畜生之所以是畜生，则在于它只能本能地活着，条件反射是畜生的基本心理机制。因为本能使然，畜生多嗜好恶臭腐败的食物，大凡人所厌弃的多是畜生所嗜好的，如猪以泔水为琼浆，狗以粪便为佳肴；人见死鼠掩鼻而过，鸱鸦拣到死鼠则赶紧噙在口中，唯恐被人夺走，即庄子所谓"鸱鸦嗜鼠"。又因为是条件反射，畜生的行为则不讲道义是非，只是趋利避害而行。比如狗，对人有凶恶与温驯之别，就是这狗眼中的利与害的条件反射；如果是疯狗，则连利害都不知了，见人就亡命追咬，非到被人追杀而不能中止。

教授是今日社会中的高级知识分子。一人身为教授，不仅要明辨是非，依理而行，而且应当自觉为人师表，做文明楷模。批评与接受批评，既是文明进步必需的工具，更是文明成熟的必要标志。写文章上讲坛，是教授的职责；批评与接受批评，也是教授的职责。教授是较普通公众更有学识的人，他的学识的真正价值，不仅要体现在他善于批评，而且也要体现在他善于接受批评。

如果一位教授，因为受到了有违自己预期的批评，姑且不论这批评是有所本的，即使是恶意毁损，就要横撒野，“放下身段”，“做回畜生”，那么，我们又如何把这位教授与畜生相区别呢？两月来，这位教授在其博客上，连篇累牍地用污言秽语肆意侮辱其书批评者及其家人，用词之肮脏、态度之恶劣，实非有正常心智者所能为。不客气地说，这位心智失控的教授，不仅表现出对批评者的疯狂仇恨，而且表现出极度的语言恋污癖，用他的污言秽语将其博客变成了一个没有清污功能的化粪池。这种行径与畜生之追逐恶臭，条件反射而至于疯狂亡命有何区别呢？

再说，这位教授自认为在人生中受了点文字冤屈，就视之为遭了“畜生的待遇”，就立即跨过人类的栅栏去做畜生；畜生之间也不乏相互践踏戕害，却从未有见某个畜生也发狠背叛了种性，不做畜生来做教授的。这位教授自识优越于畜生几多，却如此无志无节，恐怕即使他所最轻贱的畜生也要为之不齿的。

在这位教授的博客中，向人性宣战的檄文《做回畜生》，赫然张贴两个多月了，似乎还要无限期地张贴下去。配合这“做畜生”的檄文的，是这位教授仍在陆续贴出他肆意谩污其书批评者的新文章，向世人展示他在无归之路上实践其壮志的决心。古往今来，文人无行，斯文扫地之事，实在不少；但如这位文艺学教授这般横心“做畜生状”，是没有的。既往无行文人所为虽然“扫地”，还是做的“斯文事”；而这位教授所为，是“人”都不要做了，哪里还有“斯文”可谈呢？

我们的文化传统所授予学者的，是讲礼仪、讲品格、讲气节，即要自我约束；如果自己丧失了约束力，就把约束的权力交给了社会，用孔子的话说，就是将自己置于被公众“鸣鼓而攻之”的境地。这位教授在网上要横撒野已超过两个月了，而且摆出要将“做回畜生”进行到底的挑衅姿态——一种野蛮到无视人伦的姿态。网络是一个无限开放的公共空间，它为上网者提供的言论自由不应当被滥用为野蛮言说！对于一位丧失了文明自制力的教授，我们的社会尤其应当给予文明规训。

附录

《做回畜生》一文的前前后后

2007 年 11 月，《文艺研究》第 11 期发表了四川师范大学教授钟华的文章《文化研究与文学理论的迷失——评季广茂〈意识形态视域中的现代话语转型与文学观念嬗变〉》(下略称“钟文”)。钟文对北京师范大学教授季广茂的《意识形态视域中的现代话语转型与文学观念嬗变》(下略称“《嬗变》”)一书作了严厉批评,指出该书存在如下7个方面的错误:“总体架构实与名乖、文题不符”“对中心概念不做任何明确界定或说明”“阐释的牵强附会、似是而非甚至前后矛盾”“避重就轻、重复拉杂并且时常跳跃的论述比比皆是”“信口开河、‘宏大’而绝对的惊人断语时时出现”“知识不落实、阐释不到位”“屡屡出现常识性错误”“外语优势变成一种炫耀,有时又出现曲解或误读”。钟文的结论是:“从总体上说,本书(《嬗变》)内容芜杂而漂浮,实实在在的‘干货’和‘新货’不多。该书的作者身为名校教授、博导,该著又是‘重大课题’、‘教育部人文社会科学重点研究基地基金资助项目’,其质量显然与其身份不太相称;而允许它出版面世,这既反映出作者治学态度不够严谨,也说明出版部门在把关方面存在着一定的疏漏。”

季广茂读到钟文后,于去年12月5日,将钟文贴在季的新浪网博客中,并且在钟文下贴出了季自己撰写的《做回畜生》一文。在此文中,季广茂如是说:“这种鸟人,在下一般不去理他。不理有不理的道理:跟畜生摔跤,输了,畜生不如;赢了,比畜生还畜生。总之,不是畜生,也成了畜生。……不过,这回有当一当畜生的必要,因为见过无知的,没有见过这么无知的;见过无耻的,没有见过这么无耻的;见过狂妄的,没见过这么狂妄的;见过下流的,没有见过这么下流的。其知识之贫乏,其逻辑之混乱,其用心之险恶,其语言之变态,罕见。所以放下身段,做回畜生,求(原文如此)尝不可。”此后不久,季广茂在博客上又连续发表了4篇文章:《哦的神啊,救救我们吧》《昏话连篇·臭气熏天》《患上脑便秘,难免满纸都是屁》《屎壳郎搬家——走一路,臭一路》。在这4篇文章中,充斥了对钟华本人及其亲属指名道姓的侮辱、谩骂之辞,其用词之肮脏无忌,不堪卒读。

季广茂上述对钟华批评的“回应”文章在其博客中已经张贴两个多月了。期间,季的支持者将这五篇文章贴到了凯迪网上,并附加了许多谩骂钟华的帖子,引发了一场污秽的网上口水战。因此,一篇学术批评文章惹来了“教授骂教授”的公众事件。此事件引起《中华读书报》的关注,该报派记者采访了双方当事人和数位学界人士(见陈香《学术批评招致谩骂:当下学术批评何以如此难》,载《中华读书报》2008年1月30日第1版)。针对读书报记者的采访,季广茂发表了博客文章《教授与痔疮》。在此文中,季广茂如是说:“前天有家读书报社的记者打电话来采访,问我何以如此回应‘学术批评’,颇有一些责备的意味。我想说而没有说的是,对某些人的所谓‘学术批评’,破口大骂就是最好的回应。”在此文后,季广茂又陆续发表博客文章《“痔疮教授”乎?“屁眼教授”乎》《不折不扣的屁眼教授》和《如此循环运动,简直要人性命》3篇。在最近这4篇文章中,正如这些题日所显示,季广茂更加恶劣地侮辱钟华，用词更加龌龊不堪，肆无忌惮之至堪称心智无控！

笔者读过《嬗变》，就此书审视钟文，可以肯定地说，钟文是一篇严肃认真、从学术标准出发的批评文章。钟文指出《嬗变》存在7个方面的错误（问题），并不是抽象的谈论，而是以该书内容为依据，作了实证的分析，是有理有据的。笔者认为，概括地讲，《嬗变》存在两个方面的严重缺陷：第一，该书作者缺少对研究对象必要的知识储备和资料积累，致使这部学术专著充斥着学术错误和空洞言说；第二，该书作者没有对全书内容、观点和结构作必要的斟酌和统筹，不仅文题不合、概念含混，而且基本观点前后矛盾（如书中对"意识形态"概念的论述和使用，对马克思主义的评介等）。因此，钟文结论称"从总体上说，本书（《嬗变》）内容芜杂而漂浮，实实在在的'干货'和'新货'不多。……其质量显然与其身份不太相称；而允许它出版面世，这既反映出作者治学态度不够严谨，也说明出版部门在把关方面存在着一定的疏漏"，是完全可成立的。

公允地讲，钟文对《嬗变》的批评，不仅严肃认真，而且是严厉的。这种严厉，对于当前缺少严肃认真的学术批评的中国学界，是难能可贵的。因为，钟文指出的《嬗变》诸多错误，并非只出现在季广茂论著中，而是在这个普遍泡沫化（甚至垃圾化）的中国学术生产场中广泛存在的问题。因此，钟文不仅对季广茂未来从事学术研究有警示意义，而且对中国学界也是一个有益提示。无疑，钟文的一些具体评述尚有可争议处，特别是对一些重要学术问题的判断（如对福柯与意识形态理论关系的判断）也有简单化或偏失之误，显示了作者钟华自身的某些学术局限。所以，对于钟文，学界同行可以展开讨论和批评。作为被批评者，季广茂当然也有权力实事求是、据理反驳。平心而论，一位学者，当自己的论著意外遭受到严厉批评，难免心中不平，甚至一时愤激而发表过激言论，也是可以理解的。但是，既然是生存在文明的当代中国，而且身为教授学者，就应当遵守公共道德，并且把自己的回应约束在学术界限内。然而，季广茂对钟文的"回应"（迄今为止共9篇文章），令人根本看不到真心回应学术批评的态度，而是恶意侮辱钟华，其肆意谩骂的污言秽语，从钟华的文章污及钟华本人、再从钟华本人污及其家人，用词之肮脏、态度之恶劣，不仅丧失了一位学者应有的操守，而且违背了基本的社会公德！

（原载《中华读书报》2008年2月20日3版）

于丹的“小人”心态一解

2006年11月25日，在中央电视台的《百家讲坛·解读于丹》节目上，当一位女观众向于丹提问：“‘唯女子与小人为难养也’作何解释？这句话是否表明孔老夫子歧视女性呢？”于丹回答说：“这里的小人，是指小孩子，也就是说，女人和小孩子都是有着相同的心性的，有时候可能让男人捉摸不定……也就是说，对女人和小孩子，你要是对他们太好了，太宠爱了，他们就对你不恭敬……但是你要是不理他们了，疏远了，又落埋怨，他们就开始撒娇了，开始觉得你对他们不好了。其实我觉得这个话说得挺对的，也挺感性的，因为我觉得这个就是写出了一种女人的性情。其实，如果一个女人到什么年纪都还有一股孩子气，这个女人就一定是幸福的。所以呢，如果说这就叫‘难养’的话，那我们顶多就说孔夫子不太解风情了……‘近之则不逊，远之则怨’，应该是一种普遍现象，它不是一种性别歧视。”

在《论语》中，“小人”是与“君子”相对的，可泛释为位卑德贱之人。对《论语》这段话中的“小人”，朱熹解释说：“此小人，亦谓仆隶下人也。”（《论语集注·阳货》）钱穆解释说：“此章女子小人指家中仆妾言。”（《论语新解·阳货》）因此，在《论语》的旧注新解中，“小人”皆无“小孩”义。进一步讲，“小人”非“小孩”义，不仅《论语》注释家，古文字学家都是有定论的，这在现在通用的《辞海》《辞源》及《现代汉语词典》中均可查证。无疑，如果这个“于丹式”的“小人”说法成立的话，一部中华文字学史就要因此改写了。

于丹在这个节目上将“小人”解释为“小孩”，是对观众现场提问的即兴回答，可作一时过错，本不必深究。但是，当主持人柴静对她这个解释提出委婉的批评时，她强词夺理地说自己的解释是“各言其志，率尔而对”。于丹的曲解招致了众多观众和媒体的激烈批评。然而，几天后，2006年12月1日，在人民网《文化论坛》《说〈论语〉：圣贤之言将用我一生来体会》节目上，当主持人再次提到观众对于丹如此曲解“小人”的批评时，于丹仍然辩解说：“就是说小人是当婴儿，女子就是女人，我倾向于这个。”在大约2500年前，孔子就教导我们说：“过而不改，是谓过矣。”（《论语·卫灵公》）于丹在如潮的批评声中不思过改正，反而文过饰非，实在是过上添过。

然而，于丹真的不知道在《论语》中“小人”的基本含义是位卑德贱之人吗？其实，尽管对《论语》一知半解，她对这一点还是知道的。在《于丹〈论语〉心得》的“君子之道”一章中，她就明确说过：“所以什么是小人呢？就是没有大眼界，抢占眼前小便宜的人。”那么，于丹为什么要在对“唯女子与小人为难养也”这句话的解释中蓄意将“小人”解释为“小孩”呢？无疑，孔子讲“唯女子与小人为难养也”，明确表现了他的阶级偏见和性别歧视。于丹致力要为观众塑造的孔子“形象”是一个“可爱的老头”，为了维护这个“可爱的老头”的大众亲和力，在今天的时代，尤其是面对台下众多女性观众，她不愿承认孔子是有性别歧视的缺陷的。所以，她就不顾事实、不顾常理，曲为之说了。在节目中她横说直说，最后的结论不过是：“‘近之则不逊，远之则怨’，应该是一种普遍现象，它不是一种性别歧视。”

孔子讲：“君子周而不比，小人比而不周。”（《论语·为政》）朱熹对这句话的注释是：“周，普遍也。比，偏党也。皆与人亲厚之意，但周公而比私耳。君子小人所为不同，如阴阳昼夜，每每相反。然究其所以，则在公私之际，毫厘之差耳。”（《论语集注·为政》）钱穆释义说：“君子待人忠信，但不阿私。小人以阿私相结，但不忠信。”（《论语新解·为政》）朱熹、钱穆的解释说得明白，君子与小人，都有与人亲厚、结交之情，区别在于是否以公德或私心为之。于丹为孔子“护短”，“举枉错诸直”，是明显的“阿私”，以孔子之意，即“小人比而不周”。换言之，就是“小人”心态。

无独有偶，于丹不仅在行为上不能实践孔子的君子教义，在学理上也不能领会孔子此处关于君子与小人之别。于丹如此解释孔子这句话：“‘周’就是能够团结照顾到很多人，他以道义为准则与人交往，所以有很多志同道合的朋友……‘比’这个字，字形像两个人紧挨着站在一起。这句意思是说，小人喜欢结成小圈子，他不会融入大集体。”若依于丹此解，君子与小人之别，就是朋友圈子大小之别了，换言之，就是是否善于笼络人心之别了。孔子讲“主忠信，无友不如己者”（《论语·学而》），其对君子与小人之辨，岂能被视作当今媒体以“人气”论英雄的同调？

于丹讲《论语》，始终没有认真从精神、性德上去体会孔子，并将之传播而发扬于大众，而是处处投机取巧、臆断妄论。对于丹讲《论语》，批评者多盯着她的处处“硬伤”。其实，她的根本错误，是“不学而术”地讲《论语》，为“愚乐观众”而将《论语》庸俗化。

孔子说：“德之不修，学之不讲，闻义不能徙，不善不能改，是吾忧也。”（《论语·述而》）孔子所忧四病，在于丹身上全都表现出来了。从其“走红”以来的言行可见，于丹对自己身上这四病，却无疚而骄，其所谓“心得”离《论语》之远，岂可以道里计？

（原载《科学时报·大学周刊》2007年5月29日）

王蒙老眼只识金

在新中国成立以来的中国文坛中，称王蒙是第一等聪明人，恐怕没有人反对。王蒙是何等聪明？以其日前公开言论来说，王蒙是“什么都能装，就是装傻没人信”的绝顶聪明之辈。

可以说，已逾古稀之年的王蒙，是聪明一生了。步入晚年来，近20年中，王蒙力排众议，不惜宿老声誉被毁，识金不昧地捧扬了两个文学新人：“我是流氓我怕谁”的“痞子文学”开山作家王朔和“不要写得好，只要抄得好”的“郭抄抄”郭敬明。这两位虽是隔代文学新人，却有两大共同特点：两人不仅夹带着践踏严肃文学的基本精神和理想的“新生力量”，而且还夹带着人人不可企及的出版市场“含金量”，是各自时代当之无愧含金量最高的“极品赤金青年”。20年来，当代文学新人数以万计，王蒙就锁定了专捧王郭两位，真一个老眼识金了得。

老眼识金的王蒙，绝不会瞎捧，更不会白捧。王蒙日前出新书，招郭敬明站台促销，郭欣然出台，以少年老成的商业智慧配合其炒作。“郭小四”不仅免费向自己的粉丝做广告：“很平凡的一件事情从王老师的笔下写出来会有一个道理，很容易看进去”；而且还慷慨万分地将他的写手技术归功于“王蒙这样的前辈”，充满“感恩与崇拜”地表白：“因为没有他们，可能就没有我现在的小说技法。”

捧金得金，这郭一王之间的“含金量”从少到老的逆向传递，不仅展示着市场规律可贵的温情一面，更将用发行量的“硬道理”证明王蒙先生的过人智慧的市场价值。

连日来，在躬身营销自己新书的场合，王蒙不仅捧扬郭敬明的声调特别高亢，而且其肉麻令看客齿寒而又不得不折服之至。比如，对于郭敬明小说中那些语句，王蒙捧之以“陌生化的语言”；对于郭敬明通篇的奢侈品炫耀，王蒙捧之以“生活的兴趣”。王蒙这样捧玩郭敬明，不仅以其宿老妙手为郭敬明通体上下做了全套文学美容护理，而且还把严肃文学的尊严和信仰都用作了郭敬明的爽身粉和护肤霜。西汉刘向《列女传》中说：“老莱子孝养二亲，行年七十，婴儿自娱，着五色彩衣，尝取浆上堂，跌仆，因卧地为小儿啼，或弄乌鸟于亲侧。”老莱子和王蒙，都以七十老身，极尽儿童欢娱之事，只是所娱对象有老少亲疏之别，个中意味，也就迥然不同了。

王蒙为推其新书，还捧出“年票房过亿元”的娱乐明星小沈阳为其揽客，称“小沈阳有才，深刻领悟了圣贤之道”，“庄子说人生什么是至乐，有钱至乐么？很多人赚了很多钱根本来不及花就死了，这就是小沈阳的话呀。小沈阳读过没读过《庄子》我不知道，小沈阳也是咱们中华文化的接受者之一，你要是不研究庄子，就根本发现不了这一点”。（《京华时报》2010年3月18日）

庄子一生安贫乐道，为了保全生命的天真自由，慨然拒绝楚王派人请他做相，宁愿如乌龟一样拖着尾巴在泥潭中生活。他临死时，对计划着要厚葬他的弟子们说：“吾以天地为棺椁，日月为连璧，星辰为珠玑，万物为齑送，吾葬具岂不备邪？”庄子之至乐，是一万物、齐生死而实现自我生命同天地一体的精神大解放——逍遥游。小沈阳正是庄子所斥的“以身为利殉”之徒。王蒙以聪慧敏锐盖世，岂能不知庄子至乐之大义？为逢迎以小沈阳解庄子，王蒙何污何欺庄子之甚？

（原载《新京报》2010年4月1日）

刘再复的“‘文革’风骨”

我今年10月访加，11月初回国。回国后这一月余，与朋友酒叙多多，酒酣耳热之际，常有朋友向我提及“前中国社会科学院文学所所长刘再复撰文大骂德国汉学家顾彬”一事，并且希望我出来说话。

我辗转获得香港《明报月刊》2013年8月号和9月号先后刊载的顾彬演讲录音整理稿《莫言、高行健与文学危机》和刘再复的《驳顾彬》两文。比对两人文稿，我认为，刘再复的《驳顾彬》，用一“驳”字，是文不符题的，通篇只是逻辑混乱、用语恶秽而且癔症独白的骂；但是，称刘文为“大骂”，也非确切之论。如果以学者论，“骂而且大”，不仅要讲道理，而且要有胸襟抱负。刘再复对顾彬之骂，其用语和文风只令人看到“文革”斗士的恶相——年逾七旬的“中国学者”刘再复，虽然去国二十四年，“‘文革’风骨”之健，绝令当年的红卫兵低眉折腰。

在《驳顾彬》一文中，刘再复声称“在美国，我对西方学者也非常尊重，并悄悄向他们学习”。“总结二十四年的所见所学”，刘再复振振有词地说道：“德国出现过让中国人深深敬佩的大哲学家如斯宾诺莎、康德、黑格尔、马克思、叔本华等。”

有西方哲学常识的大学生都知道，在世界最重要的哲学家中，与笛卡尔、莱布尼茨齐名的斯宾诺莎是荷兰哲学家，而非德国哲学家。这位生于荷兰、死于荷兰的哲学家，与德国只有“半毛钱”的关系：靠磨镜片维持哲学生涯的斯宾诺莎1673年拒绝了普鲁士选帝侯卡尔·路德维希(Karl Ludwig)亲王提供的海德堡大学哲学系教席，因为接受这个教职的条件是“不会滥用哲学思考的自由来动摇公众信仰的宗教”。四年后，1677年，不到45岁的斯宾诺莎因肺病逝世于海牙。

一位前中国社科院文学研究所所长，自称“(在美国)保持读书研究的沉浸状态”二十四年。然而，他“打破二十四年沉默”，暴露于世人的却是连大学生的哲学常识都不具备的妄言。

在美国二十四年，“悄悄学习”还加上“深深敬佩”，自称“真正学者”的刘再复将荷兰哲学家斯宾诺莎判给德国。他“悄悄学习”的究竟是什么？他的“深深敬佩”又究竟有几许真实？其学问人品如此，以“中国学者”行走海外，令国人何堪？

刘再复没有列出他“悄悄学习过”的西方学者名单。不知他私淑的“西方学者”

读到这篇再展“中国‘文革’斗士”风采的《驳顾彬》一文，是否会认领这个私淑弟子。我想，真正的西方学者只会为身死336年后被篡改国籍的斯翁一哭！

在《驳顾彬》一文中，刘再复在将顾彬描绘为一个“不学多术”的学界骗子的同时，也竭力表白自己是“真正学者”。刘再复与顾彬，究竟谁是学界骗子呢？阅读顾彬、刘再复各自文章，读者自有见识、公论。

就此，我算是给各位敦促我出来说话的朋友一个交代了！

（原载肖鹰新浪博客，2013年12月22日）

易中天先生的“汉子”

日前易中天先生在报上撰文《我看方韩之争》[①]，称被质疑代笔的韩寒，以起诉方舟子名誉侵权回应质疑，“就像节妇断腕，烈女跳楼”，是“自证清白的方式”。

易先生如此为起诉方舟子的韩寒不平而鸣：“你们家的宠物，也该善待吧？公园里的草木，也不能践踏吧？名人就可以随便蹂躏，让公众消费、狂欢？”“如果韩寒视清白为生命，那他就是在为生命而战。”在易先生的笔下，韩寒俨然是一位被方舟子蹂躏不堪、生不如死的无助弱女，其状可悲、其情当恤。

然而，易先生笔锋遽然一转180度，变了高亢的调子颂歌道：“士可杀不可辱。被逼无奈，也可以拔剑而起，何况诉诸法律？你说韩寒不成熟，是孩子，我看他是汉子。”在易先生笔下，韩寒从一个“不能自证清白”的悲情弱女，化身为一个“拔剑而起”的金刚汉子，这阴阳转换的猛烈变性，没有任何转折过渡，堪称易先生神笔。那么，我们就看看在这次方韩之争中韩寒的“汉子”表现吧。

这次被质疑“代笔”（“人造韩寒”），韩寒始终暴怒失态，流氓恶语攻击质疑者；继而出尔反尔，矛盾百出。在一个多月来的质疑中，方舟子等学者、媒体人士举证、梳理了大量韩寒作品涉嫌其父韩仁钧“代笔”的证据。以倡导“质疑权力”、呼吁“言论自由”博得公众青睐的“公民韩寒”，不仅始终没有理性回应、据实反驳，反而在毫无任何事实依据的前提下，粗暴宣称“这是最下流的招数，利用作家职业无法自证的特殊性，披着质疑的外衣，干着诽谤的勾当”（《正常文章一篇》）[②]，甚至于无中生有说“一个团伙因为发泄私愤，预设立场再有罪推论进行到丧心病狂”（韩寒《答春绿》）。称质疑为“诽谤的勾当”“团伙发泄私愤”的言论，是韩寒在媒体回应质疑的口头禅。

近日网友再度发布了几年前韩寒接受网易采访的一个视频，视频显示，2006年署名韩寒的新书《就这么漂来漂去》出版后不久，韩寒在接受记者采访时，以“这不是我写的”“因为这完全不是我写的”“特别不是我的话”三句肯定语，断然否定

---

① 易中天(2012)。

② 本文引用韩寒文章，均来自新浪网“韩寒”博客(http://blog.sina.com.cn/twocold)。

《就这么漂来漂去》一书中的一段文字为其所作，称“我不知道出版社哪加的，放在后面”。韩寒的表现是显然不知道该段文字不仅印刷在该书封底，而且还印刷在该书正文中，因此随意将这段文字归属于“出版社哪加的”。然而，因为连日来这段视频被方舟子们指认为“代笔铁证”，19 日韩寒告诉《成都商报》记者，该书中“这段话是他所写，只是他并不赞成这段话的观点，当时采访时他觉得自己不可能说出这种话才矢口否认”。

以常情常理，真称得上“汉子”的人物，须有光明磊落和慷慨担当。被质疑一个月来，韩寒对自己的公开言论“矢口否认”已成信口开河。这究竟是做“汉子”还是耍“泼皮”？用易先生文中的话说，“说他‘死皮赖脸’或‘不像男人’，也得认了”，不正贴切吗？

易先生在“我看方韩之争”时，大概戴了一份色彩很浓厚的滤色镜：他将方舟子们一个月来所做的艰苦细致的文本析读、甄别工作的全部成果都过滤掉了，当然也就看不到韩寒被人质疑代笔，并非“纸上谈兵”，并非“疑人窃斧”，而实在是因为“文学天才韩寒”有严重的疑点。概括言之，作为一个 17 岁成名的“文学天才”，韩寒 13 年来的种种作为让人严重疑心，“韩寒作品”的真实作者并不是那个在媒体上被追捧为“意见领袖”和“当代鲁迅”的韩寒。借用韩寒自己近日在媒体上的一句话说，“韩寒作品”的真实作者，是躲在地窖中的——他是“躺在地窖里中枪”。

如果易先生真心反对在“我看方韩之争”中“扯淡”的话，应当表现的态度是屈下身来花点功夫考察一下双方在这一月来的言行，从而做出针对事实的是非判断，而不是在其文中表现的，顾盼自雄地大话于自己虚拟的“方韩如果”中，一方面祭出“不问动机、不问资格、不问对象”的正确大旗，另一方面又责求方舟子们在对韩寒的质疑中“要以最大的善意”、要惦记着被质疑的韩寒“跳进黄河都洗不清”。

在与方舟子们作了种种周旋之后，韩寒转而诉诸法律，他声称：“诉讼是为了让我的手稿和证据能够确证，也为了防止行业开此先河，就是当你看一个作家不顺眼，不需要观点之争，不需要文学批评，也不需要任何证据，只要说他的某篇文章是别人写的，于是这个作家的名誉将受到损害。”（韩寒《二月零三日》）

韩寒也许不知道苏联作家肖洛霍夫曾经与他有着同样的“不能自证清白”的遭遇。肖洛霍夫 23 岁创作《静静的顿河》，并于 1965 年以此书荣获诺贝尔文学奖。获诺贝尔奖后，包括索尔仁尼琴在内的文坛重量级人士，直指《静静的顿河》真正作者是当年客死异乡的被俘白卫军官，即哥萨克作家费多尔·科留科夫（F. D. Kryukov），肖洛霍夫偷了他的手稿。对此责难，肖洛霍夫至死保持沉默。1999 年，《静静的顿河》手稿被发现存于肖洛霍夫密友库达绍夫的远亲家中，俄罗斯文献鉴定专家委员会鉴定手稿确为肖洛霍夫手迹，肖洛霍夫“代笔冤案”才得以澄清。（资料来源于“维基百科”)

肖洛霍夫的遭遇证明：一个作家真正的清白不是脆弱而是坚硬的。一个作家可以不相信历史，但必须相信时间。历史是人写的，时间是超人的。真正的作家存在于文学写作的时间中。让时间证明清白，这是一个清白的作家应有的自信。韩寒迄今为止的表现都表明，他完全没有这个自信。当他反复公开申诉“作家被质疑就是名誉毁灭”的时候，实际上暴露了自己作为成名 13 年的“文学天才”尚未进入当代文学写作史中。不懂得正是这段时间的保护才可能证明作家的清白。然而，坚称“作家不能自证清白”的韩寒紧接着又通过媒体向公众展示了 1000 页“韩寒作品手稿”，要“自证清白”。但是，肖洛霍夫在离世后因创作手稿被发现，被鉴定证明清白；韩寒高调出示的“手稿”却因为缺少创作痕迹(这些“手稿”暴露给公众的是只有抄写稿才具有的整洁)而加深质疑。物证心证，易先生于此竟然无证？

易中天先生仅因为韩寒起诉，就“看他是汉子”。然而，从历史来看，告官出名的，多不是“汉子”，而是“女子”。易先生文中举出的两位告官的“历史名人”，小白菜(易文误，应为杨淑英)和秦香莲，也都是女子。她们的告官，并不是“汉子”附体，而是真正的被逼无奈、只有告官一条求生之路。无疑，告官(诉讼)，并非强势而是弱势的表现，是在现实冲突中无力应对时诉求国家机器保护的表现。韩寒被质疑，从一开始的恃强凌弱到后来的求弱告官，就如一张漫画所表现的：韩寒本来与方舟子在拳击台上较量，抵挡不过了，就不赛拳击了，转身向法官诉判方舟子伤害。这宵小无耻之行，不仅非汉子所当为，就是做一女人，也是对女性品格的漫污。

在当下公共文化中，易中天先生是从央视百家讲坛上走出来的一位影响不小的公共文人。以易先生的长于以古说今的公开表现，一定是很熟悉古代沙场文坛的汉子作为的。“士可杀不可辱”，对于真正的“汉子”，“不可辱”的并非虚名假誉，而是真精神真气节。屈原怀石沉江，非为污了名，而是不能尽义。所以真汉子，是杀身成仁、舍生取义之伟男子。在古代历史上，真为名誉而死的，绝少是“汉子”，绝大多数是被男性主宰的封建伦理毒害压迫的所谓“烈女”“节妇”。韩寒因被质疑代笔而愤然失态回应，易先生就礼赞此举是“视清白为生命，在为生命而战”。易先生实在应该重温一下《阿 Q 正传》，小说中的吴妈仅因了阿 Q 一句“我和你困觉”，就觉着被破坏了“生命清白”，非在众人前闹一场“寻死觅活”不能活下去。

如此这般，易先生以韩寒为“汉子”，我们只能说，这“汉子”非彼“汉子”。韩寒本人也公开承认自己此次回应质疑是“猪一样的表现”。以易先生的不凡见识，这“猪一样的表现”自然也是他所属意的“汉子”应有之意。

【按：在《我看方韩之争》中，易中天称："呵呵，依此逻辑，小白菜就不该告御状，那时可是慈禧当家；秦香莲则要算运气好，因为包公只有一个。"在流传甚广的清末大冤案"杨乃武与小白菜案"中，告御状的是杨乃武姐姐杨淑英，小白菜毕秀姑不仅没有告御状，反而在案情初期被诱逼作了陷害杨乃武的伪供。】

（原载《文学自由谈》2012年第2期）

不怕“苏紫紫当众一脱”

今年开初，因为“人大女生苏紫紫”的“当众一脱”，社会产生了激烈的争议。然而，可悲可笑的是，“苏紫紫”不是一个真实的名字，只是那个为了500元报酬开始“商业裸体拍摄”的“人大女生”的化名。这就是说，直到今天，无论支持和反对，我们都是在为一个化名“苏紫紫”的“人大女生”而“战斗”！

更可悲可笑的是，以热心于批评社会时弊著名的中国人民大学历史学教授张鸣先生，在公开发表“她（苏紫紫）的做法捅破了一张纸，很勇敢地把人体艺术亮出来了”的言论多日之后，却又在某电视台的相关专题节目中表示，他自己不仅不知道“苏紫紫”只是一个化名，而且“根本没有看过苏紫紫一个作品”。

人体艺术并非新生事物，这是原始人一开始就摆弄过的手艺。迄今为止发现的最早的人体雕像、在奥地利出土的《维林多弗的维纳斯》，就是一个女性裸体雕像，距今至少2万年了；即使在“封建保守”的中国，刘海粟先生早在1914年已在自己创办的上海美专开设了人体写生课；他聘请的第一个女性裸体模特陈晓君，在1920年7月20日，也在画室中向中国年轻的艺术家亮出了少女的胴体。怎么到了2011年，在历史学教授张鸣先生的记忆中，“人体艺术”还需要等待该校的“裸模女生苏紫紫”在一个商业场所来“很勇敢地亮出”呢？

在张鸣教授的言论中，他是把陈晓君的“裸模”与“苏紫紫”的“当众一脱”混为一谈的。然而，需要澄清的是，陈晓君是在封闭画室中呈现裸体，供画家见习人体和创作人体绘画；“苏紫紫”则是在开放的商业场所（她自己声称反对清场），“裸体接受50位记者排队采访”。前者是将裸体贡献给艺术，后者则将裸体展示给媒体，两者是不可同日而语的。可是，研究历史学的张鸣教授没有向我们表明，他究竟是以什么标准判断，“苏紫紫的当众一脱”亮出的是“人体艺术”，而不是一个“人大女生博出位”的低俗炒作。

我们不能忽视的是，这个化名“苏紫紫”的“人大女生”，在幕后推手的操纵下，极端表现了一个青年学生不应有的虚假作伪的品质。这个“苏紫紫”在挑战限制公开展示裸体的社会伦理时说：“你连自己都不敢面对，那不是很可笑吗？”然而，正是这个宣称要用“裸体”向大众证明自己“内心纯洁”的“人大女生”，一边不断向媒体抛售自己的"非常人生故事"("童年父母离异""少年辍学出走""底层家庭遭强拆""大学做裸模挣钱为悲苦的奶奶治病",等等),用眼泪和弱势群体的控诉博取了许多善良人们的同情;一方面又向公众宣称"紫紫不想活在过去,活在大家的同情里",公开指责媒体"无端暴露"了她的"隐私",告诫公众只应关注她的"作品",相信她的"未来"。

一个19岁的青年女生,公然可以如此毫无顾忌地对社会自唱双簧,不仅丧失了一个青年学生应有的诚实品格,而且连在社会做人的羞耻之心都难得一见了。这难道不是一个可怕的教育悲剧吗?然而,正是这样一个"苏紫紫",不仅在娱乐市场被哄炒、追捧,而且被一批有社会影响力的专家、学者声援和推崇。

当今中国,一方面是社会追求宽容、善意,一方面是消费主义流行。在此环境下,"一脱成名"已经演变成为一个消费市场以青春女性作粉色消费品的流行生意经了。换言之,在今天的娱乐市场,对于那些渴望以捷径取胜的女生,"一脱"已经失去道德的禁忌,而只有"成名"的诱惑了。因此,"苏紫紫"的"当众一脱",并不是如某些媒体夸大其词所表示的那样"惊世骇俗"或"可怕"。

在"苏紫紫现象"中,真正可怕的,也不是普通民众因为善良而轻信,匆匆向这种低俗的商业炒作寄予同情和声援,还真诚地以为自己是在关爱一个"不幸的人大女生";真正可怕的是,本来应当在深入考察、用心甄别之后,向公众做出正确的是非判断的专家学者,不负责任地称赞和声援这样一个低俗商业炒作。

当本应承担引导公众理性认知责任的专家、学者,都不负责地向低俗娱乐捐助自己的社会影响力的时候,我们的社会良知就丧失了理性导向,从而只能听任那些幕后推手绑架公众的良知和文化的尊严,肆意炒作一个又一个"苏紫紫"。

(原载《东方早报》2011年1月24日)

春晚导演莫学“苏紫紫”

2011 年央视春晚节目收视评价调查，再次出现了央视官方调查与民间网络调查的“惯例性悬殊”。央视自调走高，网络民调走低，既然是“惯例”，不足为怪，也不值一议。

近日，春晚导演马东公开回应网络评价表示，“中国那么大，中国不仅仅有大城市，中国也不仅仅只有网络媒体。春晚之后，我们会关注大家对春晚的评论，但我们心里有一个谱——电视观众的收视比例在哪？重心在哪？正确取悦的大部分人在哪?”依马东导演此言，“大城市”和“网络媒体”都不是春晚导演关注的“重心”，不属于马东导演们需要“正确取悦的大部分人”，对于网络媒体的评价，马东导演们自然就无需在意了。

马东导演还表示：“我们一定会听到知识界的精英这样那样的想法，严格来说，我们心里很坦然。说实话，春晚的收视主体不是他们。”(2 月 6 日《北京青年报》)这就是说，“知识界的精英”本来就被马东导演们排斥在“收视主体”之外的，他们的“想法”就更无须理会了。

一方面“心里有谱”地拒绝网络媒体的评价，另一方面又“心里很坦然”地排斥学者专家的意见，马东导演们关注的重心和“正确取悦的大部分人”当然就只剩下“中国农民”了。在此，我无意追问马东导演们究竟从哪里获得授权办这样一个“春晚”，我只想质询：多年以来，春晚导演们的“重心”究竟是在“取悦”还是在“取笑”作为“大部分人”的“农民”?

别的不用谈，在 2009—2011 年三届春晚中，赵本山表演的三个小品《不差钱》《捐助》和《同桌的你》，除了贴标签、加口号“歌颂农民美德”外，其中哪一个小品不是连篇累牍地在用“农民”的饮食男女“取笑”？2010 年《捐助》的“笑点”是“两个光棍争一个寡妇”，2011 年《同桌的你》的“笑点”又是“两个男人为一个女人吃醋”，赵本山们的趣味专注于此，想象力局限于此，中国农民就应该这样“被正确取悦”？也许，“正确取悦”的标准就是央视顶着民众的滔滔骂声年复一年地给赵本山戴上“小品王”的高帽子?

为什么近年来反对赵本山、呼吁赵本山“告别春晚”的民意逐年高涨？根本原因并不在于大家对赵本山“这张老脸”的审美疲劳，而是就包括广大农民在内的观众而言，社会变化了、视野扩大了、素质提高了、审美趣味丰富了，而赵本山那方面祭出的还是那个“赵本山”。不仅如此，这个“赵本山”在春晚舞台上日益暴露出“店大欺客”“装农民损农民”的做派。如此，马东导演们还要胁迫大家买账吗？

在马东导演的言论中，表达出春晚导演多年来的一个普遍意识，就是认为，不满意春晚、刁难春晚的“主体”只是“知识界的精英”。然而，“精英们”的立场真的就是与马东所言的“正确取悦的大部分人”相对立的吗？

去年是学界批评春晚最激烈的一年，比较激烈表达意见的是吴祚来、王旭明和我。我们三人对春晚的批评集中在2010年春晚压轴节目、赵本山的小品《捐助》。作为民俗文化专家，吴祚来主要批判《捐助》对弱势群体（单亲家庭）的文化歧视和侮辱；作为教育专家，王旭明主要批判《捐助》对国家教育政策的误解、误导；作为美学专家，我主要批判《捐助》拙劣的编导技术和低俗的审美取向。

然而，我们三人的意见并非是我们所私有、独创，这实际上是赵本山《捐助》播出之后，就迅速在网络媒体爆发并且延伸到主流媒体的大众舆论，我们作为专家学者所做的工作，不过是以各自所学专长对大众舆论加以总结、提炼和集中表达而已。当马东导演们如此蛮横地将我们的言论排斥在应当关注之外，他们就真正“心里很坦然”了吗？

按马东导演的言论，春晚导演们是很看不上“网络媒体”的，看不上“非主流媒体言论”的。然而，恰恰是这位马东导演，在2011年春晚的第三次彩排现场，向媒体如此“爆料”：“今天得董卿请客，你们不知道，她有喜啦。哎哟，你们不知道啊，她今天和韩乔生结婚啦。哈哈，回去你们都去网上传啊，就说他们在春晚现场公布的。”（1月26日《华商报》）

马东导演这则“猛料”是迅速被当事人韩乔生发微博辟谣的谣言。过去每届春晚，春晚导演组的公众形象都是“辟谣者”，今年何出马东导演不惜自贱身段“造谣生事”之举呢？这当然与今年春晚不仅捧场声音分外无力而且“知识精英的骂声”也几乎绝迹有关。

马东导演的“造谣生事”与“苏紫紫”的“裸体炒作”又有何区别？“苏紫紫”为何要在数九寒天的京城“当众一脱”，因为她从推手们那里懂得了只有“当众一脱”才能招来“大众一骂”，而只有博得“大众一骂”，才可“一骂成名”。马东导演此举，玄机岂不在为本届春晚求关注和收视而出位博取一骂？

当然，春晚有近30年历史了，马东导演们也早过而立不惑之年了吧？“苏紫紫”不过是一位化名的“90后人大女生”。如此，称“春晚导演学苏紫紫”大概也不尽其情然。

附记：我今年没有看春晚，不过事后有朋友告知赵本山在表演中有一段针对“高雅人”的“自嘲”。我上网搜索到《同桌的你》的视频看了。赵本山在节目中如是说：“你喜欢啊，像我们这些高雅的人看他（赵本山）那玩意儿太俗，受不了！”赵本山此话，被许多媒体解读为未经导演审核而现场私自插入的“自嘲”。然而，将赵本山这句话与马东导演的言论放在一起，我却看出赵本山“自嘲低俗”的反面是“嘲讽高雅”，而且导演与主演之间的默契是令人意外的深刻。

（原载《南方都市报》2011年2月7日）

崔永元不懂幽默?

早前,我针对国内媒体称赞央视著名主持人崔永元"讲真话不作秀"的舆论,写了一篇评论《请崔永元自摘"崔不秀"帽子》(后简为《摘帽》),表达了一点个人意见。此后,收到朋友转发来的崔永元回应我的微博言论,全文照录如下:

> 崔永元:清华大学肖鹰教授希望我主动摘下"不作秀"的帽子并且戴上他给的"作秀"的帽子。看到您写的断章取义的文章真觉得好笑,建议您也摘下"教授"的帽子,咱俩一人一顶"作秀"的帽子好吗?而且,我觉得随便给人戴帽子的时代已经一去不复返了。(http://t.sohu.com/p/m/538965046)

崔永元说:"清华大学肖鹰教授希望我主动摘下'不作秀'的帽子并且戴上他给的'作秀'的帽子。"如果崔永元认真读了《摘帽》,就应当实话实说,我只请他自摘"崔不秀"的帽子,并没有送一顶"作秀"的帽子请他戴上。摘下一顶帽子,并非就一定要戴上另一顶帽子,这是常识。崔永元如此说法,倒不一定是故意的谎言,应当是因为过惯了明星头上总要戴着一顶帽子的荣华,不习惯头上没有一顶帽子的突兀。

崔永元说:"建议您也摘下'教授'的帽子,咱俩一人一顶'作秀'的帽子好吗?"能与崔永元分享"作秀"的帽子,这是时下的大光荣。但是,崔永元要我摘下"教授"的帽子作条件,就让我生受不起了。"崔不秀"的帽子,大概无关于崔永元的生计,崔永元的生计所在,当是"央视主持人"的帽子;"教授"的帽子,却是肖某的生计唯一所系。一关美誉,一关生计,很不对等呢。崔永元是当下讲民主平等的赫赫义士,当先自摘了"央视主持人"的帽子,再作此理论才是。

崔永元对于拙文的唯一点评是:"看到您写的断章取义的文章真觉得好笑。"拙文《摘帽》共计1000余字,崔永元仅用17个字就给判决了。崔永元的做法倒不是"断章取义",而是"弃章取义":不做"断章",就直接"取义"了。崔永元对拙文"取"的啥子"义"呢?"取"的就是"断章取义"。

在此要先辨清的是,"断章取义"实在不是迂执如我辈教授者的强项。教授们的职业能力,如果货真价实,不表现在吆喝一些热闹场子的言论,而在于对自己言论的论证；如要当众发议论，无论事务大小，一定是要“小心求证”的。如我吁请崔永元自摘媒体加冕的“崔不秀”帽子，就用了1000余字阐述因为所以；现在只是为了崔永元一则不足120字的微博，我又在刻苦用数千言语应答。

当然，广义讲，要“取义”，是不得不“断章”的；不仅“断章”，如果遇到无标点的文言，还得先“断句”。不过，崔永元所批评于我的“断章取义”，应当是指的“断别人的章，取自己的义”。然而，以此而论，在教授与电视主持人之间比较，“断章取义”恐怕不仅是电视主持人的专长，而且是关系其生计的职业技能。崔永元以做《实话实说》节目获得大成功的经验应当早就“整明白”了，如果没有对谈话嘉宾的“断章取义”，就没有谈话节目；谈话节目主持人本事的大小，就在“断章取义”的巧拙。

崔永元的节目，多年前看过几次《实话实说》，改《小崔说事》后，就没有看了，因此，不敢妄评。我曾三度应了编导的“恳切邀请”做谈话嘉宾，参加某著名电视台的“嘉宾PK谈话节目”录制，三次看该台播出的本人参与的节目，三次感受迥然不同：第一次感到“我还是我”，第二次感到“我不似我”，第三次感到的却是“我不是我”。同样一个我，同样的主持人，为什么三次感受有这样大的差别呢？我用了大力气才琢磨明白：我在节目中的角色和意义，是由主持人的“断章取义”掌控的。做三次节目，尝了甜头，吃了苦头，权衡下来，我只能对该电视台道一声“永别了您的断章取义”。

崔永元说：“而且，我觉得随便给人戴帽子的时代已经一去不复返了。”崔永元这个“而且”，不仅说得很不逻辑，而且很不时代、很不媒体。放眼上下5000年，中国历史上哪朝哪代能有当今这般“让帽子飞”的盛世景象？殊不知当下多少人五人六，弄不着真的，就弄假的，总是要弄着各色“明星”“大师”的帽子作招牌和护身？现在的时尚明星，即使本身在裸奔求卖，也绝不可头顶没有帽子的。如果我们承认现时代是时尚明星人物领导潮流，当今时代实在应当被称作一个“帽子时代”才不被辜负了。别的不谈，不多日前，为了宣传自家主持的《新电影传奇》节目，崔永元不是也顺手给自己打造了一顶“资深电影人”的帽子，喊出了“要收拾电影界”的口号，给媒体提供了极热闹的爆料，搞得很幽默、很娱乐吗？

我努力揣测，才明白，崔永元所谓“已经一去不复返了”的时代，指的是“随便给人扣政治帽子”的时代。崔永元的言下之意，当然是影射我“随便给人扣政治帽子”了。我所谓“崔不秀”的帽子，是缩写这次两会期间在中国媒体飞舞的“崔永元讲真话不作秀”的美誉。我不过是偷师崔永元、练习做一个小幽默，崔永元见了不也说“真觉得好笑”吗？何以好笑之后，崔永元就沉下脸来送上一顶“随便给人扣政治帽子”的帽子呢？崔永元此举，难道不是“随便给人扣政治帽子”？这就让我疑心，“随便给人扣政治帽了的时代”并非“已经一去不复返了”，而是还潜伏在崔永元的灵魂深处。

至于我的《摘帽》是否可印证崔永元所指摘于我的"断章取义"，我以为，崔永元还是拨冗对拙文做一次零距离接触，从而"断章"，进而"取义"，再实话实说为宜。崔永元以为然否？俯允再赐教也么哥？

（原载肖鹰新浪博客，2011 年 3 月 19 日）

中国学者的“大国小民”心态

3 月 26 日晚，在“世界汉学大会 2007”的“汉学视野下的 20 世纪中国文学”圆桌会上，作为主角的德国汉学家顾彬教授再次表达了他对 20 世纪中国文学的看法。他说，1949 年以前的中国文学是五粮液，1949 年以后的中国文学是二锅头。会饮酒的中国朋友知道，五粮液是中国酒中精品，不仅口感美妙而且余味远思，而二锅头只是粗酿的大众酒，劲猛但无余味。顾彬用它们作比喻，显然表明了他对 1949 年前的中国文学和 1949 年以后的中国文学的不同感受。

顾彬的讲话出人意料地激怒了在场的北大教授陈平原。他厉声指责顾彬对中国文学作这样的评价，是海外汉学家对中国学术问题的越界，是不严肃的，是搞娱乐，哗众取宠，蓄意引起媒体的兴趣，迎合中国人“外来的和尚会念经”的心态。未了，他还质问顾彬：“你知道吗，当你的声音传向中国后，给当代作家造成了多大的压力?”

去年 12 月，由一家中国小报的“恶搞”发端，在中国媒体上顾彬被蒙上“炮轰中国文学，称中国当代文学是垃圾”的不白之冤，招致许多著名中国学者和作家的横加指责，至今未得到中国学术界公允的澄清。本来，这次圆桌会的主题就是要通过顾彬与中国学者的当面学术对话，澄清事实，并将相关问题引向学术讨论的轨迹。关于顾彬对 20 世纪中国文学的评价，有三个方面的问题需要探讨：第一，顾彬对中国文学的评价的真实内容是什么？第二，他的评价是不是正确的，或有道理的？第三，我们应当怎样对待西方学者的批评，尤其是被我们视作错误的批评？

陈平原对顾彬的斥责，在充满怒意的滔滔话语中，并没有针对顾彬的主要观点本身作质询和批驳，而是非常粗暴地予以彻底否定，并且进而“取消”了顾彬对 20 世纪中国文学的发言权，即所谓“这不是学者的发言”。然而，陈平原的话语表明，他至少在三个方面严重误解了顾彬：第一，他对顾彬的基本观点的理解是受媒体的影响而先入为主的，从其愤怒可见他显然将顾彬说的“当代文学是二锅头”视作“当代文学是垃圾”了；第二，他没有分清哪些观点是顾彬自己的，哪些观点是顾彬做“替罪羊”转述他人的，而是一概都算在顾彬账上；第三，他没有注意顾彬讲话中特有的幽默风格，将顾彬反讽的话语作字面理解。由此可见，陈平原并没有认真倾听和理解顾彬的讲话，而是意气用事地把全部注意力放在对顾彬的“不客气的回击”上。

同时，陈平原还对人对己使用双重标准。究竟怎样评价1949年前后的中国文学？从学术方法上讲，有没有可能将20世纪中国文学以50年为一个单元作对比研究？对此，20世纪后期以来，中国学术界内部就是有争论的，也是应当继续探讨的。实际上，任何方法都是有局限的，因此，对20世纪中国文学的认识和评价，应当采取多种方法，多种视野。陈平原指责顾彬对20世纪中国文学前后两个50年分别作整体评价，是哗众取宠，而且犯了“整体主义”的错误。然而，陈平原是否忘记了他有今天的学术声名，不正是开始于他在20世纪80年代初与钱理群和黄子平共同提出了“打通现代当代”，以100年为一个单元、整体地审视中国文学的“20世纪中国文学”概念呢？他之于顾彬，为何要以自己一百步而笑他人之五十步呢？他指责顾彬搞文化霸权，他自己却又对西方学者如此蛮横武断。

显然，陈平原对顾彬的回应采取了完全非学术的态度，不是学术批评，而是以中国20世纪文学研究的权威专家身份，“不客气地”与顾彬进行他所谓的“中西话语权之争”。从陈平原的讲话，听众可得出的一个结论是：不仅外来的和尚不会念经，而且外来的和尚不准念经。他武断地把一个学术争议问题转化为民族文化对立问题。正由于他的武断转向，这次圆桌会的主题落空，而且被演变为去年12月的“中国当代文学是垃圾”事件的后续节目，用他的话说“娱乐化了”。

坦率地说，陈平原教授这次是失态了，他是面对包括顾彬在内的十数位国外汉学家失态了！陈平原是中国学术界有口皆碑的北大名牌教授。就我既往对他的了解，在面对国内学者的时候，他总是从容四方、刚柔有度，呈现出为一代学人风范的气象。我相信，参加这次圆桌会的近百位中外学者、研究生及媒体人士，都对陈平原的与会抱有很大的希望，期待他的理性深刻的分析将问题的探讨引向深入。而他这次的表现，不仅令不少在场的中外学者腹诽，而且使许多慕名而来的学生失望。为什么陈平原会如此内外有别，判若两人？

我以为，陈平原教授这次的失态，不是判断力的错误所致，而是其心态错误所致。他过敏地用民族文化对立的眼光来看待顾彬的讲话，实在是因为他完全被一种“大国小民”的心态支配着。多数中国学者骨子里是有“大国”心态的，虽然在20世纪后期一度被中国经济落后的现实压抑了，现在中国经济势力增强了，这种“大国”心态又在多数中国学者的脸上扬眉吐气了。然而，恰恰是这些怀着“大国”心态的中国学者又患着“小民”心态的暗疾。

当今中国学者的“大国小民”心态，出自两个原因：第一，由于20世纪以来持续不断的“文化革命”（现在时常以“创新”的面目出现），实际上完成了对中国文化的彻底破坏，因此，今天的中国学者的内心普遍是没有真正的母族文化认同感的；第二，在面对国际学术界，尤其是西方学术界的时候，当今中国学者自我创造力的匮乏和学术话语力量的微弱，使之也缺少个人自我认同感。因为缺少母族文化认同感，在诸多中国学者的心中，所谓“大国”，只是一个残存的脆弱的历史幻象，现在被眼下的经济增长孤立支撑起来，并没有扎实可靠的文化根底。然而，又因为面对国际学术界缺少个人自我认同，对于这些中国学者，“大国”不仅是神圣不可侵犯的避风港，而且还是其攻城略地的根据地。

我以为中国学者的“大国小民”心态有两种表现：一种是凡关于这个“大国”的看法都极力寻求西方学者的认同和首肯，只要西方学者点头了、欣赏了，就是镀了金身、得了真经；另一种是视“大国”为“民族家俬”，西方学者不得“说不”，“说不”就是越界，就是霸权，就必须坚决予以“不客气的回击”。陈平原这次的失态，实在是因为“大国小民”心态在他心中作祟，属于这种心态的第二种表现。的确，以陈平原素有的见解和气度，本来是不当有这样的失态表现的。由此足见，面对西方学者时，尤其是面对西方学者“越界”批评自己治下的学术领地时，“大国小民”心态是会颠覆学者的心智的。

这次世界汉学大会的主题是“文明对话与和谐世界”。毫无疑问，如果中国学者继续以这种“大国小民”的心态面对西方学者，是不可能有真正的“文明对话”的，也不可能对创建“和谐世界”做出贡献。自从去年 12 月以来，中国绝大多数学者(包括反对者和支持者)，都没有倾听和理解顾彬，顾彬至今仍然被严重误解。准确讲，对于绝大多数中国学者，“顾彬”至今仍然只是由媒体误导产生的一个诡异的幻影——这个“顾彬”只属于中国媒体。这次陈平原教授的失态表现，不过是“迎战”这个幻影时用力过度却又用心不够。

(原载《新京报》2007 年 4 月 3 日)

马未都先生的"睾丸说"

近日读到马未都先生一篇谈希腊艺术观感的博客文章。在文中,马先生称在希腊德尔菲考古博物馆看到一件男性躯干雕像(无头雕塑),这件雕像"忠实地再现"了男性两个睾丸"左低右高"的"生理细节"。马先生在文中表示,这个男性生理细节,"大部分男性都未必知晓""夫妻结婚几十年,妻子也未必观察到这一点"。因此,他为古希腊艺术家在2500前的雕塑中对这个生理细节"准确无误的表现"而震惊。在文末,马先生还造出一警句:"不仅艺术有高低,睾丸亦有高低。"①

马先生是当今著名的收藏大家,他所指出的"睾丸左低右高"的男性体征,无论在生理学还是艺术学的意义上,对于我都是仅此一知的新知识。我曾两度游历欧洲,在希腊也曾有一周逗留,游览了数十个大小博物馆;在希腊,除德尔菲考古博物馆外,还参观了位于雅典的雅典国家考古博物馆和雅典卫城博物馆。为什么我没有注意到这"睾丸亦有高低"的艺术细节呢?我意识到这个忽略,不免顿生惶恐,赶紧查阅曾阅读的西方艺术史书籍,特别是重温我特别敬仰的德国学者温克尔曼和英国学者贡布利希的著作。

我手头的两部英文原版艺术通史均未有涉及"睾丸细节"的言论。贡布利希《艺术的故事》和《艺术与幻觉》两大名著,专章讨论希腊艺术的"革命"与"觉醒",津津乐道希腊雕像的头部和双足,但对两者中间的"睾丸细节"却失语。温克尔曼(Johann Joachim Winckelmann)以对希腊雕塑的解读最具感性和入细著称于世,但对这个"睾丸细节",在其诸代表著作中,仅于《古代艺术史》中有"左边的睾丸总要大一些,和自然界中所见到的一样"一语敷衍,似乎并不看重"这个细节",与马先生受到"震惊"是很不一样的。

现存的最早的希腊裸体男性雕像,产生于公元前600年左右,这批体形高大、造型僵硬的雕像脱胎于古代埃及雕塑,被称为"Kouros"(年轻男子)。与它们整个躯体单调僵硬的造型一致,它们的左右两个睾丸"高低相同、大小一样"。更晚的希腊男性裸体雕像,随着姿态开始向灵活变化,两个睾丸的大小、高低也发生了变化。

---

① 马未都(2011)。

在雅典卫城博物馆，有一件公元前480年的男性雕像，右脚前移、轻微弯曲，左胯相应上提，出现了“两个睾丸左高右低”的现象——与马先生在德尔菲所见正相反，也不符合“左低右高”的男性生理现象。收藏于雅典国家考古博物馆的、公元前460年的青铜雕像《宙斯》，是一件被定义为古希腊古典崇高风格诞生的标志性作品。在这个作品中，宙斯虽双腿左弓右曲，做投掷状，但上身保持了平衡，“两个睾丸”又呈现左右大小高低一致状态。

值得注意的是，在帕特农神庙的装饰浮雕《拉比泰与半人马兽之战》中，正在与半人马兽搏斗的拉比泰的左右两个睾丸的高低大小也是一致的。因为受马先生博文的启示，我重温了自己今年8月在大英博物馆拍摄的这件大理石浮雕的照片，我为之震惊的是：激战中的拉比泰的左右两个睾丸如上帝的天平一样平衡！这令我极度痛悔去年8月连续数天在大英博物馆观赏、玩味帕特农神庙装饰雕刻，竟然对这个细节无知无觉。帕特农神庙雕刻是希腊最伟大的雕塑家菲迪亚斯(Pheidias)设计和监督制作的，是希腊古典艺术的黄金时期的代表作。因此，当我用“震惊＋痛悔”来描述我对这个“激战中的睾丸平衡”细节的感受时，我是在表达对古典希腊艺术在造型上所达到的动力与宁静之间的均衡感的强烈共鸣。

据我掌握的有限资料揣测，马先生所说的“两个睾丸左低右高”(亦即温氏所说的“左边的睾丸总要大一些”)，作为“普遍情况”，主要出现在后期希腊古典艺术和泛希腊化时期的男性雕塑作品中。其中，代表作当推开此先河的波利克里托斯的《持矛者》(公元前450—前440年)，将之发扬光大的普拉克西特利斯的《赫尔墨斯与婴儿狄俄尼索斯》(公元前340年)，以及使之登峰造极的、无名作者的《贝尔维德里的阿波罗》(公元前350年)。现在我们能看到的这三件作品全是罗马复制品，在造型上的共同特点是以右胯提起、身体右倾，构成S形造型为特征，与此相应，形成了“两个睾丸左低右高”的景象。

依上考察，我们可以得出的结论是，古希腊艺术家并不是依据解剖学知识、忠实地再现“两个睾丸左低右高”的男性生理细节，而是根据男性雕像的不同姿态(尤其是两胯的相对形式)雕刻“两个睾丸”的相对位置。意大利文艺复兴时期的雕塑大师米开朗基罗，是被温克尔曼评论为最得古希腊雕塑艺术真传的后世雕塑家，他的作品《大卫》雕像的两个睾丸是“左低右高”，而其《被缚的奴隶》雕像的两个睾丸则是“左高右低”，原因就在于这两个雕像分别是以提右胯或提左胯为造型特征。

就艺术史发展而言，欣赏古典希腊雕塑，应当具有两个视角：其一，贡布利希指出，作为古代埃及艺术的学习者，希腊雕塑经历了从完整地再现形体(what)到生动地表现姿态(how)的革命性转换，因此，希腊雕塑再现的不是解剖学形体(细节)，而是运动学姿态(生理细节服从整体姿势)；其二，温克尔曼指出，希腊古典艺术的美，是优美的人性和伟大的神性的结合，是把“自然升华到理想的高度”的创作，拘泥于细节的逼真性，不仅不是希腊古典艺术的特征，相反是要被努力超越的。

希腊古典艺术所本的奥林波斯神话，不是男性生殖崇拜文化；相反，据古希腊诗人赫希俄德的《神谱》所述，天地间第一个男性、天神乌兰诺斯的阴茎，被他的儿子之一、宙斯之父克洛诺斯用燧石镰刀割掉，抛掷到大海中，在浪花上诞生了爱和美之神维纳斯，才有了未来的人类。因此，希腊雕塑家出于完整性原则，虽然不忽略这个“男性睾丸”细节，但是并不张扬它，而是在不失雕像整体效果的前提下，尽可能降低它的表现力和关注度。这可以说是天神乌兰诺斯的“镰刀之伤”的艺术无意识。这也许是历来艺术史大师们几乎不述及这个“睾丸细节”的原因吧。

马未都先生对于希腊雕塑的“睾丸细节”的震惊感，应当是本于他的鉴宝慧眼专注于细节的敏锐。虽然从艺术史来看，马先生这一发现并非恰如其分，但是，他由此延伸到我们常人（“非医学生理人士”）多忽视的一个生理细节，指出“夫妻结婚几十年，妻子也未必观察到这一点”，是一个颇有意味的提示。这个提示，直接的意义是让我们更细心于贴近的观察和关注，“近取诸身地”丰富我们日常生活的情趣和相互关爱——这一点在当今的汲汲于向外贪求的时风下，特别具有警策意义。

（原载《中华读书报》2011年2月23日3版）

无知者的亵渎

不久前，我在网上看到一个近年来在国际艺术市场非常走红的年轻画家的言论，他在无端否定"灵感"("灵感对人的智慧是一种侮辱")和"激情"("做一个有激情的艺术家有点接近动物")的同时，宣称："我个人认为凡·高是比较接近动物的艺术家。……作为人，凡·高是失败的，人们看他更加像看动物，像凡·高那样的激情我是不齿的。"

这位年轻画家是一位被西方绘画市场捧红的政治波普画家。他发出如此言论，当然不排除为了炒作而故作惊人之语的市场生存策略。但是，我们又不能不指出，他这样的言论，在表现其空前的"艺术造反勇气"的同时，也表现了他对艺术发展的精神史的极端无知和因这无知而生的极端无畏。

与这位年轻画家的看法相反，从西方艺术的观念史中，我们看到的是完全不同的"凡·高"。在《艺术与观念》中，弗莱明在西方绘画从印象主义向后印象主义转向的艺术观念变革的关键点上来解读凡·高。他认为印象派画家对二维现象世界的直观表现，是以有意识地排斥绘画对心理深层和情感意蕴的探索和表现为代价的，这既导致了画家的内心不安，也导致了观众的不满。凡·高、高更和塞尚所开创的后印象主义绘画，正是要释放被印象派禁锢的绘画语言表现力，推动印象主义绘画"从追寻瞬间感觉经验进入对深层意义和普遍价值的探索领域"。弗莱明说，凡·高"以一个中世纪圣者的激情投向艺术"，他在最后的绘画之一《星夜》中"表征了他同无际宇宙的一种神秘结合"。①

在现代心灵的孤独和狂乱的语境中，我们会更深刻地去感触和理解凡·高绘画中的扭曲的景物和厚重的色彩所构成的线条的时代意蕴。在三位后印象派大师中，凡·高绘画的独特意义正在于他把对自然景物的描绘实现为一个在现代生命体验中的孤独灵魂的激情自白。他的自白具有现代人类的象征意义，正如耶稣的受难所象征着西方古代世界的普遍苦难一样。如果把"凡·高的激情"理解为"接近于动物的表现"，只能说这样的理解是完全没有体验和懂得凡·高所承担的现代

---

① 威廉·弗莱明、玛丽·马里安(2008：589)。

艺术精神。

在《艺术与观念》中，弗莱明对晚近出现的波普艺术作了非常精彩的阐释。他把波普艺术定义为新达达主义艺术，并且揭示了两者之间既继承又变异的关系。他说达达主义运动本来产生于第一次世界大战的大屠杀背景下，是对政府和社会产生的幻灭感的抒发和表现；新达达主义（包括波普艺术）是不协调的和不可预知的、随意起来的杂物的堆积，表达了一种被扭曲的幽默感。“早期的达达主义是一种绝望的、严肃的运动，而新达达主义者（也就是波普艺术）却陶醉于毫无意义的浮闹中。”弗莱明特别揭示了波普艺术对现实生活的屈从和游戏心态，精辟地指出：“他们是同世人一起笑，而不是嘲笑世人，正如罗伯特·劳申博格毫无敌意地说，他只想居住在这个世界上，而不是改造它。”①

波普艺术接过了现代主义的反讽形式，但并没有保持现代主义的批判立场。因此，波普艺术家在把艺术变成生活、生活变成游戏的双向转换中，不仅消解了艺术精神的理想维度，而且以其全面的游戏心态把“艺术”变成了谄媚和夸耀美国式的繁荣和商品消费的娱乐工具。弗莱明指出：“他们（波普艺术家）缺乏的是他们先辈们那种愤世嫉俗的情怀，因为波普艺术和新达达主义都是在接受现代物质主义的前提下和来自大众传媒的洪水般的商业物质的养育下的产物。”②

中国新生代中的波普画家，就是在这种消费主义立场上寻找到了他们的“艺术立足点”，但与其美国老师不同的是，他们依照西方市场给予中国当代绘画的订单，把自己的消费主义绘画涂抹上了“后冷战”的政治色彩。正是在这样的艺术背景下，那位中国波普画家拒斥“激情”和“灵感”，并且把“凡·高那样的激情”视作“接近动物”的表现。然而，此外，我们还能期待他有别的什么见识呢？

在中国新生代画家中，这个因为无知而狂妄菲薄艺术史的案例并非纯粹偶然的个案。据悉这位年轻画家是国内某著名美术学院毕业的“科班画家”。一位接受了正规高等美术专业教育的画家如此褊狭和狂妄，暴露了当代我国专业艺术教育的一个严重误区，即偏重艺术技能的培训，轻视艺术精神史的教育。翻检相关资料可发现，这位“不齿于凡·高的激情”的画家，就自甘做一个“无激情”“无灵感”的画匠，数年不变地重复几个被西方市场签单的“波普头像”。对于这样的画匠，绘画除了纯技术的产物之外，是没有任何观念可言的。

认识到艺术精神教育的缺陷，我们由此也可以理解，尽管一批新生代画家可以借助于海外资本运作而成为天价画家，但却乏见真正创新绘画精神、开拓绘画新天

---

① 威廉·弗莱明、玛丽·马里安（2008：676）。

② 威廉·弗莱明、玛丽·马里安（2008：676）。

地的艺术家问世——更遑论真正的艺术大师。

如果我们要切实培养具有艺术精神的艺术家，我们的专业教育就要培养学生懂得艺术的观念，从而培养他们对于艺术的历史感和历史视野，因此他们不仅会对艺术的历史予以应有的敬重，而且会在对艺术观念的历史运动的深切领会中具备一个艺术家的宽阔胸襟和艺术判断力。唯其如此，我们才可能期望真正的艺术大师于未来。在此意义上，弗莱明的《艺术与观念》是一部开拓门径的经典之作。

（本文原题为《艺术家要有艺术精神》，载《人民日报》2011 年 8 月 16 日 20 版）

何处是美的本原

日前，年仅 24 岁的女子王贝，“为了提升演艺事业”接受面部磨骨手术而不幸身亡。同王贝一样，当今中国还有许许多多女孩希望通过具有高风险的整形手术，“脱胎换骨”，从而获得美好的容貌和身材，以提高社会竞争力。

以整形求美，是违背人类审美规律的，是当代消费文化的畸形审美观造成的审美误区。通过阅读，我们知道，在人类数千年文明史的记载里，人体美（形体美）的含义与当代审美有所不同。哪一个更接近美的本原？

美到极处，便是妙，妙不可言。美之所以妙不可言，因为美是人类对世界的生命感的优美体验，而人体美是其最生动直接的体现。在古代历史中，中外文学有许多笔墨献给了那些绝代美人。然而，这些诗文又都不约而同地给我们一个印象：美人是不可描写的。

古希腊诗人荷马在《伊利亚特》中从不正面描写海伦的美，只写她的魅力和人们的感受。比如，当海伦第一次出现在特洛亚的元老们眼前的时候，荷马没有一个字描写海伦如何美丽，只是写到元老们轻声交谈：

> 特洛亚人和胫甲精美的阿开奥斯人/为这样一个妇人长期遭受苦难，/无可抱怨；看起来她很像永生的女神；/不过尽管她如此美丽，还是让她/坐船离开，不要成为我们和后代的祸害。

德国文论家莱辛认为，没有什么描绘能比这段叙述更能引起读者对海伦绝世无双的美的生动意象。汉朝歌手李延年是最得此法的。据《汉书》记载，李延年用一首诗成功实现了向汉武帝推荐胞妹入宫的愿望。“一顾倾人城，再顾倾人国，宁不知倾城与倾国，佳人难再得！”后世步李延年后尘，形容美人之美妙绝伦就干脆只用“倾国倾城”四字，不再费其他笔墨了。

美人之所以是不可描写的，是因为美人之美不是一种固定具体的形式（形象），而是生动流变的情态。《诗经·硕人》描写当时的大美人卫庄公夫人庄姜，结尾两句是“巧笑倩兮，美目盼兮”。在朱光潜《诗论》中，朱光潜指出这 8 个字把“一个美人的姿态神韵，很生动渲染出来”。诗人用这 8 个字描写庄姜的美，是“化静为动，所写的不是静止的‘美’而是流动的‘媚’”。

人的美是否有标准呢？战国时代的宋玉在上书楚怀王的《登徒子好色赋并序》中说：“东家之子增之一分则太长，减之一分则太短；著粉则太白，施朱则太赤。”宋玉称赞他邻家的女儿是天底下最标准的美人。但是，他为什么不说这“增减”的标准呢？有人说，古典人体之美有一个“可衡量”的数据，即黄金分割比例。然而，如英国学者库克所说，“完美，和自然生长一样，隐含着不规则变化和微妙的差异”。因此，我们可以知道，宋玉之所以这样描述“东家之子”，恰恰是因为他懂得美不能被归结为具体的数学关系。

有一个流传已久的故事：汉元帝因画师毛延寿丑画王昭君，以欺君罪将其斩首。在《明妃曲》中，王安石写诗为毛延寿翻案说：“意态由来画不成，当时枉杀毛延寿。”王安石认为，人体的美，不在静态的形象，而在于动态的神情——意态。这意态，也就是一个人在举手投足间表现出来的“风韵”，是静态的绘画描绘不出来的。

王安石的诗揭示了人体美的一个深层原理，就是人体美的“形神统一”。人体美不仅不能归结为“数量关系”，而且也不能归结为单纯作为生物体的人的自然外观。人体美与自然产品的美之根本差异在于，它不仅有“形”，而且必须有“神”。《淮南子·卷第十六》中写道：“画西施之面，美而不可悦；规孟贲之目，大而不可畏，君形者亡焉。”“君形者”即灌注生气于形象的精神，没有精神的“美”就是无生命的“美”。

希腊女神雕像尽管在造型上成为女性人体艺术的最高典范，但是它们的面容却因为缺少个性表现而缺少生动的气韵——神。这就难怪英国文艺批评家罗斯金要说：“我从来没有看见过一座希腊女神雕像，有一位血色鲜丽的英国姑娘的一半美。”英国艺术史家贡布利希称希腊雕像为“来自另一个世界的生灵”，就是指出了它们只能作为艺术的人体美典范，而不具有现实的人体美的真实和生气，因此是“美而不可悦”的。

因为“神”，即内在精神在人体美构成中的核心价值，人体美的标准和判断是具有主观性的，人体美也因此必然是具有个性的。“情人眼里出西施”，这的确是一个重要的人体审美规律。在《红楼梦》中，宝钗和黛玉都是第一等的美人，在常人的眼里，宝钗风采更胜，然而，宝玉所爱却是非黛玉莫属。正因为人体美须具有个性，人体美才呈现出千姿百态、风情万种。当然，也因此，模仿雷同的“东施效颦”所得到的就不是赞美而是嘲弄。

人的自然形体，无论多么得天独厚，相对于人类的人体美理想，必然是不足或有缺陷的。如果我们以古希腊神祇雕像为人体美的最高典范，以黄金分割为最完美的人体比例,根据专家的研究,现实中即使最修长的身材,下肢的长度比黄金分割比的理想尺寸一般要少 6 厘米。这就是说,最完美的自然人体,也是不能满足古希腊为人类创造的人体美的理想的。

莎士比亚说:“人艺足补天工,然人艺即天工。”在历史上,人类对人体美的健康追求是通过艺术去补充、完善自然形体的不足,并且是在尊重人体自然属性的前提下美化了人体。人类的舞蹈艺术,不仅为表现情感,而且也是为追求人体美的理想。芭蕾舞蹈史上第一个女明星是塔利奥尼,她在舞台上塑造了风靡 19 世纪初期欧洲的“芭蕾仙女形象”。在《芭蕾和现代舞》一书中,舞蹈家海伯尔赞美塔利奥尼,说她站立时就像一座优美、透明的大理石雕像,她一舞动就像一座大理石雕像真的活动起来。然而,她的形体并不完美:双臂过于瘦长,双腿也有芭蕾舞演员的缺憾。但是,“那个从心灵深处放射出来的美的理想,它注入这个形体、赋予它生机、用强力提升它,创造了将不可见的东西展现在我们眼前的奇迹”。

现在流行的“审美整形”,以“伤筋动骨”的外科手术追求“人体美”,是依据数学原则,纯机械地改造人体,是非艺术和反自然的。审美整形的流行表明,当前的消费主义和技术崇拜完全扭曲了人类的人体美追求,这是一个极大的人类审美误区。

人类追求人体美的理想未来,一定不是以目前流行的残害身体、东施效颦式的审美整形为发展方向,而是走出这个误区,在形式、生命、心灵多层交汇之中,真正艺术地,也就是真正合乎自然地追求人类形体的完善和美化。唯其如此,人类的形体美追求才是健康美好的。

我们身处这个娱乐的时代,有时迷失了对自我的认识,不如回归到朴素的阅读中来。在阅读中,与那些已经经历了时空磨砺的智慧交流,去了解关于美的永恒哲学。

（原载《人民日报》2011 年 1 月 4 日 20 版）

第五辑

美之典范：帕特农神庙

在人类建筑史上，要选择一个“美的典范”，无疑是古希腊神庙帕特农。它代表着人类文明童年时代的理性精神与人文精神的完美结晶。

帕特农修建在雅典卫城山上。公元前490—前488年的马拉松战役，希腊人战胜了波斯人，为纪念胜利，雅典人修建了这座神庙，但是10年后波斯人卷土重来，大败希腊人，占领了雅典，帕特农在战火中被摧毁。

现在以废墟状态伫立在雅典卫城山的帕特农，是古希腊著名政治家、雅典执政官伯里克利在其执政时期(公元前461—前429年)组织重建的。作为雅典城邦的领导者，伯里克利的政治胸怀表现在这样的话语中：“雅典是希腊人的学校”，“我们的城市向全世界开放”。为了铭记战败的耻辱，希腊联军曾立誓言“被波斯人毁灭的圣殿不再重建”，但公元前450年这一誓言被解除，伯里克利坚持要在原址上修建一座更加庞大、更加壮丽辉煌的神庙，以此展示希腊人的智慧和伟大。

伯里克利委任雕塑家菲狄亚斯做总监，建筑师伊克提诺斯和卡利特瑞特做设计师，在后三人的主持下，帕特农从公元前447年开始动工，到公元前432年总体工程完结，历时15年。新建的帕特农初始具有双重功能：其一，祭祀雅典城邦守护神雅典娜；其二，作为希腊联邦提诺同盟的金库。帕特农经历了近千年供奉雅典娜的时期，在罗马帝国时代和拜占庭时代先后被改建为基督教堂、天主教堂，1458年又因为土耳其人的占领改成清真寺。1687年，威尼斯人从海上攻击土耳其人据守的雅典卫城山，炮火击中了神庙内的一个火药库，炸毁了神庙的中部。现在我们看到的帕特农就是这场战火摧毁后的大致面貌。

希腊神庙有三种基本模式：多立克柱式、爱奥尼亚柱式和科林斯柱式。这三种柱式的差异主要表现在两个方面：其一，立柱的底面直径和立柱高度之间的比例差异。多立克柱式粗壮，爱奥尼亚柱式相对纤细一些，科林斯柱式最为纤细修长。其二，柱头装饰图样不同，多立克柱式的柱头只有圆形和方形重叠的柱顶板、没有花样装饰，爱奥尼亚式的柱头有一对向下的涡卷形装饰，科林斯柱式的柱头则是蕨类叶状装饰。多立克神庙雄伟庄严，爱奥尼亚神庙委婉淑静，科林斯神庙纤细窈窕。罗马建筑家维特鲁威曾这样比喻：多立克式是父亲的风格，爱奥尼亚式是妇人的风格,科林斯式是少女的风格。

帕特农是一座多立克式神庙,它朝东背西,大殿分为前厅和后厅;前厅供奉雅典娜神像,后厅则为存放财物的库房。在神庙大殿外部,由 50 根多立克立柱组成的柱廊围绕着大殿。这 50 根立柱的体量、排列组合及其与大殿各层面的比例关系,构建并决定了帕特农的建筑风格和美学意蕴。

帕特农无疑给予了我们一种父亲般的庄重威仪,它把大理石的沉稳体质凝结为浑然一体的雄伟气势。但是,帕特农却又具有其他多立克神庙所不具备的秀丽灵和,使得这座无机的、沉重的大理石建筑带给我们一种有机的、轻盈的绝妙美感。帕特农犹如一只逸然栖息在雅典卫城山头的神鹰,当你从爱琴海向北岸眺望的时候,会惊讶于这座古老神庙似将鼓翼而飞的灵气。

那么,帕特农这种与大理石的沉重无机相异的审美特征从何而来?

帕特农所独有的轻盈灵和气质,根本上来源于其巧妙的数量比例。古希腊哲学家毕达哥拉斯说“万物皆是数”,崇拜数,追求最完美的比例,是古希腊理性世界观的一个典型表现。毕氏发现了音乐的八度音程规律,认为最完美的比例是 1∶2。多立克柱式的严格比例规则就是 1∶2。而帕特农,不论是立柱直径与高度的比例,还是柱子直径与各柱子轴心间距离的比例,以及神庙整体宽度与长度的比例,均接近于 4∶9,这种比例既同 1∶2 相近,又有所改变。对这座神庙的建筑测量显示,它从局部到整体都可以纳入黄金分割比的秩序中,但是,又绝不是严格遵循这个比例秩序,而是微妙地改写了精确尺度。在遵循与打破比例之间,帕特农达到了精妙的平衡,这种奇迹般的平衡赋予无机的建筑以有机的和谐——灵和。

探察帕特农的细节,从下往上观看这些立柱时就会发现,从立柱的基础到立柱的中间部,都是轻微向外鼓起的;但从中间部再往立柱的顶部,又是轻微向里收束的,这就改变了我们对立柱的视觉感受,使得立柱不是在简单地承受重量而是有一种壮硕的肌肉向外张扬的力量感,富有弹性。而柱身上刻画的竖立线条,不仅使立柱在凹凸变化中富有肌理质感,且强化了向上升腾的力量。还有一个细节,就是在立柱顶部柱头的地方,与柱顶板相接的部分,是非常细腻地收束着的,这就减轻了视觉中的压力感,让立柱反而有一种向上升腾的感觉。

再者,帕特农东立面的八根立柱由两端向中间逐渐增大了柱间距,这样的变化是要给予我们一种中间宽松而两端紧束的感觉,从而在松与紧、张与弛之间塑造了一种平衡感。更重要的是,这八根立柱底座的水平线和它们上端中楣的水平线并不是严格水平的,相反它们均是从两侧向中间轻微隆起的,我们所看到的帕特农轻盈上扬的感觉就主要来自这两条水平线的轻微隆起,和前面我们所说的对立柱粗细变化的微妙处理。对帕特农的建筑测量表明,正如它遵循而又打破精确比例,整个神庙没有一条直线。所谓没有一条直线，就是微妙地修改了建筑材质的机械物理性使之富有有机生命感，因此我们看到的帕特农是建筑家的匠心独运，将一座无机的大理石建筑灌注了活泼曼妙的生命感，使之成为一个富有生命神韵的艺术杰作。

探究帕特农的建筑理念，我们不得不引入古希腊哲学家普罗泰戈拉的命题“人是万物的尺度”。帕特农的建筑家从细节到整体，遵循而又打破精确的比例，给予建筑直线微妙的曲度，不仅是要给神庙灌注灵动的生机，而且是要赋予神庙深刻的人性意味和人文理想。帕特农的立柱底面直径 1.9 米，这是一个人体尺度；古埃及的阿蒙神庙主殿立柱底面直径 3.6 米，这是一个超人的尺度。从建筑尺度到结构细节，帕特农建筑家都是以人为尺度，从人的视角和感触出发，不仅灌注生机予冰冷的大理石，而且使它们禀赋人的灵性和理想。

“帕特农”在希腊语中意指“处女之室”，又代指“雅典娜之室”。据希腊神话传说，雅典娜是从宙斯的头顶诞生的，在奥林匹斯众神中，她象征着智慧。柏拉图说，这个世界是神照着他的那个永恒不变的和最完美的模型创造出来的，是永远只有一个的世界。这个世界，是“万物皆是数”的理性精神和“人是万物的尺度”的人本精神的理想结晶。作为“雅典娜之室”，帕特农以它奇迹般的生气灵和，不仅成为智慧之神雅典娜的象征，而且也正是柏拉图所谓“永远只有一个的世界”的永恒象征。

（原载《光明日报》2015 年 3 月 20 日 16 版）

菲狄亚斯雕塑的雄浑之气

菲狄亚斯(公元前480—前430年),是古希腊最负盛名、最杰出的雕塑家,他的影响之大,使得在后世的经典文献中,他几乎成为古希腊雕塑家的代名词。

然而,关于菲狄亚斯,我们所知甚少。他被广为传颂的事迹,是他雕刻了奥林匹亚宙斯神庙的宙斯神像和帕特农神庙的雅典娜神像,并且作为当时的执政官伯里克利委任的总监主持了帕特农神庙的复建和神庙雕刻装饰。作为伯氏重用的人才,菲狄亚斯遭到伯氏政敌诬陷,被指控盗窃塑造雅典娜神像的黄金和假借女神的名义为他自己与伯氏塑像。菲氏虽然洗掉了前一指控,却因后一指控入狱,并病死于狱中。

菲狄亚斯的两大杰作,宙斯神像和雅典娜神像,早已遁世无迹,只存于文献评述中。现代考古检测表明,菲狄亚斯主持的帕特农神庙雕刻,是在他死后才完工的,尤其是神庙东西山墙的风格卓绝的群雕,很可能是在他死后由他的学生及其他后继者完成的。因此,菲狄亚斯是一个没有作品传世而享有不朽盛名的雕塑大师。今天,我们不能谈论菲狄亚斯的作品,只能谈论菲狄亚斯风格。

什么是菲狄亚斯风格?温克尔曼曾在他著名的《古代艺术史》中,将古希腊艺术(特别是雕塑)分为历史时期接续的四种风格:直线、僵直的;崇高、多棱角的;雅致、波浪形的;模仿的。他认为菲狄亚斯中止了第一种风格,开启并代表了第二种风格。根据温氏所言,我们可以说菲狄亚斯的风格是“崇高、多棱角的”。从古典文献的描述,菲氏的两件巨制,宙斯神像和雅典神像,分别高过13米和11米,以木材作胎,外饰黄金和象牙,一坐一立,气势宏伟、气象辉煌,称其为“崇高”风格,亦是当然的。至于温氏“多棱角”之说,当是对那些被考定为菲氏作品复制的大理石雕像和钱币蚀刻像风格的概括。

1885年在罗马台伯河发现的大理石雕像《台伯的阿波罗》,是对公元前450年的一尊希腊青铜雕像的罗马拷贝。这尊已无踪影的古希腊“阿波罗”青铜雕像,被定为青年菲狄亚斯或他的学生的原作。通过这尊大理石拷贝,我们可以看到它的原作具有清晰、简约的线条,这些线条是流畅而有力的。1768年被谋杀身亡的温克尔曼,当然无缘一睹这尊“菲狄亚斯风格”的《台伯的阿波罗》。在《古代艺术史》

中，温氏津津乐道的是《贝尔维德里的阿波罗》——这个罗马大理石雕像是对公元前4世纪晚期希腊雕像的拷贝，它展现的是希腊古典雕塑的神圣理想丧失之后，雕塑家追求肉感的细腻与妩媚的结果，它的优雅是一种男性气质弱化之后女性化的隽秀。与之相比，“台伯的阿波罗”之男性的优雅气质则带着一种神明的刚健，清晰的轮廓结合了身体的生气和精神的澄明，洋溢着一种既现实又超越的神明气质。

然而，菲狄亚斯的风格绝不是单一的。菲狄亚斯作为帕特农神庙复建总监，他是神庙雕刻装饰设计和创作的灵魂。帕特农神庙雕塑数百件，历经数十年完成。从环墙饰带到柱廊中楣饰板，再到东西山墙群雕，这些雕像体现了明显的风格变化，即由平和委婉的造型，经过张力尖锐的构图，延展到豪放浑然的境界。神庙的东面山墙，雕刻的是奥林匹斯诸神见证雅典娜诞生的场景。因为被毁损，我们已不能看到全景，但是从现在英国大英博物馆展出的不完整的片断来看，我们仍然会为这些残存的雕像所表现的无限生机和盛世豪情所震撼。

在这组群雕中，那组失去头颅的三女神像，从左至右，分别端坐、斜坐和半躺，轻薄的衣衫，如过水一般贴身滚动，泛起动人心魄的波皱；在衣衫下面则透现出女性丰硕体魄的生机充溢的律动，展示着天然自在的完满神气。在这些雕塑上，是没有几何化的线条和清晰轮廓的，比例也失去感觉，取而代之的是无限生机的冲击和漫溢，是神圣欢悦的雄浑之境。

温克尔曼终生没有见过帕特农神庙雕刻，他用“高贵的单纯，静穆的伟大”概括希腊古典雕刻的普遍风格，由此启发了欧洲新古典主义艺术思潮。而观看帕特农大理石雕刻以后，诗人华兹华斯在一封信中说：“如果一个人不能为它们激动，他一定是如泥土一样麻木，或者如魔鬼一样冷漠。”使之激动的，正是菲狄亚斯风格中的雄浑之气。这种雄浑气质，则为华兹华斯时代的欧洲浪漫主义提供了精神力量。

（原载《光明日报》2015年5月15日16版）

维纳斯雕像的理想美

公元前350年，希腊雕塑家普拉克西特拉斯完成了一件古希腊爱和美之神维纳斯的裸身雕像。这座雕像本来是希腊小城科斯的订货，但科斯人民因为其裸身形象而拒绝了她。后来她被另一个希腊小城克里多斯接受，因此被后世命名为“克里多斯的阿佛洛狄忒”(Aphrodite of Knidos)。希腊爱和美之神本名为阿佛洛狄忒，更为流行的“维纳斯”，则是她的罗马名字。

这座雕像展现的是维纳斯行将入海沐浴的姿态。赤身的维纳斯以典型的S造型似静欲动地玉立在一个象征着大海的水瓶旁。她妩媚的面庞上笼罩着一层神秘的肃穆——她的双眼没有瞳孔，因此没有目光。这座雕像产生于希腊古典艺术高峰时代的结束期，是古希腊人体艺术的结晶之作，后世女性美的造型，追根溯源，都是以她为典范的。

为什么古希腊人用裸身形象作为神像题材？在这个雕像上，传达了怎样的古希腊艺术精神？

以雅典为中心的希腊古典雕塑，从公元前5世纪初酝酿，于该世纪中期在雕塑家菲狄亚斯时代达到高峰，其兴盛期延续到公元前4世纪中期雕塑家普拉克西特拉斯时代，其后伴随着泛希腊化文化运动而嬗变和式微。希腊本土雕塑，受到两个先驱雕塑宗源的影响：一是雅典东南海域的基克拉迪群岛的史前雕刻的影响，二是古代埃及法老王朝时期雕塑的影响。但是，古希腊雕塑家并不满足于先驱们的艺术遗产。基克拉迪雕像犹如抽去灵魂一样以平板的几何造型挤尽了生命之气，而古埃及为死去的法老们塑造的雕像，则以束缚手脚的垂直刚毅神化法老不朽的权威，它们都是埋葬在地下的艺术。希腊古典神像则是地上神庙的供奉和装饰之物，它们被现实的活生生的希腊人所瞻仰和膜拜，因此古希腊艺术家不仅要赋予他们神性的威严、完整，而且要将人的活泼生机和慷慨精神注入他们无知无觉的大理石形体中。

希腊古典雕塑所具有的生动和自然真实感，是前所未有的。而古希腊艺术家也的确怀抱着一种早熟的用艺术再创自然真景的心灵。画家宙克西斯曾与帕拉修斯竞赛谁的绘画更能以假乱真。宙氏先画了一幅葡萄画，引来鸟儿啄食；帕氏趁宙氏不在时，在画面添上一层透明的纱帘，宙氏见后当真，以手拂“帘”。宙氏承认自己失败：他的画作只能欺骗鸟儿，而帕氏的画作竟然能够欺骗画家。

因为要追求这种“以假乱真”的真实感和生动感，在神像雕塑中，古希腊艺术家不仅突破了基克拉迪雕刻的平板抽象造型，使雕像具有建筑式的立体圆柱感，而且还突破了古埃及雕塑的垂直僵硬的立方体造型，让塑像具有了像呼吸一样不止不息的轻灵动态。为了赋予雕像“动”的生气，古希腊雕塑家在肢体的每一个细节都做了精致的考量设计，为每一块肌肉和骨髓都找到前后左右有机的组合连续，并把它们统一于古希腊雕塑独创的人体塑像S造型中。

古希腊艺术家对“动”的哲学理解，源于毕达哥拉斯的和谐观念，即“对立因素的统一”。艺术家们通过一系列的变化转折、对比和补偿，实现了无机大理石的有机转化。为了制造对立和变化，他们对直立人体雕塑作了一个革命性的发明：将雕像的一只脚的后跟垫起，从而将传统上由双脚分担的重心偏移到另一只脚上；这支垫起后跟的脚，不承重，可以自由支配，称为自由脚。凭借这只人类雕塑前所未有的“自由脚”，古希腊雕塑家不仅塑造了S型的人体艺术范式，而且借这个范式将人体美的无限生机展示给众人。

然而，古希腊艺术家并不是人类自我肉体生命的无限迷恋者，相反，他们在创新技法解放塑像姿态、为其灌注生命的时候，也在探索如何让这一具有人之生命灵性的石像成为人之神圣精神和崇高理想的体现和张扬。可以说，世界上没有一个民族的雕塑家如古希腊雕塑家一样，在人体塑造中不遗余力地追求提升自然形体的优美。他们不模仿自然人体，而是将自然人体美化到理想的境界，使之超越肉身的沉俗，成为神圣秩序与永恒和谐的体现。所以，古希腊雕塑家对人体比例秩序的测量和规范，是同追求人体姿态的生动感一样有着强烈的冲动的。比如，古典时期的希腊神像，无论男女，身体比例均符合黄金分割：以肚脐眼为界，上下肢比是3.82∶6.18。但是，在现实中，无论古今，自然人体都是达不到黄金分割比的。

温克尔曼说：“只有经过精神理想化的自然，才是古希腊艺术家的原型。”（《古代艺术史》）正是追求生命真实和追求和谐统一的理想，使古希腊雕塑家不仅敢于呈现人类的裸身形象，而且使用这一形象作为题材来塑造供人膜拜的神像，这不仅不是亵渎神灵，反而是崇尚神灵的体现。

对于今天的观众来说，克里多斯的维纳斯或许只是一个身姿绰约、含羞带娇的妙龄女子；但是，在古希腊的宗教与理性交融的视野下，这尊身形曼妙的女性造型，是上升到精神层面的爱与美的信念的展现。她比例和谐的身段、丰腴生动的体态和委婉优雅的气质，乃至于她冥想式的神情，都指向古希腊人完美理想的精神世界。

（原载《光明日报》2015年4月10日16版）

大理石的愤怒

如果我是一个诗人，是希腊的空气造就了我。

——拜伦

在美术史上，“埃尔金的大理石”是一个专用词，又名“帕特农的大理石”。埃尔金伯爵（托马斯·布鲁斯）在出任英国驻奥斯曼帝国大使期间（1799—1803），以抢救濒于毁灭的希腊神庙雕刻作品为理由，获得奥斯曼政府特许从其占领地希腊“拿走任何带有铭刻或雕像的石头”。他用了十年时间（1802—1812）将从帕特农等希腊神庙上拆割下来的数以百计的大理石雕刻作品运回英国。这些漂洋过海来到英国的大理石，现在被收藏在伦敦大英博物馆专门建立的杜维恩画廊。

埃尔金的大理石大部分来自帕特农神庙的装饰雕刻。这些雕刻作品，是由雕塑家菲狄亚斯统一设计和监督，由菲氏及其助手们历时 15 年（公元前 447—前 432 年）完成的，代表着希腊雕塑风格由严峻转向活泼的进程。这些大理石雕刻所展现的雄浑、飞动的生动风格，所带来的新颖和震惊，是习惯于以优雅和静穆看待希腊古典艺术的英国文人所意想不到的。

观看帕特农大理石雕刻以后，诗人华兹华斯在一封通信中说：“如果一个人不能为它们激动，他一定是如泥土一样麻木，或者如魔鬼一样冷漠。”诗人济慈则在《初见埃尔金大理石》一诗中写道：“我的生力太弱了；死亡/压抑着我如不期而至的睡眠，想象中的每个峰尖和悬崖都具有神样的坚硬，如一只病笃的飞鹰仰望苍穹/我从它们得到了必然一死的告示。”可以想象他们的心灵曾经受到菲狄亚斯及其助手们的艺术创造力多么强劲的震撼。

然而，埃尔金的大理石在英国激发的并非只是惊喜和赞美，还有谴责和愤怒。在反对者中，最激烈的是年轻的诗人拜伦。他以世袭男爵和英国上议院议员的身份痛斥埃尔金伯爵是希腊文物的掠夺者，认为无论以什么借口，将这些大理石雕刻带离它们的本土，都是强盗行为。

拜伦对埃尔金的“掠夺行为”的愤怒，贯穿了他短暂一生的后半期。他在 1810 年游历雅典时写出的长诗《恰尔德·哈罗德游记》第 2 章中这样控诉道：“这眼睛如此迟钝,它不会哭泣,看见/你的墙壁被毁损、破碎的神龛被带走/而这双不列颠的手,本来的责任是守护这些再不能修复的遗产。我诅咒它们被带离故土的时刻,你的衰落的神灵被掳掠到可恶的北方,你不幸的胸膛再次遭受创伤。"次年,拜伦又写出了愤怒谴责埃尔金伯爵的抒情长诗《弥涅瓦的诅咒》,诗中借弥涅瓦(雅典娜女神)的口说道:"我首先要诅咒那个犯此罪行的人,要让他和他的世代子孙,得不到一星理智的火光,让所有的孩儿愚蠢如这位先祖。"

当一个人只是在杜维恩画廊中,在调谐适度的光线下从容观赏那些精心布展的埃尔金大理石时,他是难以理解拜伦的愤怒的。然而,你应当理解,1810 年首次游历希腊,拜伦就把她认定为自己心灵的故乡。他在一封信中宣告:"如果我是一个诗人,是希腊的空气造就了我。"13 年后,出于对希腊的赤子般的热爱,35 岁的拜伦投身于希腊反抗土耳其的独立战争中,次年他以希腊独立军总司令的身份病死在希腊。对于把人生理想直至生命奉献给希腊的拜伦,"帕特农的大理石"易名为"埃尔金的大理石",并非只是一个称谓的改变,而是关系到对希腊文化是捍卫还是宰割。他的愤怒,是凝聚在这些大理石中的千百年希腊文化苦难的抗议。

作为一个古代艺术爱好者,埃尔金伯爵的行为使帕特农的大理石雕刻最终归宿大英博物馆,不仅使它们获得了最好的技术保护,而且使它们得以被全球艺术爱好者研究和观赏。然而,这只是从催生了全球博物馆文化的 18 世纪欧洲启蒙思想立场来看待埃尔金的"抢救行动"。启蒙思想的核心理念是普遍理性和科学启蒙,博物馆文化在普遍理性原则下,把宰割收藏品的本土文化语境和平面化的展示作为天经地义的"科学手段"。

然而,帕特农的大理石雕刻,不是为了在大英博物馆或任何其他博物馆展示而设计和制作的。2400 年前,菲狄亚斯和助手们将这些雕刻安置在 10 余米高的神庙横楣和山墙上,是为了那些举着橄榄枝来祭祀雅典娜女神的雅典人民。雅典娜作为他们城邦的守护神,享受着最崇高的膜拜。

这些神像雕刻被从帕特农拆割下来,布置在千里之外的杜维恩画廊,得到了最好的保护,让游客在近于平视的场景中自由观赏,也因此丧失了在帕特农山墙上的神圣性,只向观者展现着它的审美价值。借用德国哲学家本雅明的话说,它们作为单纯观赏的对象,失去了神韵。

帕特农的大理石变身为埃尔金的大理石,幸也?不幸?这也许是一个无解的文化史悖论。然而,拜伦的愤怒的确揭示了民族文化不可公约的历史独特性。尊重其历史独特性,如拜伦所言,帕特农的大理石就应当被保存于它的废墟中。

追随拜伦，我们是在坚守一种具有浪漫主义气质的文化理想。在他的名诗《哀希腊》结尾，拜伦如此吟唱："在那里，让我如天鹅绝唱而亡。"面对当今理性主义的务实态度，每一个文化理想的守望者，不都怀着这样一份向死而生的挚诚？

（原载《光明日报》2011年2月22日13版）

温克尔曼的“静穆”

1768 年 6 月 8 日，51 岁的德国学者温克尔曼，自维也纳返回罗马途中，在意大利东北角的小城里亚斯特，被一位邂逅的俊美少年劫财谋杀在旅店客房中。

温克尔曼滞留里斯亚特是出于心血来潮，他原计划的目的地是德国东北部的德莱斯顿，而在前一站莱比锡城，19 岁的大学生歌德正在盼待着与这位精神偶像的初次会面。

在其成名作《对绘画和雕塑模仿希腊作品的思考》(1755)中，温克尔曼曾有这样的警语：“唯一使我们变得伟大甚至可能是无与伦比的途径，就是模仿希腊人。”然而，与他的意外死亡同样令人叹惜和吃惊的是，温克尔曼终生未踏上希腊领土。作为享有盛名、也许是当时最重要的希腊学者之一，他多次被邀请访问希腊，却从未成行。

在 18 世纪中期，温克尔曼曾在罗马担任梵蒂冈图书馆馆长、文物总管和枢机主教阿尔巴尼的秘书，得天独厚地研究了当时罗马最珍贵的希腊艺术收藏。然而，这些收藏主要是泛希腊化时期(公元前 336—前 331 年)希腊雕塑的罗马复制品，其中以《梅迪奇的维纳斯》《贝尔维德里的阿波罗》《拉奥孔》等作品最为著名，表现了一种优雅或优美的艺术理想。温克尔曼的天才在于，他在对这些艺术精品的鉴赏、沉思中捕捉到了一种“人性美和神性美结合”的理想品质，这就是他用以定义古典希腊文化(“繁盛时期希腊文化”)的“高贵的单纯和静穆的伟大”的风格。

从艺术史来看，温克尔曼对希腊古典风格的概括是以偏概全。他在其奠定艺术史学科规范的著作《古代艺术史》(1764)中，将古希腊艺术划分为四个阶段：直线、僵硬；崇高、多棱角；雅致、波浪形的；模仿的。他所揭示的是第三个阶段的风格，这种风格以公元前 4 世纪后半期的雕塑家普拉克西特拉斯的作品为代表。“高贵的单纯和静穆的伟大”，是不能吻合菲狄亚斯雕塑所代表的崇高、雄健的古典风格的；后者是公元前 5 世纪的希腊古典文化黄金时期的艺术风格。

在温克尔曼的时代，要真切领略这种雄浑的希腊艺术风格，只有前往希腊雅典，沿着当年雅典人在祭神的节日手执橄榄枝、继踵而上的山径，登上雅典卫城山，在帕特农神庙东面，瞻仰 10 余米高的山墙上的浮雕《雅典娜诞生》的众神群像。

温克尔曼拒绝了历史赋予他的机会，他在千里之外的罗马为泛希腊文化的“静穆”著书立说，而永远错失了希腊黄金时代的“雄健”，他所观摩的“希腊”只是罗马人拷贝的普拉克西特拉斯雕塑的“优雅”的遗产，而不是将在1802年后被埃尔金伯爵“抢救”到大英帝国的菲狄亚斯雕塑的“雄健”的遗产。

从歌德的《温克尔曼与他的时代》一文的评述中，我们可以认识到，作为一个古典学者，温克尔曼是一个忠实激情胜于计划、表现个性胜于规范的人；作为一个强烈认同希腊古典的“多神教”男子，温克尔曼与理性的哲学是格格不入的。因此，对于那个因为眷恋一个少年的美而不幸丧生的温克尔曼，我们有理由相信，以他天才的洞见，他是完全可能捕捉到古希腊的“雄健”之美的伟大影像的。然而，他的天才心灵却满足于吸饮“静穆”之美的单纯恬静，他把这种美赞誉为纯然不染的山谷甘泉之美。

令人惊异的是，温克尔曼不是在优雅、和谐之至美作品《贝尔维德里的阿波罗》雕塑上，而是首先在呈现出强烈戏剧冲突的《拉奥孔》雕塑上“发现”了“希腊艺术的静穆”。我认为，温氏选择《拉奥孔》作为“静穆”的范本，比他的天才的敏锐更值得重视的，是这个选择所表现的理想精神。因为在这个富有张力的群雕中，表现了“身体感受到的痛苦和心灵的伟大以同等的力量分布在雕像的全部结构，似乎是经过平衡了似的。”这就是哲学：静穆不是无生气、无矛盾，而是生气和矛盾都被提升到了呈现“心灵与身体和谐”的理想美境。

19世纪的英国学者、唯美主义之父佩特，在《文艺复兴：艺术与诗的研究》中指出，温克尔曼的“静穆说”的本质是人与自身、心灵与肉体、个体与世界的统一，这是为现代心灵确立的一个“泛希腊理想”。我认为，这个“泛希腊理想”的哲学就是德国哲学家莱布尼茨在17世纪末期提出的“预定和谐说”。莱布尼茨认为，上帝不需要通过人来表现他的思想，而是每个人类个体本身心灵与身体的预定和谐反映出神性的和谐(《新体系》)。温氏“静穆”观念的深刻根源和动机，都存在于“预定和谐”中。温克尔曼不是一个理性主义者，但是他的心灵却成为理性理想的最敏锐的捕捉者和最优美而深刻的表现者。

温克尔曼以其伟大的天才捕捉到希腊艺术的“静穆”，把本来微弱而濒于被历史尘埃淹没的希腊古典美的余晖重新照亮，从而开启了作为18世纪启蒙运动结晶的新古典主义文化理想。温克尔曼的伟大，在于对这个被佩特定义为“泛希腊理想”的心灵激发，而不是给予他的后继者理智的教育。

在温克尔曼死去59年后，即1827年，当德国学者爱克曼指出温克尔曼对所研究的希腊艺术并不确切了解时，78岁的歌德说：他是哥伦布，即使他还没有发现新大陆，它已经存在于他的心中。阅读他，我们并不能学到什么，但是我们会被改变。

(《歌德谈话录》)

一个时代的伟大天才,就是这个时代的新大陆的预示者,正如温克尔曼一样,他凭借的是一些有限甚至错误的路标。因此,作为18世纪文化的哥伦布,温克尔曼的生命意义并不需要真正踏上他的心灵故乡希腊的领土才是完整的。

(原载《光明日报》2011年4月19日13版)

汉凤凰的大美风仪

英国著名收藏家乔治·尤摩弗帕勒斯(George Eumorfopoulos)以收藏汉代艺术品闻名于世。在他的收藏作品中,有一件汉代青铜雕刻《汉凤凰》。这只凤凰雕刻在一只镀金青铜的梳妆盒(奁)盖子内层上面,整个图案直径为16.3厘米。这件《汉凤凰》雕像似乎流传不广,我所见到的只是收藏家本人拍摄的照片,而且仅从德国学者费舍尔(Otto Fischer)的《中国汉代绘画艺术》(*Chinesische Landschaftsmalerei*,1931)一书中一见。

《汉凤凰》刻画的是一只玉立高空、双翼展扬、昂首而鸣的凤凰。作为想象的神鸟,凤凰的造型经历数千年的演进至汉代,从头至尾,综合了鸡头、燕颌、蛇颈、龟背和鱼尾等动物身体部位。《汉凤凰》向我们展示的这只凌虚而立的凤凰,以高度写实的刻画风格呈现出浑然一体的生命气韵。在汉画中,这只凤凰整体和细节均具有的高度真实感是惊人的——仿佛天地间真有凤凰这种神禽。然而,它所传达出的超逸雍容的气度,更具有一种拟人化的魅力。它的头、胸和脚,三点一线,暗示出一条强劲的直立线条,但是,贯穿凤凰全身的却是围绕着这条直立线条的富有动律的S线形。这个静与动、直与曲结合的造型,赋予这只凤凰庄严而又灵动的仪态。

这只凤凰的全身反射出阳光照耀的光芒,这是一只浴光而歌的凤凰。在歌与光的浸淫中,凤冠高扬、凤眼生辉、凤翼招展,而以孔雀尾为原型的凤尾,则无限生衍流化,仿佛是这绰约如处子的凤凰神鸟,化光为风,以大气飞旋的线条演化出动人心魂的周天大舞——一曲生气圆满的苍穹乐舞。《汉凤凰》的雕刻家,从实入虚、出静入动,虚实相生,动静相守,将对凤凰的具象传神的刻画纳入到对生生不息的宇宙神韵的呈现。费舍尔指出,汉代画像艺术的真正主题不是描绘具体物象,而是借这些物象表现世界生命的无限运动和节奏。费氏此说精辟地揭示了汉画艺术独特的精神旨归,而《汉凤凰》无疑是汉画中的卓绝典范。

凤凰的图像,是中国艺术中最流行的图像之一。它的造型史可上溯到石器时代,湖南洪江高庙遗址出土的白色陶罐颈部和肩部各戳印的凤凰图案,距今已有7400年的历史;浙江余姚河姆渡遗址发现的“双鸟朝阳”象牙雕刻则晚了400年。值得注意的是,这两组相差400年的凤凰图像,都与太阳相伴。凤凰别称火鸟、朱雀，属火，就是火神的化身——凤凰崇拜与太阳崇拜相关，因此，远古凤凰的图像总与太阳相伴。跨越约5000年的历史，《汉凤凰》以它无比精美的造型和超凡卓绝的风仪，不仅成为汉代艺术家伟大匠心的结晶，而且也成为中华文化的凤凰精神的至高体现。

与龙是华夏人图腾崇拜的形象不同，凤凰是东方夷人图腾崇拜的形象。以史载而言，少皞是第一个立凤凰为图腾的帝王。相传黄帝次子少皞被贬南方，成为东夷诸部落联盟首领，以凤凰为图腾，建立少皞国。“我高祖少皞，挚之立也，凤鸟适至，故纪于鸟，为鸟师而鸟名”(《左传·昭公十七年》)。其后，作为东方夷人的一支，商族人认为他们的先祖商契是由其母简狄吞食凤凰落下来的蛋而生，即“天命玄鸟，降而生商”(《诗经·玄鸟》)。玄鸟是商族人对凤凰的别称。屈原在《离骚》中有“凤皇既受诒兮”之说，而在《天问》中有“玄鸟致贻”，讲的都是简狄生商契的传说，是将凤凰和玄鸟通用的。

凤凰与商契的关系，不止于为商族人确立了一个神话来源。据史传，舜帝封商契司徒，派他在其封地商丘担任火正一职。火正是主持研究天象以利民生的官职，相当于今天的天文台台长。商契筑台观天象，发现了大火星运行的节气规律，据之制定历法(殷历)。大火星每年在东方黎明时出现的那一天，是我国“春分”节气；大火星在西方黄昏隐没的那一天，则是我国的“秋分”节气。商契“以火纪时”，商族人奉之为“火神”。大火星春去秋来，正如燕子。凤凰就是被神化的知时而行、给世间带来春天消息的燕子。作为天文学家，商契是人间当之无愧的神燕——凤凰。应当说，在关于商契身世的传说中，凤凰不仅是天人交通的“火神”，它还代表着引导人类理性觉醒的光明之神。

在汉文化中，凤凰更广泛的意义，是作为图腾崇拜的延伸，代表着祥瑞安宁气象，且代表着最高艺术境界。中华五帝之祖黄帝，战败蚩尤，统一华夏即位称帝之后，就想望凤凰到来。黄帝的仁德之风召来了凤凰。这神鸟自天而降，“五彩备举，鸣动八风，气应时雨”(《韩诗外传》)。这就是一幅祥和盛世之景。《尚书·益稷》中有“《箫韶》九成，凤皇来仪”之说。它描述的是在大禹治水的庆功盛典上，夔龙主持音乐会，而音乐会的最后高潮则是凤皇莅临。凤皇不仅是这出音乐盛典的最后出场者，而且是使之十全十美的最后完成者。“凤皇”是“凤凰”原本的记法。作为最高艺术境界的代表，凤凰就是司乐的神鸟。“听凤凰之鸣，以别十二律。”(《吕氏春秋·古乐篇》)

古代中国的凤凰崇拜，与古希腊的阿波罗崇拜很相似——阿波罗是太阳神，也是音乐与诸多技艺之神。古希腊神话中也有凤凰(phoenix)，它脱胎于古埃及的太阳神鸟(Bcnnu)的传说。希腊神话中的凤凰俗称不死鸟，它如太阳昼出夜没一样，通过自焚和新生,循环进行着生而复死、死而复生的游戏。中国的凤凰似乎没有生死问题,只有来去状态——可以说凤凰是超生死的存在,准确地讲就是一种被神灵化的高洁灵妙的气象或风仪。

在庄子的笔下,凤凰(鹓雏)是一个气质高洁、决然不与俗浊沾染的形象,即所谓"非梧桐不止,非练实不食,非醴泉不饮"(《庄子·秋水》)。庄子此说,是在他与惠施的论争中,借凤凰自喻性气高洁,鄙弃惠施之徒汲汲以求的世俗名利。通过庄子,凤凰被人性化了,纯然以持节高尚、性灵超绝的风仪动人。《韩诗外传》称赞凤凰"止帝东园,集帝梧桐,食帝竹实,没身不去",很可能是受到《庄子》的影响。在《红楼梦》中,贾宝玉将"有凤来仪"四字题与"有千百竿翠竹遮映"的潇湘馆。宝玉口称"颂圣",实则是借用凤凰传说之典,表达他对潇湘馆女主人林黛玉的至高无上的赞美。在宝玉的心目中,除了风仪天下的凤凰,还有什么可用以比配他"没身不去"的林妹妹呢?当然,这个凤凰,必须是经过庄子人性化了的凤凰。

《诗经·卷阿》描述周成王出游,其中一段专门描写凤凰的风仪:"凤凰鸣矣,于彼高冈。梧桐生矣,于彼朝阳。菶菶萋萋,雍雍喈喈。"菶菶萋萋,形容梧桐枝挺叶茂的景象;雍雍喈喈,形容凤凰鸣声和谐悦耳。在高冈之上,梧桐树朝阳而生,百鸟之王凤凰栖于梧桐高枝,逸然鸣唱,天高地迥,气贯苍穹。这是一幅超然出世而又生机盎然的图景,是阳光与音乐、大美与永生、生性高洁与本质纯朴的精华荟萃。这不正是《汉凤凰》展示于我们的景象吗?这个景象是后世千百年中国绘画笔精墨妙、气韵生动的原型。

(原载《光明日报》2015 年 5 月 29 日 16 版)

千古一书《兰亭序》

在中国艺术史上，恐没有一个作品赢得了王羲之(303—361年)行书《兰亭序》的荣誉。唐太宗李世民将之推举为"天下第一行书"，自此以后，越千百年，《兰亭序》不仅为历代帝王所宝，而且为天下书家崇奉，尊为"万世法书之所从出"(宋郭雍语)。

《兰亭序》为王羲之于353年暮春(永和九年三月三日)撰写，是为他与朋友合作的诗集《兰亭诗》作的序。王羲之是酒后用写秃了的毛笔("退笔")书写《兰亭序》的，"挥毫制序，兴乐而书"，但酒醒后他日重写数十百篇，都不如这篇原作。王羲之对自己这篇不可重复的"神助之作"，特别珍爱宝重，留与子孙传承，传到第七代孙僧智永，却传出王氏，传给了智永的弟子辩才。

李世民做了皇帝后，搜集王羲之真迹无数，但独不得《兰亭序》，而又偏重《兰亭序》，"求见此书，营于寤寐"，得知此书在僧人辩才处，不惜以千古一帝之尊，听从房玄龄进谏，派监察御使萧翼从80旬老僧辩才处施用诡计获取。在唐人何延之笔下，"萧翼赚《兰亭》"，权计相加，惊险曲折，搁今天不啻是一部剧情大片。初得《兰亭序》，李世民曾命其御用拓书人冯承素等四人各临摹数本，赐给皇太子诸王近臣。李世民做了23年皇帝(627—649年)，他去世后《兰亭序》真迹为他殉葬昭陵，埋没至今。(参见《何延之兰亭记》)

李世民何以独尊《兰亭序》，而且他的推崇又成为后世不同朝代书法思潮的主导观念？一言以蔽之，是《兰亭序》符合他所认同的中国书法的理想精神。李世民认为"详察古今，研精篆、隶，尽善尽美"唯王羲之一人，并且称赞王羲之书法"点曳之工，裁成之妙，烟霏露结，状若断而还连；凤翥龙蟠，势如斜反直"(《晋书·王羲之传论赞》)。李世民的评价，揭示了王羲之书法两个基本特点：连续性("状若断而还连")和变化性("势如斜反直")。但是，这是非王羲之不可以达到的连续与变化境界，天真自然而至于神妙莫测，即所谓"烟霏露结"和"凤翥龙蟠"。《兰亭序》全篇324个字，从首字"永"字开始，到末字"文"字结束，不仅笔断意连、笔势通畅活泼，而且屈伸正斜、无一字相同——其中21个"之"字，字字不同。然而，《兰亭序》更表现出心手相从、物我冥合的幽淡从容，是极高度的率性自由与极微妙的法度考量的平衡。这就是中国书法的理想精神的核心，也就是李世民所谓“尽善尽美”。

王羲之以59岁而终，唐代书学家张怀瓘概括其为人，称其“骨鲠高爽，不顾常流”（《书断》）。王羲之生活的时代，是崇尚老庄、风流放达的时代，在他的前面，有孤傲任性、直言祸身的嵇康；在他的后面，有归隐田园、放逸诗酒的陶渊明。与嵇陶相比，王羲之更为自然冲和，他既具清真贵要的超然气质，又怀抱耿直俊利的士人意气。王羲之是道教的信徒，但相对于老子，他的生命精神更同化于庄子。从南朝刘义庆的《世说新语》和唐朝张彦远的《法书要录》所记载的诸多故事可见，王羲之是集雅量、兴趣、耿直和仁爱为一身且极具人格魅力的艺术家。他毕生无意官场权力，一生数度拒辞官位，然而一旦就任，却上忧君国、下恤民生，护国赈民，甚至不惜招罪引恨。355年，53岁的王羲之因与王述仇隙不解，耻为其下，在父母墓前立誓辞官，绝别官场，归栖于山水之乐、亲朋之欢。王羲之的“不顾常流”，出自他耿直旷达的人生情怀，唯其如此，他的一切行止都极亲切自然，极超旷灵动。张怀瓘称王羲之“天质自然，风神盖代”（《书断》），实为精准之论。

关于王羲之的生卒年，史上有两种说法，一说303—361年，一说321—379年。若王羲之生于321年，则于353年33岁时撰《兰亭序》。这不仅与诸多史实不合，也与齐梁时代王僧虔和庾稣等士人所持王羲之书法“在始未有奇殊，迨其末年乃造其极”之说相背。王羲之少年既以聪慧善书成名属实，但成为后世崇奉的“古今莫二”书圣者，实以其暮年“博精诸体、备成一家”的书法造诣。《兰亭序》不仅是王羲之毕生会古通今、变古为今的登峰造极之作，更是他的人生经历至暮年而熔铸精粹、自然旷达的结晶。张怀瓘标定王羲之书法境界为“灵和”（《书议》），观《兰亭序》，纯是一片灵和气象，用该文中四字来说，则是“惠风和畅”。非王羲之写不出《兰亭序》，王羲之非达五十知天命之年亦写不出《兰亭序》。以书证史，我们可以断定，王羲之生于303年。

《世说新语》载“时人目王右军飘如游云、矫若惊龙”，这是论王羲之的风貌气象（“容止”）；《晋书》载“论者常称其笔势，飘若游云、矫若惊龙”，这是评王羲之的书法境界。“飘如游云、矫若惊龙”，是亲切自然、生气活跃的灵和境界，是王羲之其人、其书浑然一体的境界，由其一生天资与功夫的锻炼积累而成。元代书画家赵孟頫说：“右军书兰亭是已退笔，因其势而用之，无不如志，兹其所以神也。”（《兰亭十三跋》）人老笔秃，不以神采取胜，但得骨气天然，不屈意逢迎，不矫强自重，兴怀嗟悼，无我无非我。

唐代书法家孙过庭称王羲之书法“情动形言，取会风骚之意；阳舒阴惨，本乎天地之心”（《书谱》）。“取会风骚之意”，是得意于薪火相传的人文滋养；“本乎天地之心”，是指感会自然、物我通融。人、书至此境界，则是天纵自然，是张怀瓘所谓

“道微而味薄，固常人莫之能学”（《书议》）的境界。当然，这也是中国书法精神的理想境界。

柳宗元评《兰亭序》说道：“夫美不自美，因人而彰。兰亭也，不遭右军，则清湍修竹，芜没于空山矣。”（《邕洲马退山茅亭记》）李世民举帝王之力推举《兰亭序》，使之成为“天下莫二”的书法楷模，无李世民的偏重独爱，《兰亭序》恐将不为天下人所宝重。但是，却又因为李世民偏重独爱，《兰亭序》真迹为之殉葬、与世禁绝，乃至后世只能见习临摹之本，幻想真迹，聚讼纷纭，千古一恨。

然而，唐人书法强调法度，李世民定《兰亭序》为书法之本尊，设若《兰亭序》真迹在世，为天下唯一法书，必然拘束书家临写的个性新意，出现千人一书、万人一字的局面也未必不可能。正因为《兰亭序》真迹禁影，临本万殊，才出现了唐代书法流派林立、风格纷繁的景象。李世民独霸《兰亭序》于冥穴，其罪也？其德也？因为文化传进的诡异矛盾，是不能断然定论的。

（原载《光明日报》2015 年 6 月 26 日 16 版）

痴才难说顾恺之

东晋画家顾恺之(348—409 年),在中国古代绘画史上享有崇高的地位。东晋太傅谢安认为顾恺之的绘画是“有苍生以来未之有”,张彦远说:“自古论画者以顾生之迹天然绝伦,评者不敢一二。”南朝谢赫称顾恺之“迹不迨意,声过其实”,就招致后世一片声讨,稍晚于谢赫的姚最斥之为愤懑之言(“于邑”)(《历代名画记》)。

顾恺之对于中国画史的贡献,可以归结为两个方面:其一,他以大量的画作为中国人物画奠定了独特的线描艺术,其笔法特征是“紧劲连绵,循环超忽”(张彦远),它赋予人物描绘精微超逸的格调,这就是后世所谓“高古游丝描”(又称“春蚕吐丝描”);其二,他以明确坚实的理论主导其创作实践,在所提出的“传神写照”“迁想妙得”和“以形写神”等命题下,为中国绘画确立了重精神意趣、推崇格调境界的艺术精神。由谢赫提出而后中国画史奉为最高原则的“气韵生动”,是以顾恺之的“传神”观念奠基的。

从历史影响来看,顾恺之对于中国绘画的意义,精神的影响更大于技法。张怀瓘说:“顾公运思精微,襟灵莫测,虽寄迹翰墨,其神气飘然,在烟霄之上,不可以图画间求。象人之美,张(僧繇)得其肉,陆(探微)得其骨,顾得其神,神妙亡方,以顾为最。”(《历代名画记》)张氏所谓“神妙亡方”,是指顾恺之对人物精神的表现(“传神”)达到了极高妙而至于无法可循的境界。

伴随着顾恺之绘画的传说,都是与“传神”有关的故事。他画人物曾多年不画眼睛(“不点目睛”)。他的理由是画人物的根本目的是“传神”,眼睛是传神的要害,不能轻易下笔,而与眼睛相比,形体就不那么重要了。为了“传神”,顾恺之还有意改变人物的面貌。他画魏晋名士裴楷,在其脸颊上增添三根毛,用以表现裴的“俊朗”。西晋名士谢鲲,慕从竹林七贤,任性放达,因为挑逗邻家之女而被其打断了两颗牙齿。谢鲲以“纵意丘壑”自负,顾恺之将他画在岩石中间,称“此子宜置丘壑中”。荆州刺史殷仲堪一只眼睛病瞎,顾恺之要为他画像,遭拒绝。顾恺之劝说殷,我先将你的眼睛画得明亮有神,然后用飞白扫抹,形成“轻云蔽月”的效果,殷就应允了(参见《世说新语》)。“迁想妙得”,确是顾恺之绘画的真精神和大创造。

关于顾恺之绘画传神的力量,有两个堪称神奇的故事。其一,顾恺之曾喜欢上一邻家女孩,“挑之弗从”,他就把这女孩的肖像画在墙壁上,将针钉在画像心脏部位,致使女孩害上心痛病,“恺之因致其情”,女孩就依从了,他悄悄把针取掉,女孩的心痛病就不治而愈了(《晋书·顾恺之传》)。其二,建康(今南京)兴建瓦官寺,富豪认捐不过十万钱,清贫的顾恺之竟认捐百万,众人都怀疑他兑现的可能性,然而,他用一个月的时间在瓦官寺北殿内画了一幅《维摩诘》画像,待画成将点睛之时,他让寺僧发出公告:第一天观看者请施十万钱,第二天请施五万钱,第三天随意施舍。“及开户,光照一寺,施者填咽,俄而得百万钱”(《历代名画记》)。

顾恺之生活于东晋末年,这既是一个皇室败弱、士族争霸,致使社会人生极不安定的时代,又是玄学风行、朝野以清谈为贵,因而风流辈出的时代。现代学者汤用彤说:“按玄者玄远。宅心玄远,则重神理而遗形骸。神形分殊本玄学之立足点。”(《魏晋玄学论稿》)阮籍说:“徒寄形躯于斯域,何精神之可察。”(《答伏义书》)这种把形神尖锐对立的观念,为魏晋名士的个性解放、行为放达提供了思想前提。玄学精神落实于绘画艺术,就是追求超越有限形体、表现无限精神。魏晋名士嵇康曾有诗云:“目送归鸿,手挥五弦。俯仰自得,游心太玄。”顾恺之特别推崇此诗,专为之作画,并赋诗说:“手挥五弦易,目送归鸿难。”(《晋书·顾恺之传》)顾恺之的传神观念,应当是从流行的玄学思想中获得启发的。

但是,如果坚持形神分殊,即如玄学祖师王弼所主张的“得象忘言,得意忘象”,那么“象”就是最终应当抛弃的。顾恺之说:“以形写神而空其实对,荃(荅)生之用乖,传神之趋失矣。”(《魏晋胜流画赞》)顾恺之认为,“传神”不能脱离“实对”,即精神表现不能脱离真实描绘。作为中国绘画的一代宗师,顾恺之的伟大在于,他发挥玄学的精神,不是抛弃形象,而是以精神表达为绘画宗旨——“传神写照”,非常自觉地用形象作为传达情意的工具——“以形写神”,而且在形象取舍、改变和组合中实现了情感表现的高度自由——“迁想妙得”。

史传顾恺之有三绝:才绝、画绝、痴绝。说到顾恺之的“痴绝”,有一个人是不得不提及的,他就是桓玄(369—404年)。顾恺之相信小术(灵应术),桓玄曾拿一片柳叶告诉顾恺之,这是蝉用作蔽身的叶子,人用它就可以隐身。顾恺之听信桓玄之言,高兴地用这片柳叶隐身,桓玄乘机朝他撒尿,他不以为怪,相信是自己隐身了,桓玄没有看见。顾恺之曾将一箱自己非常珍惜的画作封存好,寄放在桓玄处。桓玄私自打开箱子,把画作全部窃取,并原样封存箱子。待顾恺之索还画作时,拿到一个空箱子,桓玄称自己从未打开箱子,顾恺之相信桓言,并且解释说:“妙画通灵,变化而去,亦由人之登仙。”(《晋书·顾恺之传》)桓玄对顾恺之的侮弄和窃夺,明眼人一看就知,而顾对桓信任不疑,实为痴绝。

《晋书》称桓玄“性贪鄙,好奇异”,“信悦谄誉、逆忤谠言”,“常负其才地以雄豪自处，众咸惮之”。雄强自负的桓玄，最后走上了叛逆篡位的道路，为实现篡位野心，他甚至逼杀同盟将领殷仲堪，然而即位称帝 80 天，即被刘裕义军打败，后在逃亡益州（今四川）途中被诛杀，殷仲堪之子殷简之生吃其肉。桓玄不啻是东晋盖世枭雄，他恃才贪霸，不可一世，死时年仅 36 岁。年长 21 岁的顾恺之，比桓玄晚离世 5 年，“年六十二岁卒于官所”，在东晋那个生命飘忽的时代，实为寿终正寝。苏东坡曾在一首题画诗中评论桓玄盗夺顾恺之存画。苏诗说：“巧偷豪夺古来有，一笑谁似痴虎头。”桓玄以其悍将雄才，窃画篡国，身败名裂，其得其失，终不堪于顾恺之一痴笑。

桓玄被史传称为“大司马桓温之孽子”，顾恺之被后世奉为画坛神明。桓温极为赏识、器重顾恺之的才学，招纳其为参军（今参谋），待之“甚见亲昵”。桓温曾说：“恺之体中痴黠各半，合而论之正得平耳。”（《晋书·顾恺之传》）这种“痴黠各半”是一种自然而达于自由的人生智慧，是不计较的从容，是超得失的自在——用庄子的话说是“与物为春”的逍遥精神。玄学精神，探究其积极而深刻的意义，是追求人生自由和超越的情怀。“痴绝”，是顾恺之从玄学精神中发挥而得的超越自由的人生大智慧，这是常人不知之智，故名之为“痴”。顾恺之得此智慧，其画神逸，其人通达。魏晋风流，得其神髓者，绝非雄强自负的桓玄辈，而是超越自由的顾恺之们。

（原载《光明日报》2015 年 7 月 17 日 16 版）

张旭与酒

草圣张旭的一生，犹如神龙不见首尾；它却又是极致的单纯简易，化约为“酒”与“书”两个字。

欧阳修主撰《新唐书》，其中《张旭传》开篇即如是：“旭，苏州吴人。嗜酒，每大醉，呼叫狂走，乃下笔，或以头濡墨而书，既醒自视，以为神，不可复得也。世呼张颠。”这篇传文仅157字，真是惜墨如金，但开篇这40字除“苏州吴人”外，全着墨于张旭酒事了。

然而我们知道，张旭最为后世所记的，是他开创的卓绝惊世的狂草艺术，他生前即享有“草圣”的殊荣。如果说东汉张芝使草书达于“精熟神妙”，东晋王羲之父子进而“韵媚婉转”（张怀瓘《书断》），那么，至唐代，张旭则将草书开拓到“逸轨神澄”的狂草境界（窦臮《述书赋》）。

后世名家评张旭，普遍集中于张旭草书的神奇变化，“变动犹鬼神，不可端倪”（唐·韩愈），“出鬼入神，倘恍不可测”（明·王世贞）。张旭的狂草将书法艺术的书写自由推向字与非字的临界点，在这个临界点，正如他身体的沉醉放达，张旭对书写极限的挑战，犹如一出风起云涌的歌舞战斗戏剧，演示了追求超规范的自由是被规范着的人最深刻的激情。所以，我们看到张旭作为一个书法家的癫狂，看到他人无可企及甚至望而生畏的“逸轨”。这就无怪宋人米芾要骂“张颠俗子变乱古法、惊诸凡夫”（《米书九帖》）了。

但是，如果只看到张旭草书的“逸轨”（癫狂），对张旭所知则不过于皮相。宋人黄庭坚说：“张长史行草帖多出于赝作。人闻张颠未尝见其笔墨，遂妄作狂蹶之书，托之长史。其实张公姿性颠逸，其书字字入法度中。”（《跋翟公巽所藏石刻》）“字字入法度”，是指张旭草书在其超逸狂放中，乱而有法，狂而有度。张旭草书的狂逸，不是乱法，而是以精微深邃的楷法造诣为基础的自由超越——在其看似无法度可循的任性狂放中包含着极精妙的神理。这就是窦臮所谓“神澄”。

张旭传世的草书作品，著名的是《草书心经》《肚痛帖》《千字文》和《古诗四帖》。《古诗四帖》可视为张旭草书的冠顶之作。该帖无署名，曾长期被误判为东晋谢灵运书写，由明代书画家董其昌鉴定为张旭所书。董其昌题跋称此帖“有悬崖坠石、急雨旋风之势”，与张旭其他草书帖同一笔法，并且以“旭肥素瘦”判定此帖为张旭而非怀素书写。怀素是张旭的私淑弟子，同样以狂草出名。“旭肥素瘦”是辨识张、怀师徒笔法的通行准则。黄庭坚说：“僧怀素草工瘦而长史草工肥。瘦硬易作，肥劲难工。”(《跋张长史千字文》)但是，《古诗四帖》不仅表现了张旭用笔宽厚遒劲以及迅猛回旋的特征，而且把率性放纵的书写纳入了刚柔相济、缓急冲和的张力运动中，是极度冲突的劲险与深刻谐调的悠逸的平衡。米芾说：“张旭书，如神虬腾霄，夏云出岫，逸势奇状莫可穷测。”(《米元章续书评》)用米氏此语评《古诗四帖》，是非常贴切的。就此而言，骂张旭乱法的米芾却又洞见到张旭草书的妙谛。

20 世纪后期以来，有不少学者质疑《古诗四帖》作者是否为张旭。法籍华人学者熊秉明更指出该帖中的误失、败笔达五十例之多，因而怀疑该帖出自他人临写。(《疑张旭草书四帖是一临本》)以熊说勘察《古诗四帖》，我们可以发现，质疑者是用“理想的狂草”看待张旭草书。然而张旭是没有“理想的狂草”的。《古诗四帖》被指责为失误或败笔的地方(如熊秉明批评该帖“晋”字“一字断为三段”)，实在就是董其昌所评议的“悬崖坠石”笔势，是张旭乘兴独到处——非到此，不见张旭惊天笔力。要找“理想的狂草”，只可寻于怀素的草书。“考其平日得酒发兴，要欲字字飞动圆转之妙，宛若有神，是可尚者。”这是宋代《宣和书谱》对怀素的传述。观怀素《自叙帖》，它复现的是张芝草书的圆转精熟。宋人董逌说：“素虽驰骋绳墨外，而回旋进退莫不中节；旭则更无蹊辙可拟，超忽变灭，未尝觉山谷之险、原隰之夷。以此异尔。”(《广川书跋》)“回旋进退莫不中节”与“超忽变灭无蹊辙可拟”，是怀素与张旭之间草书笔意的深刻差异，这种差异的实质是妙于巧艺，还是达于自然。

张旭开拓狂草艺术，既蒙滋养于书法艺术的传统精髓，更是深得自然造化的感动启悟。颜真卿记述，张旭即兴用利刃在沙地上画写，见“其劲险之状，明利媚好”而自悟“用笔如锥画沙，使其藏锋，画乃沉着”(《述张长史笔法十二意》)。另据《新唐书》《全唐文》记载，张旭曾自言，“始见公主担夫争道又闻鼓吹而得笔法意，观倡公孙舞剑器得其神”，“孤蓬自振、惊沙坐飞，余师而为书，故得奇怪”。狂草之所以由张旭肇始(董其昌语)，实在因为张旭自我融身于自然，又以自然万物“一寓于书”。虞世南论书法说：“字虽有质，迹本无为，禀阴阳而动静，体万物以成形。”(《笔髓论》)这不正是我们在张旭草书，尤其是《古诗四帖》中观到的笔法神韵吗?

公元 9 世纪上叶，唐文宗李昂将李白诗歌、斐旻剑舞和张旭草书钦定为“三绝”，并诏命翰林学士撰赞。然而，令人唏嘘的是，这位获得皇帝封号的旷世书家，竟然生卒年及年寿均不详，我们仅能从与他交好的名流诗文中知道他曾活动在唐玄宗统治的开元、天宝年间(712—756 年)。他早年做过常熟县尉，而终止于从六品的金吾长史，他唯一载于史册的“业绩”，就是做县尉时遇到一位反复诉讼求判的老翁，而这老翁此举不过是贪求他手书的判书。张旭的一生，其实就是浓缩到《新唐书》中的157字的一生，这是纯粹到极致、超越到极致的草圣人生。韩愈说“张旭善草书，不治他技”，这是与史传吻合的。

“楚人每道张旭奇，心藏风云世莫知。”这是李白诗歌《猛虎行》中的诗句，写于公元756年（天宝十五年），时在安史之乱中，流离四地的李白与张旭相聚于江苏溧阳酒楼，在“杨花茫茫愁煞人”的三月春景中，两人把盏对酌。李白直面的张旭，是一个“心藏风云”的巍巍大者，唯其如此，他的草书才能造就杜甫所说的“豪荡感激”的大气象。韩愈说张旭喜怒忧悲有动于心、必发之于草书（《送高闲上人序》），这只是生活于张旭身后的韩愈的文学想象。心藏风云而豪荡感激，张旭草书，绝不是个人宣乐泄悲之技。

在唐诗中，有李颀的《赠张旭》和高适的《醉后赠张九旭》两首。“兴来洒素壁，挥笔如流星。”（李颀）“兴来书自圣，醉后语犹颠。”（高适）“兴”，在张旭，不是寻常所谓“兴致”或“兴趣”，它是豪荡超逸的生命意气。这“兴”，是张旭草书的天机，它借酒而生，以书而张。“兴”，是李白诗言的“心藏风云”的焕发，是张旭草圣的真态。

在杜甫的《饮中八仙歌》中，诗仙李白与草圣张旭是比肩而立的。“李白一斗诗百篇，长安市上酒家眠。天子呼来不上船，自称臣是酒中仙。张旭三杯草圣传，脱帽露顶王公前，挥毫落纸如云烟。”同一醉酒，同一放达，但细思起来，李白的放达是冲着人来的骄世，张旭的放达是面向天地的自然。李白在唐玄宗的宫中醉酒，当玄宗面呼太监高力士为之脱靴，这是何等骄纵？读史我们知道，清醒时的李白，其实是很懂得尊卑秩序的，是酒给了他过分的胆量。然而，这借酒撒骄的代价，是诗仙李白匆匆结束了他费四十余载心血挣得的翰林生涯、离开他服务不到两年的长安宫廷，从此浪迹江湖，“竟以饮酒过度醉死于宣城”（《旧唐书》）。张旭放达于天然，以纸为天地、以笔墨做风云，他焕然创化的世界中，激烈冲决的险峻之状透现出来的却又是超尘绝俗的“明利媚好”。世知张旭嗜酒，岂知酒独厚爱张旭？

德国哲学家尼采在他著名的《悲剧的诞生》中说过：“热情洋溢的人，何须乎酒。”这位酒神精神的赞美者，未必懂得酒于中国文化，尤其是于中国诗歌与艺术的意义。

（本文原题为《酒神张旭》，载《光明日报》2015年8月7日16版）

绝代画师吴道子

开元五年(717年),唐玄宗李隆基即位以来,首次驾幸东都洛阳。大概就是在这次陪驾期间,御用画师吴道子与书法家张旭、大将军裴旻相聚洛阳,联袂献艺,“各陈其能”,裴剑舞一曲、张书一壁、吴画一壁,洛城士民直呼“一日之中,获睹三绝”。

若干年后,裴旻丧母,以金帛为礼,请吴道子为治丧在天宫寺画神鬼数壁。吴道子送还礼品,告裴旻说:“我废画已久,若将军有意,为吾缠结,舞剑一曲,庶因猛厉通幽冥。”裴旻应吴道子的要求,当众舞剑,剑法惊绝,“观者数千人无不悚栗”。观裴旻舞剑毕,吴道子当即挥毫作画,“俄顷之际,魔魅化出,飒然风起,为天下之壮观”(唐李冗《独异志》)。

中国绘画是以庄子哲学为精神宗旨的。庄子认为技艺的最高境界是“以天合天”,即在人与对象的双重自然状态下实现物我浑融的境界。这种境界,是生命最真实和自由的展现。《庄子·田子方》载,宋元君招试画师,应试者皆循规拘礼,唯有一后到者,“解衣槃礴蠃”,任性自然地投身于画作。宋元君称此人为“真画者”。所谓“真画者”,是突破规范束缚而进入自由率真的创作状态的画家,他将绘画展现为自然神妙的创作——“以天合天”。这个“真画者”的形象,就是庄子为后世中国画家塑造的模范。

在各种现实拘束下,画家要进入“真画者”的自然状态,就需要借助适合于自己的特殊手段。吴道子观裴旻舞剑,“见出没神怪”而“挥毫益进”,这“剑舞”的首要效力,就是帮助他从日常束缚中解脱出来,跃进到高度自由的创作状态。当然,吴道子与中国艺术史上诸多才情卓绝的大师一样,最常借助的“解缚”途径是酣饮。张彦远说,吴道子“好酒使气,每欲挥毫,必须酣饮”(《历代名画记》)。通过酣饮而沉醉,“吴道子”们就进入最本真自然的状态。“下笔有神”,是他们在这个状态中艺超技绝的写真。

吴道子的绘画,师法张僧繇,又授笔法于张旭,以迅猛凌厉的气势取胜,张彦远称其“天付劲毫”“气韵雄壮”。苏东坡的诗描写说:“道子实雄放,浩如海波翻。当其下手风雨快,笔所未到气已吞。”(《王维吴道子画》)吴道子是一个极善于针对不同题材营造不同绘画气韵的画家。他画《地狱变相》,是“笔力劲怒,变状阴怪”(段成式);他画神仙世界,是“天衣飞扬,满壁风动”(朱景玄);而画颂赞李唐王朝列位先王的《五圣图》,他展示给观者的却又是“森罗移地轴,妙绝动宫墙”(杜甫)。吴道子的画作,具有极其强烈的感染力量。朱景玄曾听长安景云寺老僧传说,吴道子画此寺《地狱变相》时,“京都屠沽渔罟之辈见之而惧罪改业”。吴道子画作最具感染力的时刻,是他画佛像背后的“圆光”的时刻——他不用圆规角尺,一笔而成。“其圆光立笔挥扫,势若风旋,人皆谓之神助。”这一绝,他总是留在整个壁画完成之际,当众表演,而且总是造成“老幼士庶竞至,观者如堵”的极烈轰动场面,屡试不爽。(《唐朝名画录》)

吴道子的画作,因为多是壁画,几乎都毁没不存了。他的现在留传于世为数不多的作品中,《八十七神仙卷》和《送子天王图》尤为著名。《八十七神仙卷》是由现代画家徐悲鸿1937年在香港发现并鉴定为吴道子真迹的。这卷图画,笔画细密连绵、遒劲飞旋,犹如一曲精致繁密的神圣古乐,令人联想到杜甫描绘《五圣图》的诗句:“五圣联龙衮,千官列雁行。冕旒具秀发,旌旆尽飞扬。”《送子天王图》现流传到日本,该图描绘佛祖释迦牟尼出生后,父亲净饭王与母亲摩耶夫人抱着他去朝拜大自在天神庙,众天神礼拜佛祖的故事。① 这幅图画,以分段式构图,把人物安排在疏密有致的布局中,不仅人物关系和故事展现简略清晰,而且开合起伏的节奏既富有张力,又非常优雍。人物刻画极具神采,特别是初见佛祖时,天王惊异而膜拜的神情,被描绘得细腻而韵致高妙;而力士和神兽的描绘,用笔险劲,体现了张彦远所说的“虬须云鬓,数尺飞动,毛根出肉,力健有余”的吴画风格。这幅《送子天王图》,是一个底稿式的即兴线描作品,但全幅画作表现出的真力弥满、浩然超逸的气韵,是非吴道子这样的绝代大师不能具备的。

自唐代以来,吴道子被赋予极高的画史地位。张彦远说:“国朝吴道玄古今独步,前不见顾(恺之)陆(探微),后无来者。”此说为朱景玄、郭若虚等历代画论大家共识。但是,如以中国绘画传统标举的最高境界“自然”衡量,吴道子的绘画艺术就显示出职业画家的精工极致,而未能达到天真自然。张彦远评画,列出自然、神、妙、能四品,说“失于自然而后神,失于神而妙,失于妙而后能”。以张彦远此论,吴道子的画艺,通常当为妙品,卓绝处不过神品。宋人邵博就说:“吴道玄绝艺入神,然始用巧思,而古意少减。”(《闻见后录》)“古意”就是中国书画传统推崇的“平淡天真”的自然感。苏东坡在激赏吴道子画艺超绝的同时,也明确指出“吴生虽妙绝,犹

---

① 本文称“《送子天王图》该图描绘佛祖释迦牟尼出生后,父亲净饭王与母亲摩耶夫人抱着他去朝拜大自在天神庙”,是沿袭学界通行陈说。据本人考辨,此说错误。详见本书《天王送子说摩耶》一文。

以画工论”。庄子主张“好者道也，进乎技矣”(《庄子·养生主》)。吴道子作为一代天才画家，长于技艺，但短于道的创见——深刻独到的生命精神开发。

据张彦远和朱景玄等人的传述，吴道子是一个少年孤贫、天资独慧的职业画家，“年未弱冠而穷丹青之妙”，初出道时曾浪迹洛阳，但很快得到上流社会的赏识，侍从王公左右，李隆基即位之后，即被召入宫中，做了御用画师。在唐代，职业画家的地位不出工匠之列，位尊名显的人，是耻以“画师”闻名的。阎立本是唐太宗李世民极为赏识的画家，常奉诏作画，官至刑部侍郎，位居宰相。一日唐太宗在玄武池泛舟赏春，见异鸟戏水，欣悦之际令召阎立本前来作画，左右误呼“宣画师”，阎立本以为大耻，“唯以丹青见知，躬厮役之务，辱莫大焉”，不仅自己绝笔不再作画，而且告诫子孙不得学画。但从底层社会凭画艺打拼而跻身上流社会的吴道子，却没有阎立本式的殊荣需要维护；他无保留地做了一个终身御用画家。一开始，唐玄宗只给吴道子授了一个“从九品下”的“内教博士”的官位，可能后来觉得有负于吴道子，又授了一个“从五品下”的“宁王友”。作为君主，唐玄宗为了表现自己的道家趣味，给吴道子更名“道玄”，其原名“道子”则改用作其字。当然，唐玄宗根本表现君主威权的是给吴道子定下了“非有诏，不得画”的奉职规矩。裴旻求作画，吴道子称“我废画已久”，此说表现他遵守唐玄宗禁画令的状态。

作为一个职业画家，吴道子对绘画技巧极具钻研精神和开创能力。他探索并使用凹凸的手法描绘人物面部，使之具有塑像感和富有生气；而对于人物衣衫皱褶，则使用他独创的兰叶描和莼菜条线纹描绘，形成了风神浩荡的“吴家样”。吴道子还善于为佛寺人物绘画设置山水背景，“纵以怪石崩滩，若可扪酌”(张彦远)，并且描写蜀道山水，成为山水画独立成体的新变者。为了提高作画效率，他也发明了快速作画的诀窍。天宝年间，进入晚年的唐玄宗思念蜀中山水，命吴道子前去写生作画，吴道子自蜀返回长安，告诉唐玄宗“臣无粉本，并记在心”，在宫中大同殿作壁画，“嘉陵江三百余里山水，一日而毕”(朱景玄)。在大同殿中描绘同样的景致，前辈画师李思训用了几个月时间才画成。唐玄宗评价吴李画作“皆极其妙”。两相比较，足见吴道子笔势迅猛。

晚唐文人段成式曾记载：“万寿菩萨院门里南壁，皇甫轸画鬼神及雕，形势若脱。轸与吴道玄同时。吴以其艺逼已，募人杀之。”这段话载于段氏《酉阳杂俎》，此书虽被《新唐书·艺文志》归为“小说家类”，但所记述唐代秘闻轶事，多为官方正史屏蔽的史实，历来为中外文史学者采信征引。吴道子忌才募凶杀人，虽不可视为定案，但可能性是很大的。从多种文献记载的轶事看，吴道子的性格是多计较于利害而缺少宽怀友信的。据说有一次他去寺中访僧，未得礼遇，就在僧房壁上画了一头驴，这头驴夜间竟成真撒野，“僧房器用无不踏践”。这个故事当然是野史传说，叙事荒诞，但反映了当时与吴道子往来的僧人对他为人不佳的看法。长安平康坊菩提寺初建成时，会觉上人因倾慕吴道子画艺，酿酒百石作画酬，诱请吴道子亲手为寺壁作画，吴道子收了酒，却让弟子王耐儿代作，王画水平自然不如吴画。可见吴道子在个人品格上轻诚信。

吴道子为唐玄宗御用一生，他的艺术生涯和生命大概也是以唐玄宗退位和死亡而告终的。唐玄宗卒于762年，吴道子大约在此前后离世。一种说法是吴道子晚年只身流落到四川资阳，并客死于一个乡村，因为贫孤，借葬在一个汉墓中。是也，非也，无可定论。绝代画师吴道子的晚景一定寂寞凄凉，否则，后世岂能不知他何时何地亡故。出身贫孤的吴道子，终身又以贫孤归去，他的卓绝艺术则长传世界。与此相比，他的生平得失，就沦为真伪难辨的传说了。艺术与人生，是深刻联系的，但不可同日而语。

（原载《光明日报》2015年9月11日16版）

天王送子说摩耶

传为唐代吴道子作的《送子天王图》(纸本，藏日本大阪市立美术馆)，是中国美术史研究和教学的典范性作品。关于该画描绘的情景，美术学界至今流行的说法是，“作品描绘了悉达太子(佛教始祖释迦牟尼)诞生后，由父亲净饭王怀抱着并携摩耶夫人去朝拜大自在天神庙，诸神向他礼拜的故事情节”①。这个说法，我们在诸多中国美术史通史类著作和高校教材中都能见到。

然而，摩耶夫人生产释迦太子后第七天即寿尽命终；她没有也不可能随同净饭王携带初生释迦参拜天王祠。今天可见最早收录并题名《送子天王图》的文献，是明末张丑著的《清河书画舫》。在该书中，张丑在“吴道元”条目下，记载“《送子天王图》，一名《释迦降生像》”，并录入南唐画家曹仲元的题跋和北宋画家李公麟抄录于画后的佛经文字。李氏抄录佛经如是：“《瑞应经》云：净饭王严驾抱太子，谒大自在天神庙。时诸神像悉起礼拜太子足。父王惊叹曰：‘我子于天神中，更尊胜。宜字天中天。’”因为张丑的辑录，该画不仅以“吴道子《送子天王图》”传世，而且被确定题材为“净饭王送子朝拜诸天王”。

《瑞应经》是记述释迦牟尼身世和生平的佛经专著。现存本《瑞应经》中并无净饭王送子拜天王的传述。齐代释僧祐编纂的《释迦谱》第四卷“释迦降生释种成佛缘谱”记载有释迦降生后，净饭王“将太子往诣天寺，太子既入，梵天形像皆从座起，礼太子足”的情景。这段记述应当是李公麟抄录于《送子天王图》后的“《瑞应经》云”的来源，尽管两者文字有差异。但是，无论《释迦谱》这则记载，还是李公麟的抄录，都只叙述净饭王送子入天祠，并没有提及摩耶夫人同行。

在北凉时代昙无谶译的《大般涅槃经》中，释迦牟尼自述：“我既生已，父母将我入天祠中，以我示于摩醯首罗(大自在天王)。摩醯首罗即见我时，合掌恭敬立在一面。”这则“佛祖自述”或可作为流传说法的力证。但《瑞应经》说：“适生七日，其母命终。”以人之常情，世俗帝王净饭王不太可能带着生产不过七天的母子去天祠朝拜。《释迦谱》第四卷叙述说，摩耶夫人死后，婴儿释迦由其姨母大爱道哺育。大

① 《送子天王图》临摹范本(2010)编者的话。

爱道作为太子养母，先后随同净饭王带释迦出访道人阿夷和拜天王祠。《大般涅槃经》所载“父母将我入天祠中”的“佛祖自述”，其中所称“父母”二字，或者可理解为佛祖的笼统说法，或者可理解为译经对“父亲”的笔误。概括讲，以多部早期汉传佛经相互佐证，“净饭王（白净王）送子朝拜天王祠”，是可信的。但是也应当明确，摩耶夫人没有也不可能参与此行。

大阪本《送子天王图》，从右至左，分为三段。第一段，两个力士各执一端缰绳，御抑着一条激烈奔腾的飞龙；他们怒目所视的左前方，两个卫士、两个宫女和一个文官各持器具，簇拥着一位体态雍容、面相威严而端坐中央的帝王；在这六人的左后方，是两位体型较小、持蛇舞动的鬼卒形象（牛头马面）。第二段，中心主体是一个三面九眼（左右侧面各仅画出一只眼）、四手、四足、踞坐于磐石的鬼神形象；他头顶竖发如细密喷发的火焰，身后烈火熊熊，幻现出龙、虎、狮、象和金翅鸟形，左上方显示出神情肃穆的佛头形象；右侧，一仕女持香炉侍立；左侧，另一仕女捧莲花侍立，她的身后肃立着一位负戟执幢的高大武士。第三段，中部一神情凝重的王者双手怀抱一幼童，双目平视左前方；在王者的右后方，跟随着一位佩戴凤冠、仪态贵淑的女性，一个肩负仪仗的侍从伴随而行；在王者的左前方，一个三眼、六臂、双足和发丝怒放的鬼卒跪拜在地，他双手扑地、四手各持一器具，表示臣服和拥戴。

这三段描绘的具体情景是什么？发表于故宫博物院院刊、署名“陈长虹”的《藏品历史、真伪和图像》文章如此描述：

> 若与佛经对照考察，第一部分可能是讲述释迦降生时，释梵四王与诸鬼药叉皆来侍卫，“大龙天子，迅疾寻至”。第二部分为净饭王往蓝毗尼园迎接太子时，见释梵四王诸天龙神弥漫空中。第三部分当是净饭王抱子，摩耶夫人在后共谒大自在天神庙，大自在天礼拜太子足，为点题所在。[①]

陈长虹是否定该画作为吴道子真迹的学者。但是，这段对大阪本画作三段描绘情景的描述，超越肯定/否定真迹两派学者观念分歧，代表了美术史学界对该本《送子天王图》描绘情景大致相同的看法。

陈文称其描述以“与佛经对照考察”为前提。在佛经中，《大般涅槃经》载佛祖自述“父母将我入天祠中”。粗略看，陈文对大阪本第三段的描述是与之吻合的。但是，佛祖叙述的具体情景是：“摩醯首罗即见我时，合掌恭敬立在一面。”在大阪本第三段中，礼拜王者及其怀中婴儿的鬼神，是双手扑地、四手张扬器具。他的姿

① 陈长虹（2016：114）。

态与佛祖所说完全不同。将图画与佛经对比考察，我们可以推断：大版本描绘的绝不是佛祖自述的情景。

现存本《瑞应经》没有具体讲述释迦降生前的情景，《释迦谱》有三处转载其他佛经的记述。其一，《因果经》记述说，在兜率天宫，为了“令诸天子皆悉觉知菩萨期运应下作佛”，当时身为菩萨的释迦显示了类似癫痫的五种异相，致使诸天子“心大惊怖，身诸毛孔血流如雨”。这是“天王惊异”的情景。其二，《普耀经》记述说，释迦降胎前征询诸天子，他应“以何形貌降神母胎”，诸天子各说不一，说到“儒童形”“释梵形”“日月王形”“金翅鸟形”；大梵天提出“象形第一，六牙白象，威神巍巍”。释迦是化身六牙白象，从兜率天投胎摩耶夫人腹中的。这是“天王拟形”的情景。其三，《大华严经》记述说，释迦生于宫外蓝毗尼园，一聪慧宫女自动进宫报喜，“尔时白净王(净饭王)即严四兵、眷属围绕，并与一亿释迦种姓前后导从，入蓝毗尼园。见彼园中天龙八部，皆悉充满。到夫人所见太子身相好，殊异欢喜，踊跃犹如江海诸大波浪”。这是“父王迎子”的情景。

将上面三则佛经记述与大阪本《送子天王图》三段图像对照，可以看到两者是互相印证的。大阪本第一段，作为图像描绘的核心人物，肃然端坐的帝王形象，面对奔腾难抑的神龙，赫然惊异，欲立还坐。如果说神龙奔腾形象标志的是释迦意外宣告降生意愿，那么帝王的形象表现的正是“天王惊异”。大阪本第二段，神怪踞坐磐石，口吐烈焰，身后的火云中幻现出龙、虎、狮、象和金翅鸟形，并且在右上端显示出佛祖形象，这就是“天王拟形”。对照本文前面所述《大华严经》记述“父王迎子”情景，大阪本第三段描绘的就是净饭王入蓝毗尼园，迎接初生释迦的情景。在此段中，净饭王怀抱婴儿释迦，神情威仪而自得，而娴雅静淑地立于他右后的妇人就是摩耶夫人。

这位立于净饭王左后的妇人是否是释迦姨母大爱道？答案是否定的。因为大爱道只是释迦太子的姨母和乳母，并没封后，不可能佩带凤冠与净饭王同行、享受王后之尊。由此也可反证，大阪本第三段描绘的不是净饭王送子朝拜天王，而是“父王迎子”。依据佛祖身世，从画面景象，这段描绘的妇人只能是摩耶夫人。

传为吴道子作的大阪本《送子天王图》，是题不符图的。以佛经与画作参照，它应命题为《释迦降生像》。如果一定要以“送子”点题，这不是“送子天王”(净饭王送释迦朝拜天王)，而是“天王送子”(诸天王作为护法护送释迦降生人间)。而且，只有以“天王送子”为题，才能合理诠释画中第三段摩耶夫人在场的情景。根据笔者的考辨，在大阪本中，第一段中的帝王形象和第二段中的神怪形象，应分别是大梵天和帝释天，具体考释须另文论述。

需要指出的是，我撰写《绝代画师吴道子》（《光明日报》2015 年 9 月 11 日）一文，就在没有考辨的前提下直接援用了既有关于《送子天王图》的通行成说。可见，治学不致力于正本，就难免谬误流传。

（原载《光明日报》2017 年 12 月 29 日 15 版）

第六辑

“本山愚乐”的“文化革命”

《中华读书报》特约记者　郝近瑶

今年上半年，小沈阳现象因其辐射面大和持续时间长，而成为最受关注的文化现象。著名作家王蒙今年曾在《读书》上发表《赵本山的文化革命》一文，声称赵本山在央视上成功推出小沈阳，是“他悄悄进行了一点点农民文化革命，使得我们的主流文艺更加宽敞自然开放亲民”。清华大学美学教授、文化批评家肖鹰，半年以来持续关注小沈阳现象，并且因此进行了对二人转的专题研究。近日，记者就从小沈阳现象解读“赵本山的文化革命”，对肖鹰教授作了独家专访。

小沈阳是怎么红的？

《中华读书报》：作为一名学院学者，你关注今年走红娱乐表演市场的小沈阳，着眼点是什么呢？

肖鹰：我关注的不是小沈阳这个人，而是最典型地体现出当前中国文化转型中的多种征候的“小沈阳现象”。认真讲，小沈阳在今年央视春晚小品《不差钱》中的表演，并未引起我的关注，他不过就是小品王赵本山带到节目中的一个扮相和表演都透出媚俗气的学徒演员。他的表演是有笑点，但这些笑点很大程度来自赵本山的“捧场”。然而，今年春晚之后，小沈阳却出乎我意料地火起来了，火得令人目瞪口呆！我意识到，小沈阳的火，是一个突出的文化征候，值得深入探讨。

《中华读书报》：赵本山本人在接受媒体采访时有这样的表示：小沈阳是靠了他这张老脸红起来的，他这张老脸，搁了谁都会红起来！小沈阳真是赵本山“硬捧红的”吗？

肖鹰：这个问题可用小沈阳本人今年火起来后的公开表示来做肯定的回答：“没有师傅赵本山，就没有我的今天。”其实，赵本山硬捧小沈阳的事实，是大众都明了的。我认为，赵本山硬捧小沈阳，采取了三个基本步骤：第一，以与央视合作近

20年的“小品王”身份作抵押，把小沈阳硬捧上央视春晚舞台；第二，为小沈阳量身定做小品《不差钱》，而且在表演中甘于做捧场的“绿叶”，把小沈阳的浑身解数（流行歌曲模仿秀和背诵串口式的“幽默”台词）展示给全国观众，把“小沈阳”打入观众心中；第三，在小沈阳的一夜春晚之后，以小品王的“个人魅力”借助权力媒介并联动最具势力的媒介人物、大腕明星，多轮轰炸式地为小沈阳造势，把“小沈阳”打造为一个流行娱乐消费符号。

《中华读书报》：在你看来，赵本山成功打造小沈阳这个娱乐消费符号，根本原因在于他所掌握的权力媒介资源？权力媒介的超人力量才是打造小沈阳神话的根本力量？

肖鹰：是的！小沈阳作为一个娱乐演员，除了具有较好的高音嗓子外，演技平淡单一，实无过人之处。长春和平大戏院总经理徐凯泉说：“东北到处都是小沈阳，不稀奇。”事实上，直到2008年前，小沈阳在东北地区都没有真正红火过。据知情人士称，当时东北娱乐商演笑星魏三录制一个影碟酬金是16万元，小沈阳仅2000元。小沈阳一上央视春晚，就身价升天，火到神话的地步。赵本山坦率地告诉媒体，小沈阳上央视春晚，是他与央视合作20年，最大的成功，最大的收获！这确是近三年来费尽心计要把小沈阳捧上央视春晚、如愿以偿之后的赵本山的肺腑之言！

我曾说，中央电视台为赵本山把娱乐消费符号“小沈阳”推向全国，标志着主流意识形态向娱乐文化产业的妥协。值得注意的是，通过这个妥协，央视的媒介权力和娱乐文化产业实现了无缝对接。这种对接以式微主流意识形态为代价，换取了央视在娱乐文化产业中的新媒介权力。今年5月2日，刘老根大舞台首家北京分店开张，十数位央视权威形象人物“集体”亲临捧场。一个并无特殊社会贡献的民间娱乐商演产业享受国家权力媒介人物给予的如此高端的力挺，不仅在中国空前，在世界也绝对未有！

赵本山评价小沈阳上央视春晚是“一下子从一块烂铁变为金刀了”。小沈阳在央视春晚演出后在后台当即跪谢师傅赵本山；如果小沈阳有赵本山的经营智慧的话，他就应该首先跪谢中央电视台。

小沈阳的表演低俗吗？

《中华读书报》：你怎样定位小沈阳的表演呢？你年初曾表示：小沈阳的表演不是低俗，而是具有媚俗趋向的通俗表演。经过了半年，你还这样认为吗？

肖鹰：不，我现在认为，小沈阳的表演就是低俗，甚至时有恶俗！我二月时称小沈阳的表演只是"媚俗",依据的是他在今年央视春晚中的表演。在这场表演中,尽管小沈阳的表演技巧平淡单一,风格上一味媚俗,但还是比较干净的。但是,在近半年的"笑转2009全国巡演"中,他的表演完全撕掉了在《不差钱》中那个虽然媚俗但尚干净的"小沈阳"面具,展现在观众眼前的是流行在东北娱乐商演市场的"二人秀"演员的平庸、拙劣和低俗的"本色"。在已完成的数十场巡演中,他一再重复的基本表演内容就是:在说白(说口)中恶意糟蹋他人和演员自我的人格,在与女性搭档的表演中先是对口互相糟蹋,然后是表演在东北流行多年的恶搞佛教历史人物唐僧的"大话西游"。这个所谓小品,实际上只是男女演员分扮唐僧和女儿国国王,以极其猥亵的对话和身体语言在台上展示女人的淫荡和恶霸,而男人则被表现为猥琐和无能。小沈阳表演的"大话西游",连最基本的人格意识都没有,更不会在最低限度上尊重佛教信仰者的宗教信念。

小沈阳该评劳模吗?

《中华读书报》:沈阳市今年为走红全国的小沈阳评了劳模,并且回应社会质疑时声称这是适应了新时代的劳模观念的;小沈阳评劳模的理由,是他给全国观众带来了笑声。你认为小沈阳评劳模适当吗?此举会带来鼓舞青年一代勤奋向上的意志吗?

肖鹰:小沈阳该不该评劳模,不能只看他的表演产生的"笑果",还要看这些"笑果"究竟产生了什么样的社会价值。现在我们衡量物质经济生产,也不是只看产值,还要看其社会效益,评价文化演出,为什么反而只看"笑果"呢?据6月2日《新疆都市报》报道,观看小沈阳5月31日在乌鲁木齐市的演出后,一位带着孩子观看的母亲具名告诉记者:"真不应该带孩子来看,内容不健康,而且很多桥段都不适合孩子。"类似的批评报道几乎在小沈阳巡演后的各个地方的媒体上都会出现!我在网上观看过小沈阳今年在太原、德州、深圳演出的完整视频,它们表明,小沈阳在全国巡演中的表演,演技拙劣,内容低俗,正如这位母亲观众所说是"少儿不宜"的。试问,在大型公开演出中表演少儿不宜的内容的小沈阳,有资格评劳模吗?

新时代的劳模观念是什么?小沈阳从事的表演属于文化事业,文化事业的劳模是以无文化自居、靠在舞台上卖力气博掌声、笑声?小沈阳不仅只有小学文化程度,而且至今一种乐器都不会,练习唱歌就是模仿卡拉OK演唱;他已近而立之年,声称充实自己的办法就是多看小人书,而寻找表演资源的主要途径就是上网搜索流行笑话。小沈阳在自己的博客中撰文说:"谁说我没文化?嗯那,我自个说的呗。但现在我觉得：能给大家带去快乐的，就是文化！二人转是文化，就是那个快乐文化。"在今天，普通的体力劳动者也需要学习，被要求不断提高自己的文化水平；正值青年时代的文化劳模小沈阳却津津乐道自己没文化，自甘愚昧，并且以此为明星卖点。沈阳市以"新时代的劳模观念"辩护小沈阳评劳模的正当性，真是不可思议！

小沈阳们表演的是"二人转"还是"二人秀"？

《中华读书报》：你日前在凤凰卫视的《一虎一席谈》节目中表示，小沈阳领衔的刘老根大舞台商演，表演的不是"绿色二人转"，而是"灰色二人秀"。你还进一步提出，现在流行在东北城市娱乐演出市场的所谓"民间二人转"，实质上也只是"灰色二人秀"。你做出这种区分的依据是什么？

肖鹰：二人转是什么？二人转研究权威专家，如王兆一、王肯、田子馥三位先生，在论述二人转时，都一致强调二人转是"活的艺术"。但是，二人转不只是"活"的民间艺术，经历了近300年的发展，它形成了自己独特的表演形态和审美特色。简单讲，二人转的基本形式是一男一女配合表演的"双玩艺儿"。它的表演特征是：第一，男女两演员分别彩扮"丑"和"旦"形象，而不做具体人物扮相——中性扮；第二，中性扮的男女演员在一出剧目中变换着表演多个人物角色，并且自由出入剧情，在演员、解说和观众身份之间灵活转换——"分包赶角""跳入（人物）跳出（人物）"；第三，二人转是"唱说扮舞"（四功）综合的表演艺术，但以唱为首要。二人转的唱腔独特而丰富，有"九腔十八调，七十二嗨嗨"之说。二人转的特色，既表现在"跳入跳出"的表演形态中，也结晶在它独特的唱腔及其表演中的灵活编配中。第四，在审美特色上，二人转追求一种独属于东北黑土地的"俗"，这种"俗"，是本色而鲜亮的，其根底是东北传统的刚健而诙谐的生命品格。美学家王朝闻先生认为传统二人转"好比一个天真、活泼、淘气、灵巧、泼辣，甚至带点野性的姑娘，既很美又自重，也可以说是带刺的玫瑰花"，则非常精妙地描绘出二人转的"俗"的审美韵致！

《中华读书报》：你所定义的"二人秀"又具有什么特点呢？据我所知，今天流行的"二人秀"演员都来自东北农村，而且也都是学习二人转出身。难道他们的表演真不具备二人转属性吗？

肖鹰："二人秀"只有两点与"二人转"相同：第一，演员是东北农民出身；第二，以男女配戏（一副架子）为基本表演形式。除此之外，"二人秀"与"二人转"不仅没有相同处，而且从内容到形式，从风格到精神，都是相反的。第一，“二人秀”的表演是“说学逗唱”，以说为主，把舞丢了，把“扮”换成了“学”，实际上是把二人转的“跳进跳出”的表演艺术变成了以滑稽逗乐为目的的模仿秀。第二，在表现内容上，“二人秀”普遍通过模仿拼凑表现对怪异、残疾和智障者的嘲弄、戏耍，甚至凌辱，表演者为了博取观众的笑声、掌声，不仅亵渎高雅文化，而且肆意践踏我们社会基本的伦理道德，父子夫妻的关系，是“二人秀”表演中最通常的恶搞和践踏对象。第三，“二人秀”在审美趣味上，追求低俗，甚至恶俗，几乎所有表现对象，在其表演中都要被丑化和恶俗化。“二人秀”的表演，丝毫没有彰显东北传统的刚健而诙谐的生命品格的意图，相反，是不遗余力地去表现当代都市中的油滑、恶诈、怪异、悭悋的市井俗气。

《中华读书报》：2001 年以后，赵本山打出“绿色二人转”旗号，以“收徒”的方式把包括小沈阳在内的 35 名活跃在东北地区的娱乐商演艺员收集到“刘老根大舞台”表演阵营之中。今年以来，伴随着小沈阳的走红，赵本山展开了以进入北京开始，向全国扩张“刘老根大舞台”娱乐商演基地的产业大进军。刘老根大舞台的演出，是否不同于其他娱乐业的商演呢？

肖鹰：刘老根大舞台的演出，与东北其他打着“二人转”旗号的娱乐商演，不仅本质上是一样的，而且表演形式和内容都大同小异，它们都不是“绿色二人转”，而是“灰色二人秀”。“二人秀”的三大特点，在小沈阳及刘老根大舞台的演出中表现得非常充分。今年 5 月 6 日，我观看了沈阳中街的刘老根大舞台演出。这里是赵本山娱乐商演的旗舰店，它的演出无疑是“刘老根大舞台”连锁演出的标准。但在它晚上两个半小时的演出中，我看到的是与二人转毫无关系的低俗的杂耍、逗乐；性的猥亵表演和对残疾、智障、特型人体的恶搞，同样是这场演出的重头戏。《南方日报》记者根据小沈阳领衔的“笑转 2009 刘老根大舞台全国巡演”概括出的赵家班“绿色二人转”三大怪“掌声需要讨出来，演员没事互相踩，低级俗套往外卖”，是扼要地揭示了它的“二人秀”特性。所以说，赵本山打着“绿色二人转”的旗号，经营的是“灰色二人秀”。

小沈阳走红能带动二人转复兴吗？

《中华读书报》：我注意到，赵本山通过媒体推举小沈阳，赋予他的身份不是娱乐演员，而是二人转演员，而且部分媒体也配合发出这样的舆论导向，小沈阳领衔的赵家班的红火，就是二人转的繁荣。在 6 月 3 日的上海“《解放日报》文化讲坛”

上，赵本山把小沈阳上央视春晚称为“在长期的300年二人转在历史上都没有翻这么一个大身”的重大事件。小沈阳或赵本山的娱乐商演走红真的能带动二人转的复兴吗？

肖鹰：在央视春晚上，小沈阳表演的是小品；在刘老根大舞台，他表演的是二人秀。这怎么能是说是二人转300年历史上从未有过的大翻身呢？事实上，早在1982年，中央电视台和北京电视台就录播过真正的二人转表演艺术家韩子平和董玮演出的《回杯记》，这比赵本山1990年春晚首次上央视，还要早8年呢。因此，真要写二人转在中央电视台的“翻身记”，恐怕应当从韩子平、董玮开始吧？

小沈阳上央视春晚一夜蹿红，带动的是刘老根大舞台全国“吸金”的二人秀商业巡演，怎么能带动二人转的复兴呢？我了解到的事实正好相反，“二人秀”的红火带来的是对“二人转”的残酷驱逐，使之彻底丧失生存基础而处于绝灭的临界状态。一个残酷的现实是：今天你在东北看不到真正的二人转，只能看到小沈阳所代表的“二人秀”。吉林省二人转民间艺术团，在20世纪80—90年代非常兴盛，不仅创排了《大西厢》《回杯记》等一大批经典二人转剧目，而且推出了韩子平、秦志平、董玮、郑淑云和闫书评等著名二人转表演艺术家，是真正保护和传承二人转文化遗产的核心基地，但是近年来却因为缺少运转经费而处于瘫痪状态。准确讲，二人转正如同一个丧失了生存环境的物种一样，正在当今东北的黑土地上无声地消逝。

《中华读书报》：2006年二人转被确定为国家保护的“非物质文化遗产”，二人转被驱逐的局面没有得到改善吗？而且，东北文化产业的发展战略之一，不就是形成“到东北看二人转”的新文化生态吗？

肖鹰：获得国家保护的“非物质文化遗产”的名义，并没有改变二人转被二人秀驱逐的局面！相反，赵本山在东北地区推动以“绿色二人转”为旗号的刘老根大舞台娱乐商演，在加剧东北娱乐商演的市场竞争的同时，加剧了二人转被驱逐而濒临绝灭的趋势。现在媒体上用赵家班的“二人秀”的红火来鼓吹“二人转”的繁荣，无疑是一种严重错误的舆论导向。这种错误导向，在强化追捧赵家班“二人秀”的同时，加速了二人转在舆论的遮蔽下无声无息地绝灭。

至于“到东北看二人转”的文化战略，在我看来其立意并不在于保护“二人转”文化遗产，而是为东北地区开拓文化产业市场。正是基于短视的产业眼光，为了简单适合外地游客的娱乐需要，现在全东北流行的娱乐演出，就是打着“二人转”旗号表演低俗的“二人秀”。这就是二人转面临的“新文化生态”，一个使它被二人秀逐灭的文化生态。

要真正地保护二人转，就必须通过立法保证二人转的名义不被非法使用和盗用。必须把作为文化遗产的二人转与娱乐商演的二人秀区别开来。

如何评价赵本山的“文化革命”？

《中华读书报》：你怎样看待王蒙先生的“赵本山的文化革命”说？

肖鹰：王蒙称赞赵本山的“文化革命”，直接针对的是赵本山在今年央视春晚上表演了淡化主流意识形态的小品《不差钱》和推出了另类的小沈阳。如果在20年前，赵本山有此创举，我不仅会赞同王蒙先生的说法，并且还要称赞他的思想也是革命性的。但是，因为迟了20年，我从赵本山此举看到的不是他对主流意识形态“悄悄进行了一点点农民文化革命”，而是他利用20年来在央视春晚舞台上积蓄的无人能及的“小品王”资本进行的商业运作。这个商业运作的成功，固然让我们看到主流意识形态对娱乐消费文化产业的妥协，但是并没有任何文化革命的意义可以发掘出来。

《中华读书报》：今年以来，赵本山在不遗余力为“小沈阳”造势的同时，有三个方面的言论特别令人关注：第一，针对魏明伦批评小品《不差钱》“不差钱，差道德”，赵本山打出了“主题就是快乐，快乐就是主题”的口号，反对小品艺术承担道德教化功能；第二，针对公众舆论批评小沈阳和赵家班“二人秀”表演的低俗、拙劣，赵本山打出“二人转就是大俗的艺术，‘雅’就是二人转的死亡”的口号；第三，针对媒体、观众和学者对小沈阳们的“二人秀”的批评立场，赵本山打出“二人转就是野生的艺术”，反对艺术批评。应当怎样看待赵本山的艺术态度呢？

肖鹰：在近300年的历史发展中，二人转经历了从民众自娱自乐到专业表演的转换，而且正是表演的专业化，才为二人转提供了发展和提高的前提，也正因此，二人转才有资格作为民间艺术屹立于中国传统艺术之林。20世纪是二人转最富成就的一百年，而二人转在这一百年中的发展是与程喜发、李青山、刘士德、栾继承、徐文臣、韩子平、秦志平、董玮、闫书评等近百位著名的专业演员的杰出贡献分不开的。面对如此史实，赵本山怎能一口咬定专业化道路就是二人转的死亡之路，“雅”就是二人转的死亡呢？同样，赵本山是靠19个央视春晚小品挣得“小品王”地位的。但这些小品（也许除了《不差钱》）都是为主流意识形态规定的时政主题服务的。我认为，赵本山小品就是主流意识形态的东北乡土化语言狂欢。这就是说，赵本山的小品不是以快乐为主题的，而是用快乐承载主题。赵本山是用小品艺术服务特殊主题而获得了巨大收益的人，现在，他反过来反对小品承担社会教化功能，反对小品艺术的文化承载，实在是负义之举。

《中华读书报》：那么，为什么赵本山要打出“快乐就是主题”的口号呢？为什么他要反对二人转艺术向“雅”的方向发展呢？

肖鹰：我认为，赵本山不是作为一个表演艺术家，而是作为一个善用计谋的娱乐商演产业经营者，蓄意把“雅”和“俗”对立起来。换句话说，赵本山的这些言论和他实际的经营行为是一致的，即他以自己有限的文化视野把“走低”（低文化、低演艺、低格调）作为经营娱乐文化产业的战略选择。但从当代中国文化转型的运动轨迹来看，我认为小沈阳这一代二人转演员的文化命运构成，也导致赵本山不得不选择“走低”。

赵本山的演出团队主体是包括小沈阳在内的赵本山现有的35个徒弟，他们的共同的经历是：来自农村，为了生活出路曾学习二人转，学习阶段结束后，放弃二人转表演，游走在东北都市的各娱乐演出场所，以男女配对（多为夫妻配）靠血汗表演卖笑挣钱。他们作为彻底的赤贫的漂泊城市的乡村青年，在无根状态中沦为双重意义的无文化的表演者：他们既丧失了乡土文化根源支持，又不能获得新兴的当代都市文明滋养。费孝通先生在他的著作《乡土中国》中说：“从基层上看去，中国社会是乡土性的。……乡下人离不了泥土”，“土是他们的命根子。”已故著名二人转老艺人李青山曾说：“瞎作的艺人，是没有根底的艺人。”为什么当前的“二人秀”只能以低俗的表演取悦观众、获取市场？我认为，正是这种文化的无根状态决定了低俗表演是他们所能提供娱乐市场的唯一产品。

《中华读书报》：按照你的分析，赵本山推行“走低”的娱乐商演产业，也是限于人员构成的先天缺陷，而行不得已之策？

肖鹰：我认为不能得出这个结论。考察二人转发展史，我们会发现，传统二人转艺人普遍出身贫寒，受教育程度也非常低。但是，如李青山和程喜发等老艺人，他们在从艺生涯中，都表现出强烈的求知欲望，毕生都不放过点滴学习机会。他们能为二人转艺术做出重大贡献、将二人转提升到经典艺术的品位，与他们自觉提升文化教养、丰富文化知识分不开。与此相反，在国民文化程度不断提升的今天，对于刘老根大舞台演员的超低文化构成，赵本山不仅没有看作一种缺陷，反而视作特殊资本。在赵本山的公开言论中，从未表示有提升这个团队文化水平的打算，反而公开宣称管理徒弟的秘诀就是“诱之以利”，利益得到了满足，徒弟们就会俯首卖命。赵本山把二人秀演员在台上卖力气的程度作为夸耀的特别资本，试问赵本山，文艺表演是靠在台上卖力气争高低吗？

然而，作为本山传媒的统治者，赵本山今年花50万把自己送进了香港长江商学院的“CEO”课堂，这说明，对于赵本山，掌握先进文化，只是文化产业统治者的需要，而麾下的演艺人员的前途就是听命于师傅去卖力气！无疑，小沈阳就是这样一个令赵本山最满意的“听话”的爱徒！小沈阳在台上贩卖无知低俗，赵本山在台下鼓吹无文化的“野生的艺术”，如此师徒联袂忽悠，并且依仗权力媒介的强势传播，刘老根大舞台就发动了以“本山传媒吸金”为主题的2009全国愚乐总动员！

（本文系接受《中华读书报》专访后，报纸刊发的采访稿，辑录于此。原载《中华读书报》2009年6月10日，原题为《警惕“二人秀”逐灭“二人转”——清华大学教授肖鹰谈赵本山的“文化革命”》）

透视春晚：危机与可能

《中国青年报》记者　黄冲

2月2日，2011央视春晚现场，深圳民工街舞团演出结束后在后台庆祝。据报道，深圳民工街舞团表演的原创舞蹈《咱们工人有力量》受到广大观众的热烈欢迎，得到了很多文艺界领导和专家的高度评价。

近日一场论战让春晚之后略显沉寂的舆论场又开始沸腾。2月8日，清华大学美学教授肖鹰发文《春晚导演莫学"苏紫紫"》，对春晚语言类节目总导演马东提出批评。2月9日，马东专门开通博客，进行了言辞激烈的回击。这场论战引起媒体强烈关注，也将公众的注意力引向了未来春晚的方向之辩。

2月13日，此前谢绝过多家媒体采访要求的肖鹰教授，接受了《中国青年报》记者的独家专访。他说，接受本报专访并非回应马东博文，而是希望从正面、建设性的角度，探讨一些关于春晚的问题。

春晚明星化竞技化的背后，是文化演艺行业被利益集团化了

《中国青年报》：您为什么对今年央视的春晚不满意？

肖鹰：这其实是一个怎样看待央视春晚的问题。有人说，春晚不就是让大家乐一乐吗？但你不要忘了，央视春晚是中国最重要的传统节日和中国中央电视台的结合体。春晚有今天的地位，与近30年来春晚主创人员的辛苦奉献有关，但更是改革开放新形势下的国家体制决定的。

央视春晚的特殊地位，决定了它不能只是乐一乐。它应有准确的定位、必要的底线和正确的导向。

我认为，春晚要定位于中华民族的春节联欢。它的导向，是在21世纪新形势下，维系和提升全球华人的民族文化认同感。春晚的底线，是要尊重新时代中华民族的伦理道德、生活情趣和个人尊严，让人们在乐一乐的同时，没有感到被取笑、侮辱、歧视、排斥。

但在近年包括2011年的春晚中，我们看到不少节目，特别是作为收视重点的

小品、相声，丧失底线的问题日益严重。

前几天，一个朋友跟我聊天，说除夕一家老小看春晚，看到小品《同桌的你》说到“走进一个苞米地，此处省略多少个字”时，他10岁的女儿跟着大人们一起笑起来，让他觉得特尴尬。

这几年春晚语言类节目充满类似噱头，好像大家都习以为常了。难道国人非此就不乐了吗？

《中国青年报》：逗乐是相声、小品的看点，招大家笑了，还不好吗？

肖鹰：你不能用笑或不笑作为艺术价值的标准。我们是要让大家笑，但也要笑得有点意思，不失尊严。赵本山和春晚导演的问题，在于他们片面地以取悦大多数人为借口，以制造低俗的“笑果”为能事，把春晚观众的趣味一再往低处拉。

按照他们的逻辑，要让观众乐，就只能以嘲弄残疾、智障等弱势群体，用挑逗性的暧昧想象为技巧。这是低于广大公众欣赏趣味和伦理底线的，而且也低于农民的伦理底线。

春晚导演和赵本山一味强调只有“俗”才能满足大众需要，仿佛大众天然不能接受“雅”。在他们看来，“俗”和“雅”好像水火不容。这实际上是歪曲审美规律。在人类审美活动中，“俗”和“雅”只是不同的审美表现形式。“俗”并不是“低俗”，它在形式上是纯朴自然，在内容上是新鲜生动，也就是大家讲的“接地气”。这样的“俗”文艺，大家都欣赏。刘姥姥进大观园(《红楼梦》经典回目——编者注)俗不俗？侯宝林的相声俗不俗？但它们都是中国人共同喜爱的文学艺术。“俗”不能是形式上的粗制滥造和内容上的阴暗猥亵，“俗”不能是“低俗”。公众对现在春晚的普遍不满，学界对春晚的严厉批评，就是针对它的“低俗”。春晚导演和赵本山们在回应时，偷换概念，硬把“低俗之辩”炒成“雅俗之争”，这是掩人耳目。

春晚主办方一直强调，国大人多，众口难调，因此春晚难办，有些观众不满意是理所当然的。这话听来似乎是那么个理，但其实也是逃避责任的托词。中国人多，但都是中国人吧？大家认知、情趣差异大，但都生活在21世纪的中国吧？如果你找着了“21世纪中国人”这个文化共同点，就确定了春晚的操作底线。在这个底线上寻求多样化、差异性，你就游刃有余。

我认为早期的春晚导演对这个共同点找得准，对底线把握得也好，留下许多广受欢迎的经典节目。现在的春晚导演，为了出“笑果”一味趴在底线上活动，能不低俗，能不招骂吗？

《中国青年报》：您认为春晚究竟应当怎样定位？对于春晚主要演员固定化，比如“赵本山钉子户”，您有什么看法？

肖鹰：春晚办了28年，为什么只成就一个赵本山？难道不是春晚定位和节目创新机制出了问题?

我有一个问题,春晚究竟是体现我们民族文化趣味、表现春节喜乐祥和的舞台,还是要成就“只有第一、没有第二”的商业娱乐竞技场?

我认为,春晚不应成为商业竞技场,春晚是万众联欢。然而,多年演变下来,春晚现在不仅变成了垄断性的娱乐竞技场,而且还变成了“星工场”。为什么那么多人打破头要挤进春晚?因为春晚不仅是艺人演员圆梦之地,也成了表演者和其背后支持者一夜暴富的地方。

小沈阳2009年一上春晚,就从一位普通的商艺演员一夜成为“全国红星”,身价猛增。是小沈阳演技高吗?他真为观众奉献了艺术佳作吗?成名三年了,小沈阳的表演,今天不仅被专业人士也为普通观众所诟病,批评声音日隆。但连续三年,赵本山“带病坚持”带他上春晚,为什么?说白了,因为赵氏商演集团要想可持续发展,需要新的大腕作卖票招牌。

春晚本来是一个全民公益联欢晚会,现在却办成了央视借国家传播资源的创收机器。春晚为什么不能自我批评,为什么对于民调的负面信息和学界批评一概排斥?

继陈佩斯、朱时茂、赵丽蓉之后,赵本山是最受观众喜爱的小品演员。如今他为什么会被人们讥讽为“钉子户”?除了赵本山及其团队长期“将局限作优势”外,春晚导演恐怕也难辞其咎。

《中国青年报》:春晚节目长达四个半小时,为什么您只说赵本山的小品?

肖鹰:现在的情况就是这样,“看春晚就是看赵本山”;“赵本山好了,春晚就好,赵本山不好,春晚就不好”。你看一下春晚的历史会发现,春晚曾有很多打动人心的节目,不仅有小品,还有相声、歌曲、舞蹈。前些年的歌曲《常回家看看》,朴实、真情而优美,非常感动人心,不仅一时间唱遍大江南北,数年后还在流传。但在近几年的春晚上,有几首歌能让人记住?

我为什么就揪着赵本山不放?第一,他太重要了;第二,他的问题也太大;第三,他的影响太严重。要将春晚从目前的困局中拨出来,赵本山这个问题一定要解决。春晚对个别明星的过度依赖,春晚现在的竞技化、帮会化,造成了春晚现在的状况。而春晚明星化、竞技化的背后,就是文化演艺行业在商业化发展过程中,被迅速地利益集团化了。在这个格局下,靠一两个导演的确难以扭转乾坤。

《中国青年报》:但也有人说,只要普通老百姓都喜欢赵本山的小品,这就足够了。

肖鹰:这种说法显然低估了21世纪的中国民众,包括农村民众的眼界、素养和精神需要。近年来,春晚舞台充斥着低俗化、反智化。他们现在不敢嘲笑权贵、富贾,就一味嘲笑弱势群体。比如今年小品可以嘲笑为了一套房子离婚的人,他们为什么不嘲笑那些把房价炒到天上的地产商和“地王”,为什么不嘲笑那些专靠“土地财政”升官发财的“父母官”?

尽管如此,我并不认为权贵、高官和老百姓是对立的,他们仍会有共同点。春晚的定位就应该是全民联欢,全民联欢就应该找大家的共同点。大家都是人,都有七情六欲,都有相思、怀旧,都有父母弟兄、妻子女儿。为什么不把这些美好的东西展现出来?美好的东西就没有“笑点”、没有“娱乐价值”吗?

春晚是活的中国文化符号,对国内演艺文化有着不可替代的导向作用

《中国青年报》:您认为,春晚导演到底该怎么做?

肖鹰:如果春晚是一盘菜,春晚导演应该做采购而不是厨师。春晚为什么难办?就是因为他们把自己当成了厨师,自己在设计节目,这就是越俎代庖了。当你去做采购时,就会发现,你的演员就是全国人民。

最好的春晚节目,应该从民间选择。为什么大家认为春晚节目越来越假,脱离生活?关键就在于“闭门造车”。总导演把一批人圈起来搞“找笑点竞赛”。现在的小品、相声,都是导演“指定”的一批“春晚专业户”,在黑屋子中做脑筋急转弯的产物。姑且不讲他们究竟有多大心思在专务此事,就是全身心投入,这样的运作模式也是上缺氧气下缺地气。

我认为,春晚导演的功能,就是在对当年度全中国文艺的广泛了解、对当下中国民情的广泛了解和对中国时代精神的深入认知的基础上,把优秀的节目选择出来,组织晚会的编排、表演。

春晚回归民间,一方面要向民间取材,另一方面是要引导民间,引导民间走向更美好、更文明、更先进的艺术、文化生活。我还要强调一点,春晚向民间取材,应立足于选节目,而不是选人。张三今年有好节目,今年就选张三;明年李四节目好,就选李四。这样,春晚导演就不需要吊在一棵或几棵大树上受苦了。现在大腕的价值被绝对化、神人化了,新人怎么上来?上来了又怎么闪光?

《中国青年报》:今年春晚专门设立了“草根明星板块”,这是不是民间性的体现?

肖鹰:我所说的“民间”,不是一般所认为的限于“草根”。所谓“春晚民间性”,是向全社会开放。就艺术表演而言,应该让专业、业余和原生态的表演都有自己的

位置。不能一说到民间,就只想到农民工。现在春晚导演的创作意识,一方面排斥所谓"学界精英",一方面又依赖于几位"春晚老人",以为这样就可以安全保险了。为什么呢?就是没有懂得春晚的生命线在当代中国社会整体生活中。不把这个"整体"的文化内涵搞清楚,怎么有底气办好春晚?

《中国青年报》:除了您说的春晚设计存在误区外,您认为春晚导演的根本问题何在?

肖鹰:近年来,许多学者专家都对春晚导演有不少善意的建议和批评,但似乎春晚导演们很难听进去,明里暗里都当作"不靠谱儿"给打发了。专家学者谈得最多的、批评最严厉的,都集中在春晚节目表现出导演们缺少必要的文化视野和文化判断力。许多节目出来,大家看到的是节目的文化缺陷和伦理纲常问题,但导演们宁愿相信"笑声",不愿相信"良知"。

目前学界普遍的共识是,春晚最大的问题,不是没有口号、忽悠、煽情,而是缺少文化灵魂。

所谓文化灵魂,就是正确的文化意识,就是知道我们这个时代最核心的文化精神诉求是什么。春晚作为年度最重要的国家综艺晚会,它的核心导向是维系和提升中华民族文化的认同感。

为什么不提"中国文化",而提"中华文化",因为春晚不是两会,应当承担凝聚全球华人的文化仪式责任。这就是我说的"春晚的灵魂",这是春晚导演没有抓住的。相反,他们现在不仅没有意识到关注海外华人,连对国内民众,都分出三六九等,把某些领域的人士排斥在"收视主体"之外。以这样抓不住魂的方式办春晚,当然会感到领导的意志很难贯彻,群众的要求很难满足,文化学者更难对付。

一台春晚虽然一年只演出四个半小时,它的收视率和关注度也逐年走低,但对于当代中国文艺、文化仍然起着重要的导向作用。近几年,我国演艺事业普遍低俗化,春晚要负极大的责任,因为春晚的地位决定了它对演艺文化有着不可替代的导向作用。

归根结底,能否办好春晚不是技术问题,而是一个文化问题。春晚导演要虚怀若谷地听听文化专家尤其是人文学者的意见,另外他们自己也要有创造力。春晚在国家文化生活中的独特地位决定了春晚导演应具有文化战略家的视野、胸怀和文化统领能力。

《中国青年报》:现在也有人觉得春晚已成"鸡肋",不如干脆取消算了。

肖鹰:我不这么认为。只要有中国,就要有春晚。春晚是活的中国文化符号。春晚的价值,首先是一个重要的民族文化仪式的价值,它已成为中华民族文化认同的年度重大仪式,所以春晚问题再大,批评声音再多,春晚还是有人在看。这不是春晚的节目抓住人，而是春晚这个仪式在抓人。我听说，我们的留学生在海外过年时会聚在一起打开电视，播放春晚节目——看不看、喜不喜欢另说。现在全球化运动对民族文化的消解力非常大，日常生活又是非常个人化的，春晚的文化认同和凝聚作用就显得非常重要。

春晚必须办，并不意味着要继续搞央视春晚一家独霸大年三十的垄断局面。这 20 多年来的实践证明，垄断导致的不是强健，而是衰败。除夕之夜应向全国影视、网络媒体开放，允许有从中央到地方各层次的春晚举办。这不仅为地方文化提供了春晚空间，而且也只有在百花齐放的局面下，央视春晚才可能在竞争中重发生机。

我建议，在准确定位、坚守底线、把握导向的前提下，给春晚主办人员极大的自由。春晚主办人员现在的问题是：对上是简单的听命，对下是廉价的迎合，还夹杂一些莫名其妙的交易，这多重钳制下来，春晚主办人员除了找骂，还有什么可作为呢？

（本文系接受《中国青年报》专访后，报纸刊发的采访稿，辑录于此。原载《中国青年报》2011 年 2 月 17 日，原题为《美学教授：春晚核心导向应是维升中华民族文化认同感》）

我没批评错任何一个人

人物简介：肖鹰，1962 年生，四川威远人，毕业于北京大学，清华大学哲学系教授，近年因批评流行文化而备受争议。

“我这几天看电脑多了，眼睛有点红，拍照看不出来吧？”“我要不要把眼镜戴上，这样显得不那么凶？”……在《环球人物》杂志记者给肖鹰拍照时，他不时询问，还看看片子，“这个好”，“这个不好”，提出意见。肖鹰的专业是美学，对于细节很关注。

采访地点是肖鹰选的，在清华大学南门一个咖啡馆，静谧、与世无争的气氛，和近几天他掀起的激烈“战火”形成了反差。从批赵本山用“灰色二人秀”替代正统二人转，到与崔永元论战，互斥“脑残”“有病”，肖鹰饱受争议。

批评过的人是一个很长的名单

肖鹰介入流行文化批评始于 2007 年。此前，于丹刚出了《论语心得》，肖鹰看到这本书，发短信调侃：你再讲我可要批你了。于丹讲《庄子》时，肖鹰写了《中国学者为何“不学而术”》，批评于丹“不学而术”“愚乐经典”。“如果她不讲《庄子》，可能我不会批她。中国文化里我最喜欢庄子。”

为何会介入流行文化批评，肖鹰说：“它关系到当下文化生态的基本格调。另外，流行文化需要严肃、理性文化的参与交流。”

在肖鹰的批评文章里出现过的名字是一个很长的名单：从赵本山、郭德纲，到张艺谋、冯小刚；从马东、崔永元，到前《南方周末》评论员李铁、《新京报》副总李多钰；从韩寒、郭敬明到孔庆东、陈晓明……饭局上，朋友们经常问肖鹰：“最近又批谁了？”

肖鹰说自己对于学术和文字，是个严厉的人。“发文章，编辑上版了，我会不断修改，直到签发。发微博我老删帖，总觉得这个说得不到位，那句话多余了。就连给学生上课，除了夏天，我也是穿西装、打领带。”但在生活中，他是个简单随便的人。"我喜欢庄子、屈原、陶渊明、王阳明、李贽,以及鲁迅。鲁迅给后世的印象是犀利,其实他身上有很多温柔的东西,比如《风筝》,鲁迅中年忏悔少年时代对弟弟的粗暴。在我看来,尖锐犀利且持之以恒的批评家,都是抱有巨大理想和深刻温情的人。"

说到此次肖鹰与崔永元论战,还要追溯到肖鹰对赵本山二人转的批评。"2009年,小沈阳凭借小品《不差钱》走红。那年5月,为了了解二人转,我去了东北,看剧场演出,还约请了20多位二人转专家、表演者座谈。我了解到,二人转经历了200多年的演变,从乡野到艺术,形成了独特的表演程式,产生了数十部堪称经典的传统剧目,是四功一绝(唱、说、伴、舞和绝活)的综合艺术。二人转的艺术精华集中在唱,有'九腔十八调七十二嗨嗨';说是插科打诨的,比较俗,但真正的荤口都是等老婆孩子睡觉之后才演。有人说二人转是笑的艺术,其实它主要是诉说爱情和悲苦。赵本山刘老根大舞台为代表的二人转基本看不到传统的唱腔表演,而是荤段子当家。"

正是因为对二人转的不同看法,肖鹰和崔永元二人起了争执,而且逐步升级,崔说肖"脑残",肖回应说"有病""智障"。当然这也不是二人首次对垒,2011年,肖鹰曾就"在政协开会说美国通讯费9.9美元包年是不负责任"和"发微博称纪连海被刑拘"两次批评崔永元。而两人在此番争论中的表现引来了不少质疑,有评论称,这是中国当代戾气十足的公共对话的范例。

批赵本山是因为他挂羊头卖狗肉

《环球人物》杂志:您批于丹把传统文化愚乐化,把韩寒与反智主义联系在一起,批小沈阳、赵本山的二人转俗……在某种意义上说,他们都是一个时期流行文化的代表。您怎么看流行文化?

肖鹰:流行文化应该是多元化的,对它的品质不能一概而论,比如小清新就有雅的气质,但也有俗的成分。对于"俗",也要细分,我分为三种:通俗、媚俗、低俗。儿歌、民歌就很通俗,它传达常态的社会价值,比如友善、勤劳。媚俗,是为了追求利益最大化而迎合,你喜欢什么我就卖什么。低俗,是以败坏社会常态趣味为技巧,迎合市场,比如说歧视、向未成年人灌输淫秽思想。对通俗,要鼓励它健康发展。对媚俗,要批评引导,让它提升,而不是禁止。低俗,你不可能扼杀,因为它满足了一定人性需要,但要严格限制其发展空间。沈阳刘老根大舞台的二人转——我称为"灰色二人秀",就是"少儿不宜"的,应当严格限制。

说到我批赵本山,准确讲不是批他搞低俗演艺,而是批他挂羊头卖狗肉,用低俗演艺的“灰色二人秀”替代真正的非物质文化遗产二人转。

《环球人物》杂志：在市场环境下，不少经典面临着观众少、生存困难的现实。

肖鹰：那些传统的、经典的，真没有人看吗？白先勇的《牡丹亭》在北大演了很多轮，场场爆满，我观察，青年观众居多。有“80后”给我留言，说很喜欢正统二人转，还能唱大本剧目。现在一讲经典艺术，就说没观众，观众是要培养的。可悲的是，很多媒体配合市场，培养低俗表演的观众！

我唯一要反省的是措辞

《环球人物》杂志：在论战中，您说崔永元“有病”“智障”引起了很多争议，认为这已经涉及人身攻击了。

肖鹰：“有病”这个词包含两个意义：一是指身体的疾病；一是指心态不正常，混淆是非、胡搅蛮缠、自以为是等。我称崔永元“有病”，就是指他心态不正常，并没有考虑到生活中崔永元曾得过抑郁症。这次与崔争议，我唯一要反省的是措辞。措辞不严导致网友误解，我抱歉。我不认为自己的微博言论涉及对崔的人身攻击。

《环球人物》杂志：很多网友对这种论战方式表示不解甚至失望。

肖鹰：我认为，我们在微博对话是一种社交媒体的个人争议，争议就可能用各种语言，也包括激烈的语言。作为学者介入社会批评，首先要有学术背景，其次是理性批评。激烈语言在公共媒体表达，我的底线是不带脏字，“有病”“智障”不算脏字吧。

今年8月我批韩寒的时候，以及10月方舟子被封杀的时候，崔永元都出来说话了，我们都有交锋，有的话比这次还刻薄激烈，但媒体没关注。这次，他把我接受《华商报》采访的微博转了，发评论说，批评赵本山低俗的人是不了解乡村二人转，这个说法是我不能容忍的。你既然声称自己了解二人转，就不能一句大话否定了二人转由乡野粗俗提升到艺术经典的200多年发展史。

《环球人物》杂志：您说批评需要理性，这次论战中，您的理性体现在哪？

肖鹰：对方骂我“脑残”是不是就要回应他呢？如果是一般网友，我绝对不会；但对崔永元，我一定会回应，这基于我对崔永元这些年在社交媒体表现的一种理性选择。因为这就牵涉到我的批评立场、批评原则。对于缺少教养和责任态度的公众人物，我必须要有鲁迅式的心力甚至刻毒。批评家在批评时，他的语言、风格因批评对象和话题的不同而不同。你看看鲁迅的文章，批评没有一定之规，只有原则。原则我认为就是“说真话，讲道理”。我批评过很多人，陈平原、孔庆东、陈晓明、于丹、季广茂、张鸣……但没有一个批评错了。我对我所有的公开言论都是认真负责的，包括这次。

《环球人物》杂志：也有人质疑您是想出名？

肖鹰：任何一个学者都想出名，但我不会为出名而出名。我是本着一个学者的理性。有人说我批赵本山是有远见。其实，我 2009 年批赵本山和今天批赵本山，都是基于我的文化认知。本着本心说话就是远见，本着本心就会超越个人荣辱。

《环球人物》杂志：作为批评者，怎么看别人对您的批评？

肖鹰：作为一个批评家，不能要求社会百分之百的认同，首先被批评者肯定不会认同你。我写过一句话：批评是人性的自我挑战。对内，需要胆量、承受力；对外，也可能遭到围攻，有意和无意的误解。

《环球人物》杂志：您考虑过更平和的方式吗？大家总说现在缺少平和的讨论风气。

肖鹰：我这样不留情面做批评，真是艰难。为什么？和风细雨没人听，一大声疾呼就犯忌。你说理性，理性到什么程度为准？大家说肖鹰用词生猛，但生猛的内容是什么，是弘扬传统文化、经典文化、严肃文化；反对虚假，反对歪曲，反对遮蔽。

现在的知识文化层得过且过

《环球人物》杂志：在您看来，批评的目的是什么？

肖鹰：在市场化、网络化、国际化的时代，文化运行一定是多元化的，充满张力的。批评和推崇、批评和接受，应该有一种张力。说白了，批评就是说不同的话。中国的批评为什么没有公信力，就是因为不说真话。说真话就要冒犯别人，可能还会砸人饭碗。在美国，书评文章是背对背的。在中国，批评文章的稿费还比不过红包，参加新书座谈会，有的人甚至能拿到万元。

《环球人物》杂志：您觉得真实被掩盖了？

肖鹰：是的，当前文化生态的舆论问题，就是严重缺失"说真话，讲道理"！我自己的文化信念，是建立在对真相尊重、追求的基础上。你不一定能最终得到真相，但要有尊重和追求。近年来，很多论战热度过了就完了，没有调查也没有结论，当然更没有真相。比如韩寒代笔事件，从 2012 年到现在两年多了，没有定论。这对他本人、大众、国家形象（2010 年美国《时代周刊》"全球最具影响力 100 人"评选，韩寒排名第二）都是有影响的。我要求调查韩寒事件，别人就说我是"文革"大字报。现在的知识文化层都非常犬儒，得过且过。

《环球人物》杂志：从2007年开始批评流行文化，对您有褒有贬，以后还会做下去吗？

肖鹰：宗璞先生早前让助手给我写邮件说，你别去批评那些人了，都把时间耽误了，你是一个可以做真学问的人。我很感谢先生的鼓励，但一个人做什么是从天性来的。历史上有很多我喜欢的文人，比如屈原、王阳明、李贽，他们何尝不知道什么是好日子。

记者采访那天，肖崔论战已接近尾声。从发轫、发酵、爆发、缓和到平息，每年，我们不知要观望多少次这样的论战。争论究竟能带来什么？除了观点的交锋，有价值的争论是否还应该包含批评家、民众对自我态度的反思与改善？否则，批评带来的不仅是张力，很可能还有撕裂。

（本文系接受《环球人物》杂志采访后，杂志刊发的采访稿，辑录于此。原载《环球人物》2014年第31期）

辑外

五十无命

孔子讲“五十而知天命”，朱熹注说：“天命，即天道之流行而赋于物者，乃事物所以当然之故也。知此则知极其精，而不惑又不足言矣。”朱熹是从天道说天命，而自人道而言，“知天命”是半世人生奔求之后，知自我人生之大限，知可为不可为，当为不当为，因此之知，则不仅产生自我意志行为的深刻变化，而且也形成自我与世界关系的大转换。

孔子51岁官封鲁国中都宰，因为治理有方、成效显著，“四方皆则之”，一年后，先后升为司空和大司寇，至于由大司寇摄相事，以其卓绝的文经武略带来鲁国大治。孔子的人生理想不是做官，而是兴仁政。当时执政鲁国的大夫季恒子与孔子政见不合，当两人冲突达到极点时，他一方面诱使国君鲁定公接受齐国以瓦解孔子治国理念为目的而赠送的女乐，君臣沉湎其中，“三日不听朝”，另一方面恃权贬抑孔子——郊祭之日，按例应分给大夫的祭肉也不分给孔子。“克己复礼为仁”，季恒子挟鲁君所为，是完全背离孔子的仁政理想的。认清形势的孔子，于55岁之年弃官离鲁，为其仁政理想奔走列国，颠沛造次而不悔，返鲁时的孔子已是70老人了。一部《论语》，绝大部分是对孔子师徒流亡列国的言行的荟萃纪录。设想，如果孔子只知进取，不知退让，只知死守，不知转求，孔子之为圣人的使命，势必断送于他与季氏的权势倾轧中。

明代王阳明50岁因平叛勤王之功被授两京兵部尚书、封新建伯。他知功高招忌、位重生谗，遂上疏请辞，于51岁获准离职还乡，在浙江兴教传学。52岁时，他对弟子说：“吾自南京已前，尚有乡愿意思。在今只信良知真实真非处，更无掩藏卫护，才做得狂者。使天下尽说我行不掩言，吾亦只依良知行。”阳明34岁因弹劾太监刘瑾被贬贵州龙场，3年后觉悟“知行合一”之道，至50岁倡导“致良知”之说，在16年间完成自己的心学创发过程。辞官归乡之前的王阳明，虽然自有心性觉悟，但仍然受约于官场礼法而不能自在随心——“尚有乡愿意思”；所谓“致良知”，就是体认、觉悟自我心性的善德和智慧；“只依良知行”，就是依自我本心的觉识而行。王阳明毅然在兵部尚书位上辞归，因为他彻底觉悟到非脱离官场，不能依自我良知而行。王阳明哲学的大成，是在他辞官居越以后的晚年岁月，在此期间王阳明的精神境界才臻于“开口即得本心，更无假借凑泊，如赤日当空而万象毕照”（王畿语）的化境。若不依天命之知，弃官兴教，王阳明的晚年化境，恐怕也要断送于他的朝臣生涯。

王阳明之后，明代仕人中，著名的有李贽和汤显祖先后于五十之际在县令位置上辞官归隐。李汤二人均是明代文坛豪杰，但半百举业官场之累，两人在五十之前，并无过人建树。李贽因为家道中落，在25岁时中举人之后，未再求进士及第，因此仕途有限，在京城内外浮沉25年，才获得云南姚安知府官位，此时已年近五十。姚安知府一届任满后，53岁的李贽不再寻求连任、晋升，“决定退休”。这在帝制时代本是仕人官运亨通、宏图待展的年岁。然而，正是自动告退后的李贽，在其后到72岁生命告终时的20年时间，真正实现了他孤行特立的狂者人生——以“童心说”为核心的李贽哲学因此得以创成。汤显祖24岁中举人，当时即获首辅大臣张居正的青睐，张氏试图延揽他为自己的儿子科考进士陪考张目。汤显祖以“吾不敢从处女子失身也”之由拒绝了张氏的延揽，守义自正的他直到张氏死后次年，34岁才得中进士，其后宦海浮沉，终于在49岁时于浙江遂昌知县任上提出辞呈，不待吏部批准，率自挂印归乡。归乡后的汤显祖，“为情转易”“因情成梦，因梦成戏”，在50岁前后的短短三四年间创作了奠定他伟大戏剧家地位的《牡丹亭》等四部戏剧（“临川四梦”）。可以想见，李汤二人如果50岁后仍然恋栈宦海，后世当难以望见这两颗中国晚期古代文化王国中的璀璨星辰。

“五十而知天命”，是人生阅历充沛之后，对于世界的大觉悟，对于自我人生的大解放。五十以前，人生是求索奔劳的，不仅功业未成，而且智识未醇，焦心劳体，一味企求上进。为人一逾五十，不仅身心劳顿日久，而且功名成败，若未成结局，也是格局难改了。在此时节，如果能够幡然自觉，知道进退取舍，实在比奋力拼搏更为重要。知天命而行，不是顺从委屈，自我放弃，而是人生在关键处的一大转换：过去是受教化规训，以外制内，现在是发现本心，以内导外。换言之，知天命而行，就是觉知现实根本制约之后，以无思无畏、无欲无求的自由心境去从心所欲，竟成自我最内在的理想追求。孔子如此，王阳明如此，李贽、汤显祖都是如此。

五十知天命，就是知“五十无命”。“五十无命”，指对于自我五十以后的人生，外在现实的依靠尽净了，外在的束缚限制也无意义了，未来的可能不是需要于外，而是发自于内。换言之，消极地说，人生五十，其命运的可能已经完全展示，到了“无命可靠”的年岁；积极地说，“无命”是对自我拘于世俗关系的生命认知的否决，并在这个否决中开发出自我心性超限制的自由。五十以前靠命，五十以后靠心。五十以前求知，五十以后求悟。

“大器晚成”，人生一世，能否真成大器，根本就在于能否有“五十无命”的觉悟和转换。孔子、王阳明、李贽、汤显祖诸先哲的人生启迪皆在于此。

（原载《中华读书报》2012 年 10 月 10 日 3 版）

参 考 文 献

中 文 文 献

阿尔伯特·奥斯特，2003.《拯救大兵瑞恩》与美国必胜信念[J]. 世界电影(4)：35-43.

阿兰·罗布-格里耶，1984. 新小说//法国作家论文学[M]. 王忠琪，等译. 北京：生活·读书·新知三联书店.

安德烈·巴赞，2005. 电影是什么？[M]. 崔君衍，译. 南京：江苏教育出版社.

安东尼·吉登斯，1998. 现代性与自我认同[M]. 赵旭东，方文，译. 北京：生活·读书·新知三联书店.

安纳·杰弗森等，1986. 西方现代文学理论概述与比较[M]. 包华富，等译. 长沙：湖南文艺出版社.

巴特，1987. 符号学美学[M]. 董学文，王葵，译. 沈阳：辽宁人民出版社.

鲍德里亚，2001. 消费社会[M]. 刘成富，全志钢，译. 南京：南京大学出版社.

柏格森，1989. 创造进化论[M]. 王珍丽，余习广，译. 长沙：湖南人民出版社.

柏拉图，2002. 柏拉图全集(第一卷)[M]. 王晓朝，译. 北京：人民出版社.

保罗·莱文森，2002. 软边缘：信息革命的历史与未来[M]. 熊澄宇，译. 北京：清华大学出版社.

本雅明，1989. 发达资本主义时代的抒情诗人[M]. 张旭东，魏文生，译. 北京：生活·读书·新知三联书店.

波德莱尔，1987. 波德莱尔美学论文选[M]. 郭宏安，译. 北京：人民文学出版社.

曹文轩，2003：《三重门》序//三重门[M]. 韩寒. 北京：作家出版社.

曹禺，1997. 曹禺戏剧选[M]. 北京：人民文学出版社.

陈长虹，2016. 藏品历史、真伪和图像——对大阪市立美术馆藏《送子天王图》的考察[J]. 故宫博物院院刊(5)：103-117、162.

陈林，2010.《送子天王图》临摹范本[M]. 北京：人民美术出版社.

陈晓明，2003. 给文学招魂：差异性自由[J]. 南方文坛(3)：3-6.

陈晓明，2005. 通过记忆和文本的幽灵存活——德里达与中国[J]. 文艺争鸣(1)：88-97.

陈旭光，2008.《集结号》：商业大片的探索与平民视角[J]. 艺术评论(2)：10-13.

杜夫海纳，1985. 美学与哲学[M]. 孙菲，译. 北京：中国社会科学出版社.

杜维明，范曾，2010. 天与人：儒学走向世界前瞻[M]. 北京：北京大学出版社.

范曾，2007a. 范曾谈艺录[M]. 北京：中国青年出版社.

——，2007b. 吟赏丹青[M]. 上海：华东师范大学出版社.

——，2009. 范曾谈美[M]. 天津：南开大学出版社.

——,2010a. 范曾自述[M]. 北京：文化艺术出版社.

——,2010b. 书道法自然[M]. 北京：文化艺术出社.

——,2010c. 范曾讲演集[M]. 上海：华东师范大学出版社.

——,2011. 走进国学[N]. 人民日报(海外版),2011-06-03.

弗雷德里克·杰姆逊,1987. 后现代主义与文化理论[M]. 唐小兵,译. 西安：陕西师范大学出版社.

高山,2008. 中国主流大片的方向——电影《集结号》学术研讨会综述[J]. 当代电影(2)：60-63.

顾彬,2004. 解读古代中国的“忧郁感”[J]. 清华大学学报·哲学社会科学版(3)：89-92.

——,2006. “只有中国人理解中国”？[J]. 读书(7)：14-22.

——,2007. 北京的沉思[J]. 袖珍汉学(1).

——,2008. 二十世纪中国文学史[M]. 范劲,译. 上海：华东师范大学出版社.

郭庆祥,2010. 艺术家还是要凭作品说话[N]. 文汇报,2010-05-26.

郭于华,2012. “韩战”：一场失焦的论战[N]. 新京报,2012-02-07.

海德格尔,1987. 存在与时间[M]. 陈嘉映,王庆节,译. 北京：生活·读书·新知三联书店.

韩寒, 2011. 谈革命[EB/OL]. (2011-12-23). http://blog.sina.com.cn/s/blog_4701280b0102dz5s.html.

——, 2012a. 答春绿[EB/OL]. (2012-01-28). http://blog.sina.com.cn/s/blog_4701280b0102e0hj.html.

——, 2012b. 二月零三日[EB/OL]. (2012-02-03). http://blog.sina.com.cn/s/blog_4701280b0102e0p3.html.

——, 2012c. 我的2011[EB/OL]. (2012-01-08). http://blog.sina.com.cn/s/blog_4701280b0102dzqy.html.

——, 2012d. 正常文章一篇[EB/OL]. (2012-01-18). http://blog.sina.com.cn/s/blog_4701280b0102e061.html.

赫伯特·里德,1979. 现代绘画简史[M]. 刘萍君,译. 上海：上海人民美术出版社.

郝建,2005. “暴力美学”的形式营造及其心理机制和社会认识[J]. 北京电影学院学报(4)：1-7、106.

贺绍俊,2004. 重构宏大叙述——关于当代文学批评的检讨[J]. 中国社会科学(6)：146-149.

黄休复,2007. 益州名画录//潘运告. 中国历代画论选(上)[M]. 长沙：湖南美术出版社.

J. 希利斯·米勒,2001. 全球化时代文学研究还会继续存在吗？[J]. 文学评论(1)：131-139.

加缪,1987. 西西弗的神话[M]. 杜小真,译. 北京：生活·读书·新知三联书店.

——,1998：西绪福斯神话//局外人[M]. 郭宏安,译. 南京：译林出版社.

贾磊磊,2001. 剑与心——《卧虎藏龙》的双重本文[J]. 当代电影(6)：72-77.

贾平凹,2005a. 骂我是他存在的方式[N]. 华商报,2005-05-21.

贾平凹,2005b. 杂感[N]. 文汇报,2005-05-24.

康定斯基,1987. 论艺术的精神[M]. 查立,译. 北京：中国社会科学出版社.

克拉考尔,2006. 电影的本性[M]. 邵牧君,译. 南京：江苏教育出版社.

克罗齐,1983.美学原理 美学纲要[M].朱光潜,等译.北京：外国文学出版社.
李建军,2005.是高峰,还是低谷——评长篇小说《秦腔》[J].文艺争鸣(4)：39-47.
李敬泽,2003.圣杯骑士或一种“小说”[J].南方文坛(1)：14-16.
李欧梵,1989.寻求现代性[N].文艺报,1989-04-29.
李为祎,2004.幻构人类心灵之镜——《魔戒》的文化解读[J].当代外国文学(3)：159-165.
李庆西,1992.寻根回到事物本身//李洁非.寻找的时代[M].北京：北京师范大学出版社.
獠牙牙,2017.吴京独家反驳个人英雄主义质疑：我怼的就是偏见[OL].(2017-07-28)[2018-12-10].http://www.1905.com/news/20170727/1204014.shtml#p1.
刘丹青,2013.不用期待冯小刚了[J].中国新闻周刊(1)：18-24.
鲁迅,1981.鲁迅全集(第1卷)[M].北京：人民文学出版社.
路易·阿尔都塞,1990.艺术与意识形态的关系//现代美学新维度[M].董学文,荣伟,编.北京：北京大学出版社.
罗蒂,1992.后哲学文化[M].黄勇,译.上海：上海译文出版社.
罗岗,2002.读出文本和读入文本[J].文学评论(2)：85-86.
罗兰·巴特,1999.神话——大众文化诠释[M].许蔷蔷,等译.上海：上海人民出版社.
马克思,1979.1844年经济学哲学手稿[M].刘丕坤,译.北京：人民出版社.
马克思,恩格斯,1982.马克思恩格斯全集(第四十二卷)[M].中共中央马克思恩格斯列宁斯大林著作编译局,译.北京：人民出版社.
马林诺夫斯基,1986.巫术、科学、宗教与神话[M].李安宅,译.北京：中国民间文艺出版社.
马未都,2011.第六百五十二篇·艺术细节[EB/OL].(2011-02-18).http://blog.sina.com.cn/s/blog_5054769e01017vku.html.
马原,1987.方法[J].中篇小说选刊(1).
马悦然,陈宁祖,2012.陈文芬[N].羊城晚报,2012-11-18.
麦克杜哥,1981.从倾斜的塔上瞭望：朱光潜论19世纪20至30年代的美学和社会背景[J].申奥,译.新文学史料(3)：237-255.
米兰·昆德拉,1988.昆德拉关于小说创作的两次谈话[J].北京文学(2).
莫言,1988.也算谈创作[J].钟山(2).
——,1999.红高粱家族[M].海口：南海出版公司.
纳塔丽·萨罗特,1984.怀疑的时代//法国作家论文学[M].王忠琪,等译.北京：生活·读书·新知三联书店.
尼采,1986.悲剧的诞生/尼采美学文选[M].周国平,译.北京：生活·读书·新知三联书店.
钱定平,1999.斯人难再得——缅怀钱锺书[J].出版广角(2)：17-20.
钱海毅,1988.中国电影的新突破——《红高粱》断想急就章[J].电影新作(2)：65-66.
钱穆,2005.庄老通辨[M].北京：生活·读书·新知三联书店.
莎士比亚,1978.哈姆莱特//莎士比亚全集(第9卷)[M].朱生豪,译.北京：人民文学出版社.
商务印书馆编辑部,1995.辞源[M].北京：商务印书馆.
沙巴蒂尼,1981.外国学者论朱光潜与克罗齐主义[J].申奥,译.读书(3)：139-144.

单三娅,1999.钱锺书、杨绛与《光明日报》[N].光明日报,1999-07-16.
沈从文,2002.沈从文别集·顾问官[M].长沙：岳麓书社.
石涛,2007.苦瓜和尚画语录//中国历代画论选(下)[M].潘运告.长沙：湖南美术出版社.
司马迁,2005.史记(下册)[M].北京：中华书局.
——,2014.史记[M].北京：中华书局.
孙津,2006.当前电影文化中的意识形态问题[J].文艺研究(9)：22-28、166.
特伦斯·霍克斯,1987.结构主义和符号学[M].瞿铁鹏,译.上海：上海译文出版社.
王列生,2001.先锋批评：需要校正的第三者[J].粤海风(1)：8-10.
王守仁,1992.王阳明全集[M].上海：上海古籍出版社.
王攸欣,1999.选择·接受与疏离：王国维接受叔本华、朱光潜接受克罗齐美学比较研究[M].北京：生活·读书·新知三联书店.
王一川,2003.全球化时代的中国视觉流：《英雄》与视觉凸现性美学的惨胜[J].电影艺术(2)：10-15.
——,2006.从《无极》看中国电影与文化的悖逆[J].当代电影(1)：78-81.
——,2008.从大众戏谑到大众感奋——《集结号》与冯小刚和中国大陆电影的转型[J].文艺争鸣(3):115-119.
王元化,2001.一九九一年回忆录[J].学术界(2)：220-239.
王正昱,2011.欧洲三大电影节不及一个奥斯卡[N].羊城晚报,2011-12-26.
威廉·白瑞德,1988.非理性的人[M].彭镜禧,译.哈尔滨：黑龙江教育出版社.
威廉·弗莱明,玛丽·马里安,2008.艺术与观念(下)[M].北京：北京大学出版社.
吴泰昌,2005.我认识的钱锺书[M].上海：上海文艺出版社.
西苏,1992.美杜莎的笑声//当代女性主义文学批评[M].张京媛.北京：北京大学出版社.
小青,2011.张艺谋：国人“贬大片”心理和“仇富”一样[N].黑龙江晨报,2011-12-27.
笑蜀,2010.像韩寒那样珍惜你的痛感[N].南方周末,2010-04-14.
笑蜀,2012.韩寒反智,还是应试教育反智[EB/OL].(2012-03-12).http://weibo.com/xiaoshushiping.
肖鹰,2001.20世纪中国文学的美学冲突[J].浙江学刊(1)：7.
——,2002.真实与无限[M].北京：中国工人出版社.
——,2006.青春审美文化论——电子时代的“青春”消费[J].中国人民大学学报(4)：58-65.
——,2007.从“于丹现象”看中国学界的“不学而术”[N].中华读书报,2007-04-11.
谢赫,2007.古画品录//中国历代画论选(上)[M].潘运告.长沙：湖南美术出版社.
谢冕,1998.论二十世纪中国文学[M].石家庄：河北教育出版社.
徐复观,2001.中国艺术的精神[M].上海：华东师大出版社.
徐力,2009.韩老真可爱,大家别为难他[N].成都晚报,2009-03-14.
易中天,2012.我看方韩之争[N].南方都市报,2012-02-14.
尹鸿,2007.《夜宴》：中国式大片的宿命[J].电影艺术(1)：17-19.
尹鸿,王晓丰,2006.高概念：商业电影模式初探[J].当代电影(3)：92-96.

于丹,2006. 于丹《论语》心得[M]. 北京:中华书局.

——,2007. 于丹《庄子》心得[M]. 北京:中国民主法制出版社.

袁敏,2003. 我编《三重门》的前前后后[EB/OL]. (2003-11-12). http://book. sina. com. cn/1068620403_3-doors/2003-11-12/3/24195. shtml.

张放,2012. 一个回应加一个道歉[EB/OL]. (2012-01-28). http://blog. sina. com. cn/s/blog_4c1c19620102-dubu. html.

张建术,2010. 魔镜里的钱锺书[M]. 北京:文化艺术出版社.

张明,2004. 与张艺谋对话[M]. 北京:中国电影出版社.

张鸣,2010. 韩寒的影响力[EB/OL]. (2010-04-08). http://blog. sina. com. cn/s/blog_4ac7a2f50100ic18. html.

张铁生,1973. 一份发人深省的答卷[N]. 辽宁日报,1973-07-19.

张彦远,2007. 历代名画记//中国历代画论选(上)[M]. 潘运告. 长沙:湖南美术出版社.

张颐武,1989. 理想主义的终结[J]. 北京文学(4).

——,2003a. 论"新世纪文化"的电视文化表征[J]. 文艺研究(3):92-101.

——,2003b.《英雄》:新世纪的隐喻[J]. 当代电影(2):11-15.

——,2004a. "纯文学"讨论与"新文学"的终结[J]. 南方文坛(3):17-20.

——,2004b. 现实的转变和中国想象的重组[J]. 文艺争鸣(4):9-11.

——,2005. 新世纪文学:跨出新文学之后的思考[J]. 文艺争鸣(4):6-13.

赵忠祥,1995. 岁月随想[M]. 上海:上海人民出版社.

郑也夫,2012. 我劝方、韩鸣金收兵[EB/OL]. (2012-02-01). http://blog. sina. com. cn/s/blog_49ccddcf-01012jso. html.

郑也夫,2016. 老炮儿是谁?[N]. 东方早报,2016-03-06.

朱光潜,1987a. 朱光潜全集(第1卷)[M]. 合肥:安徽教育出版社.

——,1987b. 朱光潜全集(第3卷)[M]. 合肥:安徽教育出版社.

——,1987c. 朱光潜全集(第8卷)[M]. 合肥:安徽教育出版社.

宗白华,1982. 宗白华美学文学译文选[M]. 北京:北京大学出版社.

外文文献

Abrams S,2017. The Review of Wolf Warrior 2[OL]. RogerEbert. com,(2017-08-10)[2018-12-10]. https://www. rogerebert. com/reviews/wolf-warrior-2-2017.

Adorno T W,1997. Aesthetic Theory[M]. Minneapolis: The Minnesota Press.

Bartes R,1968. Writing Degree Zero[M]. New York: Hill and Wang.

——,1996. To Write: An Intransitive Verb//Modern Literary Theory: A Reader[M]. ed. by P. Rice & P. Waugh. London: Arnlod.

Baudrillard J,1994. Simulacra and Simulation[M]. Lansing: The University of Michigan Press.

——,1997. The Illusion of the End//The Postmodern History Reader[M]. ed. by K. Jenkins. London: Routledge.

Benjamin W, 1969. Illuminations. ed. by H. Arendt. New York: Schocken Books.

Buckley C, 2017. In China, an Action Hero Beats Box Office Records (and Arrogant Westerners) [OL]. New York Times, (2017-08-16)[2018-12-10]. https://www.nytimes.com/2017/08/16/world/asia/china-wolf-warrior-2-film.html.

Canby V, 1985. Screen: Sylvester Stallone Returns As Rambo[N/OL]. New York Times, (1985-05-22) [2018-12-10]. https://www.nytimes.com/1985/05/22/movies/screen-sylvester-stallone-returns-as-rambo.html.

——, 1988. Film Festival; Social Realist Fable of 1930's China[N/OL]. New York Times, (1988-10-09) [2018-12-10]. https://www.nytimes.com/1988/10/09/movies/film-festival-social-realist-fable-of-1930-s-china.html.

Cixous H, 1997. Sorties//The Feminist Reader. ed. by C. Belsey & J. Moore. London: Macmillan Press.

Corliss R, 2011. A Separation: How about an Oscar for This Fascinating Iranian Drama? [OL]. Time, (2011-12-30) [2018-12-10]. http://entertainment.time.com/2011/12/30/a-separation-how-about-an-oscar-for-this-fascinating-iranian-drama/.

Dargis M, 2004. Hidden Truths in the Court of a King Who Would Be Emperor[OL]. New York Times, (2004-08-27) [2018-12-10]. http://movies2.nytimes.com/2004/08/27/movies/27HERO.html.

——, 2017. Review: "Dunkirk" is a Tour de Force War Movie, Both Sweeping and Intimate [OL]. The New York Times, (2017-07-20) [2018-12-10]. https://www.nytimes.com/2017/07/20/movies/dunkirk-review-christopher-nolan.html.

Eagan D, 2012. Film Review: Back to 1942 [OL]. Film Journal, (2012-11-30) [2018-12-10]. http://www.filmjournal.com/node/7487.

Ebert R, 1989. The Review of Red Sorghum[N]. Chicago Sun-Times, 1989-02-28.

——, 2004. Review of Hero [OL]. Chicago Sun-Times, (2004-08-26) [2018-12-10]. https://www.rogerebert.com/reviews/hero-2004.

Croce B, 1992. The Aesthetic as the Science of Expression and of the Linguistic in General[M]. tr. by C. Lyas. Cambridge: Cambridge University Press.

Derrida J, 1996. Structure, Sing and Play in the Discourse of the Human Science//Modern Literary Theory: A Reader[M]. ed. by P. Rice & P. Waugh. London: Arnlod.

Devereaux M, 1998. Beauty and Evil: the Case of Leni Riefenstahl's Triumph of the Will//Aesthetics and Ethics[M]. ed. by J. Levison. Cambridge: Cambridge University Press.

Gaut B, 1998. The Ethical Criticism of Art//Aesthetics and Ethics [M]. ed. by J. Levison. Cambridge: Cambridge University Press.

Habermas J, 1983. Modernity-An Incomplete Project//The Anti-Aesthetic [M]. ed. by Hal Foster. Washington: Bay Press.

——, 1987. The Philosophical Discourse of Modernity[M]. tr. by F. Lawrence. Cambridge: Policy

Press.

Hale M,2011. A Shady American in the Nanjing Massacre[OL]. New York Times,(2011-12-20)[2018-12-10]. https://www. nytimes. com/2011/12/21/movies/flowers-of-war-zhang-yimou-on-nanjing-massacre-review. html? ref=movies.

Heidegger M,1978. Basic Writings[M]. ed. by D. F. Krell. London: Routledge.

Hinson H,1988. The Review of Red Sorghum[N]. Washington Post,1988-10-21.

——,1992. The Review of Raise the Red Lantern[N]. Washington Post,1992-05-08.

Hoberman J,2004. Man With No Name Tells a Story of Heroics,Color Coordination[OL]. The Village Voice,(2004-08-17)[2018-12-10]. https://www. villagevoice. com/2004/08/17/man-with-no-name-tells-a-story-of-heroics-color-coordination/.

Kehr D,2008. The Review of Rambo: First Blood Part Ⅱ[OL]. Chicago Reader,(2008-01-14)[2018-12-10]. https://www. chicagoreader. com/chicago/rambo-first-blood-part-ii/Film?oid=1072811.

Kristeva J,1980. Desire in Language[M]. New Youk: Columbia University Press.

Lane A,2013. Review of Hero[N]. The New Yorker,2013-08-05.

Levy E,2011a. A Separation: 2011 Best Foreign Films[OL]. Cinema 24/7,(2011-12-05)[2018-12-10]. http://emanuellevy. com/comment/a-separation-one-of-2011-best-films/.

——,2011b. Flowers of War: China's Oscar Entry——Yimou Directs Gong Li[OL]. Cinema 24/7,(2011-12-26)[2018-12-10]. http://emanuellevy. com/review/flowers-of-war-chinas-oscar-entry/.

Leydon J, 2017. The Review of Wolf Warrior 2[OL]. Variety,(2017-08-11)[2018-12-10]. https://variety. com/2017/film/reviews/wolf-warrior-ii-review-1202524360/.

Lukács G,1996. The Theory of the Novel[M]. Cambrige: The Mit Press.

Marx K & Engeis F, 1995. Mainfesto of Communist Part[M]. New York: International publishers.

McCarthy T,2011. The Flowers of War: Film Review[OL]. The Hollywood Reporter,(2011-12-11)[2018-12-10] https://www. hollywoodreporter. com/review/flowers-of-war-film-review-christian-bale-272125.

McLuhan M,1964. Understanding Media: The Extensions of Man[M]. London: Routledge.

Murray N,2017. Chinese Patriotism on Display in Generic Action of "Wolf Warrior 2"[OL]. Los Angeles,(2017-07-27)[2018-12-10]. https://www. latimes. com/entertainment/movies/la-et-mn-mini-wolf-warrior-2-review-20170727-story. html.

Musetto V A,2011. The Wilted Spoils of "War"[OL]. New York Post,(2011-12-20)[2018-12-10]. https://nypost. com/2011/12/21/the-wilted-spoils-of-war/.

Nietzsche F,1995. The Birth of Tragedy[M]. tr. by C. P. Fadiman. New York: Dover Publications, Inc.

Orwell G, 1945. Notes on Nationalism[OL]. (2015-09-24)[2018-12-10]. http://orwell. ru/

library/essays/nationalism/english/e_nat.

Rabinowitz M,2011. Review:"A Separation" is a Great Family Drama[OL]. CNN,(2011-12-30)[2018-12-10]. https://edition. cnn. com/2011/12/30/showbiz/movies/review-a-separation/index. html.

Ricoeur P,1965. History and Truth[M]. Evanston: Northwestern University Press.

Sartre J P,1971. Why Write? //Critic Theory Reader[M]. ed. by Hazard Adams. San Diego: Harcourt Brace Jovanovich,Inc.

Scheck F,2107. "Wolf Warrior 2": Film Review[OL]. The Hollywood Reporter,(2017-07-27)[2018-12-10]. https://www. hollywoodreporter. com/review/wolf-warrior-2-1024785.

Schwartz D,2008. It Rushes through History as if It were Firemen Rushing to a Fire[OL]. (2008-02-15)[2018-12-10]. http://homepages. sover. net/~ozus/tolive. htm.

Travers P,2004. Review of Hero[OL]. Rolling Stone,(2004-08-27)[2018-12-10]. https://www. rollingstone. com/movies/movie-reviews/hero-ying-xiong-252420/.

——,2011. The Review of A Separation[OL]. Rolling Stone,(2011-12-29)[2018-12-10]. https://www. rollingstone. com/movies/movie-reviews/a-separation-99021/.

Simmel G,1968. The Conflict in Modern Culture and Other Essays[M]. tr. by K. Peter Etzkorn. New York: Teachers College Press.

Wittgensten L,1955. Tractatus Logico-Philosophicus[M]. tr. by C. K. Ogden. Routledge & Kegan Paul Ltd.

后　　记

本文集文章均由作者本人自选。

我的博士研究生欧悟晨同学，负责书稿的全面校订、编排工作，感谢他付出的特别辛苦。

感谢本书责任编辑梁斐女士专业细致的工作。

肖鹰记，2018年严冬